JÖRG SPLETT · FREIHEITS-ERFAHRUNG

mit Dank für vieles

Jörg Splett

10 I. 87

JÖRG SPLETT

FREIHEITS-ERFAHRUNG

Vergegenwärtigungen christlicher Anthropo-theologie

VERLAG JOSEF KNECHT · FRANKFURT AM MAIN

CIP-Kurztitelaufnahme der Deutschen Bibliothek

Splett, Jörg:
Freiheits-Erfahrung : Vergegenwärtigungen
christl. Anthropo-theologie / Jörg Splett. – 1. Aufl. –
Frankfurt (am Main) : Knecht, 1986.
ISBN 3-7820-0545-7

ISBN 3-7820-0545-7

Gesamtherstellung: Wiesbadener Graphische Betriebe GmbH, Wiesbaden

FÜR MARTIN UND THOMAS
FILIIS IN RESPONSUM

... die Aufmerksamkeit
auf das Gegenwärtige als solches,
welche Erfahrung genannt wird...

G. W. F. Hegel

INHALT

EINFÜHRUNG: PRÄSENZPFLICHT

Freiheitserfahrung. Dieser Titel selbst ist wohl nicht weniger erläuterungsbedürftig als die beiden Wörter, die ihn bilden. Und ihn zu erläutern ist die Aufgabe des ganzen Buchs. Doch hat die Einführung darüber Auskunft zu geben, in welcher Absicht und Perspektive es durch vier Kapitel-Gruppen hin geschieht.

›Freiheit‹ mag man hier zunächst – mit einer Prägung von Romano Guardini – als »Anfangskraft« lesen.[1] Nur indem man etwas anfängt, sich bewegt, trifft man auf etwas; und auch »betroffen« wird nur, wer nicht gänzlich unbewegt ist. Freiheit erfährt Welt und Leben. Zugleich aber ist auch, was hier erfahren wird, Freiheit. (Der Genetiv meint beides.) Und dies wieder mehrfach: Wem etwas begegnet, der trifft darin stets auch auf eine neue Weise sich selbst; sodann begegnet dem Menschen niemals bloß etwas, sondern immer schon, von Kindesbeinen an, jemand; schließlich zeigt sich in allem, was begegnet, in der Faktizität[2] = *Tat*sächlichkeit des Gegebenen statt einer »ewigen Natur« zuletzt bzw. ursprünglich eine sich offenbarende Anfangskraft = schöpferische Freiheit.

Solche Verschränkungen kennzeichnen den Begriff der Erfahrung. Er gilt als ein Grundwort unserer Zeit und scheint doch – sagt, oft nachgesprochen, Hans-Georg Gadamer – »zu den unaufgeklärtesten Begriffen zu gehören, die wir besitzen«.[3] Ein

[1] Freiheit Gnade Schicksal. Drei Kapitel zur Deutung des Daseins, München [4]1956, 23. Vgl. I. Kant, KrV B 473.

[2] P. Henrici, Die metaphysische Dimension des Faktums, in: ders., Aufbrüche christlichen Denkens, Einsiedeln 1978, 27–35; R. Spaemann, Religion und ›Tatsachenwahrheit‹, in: W. Oelmüller (Hrsg.), Wahrheitsansprüche der Religionen heute, Paderborn 1986, 225–234 mit anschließender Diskussion.

[3] Wahrheit und Methode, Grundzüge einer philosophischen Hermeneutik, Tübingen [2]1965, 329; vgl. K. Lehmann, Erfahrung, in: SM I 1117–1123.

Licht darauf wirft das Motto des Buchs, welches Erfahrung als Präsenz bestimmt. Es stammt aus der Vorrede zur Phänomenologie des Geistes, genauerhin: zu dem geplanten Gesamtwerk, als dessen erster Teil die *Phänomenologie* gedacht war.[4]

In diesem programmatischen Text nimmt Hegel zur »Bildung der Gegenwart« Stellung. Früher sei der Blick der Menschen – am »Leitfaden« tieferer Bedeutung – gleich von »*dieser* [hiesigen] Gegenwart« zum Himmel geglitten, »zu einer, wenn man so sagen darf, jenseitigen Gegenwart hinaus«. Die Wendung zum Hiesigen habe mühsam durchgesetzt werden müssen. »Jetzt scheint die Not des Gegenteils vorhanden, der Sinn so sehr in dem Irdischen festgewurzelt, daß es gleicher Gewalt bedarf, ihn darüber zu erheben.« So arm sei der Geist geworden, daß er sich »nur nach dem dürftigen Gefühle des Göttlichen überhaupt... zu sehnen scheint«, also über vage Religiosität hinaus sich alle weiteren Erwartungen verbietet.

Die Armut besteht in der Tat; denn wenn die »jenseitige Gegenwart« verloren ist, läßt sich nicht sehen, wie man die hiesige haben könnte; entschwindet sie doch – in der puren Horizontalen – ständig als un(be)greifliche Sprunglinie zwischen Noch-nicht und Nicht-mehr. (Nie *ist* es 16.00 Uhr; immer wieder nur *war* es dies beim Gongschlag.) Wann aber wäre man selbst dann eigentlich (da)? Deshalb ist offenbar heute so viel von Erfahrungsverlust und Erfahrungshunger die Rede.

Oder wäre die allgemeine und merkwürdig folgenlose Informationssucht (mitsamt ständiger »Betroffenheit«) eher im Gegenteil als Erfahrungsflucht zu verstehen? *Wollen* wir gar nicht sein – weil wir es später nicht gewesen sein wollen? In diesem Sinn hat Odo Marquard als den »Gott« der »neuen Religion [allgemeiner Kritik] das *Alibi*« benannt.[5] Der Mensch versuche, »woanders« zu sein: »in fernen Ländern oder in der Vergangenheit oder in der Zukunft oder in Gedanken... Der Historiker

[4] SW (Glockner) II 16. Hier auch die weiteren Zitate (16f).

[5] Schwierigkeiten mit der Geschichtsphilosophie, Frankfurt/M. 1973, 80. Karl Strobl notiert von einem Besuch bei Milan Machovec den »außerordentlich treffenden Ausdruck ›Alibismus‹«. Erfahrungen und Versuche. Notizen aus dem Nachlaß, Wien 1985, 237. Dazu Kap. 12, Anm. 38.

ist der rückwärts gewandte Prophet (Schlegel), der Futurologe ist der vorwärts gewandte Antiquar; der Ethnologe ist der verreiste Revolutionär, die Revolution – mindestens ihre Spielgestalt – ist die Reise für Daheimgebliebene...«[6]

Doch solche Fluchten müssen scheitern, weil man weder sich entkommt noch (und zwar eben deshalb) seinem Geschick.[7] Vor allem entkommt man niemals dem »Licht«, dessen Strahl uns im Gewissensanruf trifft. Und dies zu unserem Heil. Denn im reißenden Zeitfluß würde sich jegliche Identität verflüssigen (lateinisch: liquidieren, was mit allen seinen Bedeutungen zu denken gibt). Im *Anspruch* an sich aber erhält der Angerufene einen *Namen*. – Aus dem ungreifbaren Jetzt-Punkt wird der ihn ergreifende *Kairos*, der Augenblick, da er gemeint und auf den Platz gerufen ist. Jetzt (wann, wenn nicht jetzt?) habe ich auf den Anruf, den vernommenen (Vergangenheit!), zu antworten (Zukunft). Damit wird die Zeit, statt zu entschwinden, »wiedergefunden«,»vollzählig«, gültig; und in solcher »Stunde« (Joh 12,27) sammelt sich auch der Mensch.[8]

Der Augenblick im »Hier und Jetzt« erhält Gewicht und Leben also aus der Vertikal-Dimension. Über den Lebens-Bedingungen steht – nicht zusätzlich, sondern ermöglichend und begründend – das Licht des Unbedingten. Es nur erhellt und belebt. Darum verlangt humanes Zeitverhältnis nach grundsätzlicher Erwägung und der Durchklärung von Wesensfragen. Das wird heute oft »abstrakt« gescholten, als bestünden nicht gerade Menschlichkeit und Geistesgegenwärtigkeit darin, absehen

[6] Beitrag zur Philosophie der Geschichte des Abschieds von der Philosophie der Geschichte, in: R. Koselleck / W.-D. Stempel (Hrsg.), Geschichte – Ereignis und Erzählung (Poetik und Hermeneutik V), München 1973, 241–250, 246.

[7] »Rabbi Ruben ben Aristobulos hatte zwei Söhne, die beide Schüler des Patriarchen Juda ha-Nassi waren. Eines Tages gewahrte dieser hinter ihnen den Todesengel, der sie anstarrte und mit den Zähnen knirschte. Da sprach er bei sich: Ich will sie nach dem Süden senden... Aber gerade dort, und nicht in ihrer Heimat, durfte der Todesengel ihnen nahen; er zog ihnen nach und raffte sie hin.« E. bin Gorion, Geschichten aus dem Talmud, Frankfurt/M. 1966, 172f (aus dem Jerusalemischen Talmud, Kilajim 9,32c).

[8] Vgl. J. Splett, Zur Antwort berufen. Not und Chancen christlichen Zeugnisses heute, Frankfurt/M. 1984, bes. Kap. 1 und 4; ders., Sakrament des Augenblicks, in: GuL 58 (1985) 211-221. »Vollzählig«: R. M. Rilke, SW II 42 (Perlen entrollen).

und Abstand nehmen zu können von Angst, Wut oder Begierde, deren momentane Überschwemmung (individuell wie kollektiv) uns Blick und Freiheit zu nehmen drohen. Nach wie vor bleibt Philosophie als *prinzipielle* Reflexion auf unsere Erfahrung unverzichtbar, wenn man Zeit-Fragen angemessen erörtern und private wie gesellschaftliche »Wandlungen kritisch begleiten« möchte.

Wesensfragen, Grundsituationen und Zeitprobleme werden im folgenden, wie sich versteht, in exemplarischer Auswahl behandelt. Die Kapitelfolge stellt einen wohlüberlegten Gedankengang dar. Doch kann man mit Sinn auch nur einzelne Wegstücke mitgehen, um sich dann von Querverweisen weiterführen zu lassen. Der Gesamtweg verläuft vom Prinzipiellen über Exemplarisches wieder ins Prinzipielle (das nun seinerseits »exemplarisch« erscheint: nicht als ein Beispiel, sondern als Grund- und Urmaß); er führt vom Licht des Unbedingten zum Sinn-Raum von Begegnung. ›Gegenwart‹ im hier gemeinten Sinn hat nämlich ihren Ort, ganz wörtlich zu nehmen, im Zeit-*Raum* personalen Gegenübers; Augenblick ereignet sich als Ineinander-Blick.[9]

Zeit und Raum stellen vor ihrer mathematischen Nivellierung ursprünglich Dimensionen freien Gegenüberstandes dar. Begegnung läßt sich nicht von einem planen Raum-Zeit-Netz her verständlich machen; wie sollte aus dem Netzwerk solchen Auseinanders je ein rückbezügliches Hier entspringen? Umgekehrt wird Raum aus dem selbstbezüglichen »Hier-ich-angesichts-Deiner«, so wie die Zeit aus dem Wort, das mich trifft und antworten heißt.

Dies Gegenüber von Mensch und Mensch sowie von Mensch und Gott darf aber nicht bloß als duales Ich-Du-Gegenüber aufgefaßt werden. Denn, wie der Schlußteil deutlich machen soll, verlöre es sich dann entweder in trennende Fremdheit oder höbe sich in eine unpersönliche Zwei-Einheit auf. – Eine unverkürzte Vergegenwärtigung dessen, was Freiheit mit Freiheit erfährt, verlangt trinitarisches Denken. Der große Schritt zum

[9] So ist z. B. die bekannte Abwertung der Gegenwart in *Sein und Zeit* mit dem Ausfall des Anderen, des Du, bei Heidegger zusammenzunehmen.

Du, den wir den Dialogikern unseres Jahrhunderts verdanken, hat aus dem Schöpfungsglauben heraus im Subjekt die Person hervortreten lassen. Dies aber zugleich in einer scharfen Alternativik von Person und Gemeinschaft. Das ruft nach einem weiteren Schritt: zu einem Wir, das nicht ein entpersönlichendes Groß-Subjekt ist (das »Ensemble der gesellschaftlichen Verhältnisse«[10], welch näherer Gestalt auch immer: Sippe, Volk, Nation, die Kirche oder Menschheit), aber auch nicht das bloße Zusammen von Ich und Du. (Dies wäre so wenig ein *bewußtes Wir*, wie ein Ich ohne Du seiner bewußt sein könnte.) So stelle ich als Grund-Gestalt personalen Da-seins die Dreiheit vor. Dreieinigkeit – nicht als Lebenskategorie (das ist die Gegensatz-Einheit, in Sexus und Mythos – auch auf der Zeitachse zwischen den Generationen), sondern als Ort lebendiger Freiheit.

Doch auch und gerade diese prinzipielle »Wesens-Wahrheit« dürfen wir nicht ungeschichtlich denken. Realistisch und angemessen konkret denkt man hier nur, wenn man die faktische Schuldbestimmtheit unseres Miteinanders bewußt hält. Tatsächlich wird das Gegenüber des Wir immer wieder in (wechselnden) Koalitionen *gegen* Dritte gelebt. Darum ist auch die Trinitätsoffenbarung gleichsam »sub contrario« ergangen, also fast ins Gegenteil verfremdet; sie hat faktisch Kreuzesgestalt.[11] Gegenwart, Da-sein für jemanden, ist uns offenbar nicht selbstverständlich. Darum steht über dieser Einführung nicht schlicht »Präsenz«, sondern: Präsenz-Pflicht – gegen die Versuchung zu Flucht und Alibi-Suche.

Ob man Gadamer und Otto F. Bollnow zustimmen mag oder nicht, daß der »Prozeß der Erfahrung« generell »ein wesentlich negativer« sei, weil er nämlich besage, daß Vormeinungen durchkreuzt und Erwartungen »enttäuscht« würden[12]: die Erfahrung, persönlich »beansprucht«, in Anspruch genommen zu werden, ist wohl für jeden erschreckend, den Einzelnen wie das

[10] K. Marx, 6. Feuerbach-These (MEW 3,6).

[11] Vgl. H. U. v. Balthasar, Theodramatik IV: Das Endspiel, Einsiedeln 1983, bes. 191–222; vorher (gleichsam struktural) F. Ulrich, Leben in der Einheit von Leben und Tod, Frankfurt/M. 1973, 132ff.

[12] Gadamer (Anm. 3) 335f; Bollnow: Philosophie der Erkenntnis, Stuttgart 1970, 130f.

Paar. Sie wäre dies bereits in sozusagen neutraler Situation; doch die liegt nicht vor. – Ist also Anthropologie zu keiner Zeit nur »Menschenkunde« im Sinn der Erkund(ig)ung und der Frage des Menschen selber nach sich, so weist auf ihren wahren »Sitz im Leben« eher die Rede vom »Stachel im Fleisch«. Tatsächlich stellt uns der Ruf – und haben wir uns ihm zu stellen: »Adam, wo bist du?« (Gen 3,9).

Das fordert selbstverständlich nicht eine theoretische und lehrhafte Antwort; ebensowenig indes, aktionistisch, irrationales Verhalten. Die gebotene not-wendende Präsenz muß vielmehr ganz-menschlich sein (sie hat nur »Hand und Fuß«, wenn sie nicht kopflos ist). Insofern sind auch die Beiträge dieses Buchs als ein Beitrag zu ihrer Ganzheit gemeint.[13] – Beiträge christlicher Philosophie (wie dann, erneut, zu erläutern versucht wird); also ein Angebot zu diskutierender Gründe – und das Angebot zu deren offener Diskussion. Dafür sei jetzt nur noch an eins erinnert: die *Gründe* – auch und gerade christlicher Philosophie (und selbst der Theologie) – sind mitnichten der *Grund*, aus dem die gemäße Antwort gelebt werden könnte. Von ihm spricht ein Gedicht Friedrich Hoffmanns[14]:

> ...
> Wo bist du, Adam? Warum fliehst du mich?
> Und in mir schrie es: Laß mich doch bei dir!
> Da antwortet ein anderer für mich:
> »Hier bin ich, Vater. Adam ist bei mir.«

Ist damit auch der Untertitel des Buchs erläutert? »Anthropo-theologie« habe ich seinerzeit meine Antrittsvorlesung an

[13] ›Ganzheit‹ im griechischen wie im hebräischen Verständnis; griechisch hieße der Gegenbegriff ›Unvollständigkeit‹, hebräisch: ›Halbheit‹ (siehe Kap. 7, Anm. 38).

[14] Dunkles Segel, Lahr 1959, 23 (Adam). – Auch so ließe sich die bekannte Darstellung vom Nordportal der Kathedrale in Chartres betrachten, die Adam und seinen Schöpfer (mit Kreuzesnimbus) Kopf an Kopf zeigt. (Natürlich ist sie nicht so gemeint. Sonst als »Adam im Gedanken Gottes« gedeutet, erscheint sie im Rekonstruktionsvorschlag von J. v. d. Meulen / J. Hohmeyer als »Beseelung Adams«: Chartres. Biographie einer Kathedrale, Köln 1984, 244 [Abb.] – 247.)

unserer Hochschule Sankt Georgen überschrieben[15]: die beiden philosophischen Grund-Disziplinen Menschenkunde und Gotteslehre gehören in mehrfachem Sinne zusammen. Das will für die verschiedenen Dimensionen[16] der Freiheits-Realität das Folgende zeigen. – Es zeigt freilich auch (gemäß den Versen Hoffmanns), wie immer wieder ein wahrhaft humanes Reden von Mensch wie Gott sich in ein Hören auf dessen Zusage hin übersteigt.[17]

[15] Sie bildet das Schlußkapitel von: Konturen der Freiheit (Kap. 1, Anm. 8).

[16] Zum Begriff der Dimensionen, die – im Unterschied zu »Schichten« – nicht über- oder nebeneinander liegen, sondern sich – untrennbar unvermischt – durchdringen, siehe P. Tillich, Ges.Werke, Stuttgart 1959ff, IV 118–129 (Dimensionen, Schichten und die Einheit des Seins).

[17] Darum bewegt sich das (christlich) philosophische Sprechen von Mensch und Gott unvermeidlich – und eingestandener-, bejahtermaßen – auf der Grenze zur »übernatürlichen« oder »Offenbarungstheologie«, also zu dem, was inzwischen üblicherweise der Name ›Theologie‹ (ohne Zusatz) bezeichnet. Wo ich diese Grenze zuweilen bewußt überschreite, glaube ich es dem Leser klar signalisiert zu haben. (Zur »Theologie philosophisch«: 2. Exk., Anm. 9.)

I. LICHT DES UNBEDINGTEN

1. WAHRHEITS-ANSPRUCH

Es geht um die »Voraussetzungen« dieses Buchs. Einen Anspruch erhebt zunächst jeder, der spricht und schreibt (für Sätze, Leben, Sein). Er richtet ihn an den Hörer, den Leser: im Namen des Anspruchs »der Wahrheit« an beide und jeden. Das soll im folgenden entfaltet werden. Und zwar als Abklärung, Verständigung, »Setzung« im voraus zu weiteren prinzipiellen wie konkreteren Reflexionen – und mit dem Anspruch, daß es sich hier um Voraussetzungen handelt, die nicht erst frei (geschweige denn: beliebig – oder erpresserisch) von uns gesetzt würden, sondern um solche, die unsere nachträgliche Besinnung als »Apriori« erkennt.

Wahre Urteile

1. Zunächst ist Wahrheit eine Eigenschaft von Sätzen, oder besser: von Behauptungen. Eine Behauptung heißt wahr, wenn zutrifft, was sie vertritt. So beispielsweise der Satz: Wir befassen uns jetzt mit der Frage »Was ist Wahrheit?«. – Das Wort ›Satz‹ habe ich zur ›Behauptung‹ verbessert, weil man nicht allein in Sätzen, sondern schon in Wörtern, jedenfalls zusammengesetzten Wörtern, Behauptungen aufstellen kann.[1]

[1] Vgl. H. Weinrich, Linguistik der Lüge, Heidelberg 1966, 34–38. – Außerdem wäre im Geist der Tradition zu präzisieren, daß nicht eigentlich der gesprochene Satz, sondern die in ihm sich aussprechende Einsicht, nicht das verbal Behauptete, sondern eben die Behauptung = das Behaupten, also das Urteil wahr sei. Vgl. Thomas v. A., Sth I 16,7. – Nicht eingegangen wird hier auf moderne Wahrheitstheorien im Gefolge von Alfred Tarskis »Wahrheitskonvention«. Vgl. L. B. Puntel, Wahrheitstheorien in der neueren Philosophie, Darmstadt 1978; H. Krings, Was ist Wahrheit? in: PhJ 90 (1983) 20–31.

So enthält etwa das Wort ›Freitod‹ ebenso ein Urteil wie das Wort ›Selbstmord‹; beide halte ich in der Mehrzahl der Fälle von Suizid für unzutreffend, also falsch.

2. Doch nicht jedes Urteil, das zutrifft, ist auch schon wahr. Zwar ist es dann richtig; doch zur Wahrheit des Urteils gehört, daß es nicht bloß etwas Zutreffendes feststellt, sondern damit das Beurteilte auch ihm entsprechend, sachgemäß vorstellt. Hugo Staudinger und Wolfgang Behler nennen Sätze wie »Der Mensch ist eine unstabile Fett-Eiweiß-Verbindung« als Beispiele dafür, daß richtige Aussagen das Wesentliche eher zudecken als sichtbar machen können.[2]

Diese Verdeckung kann so weit gehen, daß nicht einmal die Summierung oder Systematisierung derartiger Richtigkeiten in die Wahrheit führt. Eine Feststellung mag also unbestreitbar richtig sein und doch nicht einmal dem Namen einer *Teil*-Wahrheit verdienen; man könnte sie nur eine Halbwahrheit nennen, womit man bezeichnenderweise etwas anderes meint als die Hälfte der Wahrheit.

Auch dazu ein Beispiel: Berichtet jemand, Herr X habe im laufenden Jahr seine Gattin (noch) nicht geschlagen, und man erhält dann die »Zusatzinformation«, er habe das in seiner langen Ehe noch niemals getan, dann stellt dies nicht bloß die Ergänzung einer Teilwahrheit dar, sondern die *Richtig*stellung einer Halbwahrheit: einer infamen Unterstellung.[3]

3. Für einen vollen Wahrheitsbegriff ist indes noch eine weitere Dimension zu bedenken. Zur Subjekt-Objekt-Beziehung, die wir bis jetzt erwogen haben, tritt das Subjekt-Subjekt-Verhältnis hinzu; denn in einem Urteil spricht man nicht nur über etwas oder jemanden, sondern auch stets zu jemanden.

[2] Chance und Risiko der Gegenwart. Eine kritische Analyse der wissenschaftlich-technischen Welt, Paderborn ^{2}1976, 240–246.

[3] Auch wenn jemand erklärte, Abschreiber des Klosters Reichenau hätten den Evangelientext abgeändert, würde der Zusatz »jedoch (wo überhaupt) durch irrtümliches Verschreiben« dies nicht bloß ergänzen, sondern richtigstellen. Beschränkt man sich im obigen Beispiel auf einen Zeitraum (insinuierend, außerhalb seiner gelte anderes), so hier auf das faktische Ergebnis (unterstellend, es sei angezielt). Nähere Beispiele bei Friedrich Denk, Die verborgenen Nachrichten. Versuch einer Pressekritik, Eberfing ^{3}1979.

»Die Wahrheit ist konkret« wird gern – via Bert Brecht – nach W. I. Lenin zitiert; der hat es bei Hegel gelesen[4], und Hegel nimmt damit neutestamentliche Hinweise auf. So verlangt der Epheserbrief (4,15), wir sollten »wahrheitend sein in Liebe – aletheúontes en agápe«. Denn Wahrheit, soll sie wirklich wahr sein, muß auch in dem Sinn konkret sein, daß sie nur liebend erblickt und gesagt werden kann. Oder anders: eine Wahrheit, die man jemandem »an den Kopf werfen« wollte, würde eben dadurch eine bloße Richtigkeit.[5]

»Wahrheit ist stets für den Menschen und die Menschlichkeit... Denn Wahrheit ist nicht neutral; sollen Menschen in und mit Wahrheit leben können, so muß sie menschlich sein, oder das Leben würde unwahrhaftig und ein Zusammenleben unmöglich.«[6] Darum ist nicht alles, was stimmt, auch wahr – wie gesagt; darum kann aber auch umgekehrt »eine banale Richtigkeit unvermittelt zur brisanten Wahrheit werden oder zur Waffe in ihrem Dienst« (ebd.). So die schlichte Feststellung des Kindes, daß der Kaiser nackt sei – was jetzt weder auf gewisse Bindestrich-Philosophien und -Theologien noch auf wissenschaftstheoretische Bestreitungen oder Neufassungen von Metaphysik hin konkretisiert oder aktualisiert sei.

[4] W. I. Lenin, Ein Schritt vorwärts, zwei Schritte zurück, in: WW, Berlin 1971, 7, 197–430, 417; G. W. F. Hegel: z. B. WW (Glockner) XIX 99.

[5] Ein Aspekt, der beispielsweise bei der Diskussion um die »Wahrheit am Krankenbett« (siehe Kap. 8) nicht ausfallen darf. Der aber auch für das Reden von sich selbst Bedeutung hat: Es gibt eine Weise schamlos-unverschämten »Bekennens« – etwa bei dem »Buß-Richter« Jean-Baptiste Clamence in Camus' Erzählung *La Chute* –, bei der man sich durch die richtige »Interpretation« der eigenen Misere davon dispensiert, sich zu ändern. – Das wäre zum Kult der »Aufrichtigkeit«, nicht nur in Selbsterfahrungsgruppen, ebenso zu bedenken wie zur Beurteilung bestimmter Strömungen in Film und Literatur. Auch für das Selbstverhältnis gilt die Einsicht Goethes: »Wenn wir die Menschen nur nehmen, wie sie sind, so machen wir sie schlechter« Lehrjahre VIII, 4 (Hamb. Ausgabe, [10]1981, 7, 531).

[6] K. Schwarzwäller, Die Wissenschaft von der Torheit. Evangelische Theologie im Schnittpunkt von christlichem Glauben und kritischer Vernunft, Stuttgart 1976, 113f.

1. Damit sind wir aber schon aus dem Feld bloßer Sätze und Urteile in die Vieldimensionalität des Humanen gelangt: Unter Wahrheit verstehen wir nicht nur eine Eigenschaft von Sätzen; wir sprechen auch von einem wahren Freund.

Das mag zunächst einmal bedeuten, jemand sei in dem Sinn aufrichtig und wahr, daß er sich gibt, wie er ist. So schreibt Karl Rahner: »Wahrheit ist nicht zuerst das richtige Erfassen eines Sachverhalts, sondern zunächst das Vorkommenlassen des eigenen personalen Wesens, in dem man sich selbst sich stellt ohne Verstellung, sich annimmt und dann auch anderen gegenüber dieses wahrgenommene Wesen vorkommen läßt in Wahrhaftigkeit.«[7]

Dann aber meint diese Rede nicht bloß, jemand zeige sich, wie er sei, sondern er sei und zeige sich als wahrer Freund. Auch hier geht es um den Zusammenfall von »Vorstellung«, »Idee«, und Wirklichkeit. Nur sind jetzt nicht mehr das Urteil, die Vorstellung wahr, weil sie mit der Wirklichkeit übereinstimmen; sondern umgekehrt heißt die Wirklichkeit wahr, weil sie der Vorstellung von ihr entspricht: weil sie sozusagen »ideal« ist, d.h. die Idee ihrer selbst, ihren Entwurf erfüllt. Weil sie ist, was sie sein soll.

Von dem griechischen Komödien-Dichter Menander ist der schöne Satz überliefert (fr 761 K): »Wie bezaubernd [man könnte auch übersetzen: Welch eine Gnade] ist ein Mensch, wenn er Mensch ist.«

Wann aber ist er Mensch? An wessen Vorstellung wird seine Wirklichkeit gemessen? Nach wessen Idee *sollte* sie letztlich beurteilt werden? Was also ist Wahrheit?

Man sieht, welches Gewicht diese Frage gewinnt – und wie sich darin die beiden Wahrheitsbegriffe verbinden: der logische der Urteilswahrheit und der ontische der Wesens- oder Seinswahrheit. Es ist um den Menschen in seinem Menschsein zu tun, in seiner Menschlichkeit.

[7] MySal II 379f (Systemat. Entwurf einer Theologie der Trinität).

Innerhalb des gegebenen Rahmens ist es selbstverständlich nicht möglich, alle Dimensionen des Problemraums auch nur in Grobskizze zu ermessen.[8] Das Folgende beschränkt sich darum auf die eine Frage: Läßt sich und wie läßt sich angesichts der widersprüchlichen Auskünfte über den Menschen vertreten, er stehe doch in all dem unter dem unbedingten Anspruch der Wahrheit? (Ist dies gezeigt, dann ruft es die weitere Frage, was das konkret für uns »allzu-menschliche«, oder klarer: unmenschliche Menschen bedeute.)

Damit haben wir einen *dritten* Wahrheitsbegriff eingeführt. ›Wahrheit‹ ist jetzt der Name der entscheidenden Richte über menschlichen Entscheidungen, über Denken, Wollen und Tun: jener Höchst-Instanz, die in einer Tradition von Platon über Augustinus, Bonaventura, den Cusaner bis Fichte wie auch in der Schrift des Alten und des Neuen Testamentes das *Licht* heißt. Ihm, dieser Wahrheit »gibt« der Mensch »die Ehre«, wie unsere Sprache bedenkenswert sagt, wenn er wahrhaftig sein will.[9]

2. Diese Wahrheit zwingt den Menschen nicht zu einem bestimmten Entscheid, aber sie fordert ihn und nimmt das Recht zu ihrer (unbedingten) Forderung aus ihrer eigenen Hoheit. Sie beweist also nicht – und ist selber nicht zu beweisen: Sie leuchtet auf als »Licht«.[10]

Wie ist dieses Licht beziehungsweise seine Erfahrung nun näherhin zu beschreiben? Wie steht es mit den verschiedenen Deutungen, die diese zentrale Erfahrung erhalten hat und erhält?

Einerseits »degradiert« seine Forderung alle anderen Gründe

[8] Auf eine solche in dreifachem Ansatz darf wohl hingewiesen werden: Konturen der Freiheit. Zum christlichen Sprechen vom Menschen, Frankfurt/M. ²1981; Lernziel Menschlichkeit. Philosophische Perspektiven, ebd. ²1981; Der Mensch ist Person. Zur christlichen Rechtfertigung des Menschseins, ebd. 1978. – Unter anderer Rücksicht, der der angemessenen Instanz, nimmt unsere Frage nach der Wahrheit des Menschen das folgende Kapitel auf.

[9] W. Kraft, Zeit aus den Fugen. Aufzeichnungen, Frankfurt/M. 1968, 223: »Wenn Menschen behaupten, sie wüßten nicht, was die Wahrheit sei, darf man sie höflich darauf hinweisen, was die Lüge ist. Die Lüge setzt die Wahrheit voraus.«

[10] Für ihren Aufweis über den gebotenen knappen Hinweis hinaus siehe: Konturen der Freiheit, Kap. 1: Gerufene Freiheit: Anspruch der Wahrheit (samt dem Exkurs: Wahrheit und Geschichtlichkeit)

und Vorwände zu Vorläufigkeiten. Andererseits schenkt erst sie uns wirklich festen Stand und Grund. Erst wenn wir uns vor und von ihr gerechtfertigt wissen, ist die Unruhe des Fragens an ihr Ziel gelangt.

Zunächst haben wir damit den Punkt der tiefsten Demütigung des Menschen erreicht. Denn mag es auch kränken, geringeren Herren dienen zu müssen, mag es bitter sein, das eigene Denken in Abhängigkeit von einer summenden Fliege, von einem Tropfen Wasser im Gehirn zu wissen (Pascal[11]), so schenkt doch gerade dieses Wissen dem Menschen eine geheime Überlegenheit über die Mächte, denen er unterliegt. Darum sprechen eben aus skeptischen Schriften, zum Beispiel der französischen Moralisten, oft solch souveräne Selbstsicherheit und ein so höflich unerbittlicher Stolz.

Dieses »Rühmen« (Röm 3,27; 1 Kor 1,29) fällt nun dahin. Zugleich aber damit jene eigentümliche Angespanntheit von Menschen, die ihre eigenen Herren, einzige Garanten ihrer Würde sein müssen und davon immerfort überanstrengt sind. Jene Haltung, die sich immer wieder durch ihre Menschenverachtung verrät, gerade bei aller Wahrung der Form; gilt doch, »daß, wer so leicht die Achtung für andere verliert, in erster Linie sich selbst nicht achtet« (Dostojewski).[12]

Die Dialektik von Sklaverei und Überheblichkeit, in die er so gerät, weist als Widerbild jedoch auf die wahre »Stellung des Menschen im Kosmos« hin, auf jene Einheit von Dienst und Herrschaft, die er in Mut und Demut übernehmen soll und die das Schlußgebet der früheren Missa votiva pro pace mit den Worten gekennzeichnet hat: Deus ... cui servire regnare est; der Dienst für Gott »ist« königlicher Selbstbesitz. In solchem Paradox, wie in den Paulinischen Texten von der neuen Freiheit der Erlösten[13], ist eine Erfahrung (nicht nur irgendein Gedanke) Wort geworden, die sich nicht beiseite schieben läßt, auch unabhängig von der Frage, wer oder was dabei genauer mit dem Namen »Gott« bezeichnet werden soll. Zunächst stehe hier der

[11] Pensées, Fr (Brunschvicg) 347, 367.
[12] Tagebuch eines Schriftstellers (Jan. 1977), München (Rahsin) 1963, 301.
[13] Z. B. Röm 6,18; 8,21; 1 Kor 9,19; 2 Kor 3,17; Gal 4 u. 5; vgl. Joh 8,32.36.

Name einfach für diese unleugbare Erfahrung des Lichtes, dem sich anheimzugeben Befreiung, Glück und Erfüllung bedeutet.

Doch ist die Erfahrung des Wahrheitsanspruchs tatsächlich unleugbar und unausweichlich? Es fehlt nicht an Stimmen, die diese Grundbehauptung verneinen. Wir müssen sie anhören und sie auf ihre Gründe befragen: sechs Formen versuchter Flucht vor dem Licht.

Das Licht der Wahrheit

1. Vielleicht am weitesten verbreitet ist heute die Ansicht, auf seine Weise sei eigentlich alles richtig und erlaubt, theoretisch wie praktisch genommen. Begründen läßt sich das allerdings nicht. Und es bedarf nur geringer Überlegung, um die Haltlosigkeit dieser Anschauung zu entlarven. Wenn nämlich alles richtig sein kann und soll, dann wäre es auch das Urteil »Nichts ist wahr« (so argumentiert schon Aristoteles[14]), also ein Satz, der nicht nur dem ersten, sondern sogar sich selbst widerspricht (denn sich selbst will er doch wohl als wahr behaupten).

Und in der Praxis hieße die Umkehrung: Nichts ist erlaubt. Damit erweist sich die totale Diktatur als legitime Möglichkeit eines schrankenlosen Liberalismus (auch dieser Umschlag der schlechten »Demokratie« in die Tyrannei ist bereits von den Alten, vor allem von Platon, aufgewiesen worden[15]).

Diese Meinung kann also einzig vertreten, wer nicht weiß, was er damit tatsächlich sagt. Wer sie bewußt behaupten wollte, behauptete unmittelbar ihr Gegenteil mit, leugnete sie also dadurch, daß er sie vorbrächte. Das ist jedoch unmöglich.

Mit Worten zwar vermag ich einen Widerspruch zu vertreten; ihn wirklich denken, durchvollziehen kann ich nicht. – Wie man durch stetige Teilung keine Strecke je in einen ausdehnungslosen, unteilbaren Punkt verwandeln kann, sondern immer noch ein teilbar Ausgedehntes erhält, so hier. Der Wille

[14] Met IV 8.
[15] Platon, Rep. VIII, 14 (562f).

zum Widersinn ist unbegreiflich wirklich und wirksam, er mag mein ganzes Handeln bestimmen, aber er kommt nicht ans Ziel.

2. So proklamiert im Gegensatz zur ersten eine andere, wohl kaum kleinere Gruppe bestimmte Normen der Gültigkeit, an denen alle Urteile zu messen seien. Doch werden völlig entgegengesetzte Prinzipien aufgestellt. Einmal entscheidet der Nutzen über Wert und Unwert eines Gedankens oder einer Handlungsweise – sei es der Nutzen für die »Zukunft der Menschheit«, für die Rasse, das Volk, die »Klasse der Werktätigen«, sei es der für die eigene »persönliche Entfaltung«, als finanzieller oder »seelischer« Gewinn.

Für andere wieder gelten »Form« und harmonische Schönheit eines weltanschaulichen Entwurfs, die Eleganz einer Hypothese, »Format« und »Gewagtheit« einer Ansicht oder Lebensführung als deren Rechtfertigung. Man denke an die Propheten- und Heilbringer-Rolle, die Dichtern wie Rilke oder Stefan George, ja der Kunst überhaupt nicht selten zugewiesen worden ist. Und sieht der eine das Schöne in einfacher Klarheit, so der andere gerade im Komplizierten. Vor allem in Kunst und Religion, doch auch in der wissenschaftlichen Welt und im persönlichen Leben, kann dann die »Dunkelheit«, das Fremdartige, Vieldeutige oder gar das Undeutbare zum entscheidenden Probezeichen für Rang und Geltung aufgestellt werden; schließlich bewußt das Häßliche, Abstoßende.

Die Beliebigkeit solcher Maßstäbe liegt auf der Hand. Woher nehmen sie selbst ihre Geltung; womit begründen sie ihren Anspruch? Wenn sie sich nicht von der Wahrheit messen lassen wollen, bleibt nur eine Alternative: Entweder zieht man sich auf den ersten (haltlosen) Standpunkt der Gleich-gültigkeit (und *Gleich*gültigkeit) zurück – oder man findet das jeweilige Maß gerade dadurch legitimiert, *daß* man es setzt.

3. Die Vertreter dieser zweiten Lösung bilden damit eine dritte Gruppe, die das Bestehen echter, objektiver Wahrheit bestreitet. Alle Sätze und Entscheide seien freiheitliche Setzung und einfach dadurch für sich gerechtfertigt und gültig. Es ist damit nicht »alles richtig und erlaubt« (wie nach der erstgenann-

ten Meinung); aber *was* nun richtig sei, bestimmt jeweils die souveräne Grundentscheidung.

Wie jedoch können sich die verschiedenen Deutungen und »Sprachen« miteinander ins Benehmen setzen, wenn sie keine gemeinsame Norm über sich anerkennen? Aristoteles bezeichnet den Leugner (der Allgemeingültigkeit) des Widerspruchs-Satzes, da er sich damit zu jeder Verständigung unfähig macht, schlichtweg als Pflanze.[16] Tatsächlich lassen sich die Kunstsprachen logischer Kalküle nicht völlig vom Fundament der Umgangssprache lösen. Damit bleiben auch sie in Abhängigkeit von den metaphysisch-logischen Voraussetzungen, die in unserer Sprache leben und wirken.

Für Aristoteles bedeutet »logos«, durch den er den Menschen bestimmt, nicht bloß Vernunft (wie in der lateinischen Übersetzung: animal rationale), sondern Sprache, und das heißt: Gemeinsamkeit. Sollte dem atomistisch vereinzelnden Denken der Neuzeit sein Argument nicht gleich zwingend erscheinen, so kann es ohne Schwierigkeiten ins Mono-logische als solches ausgezogen werden. Denn auch für sich allein betrachtet, stellt ein Kalkül eine bestimmte gegliederte Ordnung dar. Mögen selbst die Regeln dieser Ordnung willkürlich aufgestellt sein: Ist es ebenso Willkür, daß er überhaupt Ordnungsregeln besitzt und sich in seinem Aufbau konsequent an sie hält?

Ohne sie würde er zum bloßen Sätze-Konglomerat, die Sätze ihrerseits zu sinnlosen Wort-Serien, und sogar die Wörter verlören ihre Bedeutung. Denn die Bedeutung eines Zeichens meint seinen Bezug auf das, was es bezeichnet. Wird dieser nicht gewahrt, verliert das Zeichen seinen Sinn, das Wort entleert sich zum bloßen Laut, der Drucktext zum Arabeskengewebe.

Das eben Gesagte trifft nicht nur in theoretischer Hinsicht zu, sondern ebenso im Praktischen (wir haben bei unserer Analyse ja immer beides im Auge), etwa auf Sartres Freiheitsentwurf. Sartre hatte es seinerzeit in einem Vortrag unternommen,

[16] Met IV 4 (10008 b 10f). Siehe heute K.-O. Apel und seine Schule, zusammenfassend jüngst: W. Kuhlmann, Reflexive Letztbegründung. Untersuchungen zur Transzendentalpragmatik, Freiburg–München 1985.

seinen Existentialismus von der Lehre reiner Beliebigkeit, dem »acte gratuit« André Gides, zu unterscheiden und ihn als »Humanismus« auszuweisen. Er behauptet dort, der Mensch binde durch seine Tat sich und die ganze Menschheit mit und sei so in Verantwortung gestellt.[17]

Doch woher begründet er das? Wenn keine unbedingten Geltungen bestehen und erst meine Freiheit sie entwirft, warum sind dann Feigheit und Halbheit (»mauvaise foi«) schlecht und nicht gleichermaßen legitime Möglichkeiten meiner selbst, der Gesellschaft und der Menschheit überhaupt?

Sartre löst die Schwierigkeit so, daß er die Freiheit selbst voraussetzt; sie sei ihr eigenes absolutes Ziel und der Mensch unausweichlich zu ihr verurteilt. Wie weit diese Auskunft genügt (und überhaupt zutrifft), sei jetzt dahingestellt. Sie zeigt immerhin, daß Gemeinsamkeit wie (auch für sich genommen) personales Selbstsein undenkbar sind ohne die Annahme eines obersten sich selber tragenden Maßes, an dem sich alle andern Maßgaben zu messen haben.

Im Leben also wie auch in der Wissenschaft gilt demzufolge: Auch die beliebigste, willkürlichste Setzung ist nur möglich, wenn sie sich den Prinzipien allen Behauptens, der Grund-Norm richterlicher Wahrheit unterstellt. Ausdrücklich leugnen kann man sie demnach nicht, wenn man überhaupt zu Wort kommen und sich verständlich machen will.

4. Aber daraus folgt noch nicht, daß man sie wirklich als gültigen Maßstab anerkennen muß. Friedrich Nietzsche (der seinerseits die Lebensdienlichkeit zur Norm erklärt) hat der Taktik der Entlarvung zu weitreichender Geltung verholfen. Sie ist die vierte Methode der Flucht vor dem Licht. – Eine Lehre, ein Urteil, ein Leben werden nicht auf ihre Wahrheit hin befragt, sondern als notwendige Folge, als Ausdruck eines tiefer verborgenen Standpunkts entdeckt; der wiederum wird soziologisch oder psychologisch »erklärt«, auf seine Ursachen in Anlage oder Umwelt zurückgeführt, und die erneut... in einem

[17] L'existentialisme est un humanisme, Paris 1946. Deutsche Übersetzung (sie gibt den Titel in Frageform) in: Drei Essays, Berlin 1966.

Fortgang, der sich auf solche Weise immer von neuem davon dispensiert, sich einmal einem Wort zu »stellen«.

Hat man indessen das Gesagte überhaupt gehört, wenn man ihm als Antwort nur zeigt, aus welchen Motiven heraus es formuliert worden ist? Ist der *Sinn* der Aussage verstanden, wenn man ihr Zustandekommen erklärt hat? Warum, wozu ein Satz gesagt wird, ist fürs erste gleichgültig. Er behauptet: »So ist es.« Oder als Werturteil: »So ist es recht!« Und gibt damit die Frage auf: Ist es tatsächlich so? Auch was aus edlen Beweggründen vorgebracht wird, muß sich daraufhin prüfen lassen, ob es stimmt. Und wenn umgekehrt niedrige Absichten eine Wahrheit zu bloßer Richtigkeit entwerten können (schon dazu *muß* es nicht kommen – vgl. Phil 1,15–18), so machen sie damit sie gleichwohl nicht falsch. Wer behauptet, stellt sich unter die Richte der Wahrheit und ruft darum auch seinen Hörer in ihr Gericht.

Und selbst wenn dieser sich dem Ruf entziehen will, indem er sich auf biographische oder »geistesgeschichtliche« Forschung beschränkt, so – heißt nun die eigentliche Antwort – hat er sich eben damit ihm schon unterworfen. Denn seinen Verdacht und erst recht sein Ergebnis *behauptet* er doch. (Oder ist auch das nur biographisch, biologisch und wie sonst noch bedingt? So daß nun er zu untersuchen wäre?)

Die Entlarvung selber (sei sie nun wahr oder auch nur vermeintlich) anerkennt das »Licht«, an das sie die verborgenen Zusammenhänge zieht.

5. Erwacht darum im aufgeklärten Geist das kritische Bewußtsein seiner selbst, dann muß er sich auch psychologische Enthüllungen versagen. Anstelle solch »naiver« Direktheit beschränkt er sich (der fünfte Ausweg) jeglichem Bekenntnis gegenüber auf die »Offenheit« der Fragehaltung: Jedes Urteil enge die Wirklichkeit willkürlich ein; jedes Handeln verurteile unendlich viele Möglichkeiten zur Unmöglichkeit, indem es parteiisch eine einzige verwirkliche.

Hegel hat diese Scheu vor der Realität, die nichts will, weil sie nicht gleich alles haben kann (oder »will« sie nur alles, weil sie eigentlich nichts will?), zu Recht als eitle Unreife gebrandmarkt.[18] Meist übersieht man indessen, daß sein Verdikt auch die entsprechende theoretische Einstellung trifft. Selbstkritik, Behutsamkeit, Offenheit sind unerläßliche Tugenden geistigen Lebens. Aber davon unterscheidet sich grundlegend jene Haltung, die aus einer gewissen Denk- und Entscheidungsfeigheit heraus sich prinzipiell nicht »festlegen« will.

Sie verfällt einem doppelten Irrtum. Einmal bedeutet das klare Ja zur Wirklichkeit keinen Verzicht auf die bewegte Fülle des Lebens. Immer wieder begegnet die Meinung, der Glaubende etwa habe sich aus dem Abenteuer des Denkens und Fragens in die Windstille eines toten Hafens geflüchtet. So hat Camus der »metaphysischen Umkehr« die »größere Treue« des Sisyphos entgegengesetzt, Jaspers dem kirchlichen seinen »philosophischen« Glauben; und auch ein Heidegger hat gemeint, der Glaubende hätte die »philosophische Werkstatt« zu schließen, weil sich radikales Fragen dann erübrigt habe.

In Wahrheit jedoch bezeichnet die Geburt des Glaubens erst den Aufbruch in ein Leben, von dessen Bewegtheit und Größe die Berichte derer zeugen, die es auf sich genommen haben: die Rechenschaft eines Ignatius, eines Johannes vom Kreuz, einer Theresa von Avila ebenso wie Dokumente aus dem Islam und östlichen Religionen. Und wie man hinter den Großen der Weltgeschichte, in ihrem Schatten gleichsam, all die Namenlosen ähnlichen Schicksals ahnt, so auch hier in der Geschichte des Glaubens.

Für jeden Glaubenden ist, was ihn erwartet, »wahrhaftig« eine Last von Herrlichkeit, die nicht nur über das hinausgeht, was wir verdienen, sondern auch über das, wonach wir, außer in seltenen Augenblicken der Gnade, verlangen« (C. S. Lewis)[19], kein Angebot bequemer Ruhe, sondern das einer schmerzhaften Verwandlung (und dies ohne absehbare Grenzen, im Gegenteil mit dem Anspruch auf Ganzübergabe).

[18] SW (Glockner) VII 296 (Rechtsphilosophie § 216 Anm.); II 504 (Phänomenologie: die schöne Seele); in anderer Hinsicht spricht er von Leuten, die weder Kirschen noch Birnen usf. annehmen wollen, weil sie eben »Obst« (schlechthin) verlangt hätten (VIII 59f [Enzyklopädie^3 § 13 Anm.]).

[19] Über den Schmerz, Köln–Olten 1954, 55.

Aber das gilt nicht nur für den christlichen Glauben und die religiöse Lebenshaltung überhaupt, sondern auch für die Philosophie und entsprechend für die einzelwissenschaftliche, ja jede Wahrheitserkenntnis. Annahme der Wahrheit macht dem Kampf gegen dem Irrtum noch kein Ende und ruft vor allem dazu, in angestrengtem Bemühen ihren unendlichen Reichtum immer tiefer zu erfassen.

Entscheidend jedoch ist die andere Täuschung des fragenden Skeptikers. Wie nämlich leicht gezeigt werden kann, setzt alles Fragen positive Aussagen voraus: nicht bloß, weil es auf mögliche Antworten aus ist, sondern schon darum, weil es sich selbst unausweichlich als Frage *behauptet*. – Geistiges Leben bedeutet Entscheidung. Entscheidung und Urteil indes sind niemals grenzenlose Willkür, hat sich ergeben; sie nötigen, zumindest jene allgemeinen Normen anzuerkennen, ohne die es weder Verständigung noch Verstand gäbe, weil überhaupt keinen Sinn. Siehe oben, Anm. 9, den Hinweis von Werner Kraft.

6. Das Leben spielt immer schon unter der Obhut des Lichts. So bleibt zum Schluß nur ein einziger Ausweg, ihm zu entgehen: vollständige Selbstaufgabe. Etwa in der Berufung auf Siddhartha Gotama Buddha.

Er lehrt nicht das Nein; denn solche Negation wäre ihrerseits Setzung. Er fordert nicht den Verzicht; denn der wäre selbst noch Willenstat. Er predigt die absolute Enthaltung, das völlige Erlöschen aller Aktivität, das rückhaltlose Ersterben des Geistes. Nicht der Tod soll überwunden werden, sondern das Leben. Es gilt, die Geburt rückgängig zu machen.

Ernster und radikaler kann der Angriff gegen die Herrschaft des Sollens nicht mehr geführt werden. Jede Gegnerschaft kämpft noch in Abhängigkeit von dem, den sie befeindet. Hier jedoch stehen wir vor dem Versuch, auch solche Feindschaft noch zu untergreifen: in reinen Entzug.

Diesen Versuch werden niemals viele unternehmen. So ist es nicht zu verwundern, daß neben die strenge Lehre des Hinayana-Buddhismus bald die weniger radikalen Schulen des Mahayana getreten sind. Doch wie gering die Zahl derer auch sein mag, die diese letzte Lösung übernehmen, genau besehen, ist sie nur die unerkannte Konsequenz, die reinste Gestalt der fünf bisher angeführten Versuche.

Das Denken des Abendlandes erklärt diese Lösung für undurchführbar. Das Prinzip der Lebendigkeit, das Leben selber kann nicht sterben, führt der todgeweihte Sokrates im *Phaidon* aus. Christliches Denken zieht den Begriff der Schöpfung heran: Wer nicht der Grund des Seins ist, wer nicht schafft, vermag auch nicht vollständig zu vernichten. Der Mensch kann aufbauen und zerstören, zeugen und töten; doch in beidem reicht er nicht bis auf den Grund der Wirklichkeit. Nur wer die Macht hat, aus dem absoluten Nichts zu rufen, könnte das Gerufene wieder ins Nichts entlassen. Auch was zuvor (beim ersten Fehlentwurf) zum Widerspruch gesagt worden ist, gehört hierher. Insofern rundet sich der Kreis der Deutungen, mit denen wir uns auseinandersetzen.

Aber es ist gar nicht nötig, die Frage jetzt ausführlich zu klären; vor allem nicht das eigentlich mit »Nirvana« Gemeinte und den rechten Sinn der Lehre Buddhas überhaupt zu erörtern[20]; ebenso wenig, andere, positive Entwürfe von Nichts-Denken zu diskutieren.[21] In unserer (nicht historisch, sondern »typologisch«-sachlich konzipierten) Überlegung genügt es als Antwort, daß selbst dieser ernsteste Lösungsvorschlag *eine* Entscheidung neben anderen darstellt. Mag sein Ziel auch die Aufhebung allen Urteilens sein, *zu* dieser Aufhebung hat man sich zu entschließen. Und sagt man, es handle sich gar nicht um einen Entschluß, sondern um ein Erwachen – dann gilt es gleichwohl, sich dem zu stellen, was sich zeigt, und den eigenen Augen zu trauen. Dieser Entscheid bedarf der Rechtfertigung, steht also unter dem Maß der Wahrheit.

Das Licht ist allgegenwärtig. Die Worte des 139. Psalms drängen sich auf: »Wohin soll ich gehen vor deinem Geist, wo-

[20] Siehe H. Waldenfels, Absolutes Nichts. Zur Grundlegung des Dialogs zwischen Buddhismus und Christentum, Freiburg i. B. 1976; ders. (Hrsg.), Begegnung mit dem Zen-Buddhismus, Düsseldorf 1980, bes. 62–85.

[21] Siehe B. Welte, Religionsphilosophie, Freiburg i. B. 1978, § 5 u. 6; ders., Das Licht des Nichts. Von der Möglichkeit neuer religiöser Erfahrung, Düsseldorf 1980. Dazu demnächst eine Untersuchung von Hubert Lenz.

hin fliehen vor deinem Antlitz... Läg ich auch drunten im Totenreich: Siehe, da bist du... und sagte ich: ›Finsternis soll mich verhüllen, zur Nacht soll werden das Licht um mich her‹, auch die Finsternis wäre für dich nicht finster. Die Nacht wäre hell wie der Tag, die Finsternis wie das Licht.«

Wahrheit als Leben

1. Dabei ist – um nochmals jedes Mißverständnis abzuwehren – diese Allgegenwart des Lichts nicht etwa ihrerseits bloß ein unausweichliches Faktum (ein Muß – wie der Tod), sondern eben hoheitlicher Anspruch (also ein »Du sollst«, das aus sich selbst gerechtfertigt ist; auch dies will ja das Bildwort »Licht« ausdrücken); Anspruch zudem, der nicht allein legitimes Gebot ist, sondern darin zugleich und zutiefst sich als *Angebot* von Sinn und Leben enthüllt. (In der Entfaltung dieser Sicht dürfte sich darum auch die Frage stellen, ob Widerstand und Flucht letztlich der *Forderung* des Lichtes gelten und nicht vielmehr seiner *Gnade*; wenn anders der Mensch vor allem gefragt sei, ob er beschenkt, sich selbst geschenkt werden wolle, genauer: ob er akzeptiere, sich geschenkt zu sein.)

Wir sind damit nicht nur auf den tragenden Grund der bisherigen Reflexionen gestoßen, sondern auf den Grund aller Wissenschaft überhaupt. Wissenschaft besagt Ordnung des Wissens, methodische Ordnung, die also auch nach der Weise ihres Ordnens selbst und nach dem Bezugspunkt ihrer Ordnung fragen muß (darum ist wissenschaftliches Denken stets und aus seinem Wesen heraus Selbstkritik). – Die verschiedenen Prinzipien der Einzelwissenschaften werden ihrerseits von der »Wissenschaftslehre« geordnet, wie J. G. Fichte die Philosophie genannt wissen wollte.

Ist nun Ordnung immer Hinordnung auf einen Ordnungspunkt, geht also – anders gesagt – alle Ordnung von ihrem jeweiligen Prinzip aus, so wird die umfassende Ordnung vom letzten (beziehungsweise vom ersten) Prinzip bestimmt. Dieses aber darf dann nicht nur der oberste Bezugspunkt sein, *auf* den sich alles bezieht, sondern muß zugleich Maß und Regel für die Weise abgeben, *wie* sich diese Ordnung aufbaut.

Bei den Einzelwissenschaften muß beides nicht notwendig zusammenfallen, Ziel wie Methode können von verschiedenen Absichten diktiert sein. Soll es aber im letzten *eine* Ordnung des Bewußtseins (und damit der Wirklichkeit selbst) geben, soll die Welt nicht letztlich in unverbindbare Teile zerfallen, dann muß das Urprinzip eines sein, und das heißt: allbestimmend, Maßpunkt der Ordnung, die von ihm ausgeht, und Regelmaß der Gestalt dieser Ordnung zumal, Grundsatz *und* methodisches Gesetz des Wissens, Richtpunkt *und* innerer »Bauplan« der Wirklichkeit.

Dieses Prinzip als eines und erstes hat nichts neben sich, von dem es abgehoben, »de-finiert«, nichts über sich, von dem her es bewiesen werden könnte. Das Reden von ihm – schon seine Benennung als Licht – erfolgt sozusagen eine Stufe tiefer, es selbst im Rücken. Das absolut Erste ist von seinem Wesen her unbeweisbar.[22]

Doch wenn man es schon nicht beweisen kann, muß dann das Erste nicht zumindest unabweisbar *vor*gewiesen, unwiderleglich aufgezeigt werden können? – Gewiß gibt es Daten, die

[22] Siehe R. Lauth, Begriff, Begründung und Rechtfertigung der Philosophie, München–Salzburg 1967 (Kap. VIII: Fehlkonzeptionen der philosophischen Aussage, gibt in anderer Reihenfolge die Typologie des vorhergehenden Abschnitts. Dieser stammt – wie auch Teile des Kontextes – aus meinem nun schon länger vergriffenen Buch *Der Mensch in seiner Freiheit*, Mainz 1967, das – 1964 geschrieben – sich entscheidend den Vorlesungen meiner Münchener Lehrer verdankt); ders., Theorie des philosophischen Arguments. Der Ausgangspunkt und seine Bedingungen, Berlin–New York 1979. Im übrigen ist damit nichts über »Gottesbeweise« entschieden. Um es kurz (und entsprechend vereinfacht) auszudrücken: Wenn diese Schlüsse von innerweltlichen Frageanstößen (etwa Werden und Vergehen) mittels eines prinzipiellen Satzes (etwa: Alles Werden bedarf einer Ursache) Gott als »unseren Schöpfer und Herrn« (Vaticanum I, DS 3026), als »Ursprung und Ziel aller Dinge ... erweisen« (DS 3538), dann wird das verwendete Prinzip nicht nochmals seinerseits bewiesen. Unter Umständen läßt es sich auf ein noch früheres »Urteil« zurückverfolgen. Aber dieses kann dann nur mehr aus sich selbst einleuchten, oder vielmehr: aus dem Licht. – Auf Hans Alberts »Münchhausen-Trilemma« hierzu nur soviel, daß es seinem eigenen widersprüchlichen Programm von Totalbegründung entspringt. Vgl. (außer Anm. 16) schon Ch. Schefold, Das verfehlte Begründungsdenken, in: PhJ 82 (1975) 336–373; kürzest: Aristoteles, Met IV 4 (1006a 6f).

ich »allen Sehenden« aufzeigen kann, die sich darstellen und beliebig nachprüfen lassen. Aber *muß* einer sehen und anschauen, was ich ihm zeige? Und weiter: als *was* mag er erblicken, was man ihm zeigt?

Vor aller »intersubjektiven« Formulierung besitzen wir die gemeinsame Welt eben nur in unserem eigenen, persönlichen Erleben. Schon hier führen also »Intersubjektivität« (Gemeinsamkeit) und »Veri-« oder »Falsifizierbarkeit« (Prüfbarkeit) – die die exakten Wissenschaften auszeichnen und die man oft als einzige Kriterien der Gültigkeit fordert – ins unzugängliche Ich (in das »Intra-subjektive«) zurück. Erst recht gilt das von der grundnehmenden, der ursprünglichsten Einsicht.

Gleichwohl sind das Ich und seine personale Einsicht nicht schlechthin verschlossen. Was sich auf der Ebene exakter Prüfbarkeit als unfaßliches »Innen« gibt, liegt eigentlich jenseits des Gegensatzes Außen-Innen. Es ist, wie nun gezeigt werden soll, genau benannt mit Goethes paradoxem Wort für die Natur: »heilig öffentlich Geheimnis«[23].

2. Wissenschaft aber heißt nicht das naive Bemühen, *eine* Methode auf alle Gebiete der Forschung zu übertragen, son-

[23] Epirrhema (Hamb. Ausg. 1, 358); siehe auch Wilhelm Meister auf dem Lago Maggiore (Wanderjahre II 7: 8, 229). Vgl. F. Schillers Verse (die H. Jacobi 1799 seinem berühmten »Nihilismus«-Brief an J. G. Fichte als Motto vorangestellt hat): »Wodurch gibt sich der Genius kund? – Wodurch sich der Schöpfer / Kund gibt in der Natur, in dem unendlichen All! / Klar ist der Äther, und doch von unergründlicher Tiefe; / Offen dem Aug, dem Verstand bleibt er doch ewig geheim.« SW (Fricke/Göpfert), München [5]1973, I 311 (Genialität). Andererseits soll damit nicht etwa personale Einsicht der objektiven Erkenntnis entgegengesetzt werden. Anerkennung objektiver »Gegebenheiten« wie des Sich-Gebens von Person darf nicht mit »Verobjektivierung« gleichgesetzt werden. Von der Satz-Wahrheit bis zur Selbstoffenbarung und tätigen Selbstzusage Gottes (Joh 14,6) spannt sich der Bogen der Analogie (statt daß man es etwa bloß mit äußeren Metaphern, gar leerer Äquivozität zu tun hätte). Siehe H. Pfeiffer, Offenbarung und Offenbarungswahrheit. Eine Untersuchung zur Verhältnisbestimmung von personal-dialogischer Offenbarung Gottes und objektiver Satzwahrheit, Trier 1982 (im 1. Teil Referat und Diskussion heutiger Wahrheitstheorien wie auch der These einer spezifisch biblischen Wahrheit). – Bzgl. Joh 14,6 mag der Hinweis dienlich sein (zur Präzisierung unseres dritten Wahrheitsbegriffs), daß Gott »in der Schrift des Neuen Bundes ›die Liebe‹, aber nie ›die Wahrheit‹ genannt« wird. H. U. v. Balthasar, Wahrheit Gottes, Einsiedeln 1985, 13, unter Hinweis auf I. de la Potterie.

dern der kritische Wille, jedes in der ihm angemessenen Art zu betrachten und zu befragen. Der »Gegenstand«, zu dem wir jetzt gelangt sind, entzieht sich nicht bloß naturwissenschaftlichem Zugriff, sondern auch einer mehr / minder von dorther entworfenen Wissenschaftstheorie.[24]

»Um begreifen zu können, muß man Herz haben«, sagt der General zu Fürst Myschkin, dem »Idioten«. – Denn wenn die Wahrheit wirklich der tragende Grund sein soll, wendet sie sich nicht an den Kopf (oder richtiger: nicht *nur* an ihn und nicht an ihn zuletzt), auch nicht ans Gefühl, sondern ans »Herz« (Augustinus, B. Pascal). Es geht dabei nicht um Entgegensetzung – Kopf und Herz (in diesem Sinn) sind keine Gegensätze (das wären Kopf und Gefühl); es geht um Vertiefung. »Die Frage ist, ob ein Mensch im tiefsten Sinne Wahrheit erkennen, ob er von ihr sein ganzes Wesen durchdringen lassen, alle ihre Konsequenzen annehmen will und ob er nicht im Notfall einen Schlupfwinkel für sich reserviert« (Kierkegaard).[25] Der Punkt, die Mitte, in der über diesen »tiefsten Sinn« entschieden wird; nichts Nebuloses oder Vages also, sondern jenes, in dem ich am schärfsten, unverwechselbar und unvertretbar ich bin, ist mit der Rede vom Herzen gemeint. Hier liegt der innerste Ort meiner Begegnung mit dem Licht.

Die theoretische Einsicht, Erkenntnis der Notwendigkeit, läßt noch Fragen bestehen. Zeiten der Vernunftgläubigkeit fiel es schwer, zu verstehen, daß Descartes sogar an mathematischen (wenngleich nicht auch den logischen) Wahrheiten »zweifeln« wollte – im Gedanken an den »genius malignus«, einen boshaften Geist, der mit uns sein Spiel treiben könnte.[26] Heute, nach Nietzsche, erstreckt sich der Argwohn auch auf die Lo-

[24] M. Gatzemaier, Theologie als Wissenschaft? I. Die Sache der Theologie. II. Wissenschafts- und Institutionenkritik, Stuttgart–Bad Cannstatt 1974/75; K. Huber, Der Ausschluß der Theologie aus den Wissenschaften durch Sprachregelung der Erlanger Schule, in:Segretario per i non credenti, Scienza e non Credenza, Città del Vaticano 1980, 8–36.

[25] F. Dostojewski, Der Idiot IV 3, München (Rahsin) 1977, 743. S. Kierkegaard, Der Begriff Angst IV 2,2 (SV IV 405).

[26] Siehe M. Fleischer, Wahrheit und Wahrheitsgrund. Zum Wahrheitsproblem und seiner Geschichte, Berlin–New York 1984, 4. Kapitel: Descartes (61–85), bes. 66, mit den Anm. 16 u. 18.

gik.[27] Wir wissen, daß allem Denken voraus ein Grund-Ja, das Ja des »Urvertrauens« (Erik H. Erikson) – man könnte sagen: seelisch-geistiger »Gesundheit« – gesprochen sein muß. Nicht blind gewagt, in irrationalem Sprung aus dem Zweifel – das wäre unverantwortlich und trüge nicht –, sondern gelichtet in sich.[28] Aber gelichtet nicht vom Verstand; der sieht erst *dank* diesem reineren Licht.

Platon nennt es ausdrücklich das Gute. Es zeigt sich in der unbedingten Einsicht, oder noch besser: im Anruf. Der Anruf ist aus der theoretischen Einsicht nicht zu erschließen. Die Erkenntnis eines waltenden Naturgesetzes sagt mir nicht, es *solle* gelten. Doch *vor* den Fakten, über ihnen (oder aus ihnen heraus, wie immer man das ausdrücken mag) leuchtet das wahre Sein, der Sinn, die Gültigkeit.

Während ich vom bloßen Dasein nicht zum Sollen gelangen kann, von Analysen des Tatsächlichen niemals zu ethischen Konsequenzen, ruft mich andererseits der Anspruch in die harte Wirklichkeit hinein. Er verlangt ja nicht die bloße »Anerkennung« jenseitiger, ferner »Werte«, sondern die Umgestaltung meiner selbst und meiner Welt, unsere Angleichung an unser wahres Wesen. Und das nicht irgendwie abstrakt allgemein,

[27] Vgl. Fleischer, Kap. 6 und das Schlußkapitel: Zum Problem der Wahrheitsermöglichung nach Nietzsche. Ein wichtiges Moment dieses »nach« sind die Entwürfe »biologischer Philosophie«, also evolutiver Erkenntnismetaphysik und Sozialtheorie. Dazu: P. Koslowski u. a. (Hrsg.), Evolution und Freiheit, Stuttgart 1984 u. R. Spaemann u. a. (Hrsg.), Evolutionstheorie und menschliches Selbstverständnis, Weinheim 1984.

[28] Siehe P. Wust, Ungewißheit und Wagnis, Salzburg–Leipzig 1937. Zwar gebraucht er den Ausdruck Urvertrauen nicht wörtlich; doch er spricht von »Urmißtrauen«, »Urgesinnung« und braucht adjektivisch »urvertrauend«. Die Rationalität des Wagnisses dürfte bei ihm zu wenig deutlich werden, obwohl er sich ausdrücklich von einem »Entscheidungsirrationalismus« absetzt. Das Licht des Guten ist kein Halbdunkel, in das wir uns zu wagen hätten, sondern wirklich »Licht«: das »Heilige«. Gerade von dorther entzünden sich ja Schmerz und Protest des wahrheitssuchenden Menschen an der Ambiguität der Welt wie seiner selbst und damit an der »Unklarheit« des Schöpfergottes (F. Nietzsche, Jenseits v. Gut u. Böse § 53, KSA V 72f). Doch dies (und wie »Licht« hier gleichwohl nicht »Alltagshelligkeit« meint, sondern jenes »Über-Licht«, das auch »Nacht« heißt) ist nun genauer zu zeigen. (Dafür, daß man sich der gebotenen Entscheidung nicht in ein »Weder-Noch« entziehen darf [B.-U. Hergemöller, Hamburg 1985 – zu Wust: 136ff], siehe meinen Artikel *Agnostizismus* im Neuen Handwörterbuch religiöser Gegenwartsfragen.)

sondern praktisch konkret, nach dem »Gebot der Stunde«, in Antwort auf den jetzt gehörten Ruf.

Während also eine reine »Logik der Tatsachen« niemals ins Unbedingte führt, gibt umgekehrt das Sollen den Tatsachen Gestalt und unbezweifelbaren Grund. Nehmen wir etwa die Frage nach der Geltung der Außenerfahrung: Das alte Problem »Träume ich, oder wache ich?« verliert dann überraschend seine Bannkraft und rückt an untergeordnete Stelle. Denn der Appell, der aus der Situation, angesichts eines Bruders, an mich ergeht, ist unabweisbar real. Damit sind es auch die Situation und der Bruder. (Welche Gestalt diese Realität nun genauer besitzt und inwieweit ich mich in dieser Hinsicht täuschen kann, das sind spätere Fragen – und sind dies auch bei den traditionellen Lösungsversuchen der Erkenntnistheorie.)

3. Wenn wir also theoretische und »praktische«: unbedingte Wahrheitserfahrung vergleichen, ergibt sich: Nicht die Theorie führt zum Ethos. Der unbedingte Anruf vielmehr gründet und trägt die Evidenz der Theorie. Man kann sie nicht aus ihm »deduzieren«. Wir haben ja gesagt, das oberste Prinzip sei nicht nur Bezugspunkt, sondern auch Regelmaß dafür, *wie* sich das Übrige aus dem Erstgrunde ausgliedert. Nun ist das Urprinzip, das Licht des Guten, als Sollen (statt eines Muß) nur als Freiheitsgeschehen zu fassen. Nur für die Freiheit gibt es ein Sollen – und in die Mitte der Freiheit vermag nur Freiheit zu treffen. Also sind auch Stufung und Stufen der Ordnung, die von diesem Ersten ausgeht, Ergebnis von Freiheit und darum grundsätzlich unableitbar.

Doch wenn sie auch nicht zu »fordern« oder zu erklären sind, so lassen sie sich gleichwohl aus dem Lichte verstehen. Von ihm erhält die Wirklichkeit Sinn. Nicht, als ob sich alles durch und durch verstehen ließe (so wenig wie alles Tun eines Menschen, den man in Liebe zutiefst erkannt hat), als ob sich damit alles bedrückende Dunkel verlöre. Es bleibt, wie bereits anklang und noch eigens zu erwägen wäre. Doch es ist nicht Dunkel dieses Lichtes selbst, es gilt nicht als Letztes; nicht das Chaos ist Grund und Mutter der Welt. Es steht für uns vielmehr unter dem Maß fraglosen Sinns. Gerade vor diesem Maß erfahren wir es so schmerzlich und widrig. Doch der Sinn, »das Heilige«, büßt seinen Glanz dadurch so wenig ein wie »Helios im Krötentümpel«: wie das Sonnenlicht in einer Pfütze.

Es gibt Augenblicke, da das sich dem Herzen offenbart. Die es erfahren, weisen auf die Unscheinbarkeit des Erlebnisses hin. Nicht in Feuer und Sturm, in der »Stimme verschwebenden Schweigens« (Buber-Rosenzweig) begegnet Elias dem Herrn (1 Kön 19,9–13). Ernst Bloch nennt als *Spuren* und Zeichen: »wie die Pfeife hier liegt, wie die Glühbirne auf der Landstraße brennt oder was sonst.« M. Proust erfährt es im Geschmack der teegetränkten »Madeleine«; oder Kirillow (in Dostojewskis *Dämonen*) an einem sonnendurchschienenen Baumblatt: »Keine Allegorie. Einfach ein Blatt. Nur ein Blatt. Ein Blatt ist gut. Alles ist gut. – Alles? – Alles.«[29]

Solche Augenblicke wiegen Jahre auf; denn in ihnen west »Ewigkeit« an, und sie gibt endgültig Antwort – oder vielmehr keine Antwort; sie ist die Stillung allen Fragens; Stille, weil grundlose Fülle, abgründiger Sinn. Von ihr reden die wunderbaren Worte, die Charles Péguy Gott selbst sprechen läßt, zu »seiner großen Tochter, seinem Geschöpf, der Nacht im weiten Sternenmantel«: daß sie für das Ende die Stille des Anfangs verheißt, wenn der ruhelose Mensch alles Wasser der Brunnen geschöpft hat und ins Schweigen zurückkehrt, doch in »ein Schweigen aus Licht«[30].

[29] Vgl. J. Splett, Die Rede vom Heiligen. Über ein religionsphilosophisches Grundwort, Freiburg–München ^{2}1985, bes. 229–350; ders., Gotteserfahrung im Denken. Zur philosophischen Rechtfertigung des Redens von Gott, Freiburg–München ^{3}1985, bes. Kap. 9: Die Frage Ijobs. (Hier wurden Gedanken aus dem 3. Kap., zur Sinnfrage, aufgenommen.)

Zu »Helios« siehe G. Trakl, Dichtungen und Briefe, Salzburg 1969, I 44 (Spaziergang 2) sowie H. U. v. Balthasar, Das Weizenkorn, Einsiedeln ^{3}1958, 26f. E. Bloch: Gesamtausg. 1,60; M. Proust, Auf der Suche nach der verlorenen Zeit I 1 (Combray), Frankfurt/M. 1967, 63–67 (siehe auch VII [Die wiedergefundene Zeit] 3944–3948); Dostojewski: Dämonen, 2. Teil I, 5, München (Rahsin) 1969, 325f.

[30] Das Tor zum Geheimnis der Hoffnung, Einsiedeln 1980, 168 (Œuvres poetiques, Pléiade, 305f). Siehe A. de Saint-Exupérys Hymne an die Stille, in der er die Heimat beschwört, in der nicht mehr geantwortet wird, weil niemand mehr fragt, weil ein Antlitz (nicht eine »Schau«: visage) genug tut. Die Stadt in der Wüste, Nr. 39, Ges. Schriften, München 1978, II 162 (Œuvres, Pléiade, 620).

1. Noch aber reden wir, und das Wort wird zur Frage: Welches Gewicht hat die Bürgschaft solcher »Augenblicke der Wahrheit«? Verraten sie sich, indem sie vergehen, nicht doch als Lüge? Oder wenn schon nicht dies: ist es nicht mindestens eine Täuschung, wenn der Mensch ihre Botschaft auf sich zu beziehen wagt, statt zu erkennnen, daß gerade wenn sie gilt – wenn also wirklich »alles gut« sein sollte –, dies ihn selbst samt seinen Lügen ausschließt?

So hat es jedenfalls Albert Camus angesichts der Botschaft des Schönen empfunden: »Die Welt ist schön, und darin liegt alles beschlossen. Ihre große Wahrheit, die sie geduldig lehrt, lautet, daß der Geist nichts ist und nichts das Herz. Und daß der Stein, den die Sonne erwärmt, oder die Zypresse, die der wolkenlose Himmel übergroß erscheinen läßt, die einzige Welt abstecken, in der ›recht haben‹ einen Sinn gewinnt: die Natur ohne Menschen. Diese Welt vernichtet mich.«[31]

Ist nicht tatsächlich die Wahrheit über den Menschen – im Licht der »Sonne, die es an den Tag bringt« – seine Unwahrheit und Unmenschlichkeit? – Vorher wurde die Vermutung notiert, die Flucht vor dem Licht sei eine Flucht vor der Gnade; ist es nicht längst schon die vor dem Erweis der Heil- und Gnadenlosigkeit des Flüchtigen?

Platon schildert den Widerstand der Höhlenbewohner gegen den schmerzlichen Aufbruch zur Sonne.[32] Schärfer sagt es das Johannes-Evangelium: »Jeder, der Böses tut, haßt das Licht und kommt nicht zum Licht, damit seine Taten nicht aufgedeckt

[31] Tagebuch Mai 1935 – Februar 1942, Reinbek 1963, 59. Entsprechend steht der Sicht Péguys die Vision bei Botho Strauß gegenüber: »Siehe, der Mensch wird / abgehen von dieser Erde / und aus sein in allen seinen Werken. / Hinter ihm wird der Boden erröten in / Scham und Fruchtbarkeit. / … / Die Erde wird unbemannt sein und aufblühn. / Die gefesselte Hoffnung, befreit von jeglichen Propheten, / wird erlöst sein und in der Stille reichlich wirken. / Frachtlos wiegt sich das Meer, / unbetreten wandert das Land und spielt an hohen Blumen die Luft.« Groß und klein. Szenen, Marokko, in: Spectaculum 33, Frankfurt/M. 1980, 61–140, 70.

[32] Rep. VII (515d–516a).

werden« (Joh 3,20). Wir »halten die Wahrheit nieder« (Röm 1,18).

Vor der richtenden Klarheit des Lichts, vor dem Heiligen sind die Menschen zu allen Zeiten geflohen. Doch zu allen Zeiten ist sein Geheimnis trotzdem jene Mitte gewesen, die nicht nur als »tremendum« entsetzte, sondern auch und zuvor als »fascinosum« Sinn-Ziel einer »Hoffnung wider alle Hoffnung« (Röm 4,18) blieb. – Kann Philosophie hierzu etwas sagen? Immerhin hätte sie vorschnelle Lösungsversuche zu kritisieren, um die Frage unverkürzt offen zu halten. Im Ernst ist sie – oder besser: der (philosophierende) Mensch – darauf verwiesen, sich etwas sagen zu lassen. Philosophie muß sich hier selbst übersteigen: aufhören auf ein mögliches Wort der ewigen Wahrheit.[33]

Wird der Mensch das Urteil endgültiger Aburteilung, das Schweigen eines abgewandten Antlitzes erfahren oder das Gericht jener Gerechtigkeit, die den Schuldigen schöpfermächtig gerecht macht: das Wort heilender Liebe?

2. Aber das klingt, als sei diese Alternative noch nicht entschieden. Übersteigen wir darum zum Schluß die Perspektive christlicher *Philosophie* in den Hinweis auf das Bekenntnis des christlichen *Glaubens*. – Philosophisch hatten wir die unverkürzte Fragestellung zu erarbeiten. Christlicher Glaube lebt als das Bekenntnis zur ergangenen Antwort. Oft hat man als seine Kernbotschaft, als »Evangelium im Evangelium« das Gleichnis vom verlorenen Sohn vorgetragen, diese überwältigende Einladung zur Hoffnung, die richtiger das Gleichnis vom zuvorkommenden Vater hieße. – »Wer aber Grund hat zur Furcht, wie jener verkommene Bursche, der seinem Vater davongelaufen ist, der fasse Mut gerade zur Nähe des Vaters! Denn da wird er mit Freude erwartet. Wie viele Gleichnisse Jesu münden aus in die Freude!«[34]

So scheint mir die kürzeste Formel für die Zusage des Neuen

[33] K. Rahner, Hörer des Wortes. Zur Grundlegung einer Religionphilosophie, (1941), München ^{2}1963.

[34] G. Ebeling, Das Wesen des christlichen Glaubens (1959), München–Hamburg 1964, 49. (Ich greife hier zurück auf: Reden aus Glauben. Zum christlichen Sprechen von Gott, Frankfurt/M. 1973, 125–144.)

Testaments der lapidare Satz zu sein: Er ist das Ja. »Denn der Sohn Gottes, Jesus Christus, der unter euch durch uns verkündet wurde, war nicht Nein und Ja, sondern in ihm war das Ja. Denn alle Verheißungen Gottes [auch die seiner Natur und ihrer Schönheit] finden durch ihn das Ja. Darum ergeht auch durch ihn das Amen Gott zum Preis durch uns« (2 Kor 1,19f).

Damit wird gesagt, daß Gott in Jesus dem Christus end-gültig seine Wahrheit uns gegenüber und auch die unsere vor ihm »definiert« hat. (Oder »aufsteigend« formuliert:) »Paulus... breviter hominis definitionem colligit dicens Hominem iustificari fide.«[35] Die Wahrheit des Menschen: gerechtfertigt sein. – Solche Wahrheit kann man bislang nicht sehen, nur hören (Röm 10,6–8.14), bzw. sehen nur mit den – erleuchteten – »Augen des Herzens« (Eph 1,18). Wir sind erst in Hoffnung befreit (Röm 8,24). Daß sie aber gleichwohl – und zwar jetzt schon – gilt, darauf bezieht sich der »Absolutheitsanspruch« der christlichen Botschaft (nicht auf irgendein »Weltbild«, über das etwa zwischen antiker und heutiger oder westlichen und asiatischen Perspektiven disputiert werden müßte).[36]

Nochmals: Philosophie hat nicht zu klären, ob und wo ein solches Wort wahrhaft ergangen sei. Wir haben nicht einmal des näheren zu untersuchen, wie es sich verlautbaren könnte, um vernommen zu werden. (Es kann sich in seiner Einzigkeit natürlich nicht – im neuzeitlichen Sinn des Worts – »beweisen«, sondern nur glaubhaft behaupten; und seine Glaubwürdigkeit liegt in der Glaubhaftigkeit – was nicht heißt: Wahrscheinlichkeit – seines Inhalts wie seines Sprechers; vielleicht ließe sich bereits philosophisch sagen: in beider Identität. Womit aber der eigentliche christologische Erweis noch nicht berührt ist: der liegt nach dem Selbstverständnis des Glaubens im Osterereignis.) Dies aber ist hier festzuhalten: Geschichte wäre Unheils-Geschichte, deren Sinn in dem selbstverschuldeten Widersinn

[35] Luther, Disp. de homine (1536): WA 39/I 176.

[36] Siehe: J. Splett, der Mittler, in: ThPh 50 (1975) 161–182, bes. 172–180. Das Folgende nimmt auch Gedanken auf aus: Die theologische Dimension der Geschichte, in: ZkTh 100 (1978) 302–317; Glaube und Dogma, in: StZ 180 (1967) 182–190.

(un)menschlicher Selbstzerstörung bestünde, kennte sie nicht die Mitte ihrer vergebenden Annahme durch »Gott-mit-uns«.

3. So wenig man deren Ereignis a priori deduzieren kann, so wenig kann man ungeschichtlich etwas über sein Verhältnis zu den faktischen Geschichtsepochen vor und nach ihm sagen. Immerhin aber dies: daß ein solches Geschehen keiner Epoche ihre »Unmittelbarkeit zu Gott« (L. Ranke) raubt; denn jede Zeit hat sich *in* ihrem je eigenen Gottesbezug auf diese Mitte zu beziehen. Die beiden Bezugsrichtungen schließen sich also keineswegs aus, sondern fordern im Gegenteil einander (so wie Gottes- und Weltbezug der Person überhaupt[37]). Gegenwart ist ja stets in der Weise unmittelbar, daß in ihr Zukunft wie Vergangenheit auf den Menschen zu-kommen und ihm »entgegenwarten«.[38]

Theoretisch gewendet besagt das: Der christliche Wahrheitsanspruch meint im Kern kein – stets perspektivisches – *Was*, sondern ein von Wesen unperspektivisches *Daß*. (Seine Märtyrer sind darum auch nicht für Sätze gestorben, sondern aus Treue zu erfahrener Begegnung: 2 Tim 1,12[39].)

[37] Siehe später Kap. 14.

[38] Nimmt also die »Mitte« den Zeiten nicht ihre je eigene Geschichtlichkeit, dann erlaubt sie auch keine apokalyptischen Datierungen. Insofern hat man Günter Klein voll zuzustimmen, »daß der Satz ›Gott spricht in der Geschichte‹ unter keinen Umständen mit der Behauptung vertauscht werden darf, er spreche aus der Geschichte«. Die Fragwürdigkeit der Idee der Heilsgeschichte, in: Spricht Gott in der Geschichte? Freiburg 1972, 95–153, 149. »Heilsgeschichte« ist kein Arbeitsbegriff für Historiker, auch nicht für Kirchen- und Dogmengeschichtler; sie ist eine Kategorie systematischer Theologie, und dieser zuvor: bekennenden, prophetischen Redens. Hier aber hat sie ihren Ort, gegen die Weltlosigkeit eines Glaubensverständnisses, das in der Sorge um die Göttlichkeit des »Deus absconditus« Mensch und Geschichte der Gott-losigkeit überläßt; das unser unvermeidlich begrenztes Sprechen von ihm als leidvolle Nicht-Identität auffaßt, statt als sein-sollende und gewährte Entsprechung (so daß Grundmißverständnis bei H. Fügel, Gesichtspunkte der Literatur, in: H. J. Schultz [Hrsg.], Wer ist das eigentlich – Gott?, München 1969), und nicht wahrhaben will, daß der göttliche Gott Leben und Tod der Geschichte nicht zu scheuen braucht und sie nicht gescheut hat; daß »seine unsichtbare Wirklichkeit erschaut werden kann« (Röm 1,20) – und zwar nicht bloß an den Gestirnen: daß er in Wahrheit »Gott-mit-uns« ist. – Von dort her mag freilich dann nicht bloß eine Autobiographie, sondern auch die Geschichte und Denkgeschichte einer Gemeinschaft zu *Confessiones* in allen Bedeutungen des Wortes werden.

[39] Dies zu Karl Jaspers hinübergesprochen. Vgl.: Der philosophische Glaube, 1948 u. ö., bes. die erste Vorlesung. (Die Ausarbeitung: Der philosophische

Man kann das heute, angesichts des allgemeinen Rufs nach »(un)dogmatischer Toleranz« nicht scharf und klar genug herausarbeiten. Ein Daß erlaubt weder Erweiterung noch Minderung; es bietet keinen Anhalt für mögliche Kompromisse. Hier gilt nur Entweder – Oder, Ja oder Nein.

Geschichtliches Wahrheits-Zeugnis

Dann allerdings ist auch zu sagen, daß solches Daß nicht ohne Washeitlichkeit bezeugt und ausgesagt werden kann. Rein theoretisch wie vor allem lebensmäßig.[40] Hier ist dann der Ort »zur Entfaltung eines hermeneutischen Wahrheitsbegriffs«[41], für den unter anderem der Gegenbegriff zu ›wahr‹ nicht so sehr ›falsch‹ ist als vielmehr ›leer‹. Doch was sich hier ausspricht, ist der Glaube an ein Daß.

1. Die bewußte (Selbst-)Behauptung des verkündigten bzw. sich verkündigenden Glaubens, die in Reflexion geklärte Aussage des geglaubten Glaubens (fides quae creditur – symbole symbolisé) als Selbst-Setzung des glaubenden Glaubens (fides qua creditur – symbole symbolisant)[42] ergibt das Dogma. – Die eschatologische Endgültigkeit von Gottes Selbstzusage in Jesus Christus verlangt eine Endgültigkeit auch der Verkündigung dieses Zuspruchs. Der Christ »weiß« in unvergleichlicher Wei-

Glaube angesichts der Offenbarung, München 1962, leidet darunter, daß als theologisches Gegenüber vor allem – bio-geographisch verständlich – K. Barth gesehen wird.) Sodann insbesondere zu Gustav Mensching, der den Absolutheitsanspruch »aus starkem religiösem Erleben« entstanden denkt (also als den einer »Ansicht« oder Perspektive) und so in der »Verschiebung der Wahrheitsidee... in die Sphäre der Wahrheit als rationaler Richtigkeit« nur ein Verkennen des Symbolcharakters religiöser Aussagen sehen kann. Toleranz und Wahrheit in der Religion (1955), München–Hamburg 1966, bes. 159-168.

[40] Vgl. Angelus Silesius, Cherub. Wandersmann I 61: »Wird Christus tausendmal zu Bethlehem geboren / Und nicht in dir, du bleibst doch ewiglich verloren.« Sämtl. poet. Werke in drei Bdn. (H. L. Held), München ²1924, III 19.

[41] Siehe den gleichnamigen Beitrag von J. Grondin, in: PhJ 90 (1983) 145–153; dort S. 152 der Hinweis auf H.-G. Gadamer, Kleine Schriften IV, Tübingen 1977, 248 über ›falsch‹ und ›leer‹.

[42] Siehe ausführlicher Konturen der Freiheit (Anm. 8) Kap. 2 u. 3 (zu »Symbol« und »Autorität«); Der Mensch ist Person (Anm. 8) Kap. 7 (Gehorsam).

se, »wem er geglaubt hat« (s.o. 2 Tim 1,12). Er muß dieses sein Wissen formulieren, nicht nur für sich als Einzelnen, sondern auch für die Gemeinde und in ihr. Diese Formulierung ist nicht der Glaube selbst; er kann in falschen Formulierungen gegeben sein und in richtigen fehlen. Aber das ist kein Einwand. Man kann sich ja auch (um ein theologisches Beispiel zu wählen: 1 Kor 11,26–32) das Heil oder das Gericht essen am Leib des Herrn, der gleichwohl (oder eben so) als Leib des Herrn *hier* da und eßbar ist, nicht da-und-dort oder gar überall-und-nirgends.

Bekanntlich sind in der Schrift selbst schon die ersten »dogmatischen« Klärungen greifbar, und die Kirche will im folgenden nichts als diese Klärung fortführen, wo es die Geschichte von ihr verlangt, im Dienst des Glaubens, der Sache: »Der Vollzug des Glaubenden zielt nicht auf den Satz, sondern auf die Sache.«[43] Doch man versteht, wie immer wieder der Satz die Sache zu verdecken drohte, das Greifbare das unbegreifliche Geheimnis, dessen Unbegreiflichkeit er schützen sollte. Auch der katholische Theologe wird zugeben, daß diese Verdeckung immer wieder nicht bloß drohte, sondern faktisch eingetreten ist, in größerem oder kleinerem Maße (die Kirche als sündige sündigt auch gegen die Wahrheit); aber er wird sich auf die Zusage des Herrn dafür berufen, daß diese Verdeckung nie so weit ging, die Wahrheit des weiterzutragenden Worts zu zerstören.

Auch ein wahrer Satz indes, der – wie zu Anfang erwogen – »sagt, was ist«[44], *sagt* zugleich *nicht, was ist*; d.h. er ist in jedem Falle eine Teilwahrheit. Und doch verlangt gerade die so oft zitierte »intellektuelle Redlichkeit«, dies scharf von Sätzen abzuheben, die »*sagen, was nicht* ist« (ebd.): von der Unwahrheit (mag sie sich auch als »Halbwahrheit« maskieren). So wenig alle Sätze wahr sind (s.o.), so wenig sind alle falsch. – Der christlich-metaphysischen Absage an Leibniz' ontologische These eines »malum metaphysicum«[45] korrespondiert das Nein zu deren sprachkritischer Variante, wonach alle Worte ob ihrer

[43] Thomas v. A., De ver. 14, 8 ad 5.
[44] Aristoteles, Met IV 7 (1011b 26f)
[45] Theodizee (1710 – Philos. Schriften [C.J. Gerhardt] VI) 115, 406, 443, 449.

Grenzen eher vom Übel wären und höher als sie das lächelnde Schweigen Buddhas (oder auch Wittgensteins [I]) stünde (Anm. 38 u. 20b).

Der Ernst der Wahrheit verlangt Unterscheidung. Allerdings gilt, daß auch eindeutig unwahre Aussagen immer noch einen »Splitter« Wahrheit enthalten (sonst wären sie gar nicht); und so geht umgekehrt ins definierte Dogma nicht bloß Ungenügen, sondern in concreto stets auch Unwahrheit ein: Bequemlichkeit, Ungeduld, Gegnerschaft, Rechhaberei usw. Aus all diesen Gründen ist ein Dogma kein Endpunkt, man muß darüber hinaus; aber man *kann* das auch, von ihm aus, weil es sich nie als falsch herausstellen wird.

»Es weist den Weg und fordert auf, auf dem rechten Wege zu bleiben. Das Dogma stellt auf Grund seiner Entstehungsweise jeweils das Ende einer mit mehr oder weniger Leidenschaft geführten Diskussion dar. Was bis zur Aufstellung eines Dogmas in der Kirche offen blieb, wenngleich es unreflektiert zu der Offenbarungswahrheit gerechnet wurde, wird durch die Dogmatisierung der Diskussion entzogen. Zugleich aber ist das Dogma ein Anfang. Wenn wir im Bilde vom Wege bleiben wollen, können wir sagen: Es ist an der Wegkreuzung als Orientierungstafel der Beginn des rechten weiteren Weges. Man weiß auf Grund des Dogmas, wie es weitergeht.«[46]

2. Mit diesem Bild ist eigentlich alles gesagt. Glaube wäre demgegenüber das Sicheinlassen auf das Ziel, die Anerkenntnis seiner und das Unterwegs zu ihm. Das Dogma ist der Wegweiser, oder noch besser vielleicht: der Weg selbst, der sich dem Glauben – den sich der Glaube bahnt. Weg, den man nicht zurückgehen kann, sosehr man zuvor hätte den oder jenen Weg einschlagen können (das gehört ja zur geschichtlichen Existenz, daß sie frei, unableitbar, Entscheidungen setzt, an die sie dann gebunden ist, hinter die sie nicht zurück, über die sie nur weiter hinaus kann und unter Umständen soll).[47]

[46] M. Schmaus, Wahrheit als Heilsbegegnung, München 1964, 43.

[47] So wird R. Guardinis Bemerkung einsichtig: »Recht verstanden und recht gelebt, bedeutet das Dogma tatsächlich den Charakter im Glauben«. Vom Leben des Glaubens, Mainz [5]1963, 146.

Es ist ein Weg, der nicht schon einfach fertig vorliegt, sondern sich gewissermaßen Schritt für Schritt unter den Füßen erzeugt, wie Guardini einmal von der menschlichen Geschichte überhaupt gesagt hat.[48] – Dieses Wegs aber bedarf es, nicht weil das Ziel nur auf ihm erreicht werden könnte (Gott ist an keinen Weg gebunden), sondern weil wir gemeinsamen Wegs und in dankbarem Wissen darauf zugehen sollen. Droht hier die Gefahr bequemen Verweilens, so im Weglosen die der Verzweiflung – oder erst recht die der Täuschung, wir seien zu gar keinem Ziel gerufen, sondern eben an unserem Platz schon daheim.

Alois Halder hat unterstrichen, daß die »sprachliche Grundformel der Geschichte« nie ein »›er machte, d.h. plante und führte aus‹ [ist], sondern ›es begab sich‹«; so daß man vom ›er machte‹ erst erzählen kann, wenn es glückte.[49] Und mit dem gleichen Recht will er eine mögliche Einheit der Geschichte nicht als mehr-minder gelingende Aktualisierung derselben Potenz (»statisch-metaphysisch«) noch als Produktion sich übersteigender Möglichkeiten (»dynamisch-metaphysisch«) entwerfen, sondern nur als je neue Freiheitsgeschichte, als »Kontinuität des Diskontinuierlichen«. Drittens pflichte ich Halder bei, wenn er in Anknüpfung an Heidegger (»Geschick des Seins«) und mit Hinweis auf die Strukturontologie Heinrich Rombachs dafür eintritt (35), solche Geschichte nicht bloß als eine des Verstehens und der Auslegung, sondern als wirkliches Geschehen zu erkennen.

Aber sein erster Hinweis darf nicht dazu führen, der Einseitigkeit eines Vorsehungskonzepts, das Gott eigentlich jenseits der Geschichte beließ, nun die entgegengesetzte Einseitigkeit folgen zu lassen, wonach Gott nur mehr ein gleichberechtigter, ein gleich-»verstrickter« Partner wäre statt – in aller »Engagiertheit« – doch des Menschen und der Weltgeschichte Herr. Der zweite Hinweis mit seiner Betonung des je Neuen darf die

[48] Vom lebendigen Gott, Mainz o. J., 54 (Der Wille Gottes).

[49] Wirklichkeit als Geschichte. Philosophische Vorfragen zu Bedeutung und Vermittlung des Christusereignisses, in: L. Scheffczyk (Hrsg.), Grundfragen der Christologie heute, Freiburg 1975, 15–35, 30.

bleibende Gültigkeit der Wahrheit und des Guten und die Treue nicht vergessen machen, die Jahwe den Seinen zusagt, wie er sie von ihnen fordert – und beides nochmals in end-gültiger Weise der Sohn. (Dies hat auf seine Weise das metaphysische Reden von Gottes Unveränderlichkeit und der »Ungeschichtlichkeit der Wahrheit« bezeugen und festhalten wollen.) Und der dritte Gedanke, der mit der Geschichtlichkeit des Menschen ernst macht, muß sich davor hüten, nun in umgekehrter Weise die metaphysische »Anbiederung« des Menschen an Gott fortzusetzen: indem an die Stelle der Geschichtsenthobenheit des Weisen eine Geschichtlichkeit Gottes derart träte, daß nicht nur für uns – letztlich von ihm her –, sondern auch für ihn – von uns her – gälte, was Halder rechtens von unserer geschichtlichen Existenz bemerkt (35), daß nämlich in der Zukunft erst uns nachgetragen werde, als was wir uns heute zu-getragen würden.

Kurzum, wenn wir heute deutlicher sehen, daß Geschichte nicht ernstgenommen ist, wenn man sie als Geschehen *eines* Subjektes und obendrein bloß als Verstehensgeschichte entwirft, dann gilt es zugleich festzuhalten, daß sie in der bloßen Un(ver)mittelbarkeit einzelner Geschichten ebenso verloren ginge – und daß sie eine Geschichte von Verlorenen wäre, wenn es keine göttlich-souveräne Garantie unserer Hoffnung gäbe: keinen Heils-Zuspruch, der vorbehaltlosen Glauben beansprucht.

3. Wo aber derart glaubend gehört bzw. gesehen wird, da erblickt der Glaubende bereits jetzt nicht ein Etwas, sondern jemanden; Gottes Wahrheit ist nicht bloß kein Satz, sie ist genausowenig nur ein Sachverhalt, sondern der *Sohn*: »Ich bin der Weg, die Wahrheit und das Leben« (Joh 14,6) – und so das lange gesuchte Antlitz des Vaters (14,9).[50]

»Der Wahrheit die Ehre zu geben« war stets die Wahrheit und Ehre des denkenden Menschen. Nun adelt ihn die Wahrheitsbefreiung (Joh 8,32) zum selbstvergessenen Lobpreis der Herrlichkeit Gottes. – Die Wahrheit tuend, kommt der Mensch

[50] Vgl. Ps 4,7; 24,6; 67,2; 80,4; 102,3 ...

zum Licht (Joh 3,21). Er ist nicht dieses Licht; doch im Zeugnis von ihm (Joh 1,8) wird er selber hell (Jes 60,1) und schließlich »Licht im Herrn« (Eph 5,8).

Erübrigt sich damit das Denken?

2. CHRISTLICHE PHILOSOPHIE?

Hinter dem einen Fragezeichen des Titels verbergen sich mehrere. Entfaltet man ihn, frei nach Schiller, zum Satz, dann stellt er sich als Doppelfrage dar: »Was ist und zu welchem Ende« betreibt man Philosophie? Und das läßt sogleich weiterfragen: Was heißt und was soll hierbei das Adjektiv »christlich«?

Statt diese Fragen eine nach der anderen in der ihnen gebührenden Breite und Tiefe zu behandeln, führt der Weg dieses Kapitels gleichsam abkürzend quer durch das von ihnen angezeigte »weite Feld« – in der Hoffnung, am Ziel sei doch auf alle vier zumindest eine erste Antwort gegeben (um das Fragezeichen der Überschrift begründet durch ein appellierendes Ausrufezeichen ersetzen zu können).

Gesunder Menschenverstand?

Philosophie, hat jemand gemeint, sei die aufwendige Übersetzung des Unbegreiflichen ins Unverständliche. Das trifft sicher etwas, wenn auch vielleicht nicht ihr »Wesen«. Immerhin kann der Philosoph (im Blick auf manche Wissenschaft heute) sich auf die Unbegreiflichkeit etwas zugute halten: er verschlüsselt nicht bloß Offenkundigkeiten. Um Selbst-verständlichkeiten und um Selbst-Verständnis freilich geht es in der Philosophie. Nicht um Neuigkeiten und um Neuentdeckungen, sondern um ein tieferes Verstehen dessen, was man eigentlich immer schon weiß und gewußt hat.

Eben dies aber ruft den ersten Einwand hervor: Warum bedürfe es dazu einer eigenen Fachdisziplin? Warum genüge hier nicht der gesunde Menschenverstand?

Man könnte sich dafür sogar auf eine Reihe von Philosophen berufen. Bei Kant heißt es: »Der gemeine [= allgemeine und gesunde] Menschenverstand macht weder Anspruch auf Witz noch auf Scharfsinnigkeit: welche eine Art von Luxus der Köpfe abgeben, da hingegen jeder sich auf das wahre Bedürfnis einschränkt.«[1] Und vorher hat René Descartes erklärt: »Kein Ding ist in der Welt besser verteilt als der gesunde Menschenverstand. Denn jeder glaubt, damit so wohl versehen zu sein, daß selbst, wer in allem anderen so schwer zu befriedigen, nicht gewohnt ist, mehr davon zu wünschen, als er besitzt. – Es ist nun nicht wahrscheinlich, daß darin alle sich täuschen, vielmehr bezeugt dieser Umstand, daß die Fähigkeit, richtige Urteile zu fällen und das Wahre vom Falschen zu unterscheiden – eigentlich das, was man den gesunden Menschenverstand oder Vernunft nennt –, von Natur in allen Menschen gleich ist.«[2]

Allerdings schreibt Descartes das ausgerechnet zu Anfang einer »Abhandlung über die Methode, mit seiner Vernunft recht umzugehen«. Er meint demnach, daß der Verstand dergleichen benötigt. Und er sagt das auch ausdrücklich: »Es ist nicht genug damit, einen gesunden Geist zu haben, sondern die Hauptsache ist, ihn in gesunder Weise anzuwenden« (ebd.). Bei Kant klingt es noch schärfer: »In der Tat ist's eine große Gabe des Himmels, einen geraden (oder, wie man es neuerlich benannt hat, schlichten) Menschenverstand zu besitzen. Aber man muß ihn durch Taten beweisen, durch das Überlegte und Vernünftige, was man denkt und sagt... Wenn Einsicht und Wissenschaft auf die Neige gehen, alsdenn und nicht eher, sich auf den gemeinen Menschenverstand zu berufen, das ist eine von den subtilen Erfindungen neuerer Zeiten, dabei es der schalste Schwätzer mit dem gründlichsten Kopfe aufnehmen und es mit ihm aushalten kann...«[3]

[1] Anthropologie: Werke in sechs Bdn (Weischedel) VI 512.
[2] Abhandlung über die Methode I 1 (AT VI 1f).
[3] Prolegomena: Werke III 117f. »... Beim Lichte besehen, ist diese Appellation nichts anderes als eine Berufung auf das Urteil der Menge; ein Zuklatschen, über das der Philosoph errötet, der populäre Witzling aber triumphiert und trotzig tut.«

Mit anderen Worten: Wie gesund ist denn dieser Verstand in Wahrheit? Oder höflicher beziehungsweise vorsichtiger gefragt: Wie widerstandsfähig ist seine Gesundheit? – Kants Briefpartner Johann Georg Hamann ist weniger höflich: »Die Gesundheit der Vernunft ist der wohlfeilste, eigenmächtigste und unverschämteste Selbstruhm, durch den alles zum voraus gesetzt wird, was eben zu beweisen war, und wodurch alle Untersuchung der Wahrheit gewalttätiger als durch die Unfehlbarkeit der römisch-katholischen Kirche ausgeschlossen wird.«[4]

Die »römische Unfehlbarkeit« jetzt (nach den Klärungen in Kap. 1) beiseitegelassen, nehmen wir das für uns Selbstverständlichste: den Menschen selbst. Was ist der Mensch? Kant sieht in dieser einen Frage drei zusammenlaufen: »1. Was können wir wissen? 2. Was sollen wir tun? 3. Was dürfen wir hoffen?«[5] – Man sieht, keine rein »akademische« Frage. Denn nach dem Menschen fragen heißt, nach seiner Menschlichkeit fragen. Nach deren Normen und Kriterien, nach der Lebensaufgabe des Menschen, seinem Sinn und Ziel.

Indes, versteht sich nicht gerade dies von selbst? Das heißt, aus dem heraus, was der Mensch ist, also aus seiner »Natur«? Und kennt der Mensch die etwa nicht? Weiß er nicht selbst am besten, wer er ist und was er will? – Er braucht sich doch nur von seinen »natürlichen Bedürfnissen« leiten zu lassen. Dementsprechend formuliert ja auch die klassische Regel: »Was du nicht willst, daß man dir tu', das füg auch keinem andern zu.« Oder auch positiv gewendet (Mt 7,12): »Alles, was ihr von anderen erwartet, das tut auch für sie.«

Aber wollen alle das gleiche? Es ist mehr als ein Scherz, wenn G.B. Shaw die entgegengesetzte Regel aufgestellt hat.[6] Oder was hat andererseits zu geschehen, wenn zwei nicht allein das gleiche, sondern obendrein dasselbe wollen, und zwar *haben* wollen?

[4] Zweifel und Einfälle: SW (Nadler) III 189.

[5] Logik: Werke III 447f.

[6] Aphorismen für Umstürzler: »Die goldene Regel: Was du willst, daß man dir tu, das füge *keinem* andern zu: der Geschmack ist verschieden.« Vorreden zu den Stücken, Zürich 1947, I 231.

Zum ersten ergibt sich die Frage, inwiefern die Menschen nicht auch falsche Wünsche und Bedürfnisse anmelden könnten. Wer ihnen die erfüllen wollte, zeigte sich nicht menschlich, sondern verriete im Gegenteil Unmenschlichkeit und Menschenverachtung. Zugleich aber: Wer soll nun bestimmen, welche Ansprüche »natürlich«, welche Wünsche und Bedürfnisse die rechten seien? (Dazu später der 3. Exkurs.) – Zum zweiten, also im Blick auf die Knappheit der Güter des Lebens, stellt sich die Frage nach den Methoden menschlichen Teilens. Und bei dem, was sich nicht teilen läßt, nach einer menschlichen Lösung für diesen Konfliktfall. – Zugleich ist auch hier wieder zu klären, wer bestimmen solle, welche Verteilung und welche Verteilungsweise die menschlich angemessene sei.

Durch Jahrhunderte hin sind Kulturen dadurch geprägt gewesen, daß es auf diese Fragen eine bestimmte Rahmen-Antwort gab, die für die Bewohner jener Welt plausibel war und gleichsam fraglos galt. Hier rechtfertigte die Tradition, was man tat und wie demzufolge der Einzelne jeweils zu handeln hatte. Unausgesprochen geschah es im überlieferten Brauch, ausdrücklich in Ritus und Mythos, die das beispielhafte Urgeschehen immer neu vergegenwärtigten. – Im geschichtlichen Fortgang begegnen nun aber, im Aufeinandertreffen der Völker, auch ihre unterschiedlichen Mythen einander. Und diese Begegnung führt zu einer Entwicklung, die man als Fortschritt »vom Mythos zum Logos« bezeichnet hat.[7]

Vorher erschien die eigene Kultur gewissermaßen als Natur, eben als »natürlich«. Wie man selbst lebte, war einzig menschlich, selbst-verständlich. Wie andere lebten, war unmenschlich, barbarisch, unverständlich. – Nun zeigte sich die »Künstlichkeit« der eigenen Kultur. Am Unterschied der Kulturen wurde der Unterschied bewußt, der zwischen diesen Kulturen und der einen Natur als solcher besteht. Und dieser Unterschied bildete sich zum bestimmenden Streitpunkt heraus. Ein Grundwort-Paar der griechischen Sophistik, der ersten Aufklärung, wurde

[7] W. Nestle, Vom Mythos zum Logos, Stuttgart 1940.

der Gegensatz »phýsei – nómo« oder »phýsei – thései«: »natürlich – gesetzlich«.

Wie aber stellt sich Natur dar, wenn man sie nicht der Kultur und dem Gesetz zugrundelegen, sondern sie ihnen gegenüberstellen und entgegensetzen will? Sie muß dann als Programm des Überlebenskampfes erscheinen, in dem der Stärkere eben aufgrund seiner Übermacht auch »recht« hat. Oder genauer gesagt: in dem sich die Frage des Rechts gar nicht mehr stellt. Recht und Gesetz erscheinen demgegenüber als Veranstaltung der Schwachen und Zu-kurz-gekommenen, um sich auf raffinierte Weise doch noch gegen die Stärkeren zu behaupten. – Menschlichkeit und Mitmenschlichkeit in einem solchen Konzept verdienen dann wirklich den Namen, den Hegel in der »Phänomenologie des Geistes« für die von ihren Lebensinteressen bestimmte Gesellschaft gefunden hat: »geistiges Tierreich«.[8] Denn Menschsein wird hier rein biologisch gesehen und gerechtfertigt. Zunächst individual-biologisch: im Blick auf die Durchsetzungskraft des Einzelnen; dann aber auch soziobiologisch: so schon in dem berühmten Dialog der Athener mit den Meliern, wie ihn Thukydides gestaltet hat[9], bis zu den heutigen Rassismen – und R. Dawkins (Kap. 1, Anm. 27b).

Dem gesunden Menschenverstand, um nicht sogleich von »Volksempfinden« zu sprechen, ist also nicht einfach zu trauen, gehe es um die »Judenfrage«, um die volle Freigabe der Abtreibung oder um andere »Randgruppen«, die sich schutzlos einer selbstgerechten Mehrheit gegenüber finden. Statt einschlägiger Zitate aus der jüngeren Vergangenheit und Gegenwart nochmals Hegel: »Jeder Philosoph geht weiter als der gesunde Menschenverstand; denn was man einen gesunden Menschenverstand nennt, ist nicht Philosophie, [und] oft [ein] sehr ungesunder. Der gesunde Menschenverstand enthält die Maximen seiner Zeit. So zum Beispiel wäre es vor Kopernikus gegen allen gesunden Menschenverstand gewesen, wenn jemand behauptet hätte: Die Erde drehe sich um die Sonne... Gesunder Men-

[8] SW (Glockner) II 303ff.
[9] Geschichte des Peleponnesischen Krieges V 86–114.

schenverstand ist die Denkweise einer Zeit, in der alle Vorurteile dieser Zeit enthalten sind ... ohne daß er ein Bewußtsein darüber hat.«[10]

Wissenschaft?

Der gesunde Menschenverstand bedarf der Kritik und Aufklärung über sich. Und diesen Dienst bieten die neutral exakten Wissenschaften an. – Natur- wie Humanwissenschaften ermitteln objektiv die Bedürfnisse der Menschen. Sie entdecken Übereinstimmungen und Differenzen in diesen Bedürfnissen und stellen schließlich fest, welche Übereinstimmungen und Differenzen sich aufgrund dieser Bedürfnislagen zwischen den Menschen ergeben können. So scheint man auf dem besten Weg, die beiden vorhin aufgeworfenen Fragen in einem und zugleich rein sachlich, völlig objektiv zu klären: sowohl die Frage bezüglich wahrer oder falscher Bedürfnisse mit ihrem Erfüllungsanspruch als auch die zweite Frage, die nach dem Verteilungsschlüssel für die knappen Güter.

Doch daß diese Erwartung fehlgeht, kommt heute immer deutlicher zu Bewußtsein, auch wenn die Einsicht in die Gründe dieses Scheiterns unterschiedlich tief reicht. Wie nämlich steht es tatsächlich um die Menschlichkeit wissenschaftlicher Vernunft? Was besagt die Objektivität, die sie verficht, sobald ihre Objekte Subjekte sind? Zudem nicht irgendwelche Subjekte, sondern solche grundsätzlich derselben Art und gleichen Rechtes wie jene Subjekte, die die wissenschaftlichen Theorien erstellen und die entsprechende Praxis konzipieren, welche sie dann – experimentierend – »wissenschaftlich begleiten«?

»Sind wir Menschen ... wissenschaftlich als Natur erwiesen und durch entsprechende Deutungen festgehalten, so ist es folgerichtig, daß Menschen mit Menschen wie mit bloßen Naturdingen umgehen: William Masters und Virginia Johnson lassen im Labor Menschenmännchen und -weibchen einander be-

[10] Geschichte der Philosophie: SW XVIII 36.

springen oder ihre Genitalien wissenschaftsträchtig in Gebrauch nehmen; Stanley Milgram erhebt im Labor wissenschaftlich, daß der Durchschnittsmensch zur Bestie werden kann; Irenäus Eibl-Eibesfeldts Forschungen gemahnen zuzeiten an Jagden auf exotische Insekten – doch es geht um Menschen: Man könne nicht vollständig genug über sie Bescheid wissen; und Herr Siegfried Ruff testete im Konzentrationslager Buchenwald Menschen unter extremen Unterdruckbedingungen. Alles das geschah und geschieht selbstredend im Namen der Wissenschaft und beileibe nicht aus Willkür oder gar leichtfertig, vielmehr allein zu wissenschaftlichen Zwecken – honi soit qui mal y pense!« (K. Schwarzwäller)[11]

Kurzum, die vorgeblich unparteiischen Humantheoretiker und wissenschaftlichen Praktiker sind unvermeidlich Partei. Forschungsprogramme kommen ihrerseits nicht rein wissenschaftlich zustande, sondern werden aus wirtschaftlichen, politischen, letztendlich weltanschaulichen Entscheidungen heraus entworfen. – Nicht als ob sich innerwissenschaftlich keine Forschungsperspektiven ergäben; doch auch unter diesen muß man wählen, da man nicht alles bearbeiten kann. Und diese Wahl erfolgt nie bloß aus wissenschaftlichen Gründen. – Was für den Anfang des Wegs gilt, gilt schließlich auch für sein Ziel: Deutung und Auswertung der Ergebnisse kommen ebensowenig rein wissenschaftlich zustande. Die Deutung der Deutung, Wertung und Gewichtung der Auswertungen sind ihrerseits politisch, weltanschaulich bestimmt.

Daraus folgt, daß Wissenschaft Humanität nicht zu normieren vermag. Anders gesagt, sie hat mit Richtigkeiten zu tun, nicht mit Wahrheit. Wobei »richtig« Sätze heißen sollen, die zutreffen, »wahr« solche, die das Wesen einer Wirklichkeit ins Wort bringen (siehe den ersten Abschnitt von Kap. 1).

Nun könnte man sagen, gerade in solcher Begrenztheit liege der entscheidende Beitrag moderner Wissenschaft zu einem all-

[11] Kap. 1, Anm. 6, 47. Ich erlaube mir die Wiederholung des Zitats (vgl. *Der Mensch ist Person* 63ff, vor allem auch zum Milgram-Experiment), weil mir trotz wachsender Wissenschaftsfeindschaft (paradoxerweise?) die Wissenschaftsgläubigkeit mitnichten abzunehmen scheint.

gemeinen Fortschritt an Humanität. Tatsächlich komme hier die Person mit ihren Sinn- und Wahrheitsfragen nicht vor. Eben darum aber werde sie auch nicht von der wissenschaftlichen Planung und Reglementierung erfaßt. Hier nämlich trifft dann weder ein Großinquisitor noch ein Volksgerichtshof oder das Zentralkomitee einer Weltanschauungspartei irgendwelche Entscheidungen, sondern es handelt sich einzig um Anordnungen grenzbewußter wissenschaftlicher Vernunft. – Doch ist man dadurch vor zerstörerischen Ideologien gefeit, daß man den Gesamtbereich des wissenschaftlich Unentscheidbaren ausspart und dem Privat-Belieben anheimgibt?

Schwarzwäller hat angesprochen, wozu grenzbewußte Wissenschaft ohne Gewissensbisse in der Lage ist. Was außerhalb der Wissenschaftsperspektive verbleibt, steht dem Menschen nämlich auf zwei wesentlich verschiedene Weisen »frei«. Einmal gibt es hier Dinge, die ins Feld von Belieben und Mode gehören: »Über Geschmäcker läßt sich nicht streiten«. Sodann aber ergeben sich hier Wert- und Wesensfragen, über die man sehr wohl streiten muß, bei denen Auseinandersetzung unumgänglich ist – auch wenn der Disput darüber niemals zu wissenschaftlichen Resultaten gelangt.

Vernachlässigt man aus Ideologiefurcht diese fundamentale Unterscheidung, dann begibt man sich jeder Handhabe, um gegen eine unmenschliche Auflösung der Moral in Geschmacksfragen anzugehen. Denn »nicht wissenschaftlich« sind ja beide, das moralische wie das Geschmacksurteil. Was also, wenn jemand Ernst macht mit dem Buchtitel Thomas de Quincey's »Der Mord als eine schöne Kunst betrachtet«? – Als Ästhetisierung der Moral hat bekanntlich Walter Benjamin den Faschismus begriffen.[12] – Ebenso wehrlos ist die Wissenschaft, wenn umgekehrt nun engagierte Gruppen die Kunst politisieren, wenn sie nicht bloß die Kunst, sondern alle Lebensbereiche, schließlich die Wissenschaft selbst, weltanschaulich bevormunden wollen.

[12] Das Kunstwerk im Zeitalter seiner technischen Reproduzierbarkeit: Ges. Schriften I.2, 508.

Will aber die Wissenschaft, statt sich so zu beschränken, ihrerseits als Letzt-Instanz auftreten, dann wäre mit solch technokratischem Totalanspruch der Mensch in seiner Menschlichkeit nicht minder abgeschafft. Und dies in jeder der beiden Weisen, in der Wissenschaft ihren Anspruch anmelden könnte. Entweder nämlich muß sie behaupten, positiv zu wissen, was Menschsein bedeutet. Wer dann anderer Meinung sein sollte, ist gestrig. Schulung und Erziehung haben ihn auf den heutigen fortgeschrittenen Standard zu bringen. Zeigt er sich jedoch hartnäckig unbelehrbar, dann ist er krank und gehört – dies in schlicht sachlicher Konsequenz – unter die Obhut der Psychiatrie. – Oder Wissenschaft will sich nicht mehr in dieser Weise verstehen, die eher dem vergangenen Jahrhundert zugehört; das heißt, sie will nicht wie der Marxismus eine »wissenschaftliche Weltanschauung« sein, sondern bestimmt sich statt von Inhalten und Aussagen von der Methodik her – wobei sie freilich diese Methodik als »Letzthorizont vernünftigen Denkens« vertritt. Man beruft sich dann nicht für seine Konfession auf wissenschaftliche Ergebnisse, sondern erklärt das wissenschaftliche Vorgehen als solches zur einzig gemäßen Deutung der Welt. Wissenschaft und Wissenschaftlichkeit werden hier selbst zur Weltanschauung. Ihre Grundhaltung von »Versuch und Irrtum« im Dienst der Naturbeherrschung bildet das Muster des Weltverhältnisses überhaupt. Wenn man nun solcher Methodik auch den Menschen unterwirft – und was spräche, rein wissenschaftlich, dagegen? –, wenn man ihn selbst zum Versuchsobjekt herabsetzt, dann haben unsere Fragen sich in der Tat – und durch die Tat – erledigt.

»Wissenschaftliche Weltanschauung«, die Behauptung, ein bestimmtes Welt- und Menschenverständnis sei als einziges wissenschaftlich begründet, führt zu unmenschlicher Intoleranz. Wissenschaft *als* Weltanschauung kann dem nichts entgegensetzen: entweder wird sie in ihrer »Wertneutralität« in den Dienst der Unterdrückung gestellt oder, wenn sie selbst die Führung beansprucht, zerstört sie ihrerseits Leben und Würde des Menschen.

1. Nicht die Einzelwissenschaften geben Antwort auf die dreifältig-eine Frage nach dem Menschen. Ihr widmet sich vielmehr die Philosophie. Soll sie indes durch diese drei Fragen gekennzeichnet werden, dann ist jedermann Philosoph. Und mehr: jeder hat auch für sich irgendeine Antwort darauf. Vielleicht sagt er sie nicht, kann sie nicht sagen; aber er lebt sie, und läßt sich von dieser unausdrücklichen Antwort in seinem Tun und Handeln bestimmen. Jedermann, hat man gesagt, habe eine Philosophie. Nur sei sie, wenn nicht selbstkritisch überprüft, sehr leicht dementsprechend. Wird nun solche »Privat- oder Hausphilosophie« kritisch reflektiert, dann wandelt sie sich zu dem, was Kant Philosophie »nach dem Weltbegriff« nennt: »Nach dem Weltbegriffe ist sie die Wissenschaft von den letzten Zwecken der menschlichen Vernunft. Dieser hohe Begriff gibt der Philosophie Würde ... Denn Philosophie ist die Idee einer vollkommenen Weisheit ...«[13]

Alltagsleben wie Wissenschaft funktionieren aufgrund unbefragter Voraussetzungen, über die Einigkeit herrscht. Aber dann treten Konflikte auf, und sie nötigen dazu, die Voraussetzungen eigens in den Blick zu nehmen. Das geschieht, wie bedacht, in Diskussionen des praktischen Menschenverstandes. Sie führen zur Berufung auf wissenschaftliche Ergebnisse und zu Diskussionen über deren Interpretation. Doch eben diese Diskussionen bedürfen noch einmal der Reflexion, denn sie ruhen ihrerseits auf Annahmen auf, die überprüft werden müssen. Aus solcher Krisensituation ist im Athen des fünften Jahrhunderts vor Christus die abendländische Philosophie im engeren Sinne hervorgegangen, gegen das sophistische Programm, das auf eine Zerstörung des Menschen hinauslief.

Insofern kann man mit Robert Spaemann Philosophie bestimmen als Rehabilitierung (das Wort durchaus im Doppel-

[13] Logik: Werke III 446f. Diesem Weltbegriff ist der »Schulbegriff« der Philosophie unterzuordnen, weil er rein formal Philosophie als ein System von Vernunfterkenntnissen aus Begriffen bestimme: für sich genommen nur Spekulation nach Maßgabe reiner Geschicklichkeit, was kein Selbstzweck sein kann.

Sinn genommen, medizinisch wie juristisch) des gesunden Menschenverstandes. »Man kann Philosophie bestimmen als Wiederherstellung dessen, was wir alle wissen und was durch die sophistische Reflexion erschüttert wird. Die Philosophie stellt diese erste Reflexion durch eine zweite in Frage.«[14]

Wie geschieht das? Dadurch, daß an die Stelle der angeblichen »natürlichen Bedürfnisse« des Einzelnen oder einer Gruppe, also gegen den Norm-Anspruch purer Fakten, der Blick auf die »Natur der Sache« tritt. Nicht mehr die krude Tatsächlichkeit eines nur all-zumenschlichen Un-wesens des Menschen gilt als Maß, sei es auch wissenschaftlich aufbereitet, sondern das Wesen der Wirklichkeit in ihrer Wahrheit. Bestimmend wird, wie Josef Pieper sagt, der Wille »zur Konfrontation mit dem Ganzen der Wirklichkeit«: »Es bedeutet, daß die Philosophie, wiewohl ständig hörend angewiesen auf alle Funde sämtlicher Wissenschaften, dennoch dafür Sorge zu tragen hat, sie allein, daß nur ja nicht ein einziger ›denkbarer Aspekt‹ unterschlagen, vernachlässigt, zugedeckt werde und zu kurz komme; daß nur ja, anders ausgedrückt, die Aufmerksamkeit für das Ganze des Gegenstandes, für das ›komplette Faktum‹ offen sei und bleibe.«[15]

Ein solches Unternehmen ist unabschließbar und nur als Gemeinschaftsaufgabe zu wagen: in der gemeinsamen Anstrengung des Disputs. Dieser Disput hat eine eigene Gestalt. Er ist ja nicht nachträglich oder ein zweites, sondern das erste, er ist in strengem Sinn fundamental. Daraus folgt, daß er sich auch auf sich selbst richten muß. Will sagen: er kann nicht einmal bestimmte Diskussionsregeln undiskutiert von anderswoher übernehmen. »Wie ein solches Gespräch möglich ist, wo doch die Gesprächsregeln selbst mit zum kontroversen Gegenstand gehören, das zu erörtern führt... zu weit ab. Ich möchte nur darauf hinweisen, daß, da es keine definitiven Gesprächsregeln und keine definitiven Methoden gibt, für die Philosophie etwas wichtig ist, was Sokrates immer betont: Freundschaft, Wohl-

[14] Philosophie als Lehre vom glücklichen Leben, in: G. Bien (Hrsg.), Die Frage nach dem Glück, Stuttgart–Bad Cannstatt 1978, 1–19, 7.

[15] Was heißt akademisch?, München ²1964, 97 u. 110.

wollen. Das braucht man nicht, wenn man feste Regeln hat. Aber wo man keine festen Regeln hat, sondern sich über diese gerade verständigen will, geht es nicht ohne Wohlwollen. Wo keine eindeutige Sprachregelung allgemein akzeptiert ist, ist Wohlwollen bereits erforderlich, um zu verstehen, was ein anderer sagt« (Spaemann 3f).

Philosophie ist »Sym-philosophein: Miteinander-Philosophieren«. Wo dies Entgegenkommen fehlt, wird der Disput zum Streit, zu »strategischer« Auseinandersetzung. Und die nächstliegende Strategie ist hier allemal die der »Sprachregelung«, werde sie amtlich von Regierungen verfügt oder im Namen der Wissenschaft durch eine bestimmte Schulrichtung, die, wie es Habermas genannt hat[16], das »methodisch geübte Kannitverstan« zum Mittel des Diskussionsabbruchs einsetzt.

Der Hinweis auf diesen Diskurs ist darum wohl auch der einzige Weg zu einer Bestimmung von Philosophie, auf die sich Philosophen unterschiedlichster Richtungen einigen könnten. So sieht es jedenfalls R. Spaemann (4): »Auf dessen [des Diskurses] Kontinuität beruht die Identität der Philosophie und auf sonst, wie mir scheint, gar nichts. Dieser Diskurs hat nur eine negative Regel: er ist unbegrenzt. Jede stillschweigend anerkannte Legitimationsinstanz darf wiederum zum Gegenstand der Erörterung gemacht werden, und jeder ist prinzipiell zugelassen, sofern er als Einzelner und nicht als Masse oder im Namen der Masse auftritt.« Zwar beginnt kein Gespräch ohne Voraussetzungen der Partner; aber jede Voraussetzung kann ihrerseits dem Disput unterworfen werden. Wie lange dieses Vorgehen freilich ergiebig bleibt, ist eine andere, eigene Frage. (Spaemann merkt an, daß die Griechen klugerweise auf die Problematisierung der Natur verzichtet hätten; dazu dann Kap. 11 mit dem 3. Exkurs.)

Instanz des Disputs ist die argumentierende Vernunft, im Dienst sachlicher Wirklichkeitserschließung. Aussagen werden begründet und auf diese Weise auch dem anderen zugemutet.

[16] In einer Replik auf H. Albert, in: Th. W. Adorno u. a., Der Positivismusstreit in der deutschen Soziologie, Neuwied–Berlin ^{3}1971, 265.

Wenn ihm die Wahrheit der Aussage oder die Schlüssigkeit der Begründung nicht einleuchtet, widerspricht er. Damit ist dann die Aufgabe weiterer gemeinsamer Klärung gestellt; aber im Blick auf die beredete Sache. Das heißt, der Widerspruch des Gegners wird nicht so beantwortet, daß man ihn persönlich »versteht«, ohne ihm recht zu geben; sondern dieser Widerspruch ist seinerseits sachlich zu prüfen, so daß sich daraus ein tieferes, differenzierteres Verstehen der Sache ergibt.[17]

Es gilt also kein Ansehen der Person. Kann *ein* Gesprächspartner mit Recht widersprechen, dann können es alle. Das erklärt ein weiteres Moment am dialogischen Philosophieren des Sokrates. Hans-Georg Gadamer spricht es in seiner Studie zur dialektischen Ethik an: »Es liegt daher im Sinne der Verständigungsabsicht, gerade mit dem, dessen Vormeinung der These am schärfsten widerspricht, zu einer Verständigung gelangen zu wollen. Je radikaler der Widerspruch ist, desto mehr ist das durch eine schließliche Übereinstimmung Bestätigte gesichert.«[18] – Diese Sicht bestimmt auch den Selbstdisput des einsamen Denkers: er denkt angesichts des möglichen Einspruchs anderer. Darum ist er zu Frage und Zweifel bereit, statt bloß eine Intuition auszugestalten – das wäre Poesie – oder gar nur auf deren Sicherung auszusein – das würde Ideologie.

An dieser Sachlichkeit liegt es, daß im Feld der Philosophie wirklich gelehrt und gelernt werden kann, ja einzig hier. Denn Lehren ist hier nur eine abgewandelte Weise jenes Gesprächs, das auf freie Zustimmung des anderen zielt. Dem Hörer wird nicht etwas erzählt oder beigebracht, sondern er wird zum Mitdenken aufgefordert. »Zwar liegt dem Lehrer nicht um seines

[17] Dies ist wichtig, weil es der heute weitestverbreiteten psychologischen Einstellung widerspricht. Sie herrscht oft auch dort, wo man sie nicht als vierten Fluchtweg (Kap. 1) vor der Wahrheit wählt. Sokrates redet mit seinen Gesprächspartnern nicht, um ihnen und sich verständlich zu machen, warum sie so reden, wie sie es tun, sondern um in gemeinsamer Anstrengung zu erkunden, ob ihr Urteil richtig und recht sei, ob es sich grundsätzlich verantworten lasse. Die Frage »Warum sagst du, was du sagst?« ist an ihrem Ort rechtens, gegebenenfalls unumgänglich (wie oben nicht bestritten werden sollte). Aber es ist nicht die Frage der Philosophie; sie fragt: Ist es wahr? Und warum ist es dies?

[18] H.-G. Gadamer, Platos dialektische Ethik und andere Studien zur platonischen Philosophie, Hamburg 1968, 32.

eigenen Sachverständnisses willen an dem zustimmenden Verstehen des Schülers, sofern er über das, was er lehrt, schon eigentlich wissend verfügt, aber der Lernende soll auch hier aus freier Einsicht in die begründende Aufweisung zustimmen, das heißt, er soll nichts übernehmen, um es nachreden zu können, sondern soll durch die sachliche Aufweisung selbst in ein wissendes Verfügen über die Sache gebracht werden... Daß Wissen lehrbar ist, ist also mit dem Anspruch des wissenschaftlichen Logos gegeben, in der Aufzeigung aus dem Grunde die Sache in ihrem notwendigen Sein anzusprechen. – Diese Funktion des anderen innerhalb der Tendenz des Gesprächs auf sachliche Verständigung macht gerade das Wesen des Dialektischen aus« (Gadamer 34).

2. Ziel des Disputs, auch und gerade des Gesprächs zwischen Lehrer und Schüler, ist demnach, daß der Lernende genauso der Sache Herr wird wie der Lehrer selbst. – Damit aber zeichnet sich ein möglicher Konflikt ab: zu Instanzen nämlich, die über Wahrheit anders zu verfügen erklären als der Philosoph. Philosophie gerät in Spannung zu religiösem Wissen und Offenbarungsglauben. Martin Heidegger hat »christliche Philosophie« ein hölzernes Eisen genannt und erklärt, wenn er sich vom Glauben so angesprochen fände, würde er die philosophische Werkstatt schließen. »Zwar gibt es eine denkend fragende Durcharbeitung der christlich erfahrenen Welt, das heißt des Glaubens. Das ist dann Theologie. Nur Zeiten, die selbst nicht mehr recht an die wahrhafte Größe der Aufgabe der Theologie glauben, kommen auf die verderbliche Meinung, durch vermeintliche Auffrischung mit Hilfe der Philosophie könne eine Theologie gewinnen oder gar ersetzt und dem Zeitbedürfnis schmackhafter gemacht werden. Philosophie ist dem ursprünglich christlichen Glauben eine Torheit. Philosophieren heißt fragen: ›Warum ist überhaupt Seiendes und nicht vielmehr Nichts?‹ Wirklich so fragen heißt: es daraufhin wagen, das Unausschöpfbare dieser Frage durch die Enthüllung dessen, was sie zu fragen fordert, auszuschöpfen, durchzufragen.«[19]

[19] Anstöße. Berichte aus der Arbeit der Evangelischen Akademie Hofgeismar 1 (1954) 33; Einführung in die Metaphysik, Tübingen ^{2}1958, 6.

Nun ließe sich erstens darüber diskutieren, ob wirklich diese Warum-Frage die philosophische Grundfrage sei. Bei Kant klang es anders. Zweitens wäre zu klären, ob das Frageziel wirklich im *Durch*fragen, also in der Beseitigung von Wunder und Geheimnis der Existenz liege. Tatsächlich hat Heideggers eigener Denkweg darüber hinaus geführt (siehe später Anm. 40). – Aber Heidegger ist nicht der einzige, der hier einen Widerspruch sieht. Karl Jaspers etwa, der durchaus von einem philosophischen Glauben spricht, hat gegenüber einer sich positiv christlich verstehenden Philosophie ähnliche Einwände: »Das Philosophieren, das seinem Ursprung treu bleibt, kann weder Offenbarungsreligion noch Gottlosigkeit eigentlich verstehen ... Der Philosophierende ist von dem Nichtverstandenen doch betroffen als von etwas, das ihn entscheidend angeht. Er versteht es nicht, weil man, um es zu verstehen, es selber sein muß. Der Philosophierende kann nicht wissen, ob er nicht eines Tages seinen Weg verrät und betend in die Knie sinkt, oder ob er eines Tages sich der Welt preisgibt in der Gottlosigkeit des: Nichts ist wahr, alles ist erlaubt –; wenn er auch beides als etwas ansehen muß, das wie der Selbstmord seines ewig transzendent gebundenen Wesens wäre.«[20]

Stellen wir jetzt die Frage nach dem »Verrat« des Glaubenden zurück. Fragen wir vielmehr nur nach der Menschlichkeit »reiner Vernunft«. Immer wieder hat man sich ja daran gestoßen, zu welch diktatorischen Konsequenzen diese Venunft im Lauf der Denkgeschichte geführt hat: von Platons totalitärem Staatsentwurf bis zum »Geschlossenen Handels- [besser: Polizei-] Staat« Johann Gottlieb Fichtes. – Wird Vernunftanspruch nicht unausweichlich ideologisch? Deswegen weigern sich Vorsichtige, die Plattform purer Vernunftdiskussion zu betreten. – Und gerade dies wiederum scheint der Hauptgrund für die diktatorischen Projekte, welche die Vertreter einer offenen Humanität so irritieren.

Anders gesagt, für die Gegner sieht es so aus, daß an die Stelle der Tyrannis von Einzelnen oder Gruppen hier die Diktatur

[20] Vernunft und Existenz, München 1960, 141.

der Vernunft trete, die nicht weniger unmenschlich sei. Denn hier komme eben allein die Vernunft vor, und der Mensch nur als Vernunftwesen in Betracht. Seine Sinnlichkeit und Leiblichkeit mit ihren Bedürfnissen werde unterdrückt und verkürzt. Man unterwerfe die Sprache dem Denken, das Leben dem Begriff, die Stofflichkeit dem Geist, die Frau dem Manne, den Einzelnen dem Allgemeinen. – Kommt es von ungefähr, fragt man, daß die Vertreter der Vernunft das Ziel des Denkens im Sterben und Sterbenlernen erblicken? Von Platon, dem zufolge unsere Leibesverfassung uns an der Erkenntnis der geistigen Wahrheiten hindert, läßt sich der Bogen bis zu Hegel schlagen, für den das Denken die Selbstaufopferung des Denkenden verlangt. Und den Nichtphilosophen konfrontiert mit diesem Anspruch – so Hegel – im Kriegsfall der Staat.[21] Sieht nicht auch Heidegger den Menschen entschieden als Sein zum Tod (Kap. 10, Anm. 6)?

Nehme ich die Philosophie aber nicht so »dogmatisch«, sondern als die reine »Frömmigkeit des Fragens«, scheint auch das der Menschlichkeit nicht eben zu dienen. – Es klang bereits an: Ist es hilfreich, ja überhaupt sinnvoll, angesichts von Welt und Leben stets »Was?« und »Warum?« zu fragen? Schon die Was-Frage ist nicht harmlos. Denn zu leben ist eine Kunst, keine Wissenschaft. Darum besteht Lebenswissen nicht in Definitionen. Es geht nicht an, daß Sokrates einen verdienten General nach dem »Wesen« der Tapferkeit fragt und ihn damit vor seinen jungen Freunden zum Gespött macht. Oder einen Priester nach dem »Begriff« der Religion, was in gleicher Weise nur auf dessen Beschämung hinauslaufen muß.[22]

Noch deutlicher wird das bei der Frage »Warum?« Leben nährt sich aus Traditionen. Die aber lassen sich kaum rational begründen, sondern nur »historisch erklären«.[23] Das heißt,

[21] Rechtsphilosophie: SW VII 434 (§ 324 Anm.).

[22] R. Lauth, Zur Idee der Transzendentalphilosophie, München–Salzburg 1965, Kap. 5: Ideologie und Wissenschaft, bes. 154–156.

[23] H. Lübbe, Was heißt: »Das kann man nur historisch erklären«? in: R. Koselleck / W. D. Stempel (Hrsg.), Geschichte – Ereignis und Erzählung (Poetik und Hermeneutik V), München 1973, 542–554.

man kann höchstens erzählen, wie es zu ihnen kam. Damit soll nicht etwa behauptet werden, sie seien unvernünftig. Es hat nämlich durchaus Vernunft, 1. daß überhaupt »Bräuche« gelten. Ohne solche Vorabklärungen wären wir im gegenseitigen Umgang hoffnungslos überfordert. 2. ist es sinnvoll, unter mehreren möglichen Regelungen eine zu wählen und sie sozusagen amtlich in Geltung zu setzen. Ständig zwischen Regelungen zu wechseln, um niemanden zu benachteiligen, wäre ein schlimmerer Nachteil für alle. Und 3. muß die ausgewählte Regel natürlich in sich selber sinnvoll und vernünftig sein. Ein viertes aber ist nun sehr oft nicht mehr möglich: die Wahl und Bevorzugung einer Regelung vor ihren Alternativen rational zu begründen.

Will die Warum-Frage angesichts dessen nicht bloß darüber Rechenschaft fordern, ob ein bestimmtes Handeln sinnvoll und begründet sei, sondern will sie obendrein eine hieb- und stichfeste Begründung dafür, daß man eher so statt, wie auch möglich wäre, ganz anders vorgehe, dann greift sie ins Leere. Will sie gar die Erlaubtheit des Handelns und seine Zumutbarkeit als Lernziel von einer einsichtigen Antwort auf ihre Frage abhängig machen, dann würden Handeln, Kultur, Tradition weithin unmöglich. So aber geriete auch das Ethische als solches in den Strudel allgemeiner Fraglichkeit hinein. Descartes wußte, was er tat, als er bei seinem Versuch einer radikalen Neubegründung philosophischen Weltverständnisses die bisherige Moral »provisorisch«, wie er sagte, beibehalten wissen wollte.[24] – Nicht als ließe sich mit der Vernunft kein Ethos erstellen. Natürlich sind Handlungsregeln entwerfbar, wobei ›natürlich‹ im doppelten Sinn gilt: selbstverständlich geht es, und selbstverständlich geht es mit den Mitteln der natürlichen Vernunft, ohne daß man eine übernatürliche Offenbarung zu Hilfe rufen müßte. Wie aber wären solche Handlungsregeln zu begründen? Vernunftregelung kommt nämlich nur zu »hypothetischen Imperativen«. *Wenn* man sich also einen Zweck setzt, etwa das Leben und Zusammenleben, das Überleben, die Entfaltung der im Menschen

[24] Abhandlung (Anm. 2) III (AT VI 22ff).

angelegten Möglichkeiten oder ähnlich..., *dann* kann man auch diskursiv ermitteln, welches Handeln diesen Zweck vereiteln würde, und des weiteren – annäherungsweise jedenfalls – auch, welches Handeln diesem Ziel dient.

Aber einmal stellt sich hier bald das Problem der Unvernünftigkeit der Vernunft. Adorno und Horkheimer haben diesen Sachverhalt unter dem Titel »Dialektik der Aufklärung« ins Bewußtsein gehoben. Vernunft nämlich, die nur sich selbst für vernünftig erklärt, wird eben dadurch unvernünftig, oder, wie Adorno/Horkheimer am Beispiel des Marquis de Sade verdeutlichen: terroristisch. »Da die Vernunft keine inhaltlichen Ziele setzt, sind die Affekte alle gleich weit von ihr entfernt. Sie sind bloß natürlich... Wenn alle Affekte einander wert sind, so scheint die Selbsterhaltung, von der die Gestalt des Systems ohnehin beherrscht ist, auch die wahrscheinlichste Maxime des Handelns abzugeben. ... Die Unmöglichkeit, aus der Vernunft ein grundsätzliches Argument gegen den Mord vorzubringen, nicht vertuscht, sondern in alle Welt geschrien zu haben, hat den Haß entzündet, mit dem gerade Progressisten Sade und Nietzsche heute noch verfolgen.«[25]

Das positive Gegenstück zu dieser Analyse einer Unvernunft purer Vernunft liefert C. F. v. Weizsäcker in seinem Plädoyer für die Vernunft des Unvernünftigen: der Triebe und Affekte. »Sinnvolles ›irrationales‹ Verhalten könnte als begrifflose Wahrnehmung des Wirklichen bezeichnet werden. Tierisches Verhalten ist durchaus von dieser Art. In der menschlichen Kultur aber spielt begrifflose Wahrnehmung der Wirklichkeit eine sehr viel wichtigere Rolle als der Interessenrationalismus weiß... So sind die geistig – oft ästhetisch – durchstilisierten Befriedigungen unserer elementaren Antriebe der Leib der Kultur: Essen als gemeinsame Mahlzeit unter der Ägide der Koch-

[25] Dialektik der Aufklärung (1944), Frankfurt/M. 1969, 96f u. 127. – Damit soll freilich – vorsorgliches *Nota bene* – keineswegs die gegenwärtig modische Vernunft-Schelte bekräftigt werden, wie gleich der nächste Abschnitt klarstellt. Vgl. hierzu: H. L. Ollig, Die Vernunft auf dem Prüfstand, in: ThPh 58 (1983) 363–394, u.: Schwierigkeiten mit der neuzeitlichen Rationalität, in: ThPh 61 (1986) 86–109. (Siehe freilich auch Kap. 13, Anm. 36.)

kunst, Trinken als Symposion, Wohnen in Landschaft und Stadt, Gesellschaft in gegliederten sozialen Rollen, Liebe als Spiel, Erschütterung, Partnerschaft. In vielen dieser Gestalten mag man statt von elementarer Lust von einsichtigem Glück sprechen... Ist Glück in diesem Sinn nicht der wahre, menschliche Wert?... Und wird dieses Glück sich nicht durch die ihm innewohnende Einsicht dort selbst begrenzen, wo ihm Begrenzung nottut?«[26]

Zur Vernünftigkeit der Vernunft gehört die Erkenntnis der eigenen Grenzen, die Anerkennung der Vernünftigkeit unbegrifflichen Lebens – und die Anerkennung der Weisheit der Tradition, bei Platon und Aristoteles hieß das: die Anerkennung der Weisheit der »Alten«. Aber mit dieser Selbstbeschränkung der Vernunft ist es noch nicht getan. Wir haben uns ja bislang, auch mit den Zitaten von Horkheimer/Adorno und v. Weizsäcker, noch in der Wenn-Dann-Perspektive geeigneter *Mittel* und *Wege* zum Ziel geglückter Humanität aufgehalten. Doch klang – in der Frage nach einem Argument gegen Mord – schon mehr an, nämlich die Frage nach dem Ziel selbst, nach dem Warum und Wozu überhaupt. Versagt die Vernunft schon bei der Suche nach Mitteln und Wegen, dann kann sie erst recht nicht begründen, inwiefern etwas *unbedingt* sein oder nicht sein soll. Warum soll man sich überhaupt um Menschlichkeit und Mitmenschlichkeit bemühen?

Kant erklärt darum auch mit Entschiedenheit den »kategorischen Imperativ« für ein unhintergehbares »Faktum« der Vernunft. Und auch die »Skeptische Ethik«, die Wilhelm Weischedel uns als sein letztes Werk hinterlassen hat, folgt nicht etwa zwingend aus seinem theoretischen Skeptizismus, sondern, wie er selber darlegt, aus bestimmten »Grundentschlüssen«.[27]

Von woher in der Tat soll dem vielfach bedingten Einzelnen unbedingter Respekt entgegengebracht werden? Warum darf er nicht auf Stamm und Sippe hin verrechnet werden? Und wenn

[26] Der Garten des Menschlichen. Beiträge zur geschichtlichen Anthropologie, München 1977, u. ö., 227.

[27] Kant, KpV: Werke IV 141, 161, 171...; W. Weischedel, Skeptische Ethik, Frankfurt/M. 1976, Kap. 8.

schon nicht darauf, warum nicht doch auf die Menschheit als ganze oder auf die Ganzheit von Vernunft und Weltgesetz hin? »Was unsere humanistische Tradition als die unantastbare Personwürde des Menschen bezeichnet, ist offenbar nicht so geartet, daß man nicht darüber auch hinweggehen könnte. Der einzelne Mensch kann auch als Sache behandelt werden. Hat seine Personwürde nicht mehr den Charakter eines Glaubenssatzes als den eines isoliert nachweisbaren Elementes anthropologischer Vorfindlichkeit? ... Ist der Gedanke des Personalen dann überhaupt primär am Menschen gewonnen? Ist nicht vielleicht der Ursprung des Persongedankens gerade in der Phänomenologie der religiösen Erfahrung zu suchen? ... [So] daß es sich bei der Personalität um eine ursprüngliche religionsphänomenologische Kategorie handelt. Als solche charakterisiert sie die Unverfügbarkeit der Macht, die doch zugleich in jenem Widerfahrnis, das die religiöse Erfahrung konstituiert, den Menschen konkret beansprucht« (W. Pannenberg).[28]

Glaube allein?

Im Rückblick auf die bisher durchschrittene Wegstrecke läßt sich verstehen, daß die Antithese Heideggers bei Theologen auf Zustimmung trifft. Der Welt-Weisheit als sündiger Torheit steht die unverständliche Weisheit Gottes in der Botschaft und dem Schicksal Jesu Christi gegenüber (1 Kor 1,17–31). Man denkt sogleich an das berühmte Memorial Blaise Pascals: »Feuer. Gott Abrahams, Gott Isaaks, Gott Jakobs, nicht der Philosophen und Gelehrten. Gewißheit, Gewißheit, Empfindung, Freude, Friede. Gott Jesu Christi.«

Der Kalif Omar soll bei der Eroberung Alexandriens über die berühmte Bibliothek dort so entschieden haben: Deren Inhalt sei entweder im Koran enthalten und so ihre Sammlung überflüssig – oder nicht enthalten, dann sogar schädlich. Aber was in jenem Jahre 642 dem Brande anheimfiel, waren nur noch Re-

[28] Grundfragen systematischer Theologie, Göttingen 1967, 382f.

ste. Den größten Teil dieser unersetzlichen Schätze hatten vorher christliche Patriarchen zerstört. Sie standen der Bildung und Philosophie gegenüber wie Tertullian: »Was verbindet Athen und Jerusalem? Mag man, wenn man will, ein stoisches, platonisches und dialektisches Christentum aufbauen; wir bedürfen nach Christus Jesus keiner Neugier mehr, und keiner Forschung, seitdem wir das Evangelium erhalten haben. Da wir glauben, wollen wir nicht mehr darüber hinaus glauben. Das nämlich glauben wir zuerst: daß es nichts gibt, was wir noch obendrein zu glauben hätten.«[29]

Vielleicht nicht zu glauben; aber zu denken. Denn genügt das Evangelium rein als solches und das schlichte Bekenntnis zu ihm für einen wachen = »präsenten« Glauben? – Die Frage beinhaltet schon ihre Antwort. Zunächst geht es, mehr formal, nicht ohne logische Überlegungen ab. Schon ins Inhaltliche führen Fragen nach einer angemessenen Hermeneutik. Soll das Wort der Glaubensbotschaft nicht allein Vergangenheitsbedeutung haben, sondern in die Gegenwart hineinsprechen, dann muß es in deren Sprache und Verständnis hinein übertragen werden. Dazu bedarf es der verschiedenen Humanwissenschaften in ihrer Breite sowie deren systematischer Durchklärung in der Philosophie.

Dies vor allem in dreifacher Hinsicht: gefordert ist 1. eine philosophische Lehre vom Menschen, also Anthropologie, 2. eine Geschichtsphilosophie, die – prophetisch gesprochen – die »Zeichen der Zeit« lesen hilft. Und beide philosophischen Disziplinen können der Hilfe der einschlägigen Wissenschaften nicht entraten. 3. bedarf es, auf der Grundlage des Genannten, individueller wie gesellschaftlicher Gegenwartskritik und der Erarbeitung konkret entsprechender Imperative. – Die benötigten Daten und Deutungen sind zum Teil grundsätzlich nicht in der Offenbarungsurkunde zu suchen, da diese ja keine Aussagen über das besonders und unterscheidend Heutige macht. Zum Teil sind sie darum dort nicht zu finden, weil die überzeit-

[29] De praescr. haeretic. 7 (MPL II 20f). – (Im folgenden Gedanken aus Kap. 1 von *Gotteserfahrung im Denken*.)

lich gültigen Lehren der Heiligen Schrift in einer bestimmten, historisch geprägten Gestalt gegeben sind, aus der sie erst herausgelesen und übersetzt werden müssen, bleiben sie doch einzig durch entsprechende Veränderung dieselben. (Buchstabentreue würde sie ins Gegenteil verkehren, also ihren Geist verlieren.)

Schließlich, und vor allem, geht es in den Offenbarungsurkunden gar nicht um eine Lehre von Welt und Mensch, um Ethik, Politikwissenschaft und vieles mehr. Darum behandeln sie eine Fülle von Fragen einfach nicht, welche die konkrete und allseitige Verwirklichung des Glaubens aufgibt. Die Bibel ist kein Moralhandbuch, auch nicht ein Werk gedichteter Philosophie wie etwa die Schrift des Lukrez »De rerum natura – Über das Wesen der Dinge«. Andererseits kann man nicht einfach behaupten, solche Fragen seien, weil die Schrift sie ausspart, unwichtig – oder sie seien durch das, was man dort findet, bereits zur Genüge mit-geklärt. Vielleicht läßt sich grundsätzlich sagen, was vor allem hinsichtlich von Leid und Widersinn in der Welt gilt: seltener, als mancher wünscht und Gegner wie Verteidiger des Offenbarungsglaubens häufig meinen, befreien uns Gottes Antworten von unseren Fragen. Sie ermöglichen es dem Menschen vielmehr, menschlich mit ihnen zu leben.

Mit guten Gründen wären hier die Rückfragen an den gesunden Menschenverstand zu wiederholen. Wer die Glaubensbotschaft heute an die Zeitgenossen weitergibt, ihre Kunde von Gott wie von Herkunft und Zukunft des Menschen sowie die Handlungsanstöße, die daraus folgen, der geht unweigerlich von einem Vorverständnis seiner selbst wie der heutigen Welt aus: der hat also selbstverständlich eine bestimmte philosophische Position. Nur wiederum: wie sieht die aus, wird sie nicht selbstkritisch (ausdrücklich philosophisch) reflektiert?

All das meint mehr als das Programm einer Hilfswissenschaft. Philosophie soll also keineswegs erneut als »Magd der Theologie« empfohlen werden. Eher ist es das Angebot eines »Gewissensspiegels«. Theologie, die darauf verzichtet, ihn zu befragen, fällt einem Offenbarungspositivismus anheim; will sagen, borniert sich auf das naive Programm, »zu lesen, was geschrieben steht«, ohne zu merken, daß sie bei ihrer Lektüre natürlich durch die Brille der eigenen Zeit blickt.

Man kann es, aus der Sicht des Glaubens heraus, so formulieren: Gewiß bringt der christliche Glaube nach seinem Selbstverständnis eine allumfassende Auslegung des Daseins durch Gottes eigenes unüberholbares Wort; er bringt die Vollendung des Menschen, auch in seinem Erkennen. Aber nach einem Diktum Hegels wirkt die Gnade an uns nicht äußerlich wie an Steinen.[30] Gottes Heilshandeln ist freies Tun mit freien Menschen. Seine Offenbarung richtet sich an die Vernunft: an Wesen, die sich zu all dem *verhalten* können (statt es bloß zu erleiden), weil sie sich zu sich selber verhalten. – Natürlich trägt diese Ermächtigung auch die Gefahr des Mißbrauchs in sich. Und auf solche Verirrung zur *Gnosis*, das heißt, zu eigenmächtigem Durchschauenwollen von Welt und Weltgrund, zielen die biblischen Worte von der Torheit weltlicher Weisheit. Aber nur darauf. Gerade das Christentum war es, das die Philosophie zu ihrem eigenen Wesen befreit hat, aus der Abhängigkeit von Mythos und begrenzter Tradition; sei es bejahende Abhängigkeit, die beispielsweise Sklaverei für natürlich erklärt, sei es die Abhängigkeit der Kritik vom Kritisierten, wie sie sich in dem eigentümlich lieblosen Gottesbegriff der Antike bekundet. – »Alles ist euer«, schreibt Paulus den Korinthern (1 Kor 3,21f). So bemächtigt sich die junge Kirche des antiken Wissens und entfaltet es, bis dann bei Thomas von Aquin Philosophie und Theologie reflektiert unterschieden werden.

Philosophie erhält hier vor allem ein fundamental-theologisches Amt. Damit soll nicht gesagt sein, erst müsse alles philosophisch durchgeklärt sein, ehe der Glaube und seine theologische Reflexion einsetzen dürfte. Der alte Spruch »Primum vivere, deinde philosophari – Erst leben, dann philosophieren« gilt vielmehr auch für das hier bestehende Verhältnis. Darum erwartet niemand – wie oft unterstellt –, daß Gottesbeweise und Argumente als solche jemanden zum Glauben führen. Der

[30] Vorlesungen: Religionsphilosophie (Jaeschke), Hamburg 1983–85, I 249 u. II 374.

Glaube wird in missionarischer Tat und predigend verkündet, und sein Grund sind nicht menschliche Gründe, sondern einzig Gott selbst und seine Gnade. Wer aber solchen Glauben bekennt, von dem wird verlangt, daß er sein Glaubenswissen reflektiert und durcharbeitet; daß er anderen auch denkend Rechenschaft von seiner Glaubenshoffnung zu geben vermag (1 Petr 3,15).

Freilich setzt man sich damit dem Ideologie-Verdacht aus, man suche nur im nachhinein zu rechtfertigen, was seine wahren Gründe ganz woanders habe. Darauf sei nun – vor manchem weiteren – erst einmal offenherzig erwidert: Ja, in der Tat wird hier eine Grundstellungnahme begründet, deren eigentlicher Grund nicht in dem liegt, was man in der Diskussion vorbringen kann. Und damit sind wir zum fünften, dem letzten Wegstück unseres Gedankengangs gekommen.

Christliche Philosophie!

1. Philosophische Durchklärung gibt niemals vor, voraussetzungslos und gleichsam vom Nullpunkt her zu beginnen. Sie beansprucht mitnichten, zeigen zu können, daß man rationalerweise gar nicht anders hätte handeln können, als man es getan hat. Solch ein Anspruch macht vielmehr gerade das Wesen von *Ideologie* aus, jedenfalls wenn man das Wort – wie meist üblich – in negativer Bedeutung verwendet. »Danach bedeutet Ideologie eine Theorie, die ein Sonderinteresse durch das Allgemeininteresse zu legitimieren sucht unter Verschleierung dieses Vorgangs. Dieser Ideologiebegriff enthält die folgenden drei konstitutiven Merkmalsmomente: 1. das zugrunde liegende Sonderinteresse, 2. das vorgeschobene Allgemeininteresse, 3. die Verschleierung des Quidproquo, das heißt, die Pseudolegitimation des Sonderinteresses durch das Allgemeininteresse« (W. Kern).[31] – Prinzipieller gesagt, geht es um den Versuch, den

[31] Disput um Jesus und um Kirche, Innsbruck 1980, 156–190: Kirche im Horizont der Ideologiekritik, 162.

Entscheidungscharakter einer Entscheidung dadurch aufzulösen, daß man sie ganz als Ergebnis eines objektiven theoretischen Diskurses darstellt. In Wahrheit aber lassen sich zwar *Gründe* diskutieren, *der Grund* jedoch, von dem her auch die Gründe erst ihr Vollgewicht erhalten, läßt sich bestenfalls nennen, nicht erfassen.

Wahl ist darum nicht ein irrationales Geschehen. Aber sie übersteigt oder besser: sie trägt erst die rationale Reflexion. Umgekehrt bleibt Entscheidung nur dann verantwortlich und human, ja überhaupt Entscheidung (statt bloß irrational gesteuerte Willkür), wenn sie sich selbstkritisch reflektiert. Und Vernunftargumente haben, wie im ersten Kapitel gezeigt, gerade und einzig im Freiheitsraum von Entscheidungen ihren Ort. Denn weder über Launen und Geschmäcker kann man disputieren noch über Zahlenfeststellungen und Rechnungsergebnisse. *Zwischen* beliebiger Willkür und Faktenzwang liegt das Feld von Freiheitsentscheidung und begründendem Diskurs.

Wo ist nun das Begründungsfeld zum Thema »Christliche Philosophie«? Jaspers sieht drei mögliche Bedeutungen dieses Namens: »a) wenn Philosophie und Offenbarungsglaube im Bewußtsein des Denkens nicht getrennt sind, wie bei Augustinus, Anselm, Cusanus... b) ... die Gestalten einer scheinbar selbständig gewordenen Philosophie, wie es die moderne thomistische Philosophie geworden zu sein behauptet... c) Philosophie kann schließlich christliche Philosophie heißen, weil sie dem Raum des Abendlandes angehört. Sehen wir sie von der griechischen oder gar der indischen und chinesischen Philosophie her, so spüren wir die alldurchdringende Atmosphäre, die noch bis zu den Skeptikern und Materialisten fühlbar ist.«[32]

Hier sei der Name weiter als in der zweiten, enger als in der dritten Bedeutung genommen: als Kennzeichnung eines Denkens, das seine geschichtliche Christlichkeit *positiv*, bejahend, übernimmt, ohne sich jedoch hierdurch schon in den Dienst, gar in die Dienstbarkeit der Theologie zu begeben.

[32] Der philosophische Glaube angesichts der Offenbarung, München 1962, 61f.

Das heißt, ein Mensch, der Christ ist, reflektiert methodisch kritisch, argumentativ, seine Grundsituation in ihren wesentlichen Dimensionen und ist sich dabei seiner Bestimmtheit durch sein Christsein ebenso bewußt wie anderer historischer und sozialer Bestimmtheiten seines Denkens. In dieser Weise muß sich jeder, auch ein nichtchristlicher Philosoph der eigenen Prägung bewußt sein. Die geistesgeschichtliche Situiertheit konkreter Philosophie beeinträchtigt keineswegs ihren Status und Anspruch als Philosophie. Schon gar nicht läßt sich darum Philosophie etwa dadurch als solche bestimmen, daß man sie (fast schon zwanghaft) von jeglicher christlichen Implikation zu reinigen versucht.

Theologisch gesprochen: Was wäre – nicht abstrakt prinzipiell, sondern faktisch, in unserer tatsächlichen heilsgeschichtlichen Situation – »Natur« ohne »Gnade«? Philosophisch stünde hier die Diskussion mit Heideggers Philosophie-Theologie-Sicht an – zu deren vollem Verständnis gewiß auch ihr persönlicher »Sitz im Leben« gehört, statt daß man sie, unkritisch beeindruckt, zur prinzipiellen Norm macht. Näherhin beziehe ich mich auf Peter Knauer[33]: »Gegenüber einer sogenannten ›christlichen Philosophie‹, die mit Prämissen zumindest anonymen Glaubens arbeitet, müßte explizitem christlichen Glauben daran gelegen sein, Wissen und Glauben, Philosophie und Theologie deutlich zu unterscheiden, anstatt sie vermischend ineinander übergehen zu lassen.«

Dazu in aller Kürze nur dies: 1. Vermischung ist in der Tat ungut. Philosophie und Theologie sollte man freilich nicht als Wissen und Glauben gegenüberstellen, da auch der Glaubende weiß (2 Tim 1,12)[34] und es andererseits kein Wissen, schon gar kein Lebenswissen, gibt, das nicht Gesamtinterpretation, also »philosophischen Glauben« (Jaspers) enthält. 2. Knauer sagt

[33] Der Glaube kommt vom Hören. Ökumenische Fundamentaltheologie, Bamberg ^{4}1984, 332.

[34] Und damit ist gerade nicht »gemeint«, seine »Glaubensintensität … grenz[e] an Gewißheit«. W. Ch. Zimmerli, ›Wahr‹ und ›richtig‹, in W. Oelmüller (Hrsg.), Wahrheitsansprüche der Religionen heute, Paderborn 1986, 163–179, 166.

nicht, wen er meint. Hier jedenfalls wird für christliches Philosophieren plädiert, doch selbstverständlich ohne theologische *Prämissen*; bewußt bin ich mir freilich christlicher *Präsuppositionen*: eben meiner – akzeptierten – Situation. 3. Unverständlich bleibt mir die Rede von »Prämissen... anonymen Glaubens«. Dieser *theologische* Begriff Karl Rahners zielt nicht auf Theorie-Prämissen, sondern sagt etwas über *Menschen* aus, die ihrem Gewissen folgen: daß sie dies nämlich einzig aus der Gnadenkraft von Jesu Christi Gott und Vater können.[35] So wenig Philosophie a-theistisch sein muß, um Philosophie zu bleiben (Heidegger), so wenig muß ein Philosoph gewissenlos (= *nicht* ein anonymer Christ, also z. B. undankbar, »die Wahrheit niederhaltend« o. ä.) sein, um als wahrer Philosoph zu gelten. Man müßte vielmehr das Gegenteil fordern. (Wobei diese innerchristliche Deutung keineswegs auf eine amtliche Vereinnahmung hinausläuft. Außenstehende, die das fürchten, mögen sie durchaus im Sinne Lessings lesen: »Was mich Euch zum Christen macht, das macht Euch mir zum Juden« IV 7.) 4. Wenn Glaube und Theologie daran liegt, mit gültiger Philosophie zu tun zu haben statt mit Kryptotheologie, dann wäre nicht zu vergessen, daß es auch Kryptotheologien negativen Vorzeichens gibt. Auch und gerade der Abgrenzungswille fixiert und entfremdet. Mir scheint weder nötig noch tunlich, als Ausweis philosophischer Echtheit Immanentismus, antimetaphysischen Affekt oder eine sich mit »Ockhams razor« selbst beschneidende Rationalität[36] zu verlangen. »Es ziemt sich, ohne falschen Re-

[35] Vgl. neuerdings: N. Schwerdtfeger, Gnade und Welt. Zum Grundgefüge von Karl Rahners Theorie der »anonymen Christen«, Freiburg u. a. 1982, in Aufnahme und Durchklärung der bisherigen Diskussion.

[36] Zu Ockhams »Rasiermesser«, dem denkerischen »Sparsamkeitsprinzip«, informiert prägnant C. F. Gethmann in der Enzyklopädie Philosophie und Wissenschaftstheorie II 1063f. Zur Sache Th. W. Adorno: »Die Aufforderung, man solle sich der intellektuellen Redlichkeit befleißigen, läuft meist auf die Sabotage der Gedanken heraus.« Minima Moralia. Reflexionen aus dem beschädigten Leben, Frankfurt/M. ^{2}1962, 99. – Sollte nicht auch dies noch im Licht der Todesfaszination des Denkens gesehen werden (Anm. 21)? Und dessen Nivellierungswille entspränge tiefer der »Entropietendenz« des Lebens überhaupt (S. Freud, z. B.: Das Ich und das Es IV)? Röm 8,6: »Das Trachten des Fleisches ist der Tod.« Auch dorthinein hat der Glaube zu sprechen; aber er sollte es nicht als den

spekt und ohne Unbesonnenheit die Philosophie so weit zu führen, als sie gehen kann, so weit, als sie gehen muß« (Maurice Blondel).[37]

Man hat wiederholt darauf verwiesen, daß es ohnehin mißlich sei, von einem Verhältnis zwischen *der* Philosophie und dem Glauben bzw. *der* Theologie zu sprechen (abgesehen davon, daß obendrein deutlich zwischen Glaube und Theologie zu unterscheiden wäre). Blondel hat in seiner »Lettre« (dem »Brief über die Anforderungen des heutigen Denkens an die Apologetik und über die Methode der Philosophie bei der Untersuchung des Problems Religion«)[38] an die Geschichte des abendländischen Denkens erinnert: Die griechische Spekulation trat mit dem Anspruch auf, »die Theorie vor die Praxis oder an ihre Stelle zu setzen« und »in sich, mit dem ersten und letzten Wort über die Dinge, eine Art göttlicher Selbstgenügsamkeit zu finden« (164). Darum gab es zunächst eine Konkurrenz zwischen der bestehenden Philosophie und christlicher Verkündigung als der (wie die Apologeten erklären) wahren Philosophie. Zugleich erweiterte und vertiefte der Offenbarungsglaube den Raum bisherigen Wissens und Denkens – bis in die geist-erschlossenen »Tiefen Gottes« (1 Kor 2,10).

Als es dann nach der vorläufigen mittelalterlichen Verbindung zur neuerlichen Aus-einander-setzung kommt, ist die Philosophie »nicht mehr, was sie war. Sie gibt sich jetzt unbewußt ein Ziel, das nicht aus ihr allein stammt« (168). Doch dieser neuzeitliche Total-Anspruch scheitert schmerzlich. »Die antike Konzeption der Hegemonie, genauer der Autarkie der philosophischen Vernunft [Blondel denkt vor allem an Spinoza, wir wohl an Hegels absoluten Idealismus] ist somit durch den Fortschritt der Vernunft selbst zerstört worden« (176). So kommt es zum Programm der *Selbstbescheidung*.

»natürlichen« Ort des Irdischen und Humanen bestimmen – zu einer unheiligen Allianz von philosophischem und theologischem Positivismus.

37 Die Aktion (1893). Versuch einer Kritik des Lebens und einer Wissenschaft der Praktik, Freiburg–München 1965, 432.

38 Dt. Ausg. (Verweyen): Zur Methode der Religionsphilosophie, Einsiedeln 1974.

In dieser Situation nun sehe ich grundsätzlich zwei Antwortmöglichkeiten. *Entweder* votiert man dennoch weiterhin für »Autonomie«, indem man entschieden auf prinzipielle Antworten verzichtet.[39] Das kann nochmals doppelt geschehen: einmal in Selbstbeschränkung auf Sekundärprobleme (systematisch) oder auf rein historische Forschung; sodann zwar im Bezug auf die wirklich bewegenden Fragen, doch nun in Selbstrücknahme auf die »Frömmigkeit des Fragens«. – *Oder* man denkt dialogisch auch in dem Sinn, daß die Philosophie selber sich ins Gespräch nicht bloß mit den Natur- und Humanwissenschaften, sondern auch mit dem glaubenden Menschen begibt. Wäre in der Tat nicht frömmer (= ursprünglicher) als das Fragen das Hören? (Und hat dies nicht schließlich Heidegger selbst so gesagt – offengelassen, wie weit er gekommen ist, es auch zu tun?)[40]

Um so leichter müßte solch wechselseitiges Hören, also ein wahres Gespräch, dort möglich sein, wo der Glaubende selber philosophiert, also »als Glaubender das Werk eines Philosophen versucht«.[41] – Ein solcher Christ denkt und argumentiert mit seiner natürlichen Vernunft, er bezieht sich philosophierend auf seine Glaubensurkunden nur so wie auf andere große Dokumente menschlicher Erfahrung. Sie dürfen ihm näher stehen als Goethe, Buddhas Reden oder die Upanishaden, aber er führt sie keineswegs als »Gotteswort« in den Diskurs ein.

2. Doch eben dieser Bezug erlaubt ihm nun eine klare Alternative bezüglich unserer offenen Fragen. – Es ging um mögli-

[39] Dieser Entscheid ließe sich auch so beschreiben: man verzichtet darauf, etwas zu *haben*, um man selbst zu *sein*. Das hätte dann Max Stirner auf's Prinzip gebracht. »Der Einzige und sein Eigentum« (1845) tritt unter der Maxime an: »Ich hab' mein Sach' auf Nichts gestellt.« Dies aber darum, weil zu haben stets auch heißt, gehabt zu werden, nicht bloß sich selbst zu gehören.

[40] Von der Frömmigkeit des Fragens (Vorträge und Aufsätze, Pfullingen ^{2}1959, 44), in der noch – und nicht geringer – Zugriff herrscht, geht der Weg zum »ins Hören gerufenen Nachsagen«, da alles Fragen aus dem »Hören der Zusage« lebt (Unterwegs zur Sprache, Pfullingen ^{3}1965, 70 u. 175).

[41] M. Blondel (Le problème de la philosophie catholique) nach: H. Bouillard, Blondel und das Christentum, Mainz 1963, 248; siehe auch H. U. v. Balthasar, Christen sind einfältig, Einsiedeln 1983, 100–109: Einfalt und Philosophie, bes. 107f.

ches Menschsein. Daß Humanität nicht bloß im Namen der Wissenschaft oder der reinen Vernunft, sondern zumal im Namen Gottes immer wieder verhindert wird, ist unbestreitbar. Wir müssen jedoch eine weitere Windung der Reflexionsspirale durchlaufen: Zu fragen ist nach dem *Prinzip einer möglichen Korrektur* solchen Mißbrauchs, aufgrund *prinzipieller Rechtfertigung*. Wie und woher rechtfertigt man *unbedingten Respekt vor einem unstreitig vielfach bedingten* Wesen? – Man kann sich fälschlich und manipulierend auf Gott berufen und hat das immer wieder getan. Doch eben darum, weil im Ernstfall tatsächlich Er die einzig wahre Berufungsinstanz ist. In der Tat bleibt letztlich die Berufung auf Gott der einzige Weg, den Protest gegen bestehende Zustände seinerseits human bleiben zu lassen, ohne daß bloß Eigenwille (Selbstsucht) gegen Eigenwillen stünde.

Philosophisch gesagt, geht es um den unbedingten Anruf im Gewissen, der dem Angerufenen an dieser Unbedingtheit teil gibt. In religiöser Sprache, von Sokrates vor seinen Richtern wie von den Aposteln vor dem Hohen Rat formuliert: »Man muß Gott mehr gehorchen als den Menschen.«[42]

Zudem wird dem Gehorchenden nicht abverlangt, darüber zu befinden, wie es im Herzen seines Kontrahenten mit dessen Gottes-Gehorsam bestellt sei. Hier allein wird darum jene unverkrampfte Toleranz nicht nur möglich, sondern sogar verlangt, die weder die Vernunft für die Unvernünftigen aufbringen kann noch die Wissenschaft für die »vorwissenschaftlichen« Bestreiter ihrer Theorien. (Ich sage »verlangt«; wir diskutieren ja nicht auf der Ebene faktischen Verhaltens, sondern auf der seiner möglichen prinzipiellen Kritik.)

Und diese Kritik ist nur der Schatten positiver Begründung. Wer Gottes ist, der steht zuletzt in niemandes andern Verfügung. Aber es bleibt nicht beim Vorbehalt: Dies Gott-Gehören begründet – und einzig es – die *unbedingte Annahme* des anderen, unabhängig von bestimmten Qualitäten, seinem »menschlichen Wert« (oder Unwert). Das gilt von der Menschenrechts-

[42] Apol 29d; Apg 5,29.

Ebene bis ins Private.[43] Nur im Blick auf Gott sodann können Menschen einander ihre Unmenschlichkeit wirklich vergeben – anstatt sich bloß wechselseitig als »allzumenschlich« zu entschuldigen. Zuletzt: allein vom Tod *und der Erweckung* Jesu Christi her können Menschen es begründet riskieren, in einer Gemeinschaft auch der »Dümmere« zu sein, der nachgibt. Das heißt, nur von hier aus können sie im vollen Bewußtsein ihrer Personwürde und ihrer Rechte auf die *Durchsetzung* ihres Rechts und ihre Selbstbehauptung verzichten.

Das entscheidende Wort in diesen Sätzen ist der Zusatz »begründet«. Es geht darum, daß nicht bloß derart gehandelt und gelebt werden kann, sondern daß solches Handeln als menschenwürdig zu denken sein müsse, daß es dem jeweils Einzelnen in voller Achtung seiner Würde angesonnen werden könne (indem ihm nicht bloß gesagt wird, was er tun solle, sondern zugleich auch, was er hoffen dürfe). – Menschsein und Menschlichkeit heißt manches, in Hellas und Rom und auch in den großen alten Kulturen des Ostens. Abendländisch bedeutet es: in seinem Denken und Handeln der Überzeugung entsprechen, daß der Mensch Person ist. Person aber wird nicht in erster Linie durch Vernunft, nicht einmal durch bloße Freiheit konstituiert, sondern – wie hoffentlich zumindest ansatzweise klar geworden ist – durch den Schöpfungsanruf Gottes, aus dem her sie nun als Freiheits- und Vernunftwesen zu gewissenhafter Menschlichkeit gerufen ist.

Man hört die Meinung, das Christentum habe lange genug Zeit gehabt, seinen Humanismus und dessen Humanität zu bewähren. Angesichts seines Scheiterns müßten wir heute nach neuen Angeboten Ausschau halten. – Die Frage von Alternativ-Angeboten beiseite gelassen, darf ich mich hierzu – vor dem Hintergrund des Bedachten – auf zwei Anmerkungen (plus Anschlußfrage) beschränken.

Zum ersten bedeutet es schlicht eine, wenngleich schier unausrottbare, Kategorienvertauschung, zu sagen, durch die hi-

[43] Siehe ausführlicher: Der Mensch ist Person (Kap. 1, Anm. 8), bes. Kap. 1; Gotteserfahrung im Denken (Kap. 1, Anm. 29), Kap. 4 u. 116–120.

storische »Praxis« sei die »Theorie« des Christentums »falsifiziert«. Ein Auftrag ist etwas anderes als Theorie, und das Gebot der Menschlichkeit wird durch unsere Unmenschlichkeit mitnichten entkräftet; es erweist umgekehrt unser Leben als falsch.

Zum zweiten besteht einmal die Christengeschichte ja nicht bloß aus Hexenverbrennung, Kreuzzügen oder Judenpogromen (um etwa nur das Hospiz- und Hospitalwesen anzusprechen – während andererseits die »Tötung des Vater-Gotts« nicht gerade zu einem Aufbruch von Brüderlichkeit geführt hat). Sodann aber und vor allem ist, wo das Menschsein von Einzelnen und deren Umkehr im eigenen Herzen zur Frage steht, der globale Fortschritts-Begriff überhaupt nicht verwendbar. Hier kann niemand (wie in Wissenschaft und Technik) an der Stelle fortfahren, zu der sein Vorgänger gelangt ist; die »bereits zweitausend Jahre« zählen nicht, und jeder muß von neuem damit anfangen, ein Christ zu werden.

Das ist kein Sonderproblem der Christen und ihres Humanismus'; denn es gilt nicht weniger von unser aller Menschsein. Oder wären wir tatsächlich nicht bloß in den Humanwissenschaften, sondern in der Menschlichkeit selbst weiter gekommen als unsere Altvordern? (Diese Aufklärungsnaivität sollte zumindest seit Auschwitz dahin sein.)

Entsprechend vorwärts geblickt: Inwieweit brauchen wir wirklich eine »neue Moral« und den »Menschen der Zukunft« anstatt der Wahrnahme jenes »alten« Gebots, das nicht erst vom Himmel oder von jenseits des Ozeans hergeholt werden müßte (Dtn 30,11–14), weil es in uns selbst spricht? Wort (»Logos«) jenes Anspruchs, in dessen Vernehmen erst der findige Zweibeiner Mensch wird.[44]

[44] Um schließlich nochmals griechische und biblische Tradition zusammenzuführen: griechisch ist der Mensch das »Lebewesen des logos«, d.h. von Wort und Vernunft (vgl. Aristoteles, Politik I 2 [1253 a 9f] – lateinisch wird daraus, unter Verlust der Wort-Dimension, »animal rationale«). – Im Ausgang des Mittelalters schreibt Nikolaus von Kues, an Gott gewandt: »Und es hört dich die Erde, und dieses ihr Hören ist das Werden des Menschen.« De visione Dei 10 (Studienausg. [Gabriel-Dupré], Wien 1964ff, III 136f). Zum Wort-Charakter von Schöpfung und Welt überhaupt (und der Sonderstellung des Menschen darin) siehe W. Kern, Gott schafft durch das Wort, in: MySal II 467–477.

Doch ging es soeben weniger um das Menschsein als um die Fragwürdigkeit des Christseins. Mit der Frage, die der Mensch ist, haben wir begonnen. Mag das Kapitel so mit jener Frage schließen (sie stammt von dem Frankfurter Pfarrer Lothar Zenetti[45]), die unser Thema dem (allzu) menschlichen Christen aufgibt:

Bist du ein Christ?
Wenn ja –
warum nicht?

Wie immer Christen sich dagegen verfehlen – und so sehr Menschen außerhalb der christlichen Tradition diesem Auftrag entsprechen: die einzig zureichende *Rechtfertigung* solcher Mitmenschlichkeit gegenüber ihrer theoretisch-praktischen Bestreitung sehe ich in der christlichen Botschaft. Und aus ihr lebt – im offenen Disput, in der Sprache der Vernunft, die die gemeinsame Sprache von Gläubigen und von Ungläubigen ist – die christliche Philosophie.

Deren Hauptsorge freilich gilt nicht dem Menschen.[46]

[45] Gewissensfrage, in: Sieben Farben hat das Licht, München 1975, 144.

[46] Kann man doch ›Philosophie‹ überhaupt statt als Liebe zur Weisheit als philia zum sophón verstehen. Vgl. M. Heidegger, Was ist das – die Philosophie?, Pfullingen 1956 u.ö., 21f; wobei ich Heraklits ›sophón‹ (fr. 32) durch ›das Heilige‹ wiedergebe (Kap. 1, Anm. 29:21).

3. GRUNDBEGRIFF »GOTT«

Es geht hier und jetzt nicht um eine Begründung des Redens von Gott (»an sit«)[1], sondern – unter Voraussetzung dessen oder auch im voraus dazu, je nach Perspektive – um seinen Begriff (»quid sit«), um den Begriff eines Unbegreiflichen freilich. – Eine solche philosophische Erwägung ist sogar theologisch nicht unnütz, vielmehr geboten: weil das Wort ›Gott‹ nicht erst aus der biblisch-christlichen Offenbarungsgeschichte stammt, sondern diese als ein bestimmter Definitionsprozeß seiner aufgefaßt werden kann. Vor allem ist es bis heute ein Thema-Wort philosophischer Reflexion: in Anthropologie und Kulturphilosophie, und so, jeder konkreten Stellungnahme voraus, ein Grundwort dieser gemeinsamen Sprache von Gläubigen und Ungläubigen. Ihrer sollte sich, wie im vorhergehenden Kapitel erwogen, auch und gerade der Zeuge des Glaubens bedienen, statt sein Gegenüber gleich auf die hl. Schrift und das Kreuz als Gesprächsbasis zu verpflichten.

Andererseits scheint es auch nicht nötig zu sein, das Wort ›Gott‹ etymologisch (von ĝhau = rufen oder ĝheu gießen?) zu erörtern oder es sprachanalytisch einzuführen. Denn für die Verständlichkeit des Redens von Gott genügt zunächst durchaus, »was jedermann unmittelbar versteht, nämlich daß hier ein transzendentes Gegenüber und eine alles bestimmende Wirklichkeit vorgestellt wird«, vor jedem weiteren vielleicht erreichbaren »Gewinn an Verständlichkeit«.[2] Für die Wahrheits- und

[1] Siehe dazu im Konzentrat: Über die Möglichkeit, Gott heute zu denken, in: W. Kern / H. J. Pottmeyer / M. Seckler (Hrsg.), Handbuch der Fundamentaltheologie, Freiburg i. Br. 1985/86 I, Kap. 7.

[2] J. Track, Sprachkritische Untersuchungen zum christlichen Reden von Gott, Göttingen 1977, 254.

Rechtfertigungsfrage aber muß man den Norm–Anspruch der Sprachkritik nicht akzeptieren, ja darf es nicht, insofern sie Voraussetzungen trifft (bzgl. verkürzender Objektivierung des Sprechens, der Beschränkung auf ostensives Lehren und Lernen, der Reduktion von Analogie auf Univozität), die ihrerseits diskutiert werden müßten. – Schließlich scheint auch eine religionswissenschaftliche Sichtung des »Gott / Göttin / Gottheit« Genannten entbehrlich, weil »Gott« als *Grundbegriff* unseres Denkens die (»theistische«) Klärungsarbeit abendländischer Denkgeschichte voraussetzt. – Beginnen wir deshalb mit der ersten Aussage des christlichen Credo. Danach ist Gott der allmächtige Schöpfer.

Gott: ohne den nichts ist (Allmacht)

1. Die Namen *creator* bzw. *factor* sind als Metaphern aus menschlichen Herstellungsprozessen übernommen. Das einzigartige »Herstellen« Gottes hat die Tradition durch drei Qualifizierungen des Terms *creatio* erläutert: *ex nihilo, entis qua entis, continua.* Hierzu jetzt nur so viel, daß diese Bestimmungen die wörtlich restlose Abhängigkeit alles Geschaffenen aussagen sollen. Danach gibt es also weder vorgängiges Material, aus dem Gott schüfe – und das seiner Formung Widerstand böte, noch schafft er die Welt in dem Sinn aus sich, daß er selbst ihr Material darstellte: in einem Vorgang wie immer gearteter »emanatio«. Träfe das erste zu, gäbe es etwas ohne Gott, unabhängig von ihm; träfe das zweite zu, gäbe es strengen Sinnes nichts, von dem zu sagen wäre, daß es nicht ohne ihn ist; denn alles wäre er.

Positiv gesprochen, verleiht Gott so nicht bloß ein bestimmtes So-Sein (indem er Stoff in Form brächte), auch nicht bloß (den Beginn von) Daß-Sein, Existenz (eines bestimmten Geformten), sondern Sein einfachhin – in der umfassenden Bedeutung, daß diesem (nicht einmal – wie dem Wirklichsein – pure Möglichkeit, sondern) rein nichts entgegensteht. Darum heißt diese Teilgabe unter der Zeithinsicht ›ständige Schöpfung‹. Bloßen Anfang kann man hinter sich lassen, ja hat es stets schon – anders wäre er nicht Anfang; nicht so den Ursprung. Aus dem geht nur hervor, was in ihm steht (wie eine Pflanze im Boden): in bleibender Abkünftigkeit.

2. Schöpfertum seinerseits, dieses schlechthin einzigartige Sein-Lassen von anderem, zeigt sich als Erscheinung von Allmacht. Dazu ist nochmals das *restlos* zu bedenken. – Geschöpf ist für den Schöpfer nicht Objekt = Gegenwurf, sondern Projekt = Entwurf, ganz von ihm her und auf ihn hin. Diese Restlosigkeit kommt wohl am besten durch die Negativ-Formel »ohne den nichts ist«[3] zum Ausdruck, da sie vielleicht am ehesten vor störenden bildlichen Assoziationen bewahrt. Ich möchte sie so präzisieren: Nichts von dem, was ist, ist ohne Gott, und nichts an dem, was (nicht ohne Gott) ist, ist ohne Gott – ohne daß es seinerseits Gott wäre. Das Geschaffene *ist* also selber, und es ist gerade in seinem restlosen Von-und-zu-Gott-Sein *es selbst.*

Die Restlosigkeit der Gottabhängigkeit bedeutet also keineswegs die Nichtigkeit der Schöpfung. Die Tradition des Kontingenzbeweises kann sich gegen ein Konzept von Endlichkeit als Selbstaufhebung ins Unendliche[4] auf die biblische Überzeugung berufen: »Du hast die Dinge zum Dasein geschaffen – ut sint« (Weish 1,14). »Radikale Abhängigkeit und echte Wirklichkeit des von Gott herkünftig Seienden wachsen im gleichen und nicht in umgekehrtem Maße«.[5]

3. So zeigt Allmacht sich gerade nicht in der Entmächtigung des Irdischen, sondern als dessen Seins-Ermächtigung. Schöpfung ist darum auch nicht als Selbstbeschränkung oder -einschränkung Gottes zu denken (wie immer wieder als Lösung des Theodizeeproblems vorgeschlagen). Das ist weder nötig noch möglich, da kein »Konkurrenzverhältnis« vorliegt. So sei schon hier ein »kosmologisches« Verständnis von Allmacht in ein anthropologisches »aufgehoben«:

[3] P. Knauer, Der Glaube kommt vom Hören (Kap. 2, Anm. 33) 28.
[4] G. W. F. Hegel, WW (Glockner) XVI 23–25 u. 456–458.
[5] K. Rahner, Grundkurs des Glaubens. Einführung in den Begriff des Christentums, Freiburg i. Br. 1976 u. ö., 86.

Kosmologisch setzt der Allmacht nur der Widerspruch Grenzen, und dies sind (außer für Nominalisten) keine. Danach vermag Gott »alles Mögliche«. Anthropologisch ist Allmacht das Vermögen zur Freiheit; denn äußerste Abhängigkeit ist geschenkte Unabhängigkeit. »Das Höchste, das überhaupt für ein Wesen getan werden kann, höher als alles, wozu einer es machen kann, ist, es frei zu machen. Eben dazu gehört Allmacht« (S. Kierkegaard).[6] – Kosmologisch wie anthropologisch wird hier jedenfalls ein »Erstes« und Äußerstes angezielt. Gnoseologisch hat Anselm v. Canterbury es als jenes gefaßt, über das hinaus nichts Höheres gedacht werden kann (Prosl. 2).

Gott: über den hinaus nichts Größeres gedacht werden kann (Transzendenz)

Das scheint zunächst eine selbstverständliche Gottesbestimmung. Doch ihr begegnet aus dreifacher Hinsicht Protest: sie erdrücke Lebens- und Freiheitsausgriff des Menschen; sie entspringe als Allmachtsphantasie dessen Ohnmacht; sie widerstreite der Unbegreiflichkeit Gottes.

1. Diese Gottesidee sei der Inbegriff idealistischen Wahrheitsverständnisses, wobei besonders der Pythagoräer Philolaos v. Kroton zu nennen ist, dem zufolge die Gottheit »alles wie in einem Gefängnis umschlossen« hält.[7] Statt daß »die Vernunft im Höchstdenkbaren höchste Ruhe findet«[8], fordert Nietzsche unter der Maxime *Excelsior* den Verzicht auf jede Ruhe.[9] Gegen »die Ära eines Denkens innerhalb der vom Grenzwert des Absoluten umschriebenen Wahrheit« blickt er nach einem Gott »jenseits von Gut und Böse« aus.[10]

2. Das führt zum zweiten Einspruch, dem Verdacht morali-

[6] Die Tagebücher 1834–1855 (Th. Haecker), München [4]1953, 239f.
[7] E. Biser, ›Gott ist tot‹. Nietzsches Destruktion des christlichen Bewußtseins, München 1962, 53.
[8] Duns Scotus, de primo princ. IV 9.
[9] Fröhl. Wissenschaft § 285.
[10] E. Biser, a.a.O. 225 und 292.

sierender Selbstperfektionierung. Umgreifend ist Gott ja in dem doppelten Sinn der Anklage (der Allwissenheit der »Sonne, die es an den Tag bringt«) wie des umfangenden Trostes. Die Anklage liege der angeblichen Wissens-Autonomie im »kategorischen Imperativ« zugrunde, und ihr das Ressentiment der Schwachen. Das sei zu überwinden in einem »tragischen Glauben«, »der über jede Sicherheit und Schutzbedürftigkeit hinausträgt« (Paul Ricoeur).[11] Das Realitätsprinzip ruft zum Verzicht auf die Vatersehnsucht, in einer Liebe zur Welt, die nichts von außen erwartet, sondern ihren Lohn in sich selbst findet (304, 313). – Getrost aber ist diese Liebe, weil sie (jetzt mehr als mit Nietzsche mit Freud gesagt) dem Verzicht auf Unsterblichkeit entspringt. Der Wunsch nach dieser nämlich weckt die Idee eines unsterblichen Vaters, der dann zwangsläufig getötet werden muß – während aus dem Verzicht auf Allmacht die Vorstellung eines (in seinem Sohn) sterblichen Vaters hervorgeht, den man anerkennen kann (321). – »Wir Menschen brauchen das Vollkommene, um lieben und glauben zu können... Darum muß Gott vollkommen sein«, obwohl in Wahrheit zu Liebe und Schaffen das Schuldigwerden gehöre (Herbert Biesel).[12] Ohne weitere Diskussion zur *Ideologiekritik der Religion* jetzt nur den Zwischen-Hinweis, daß die Frage der Wahrheit eines Bekenntnisses nicht durch Hypothesen über dessen Motive geklärt werden kann – unabhängig davon, daß diese Hypothesen ihrerseits zu diskutieren wären: bzgl. ihrer Wahrheit wie – in ihrem Sinn – bzgl. ihrer eigenen Motivation. (Was treibt zum Widerstand gegen den umfassenden Horizont des Guten?)

3. Doch eben das Bild des Horizonts erregt die ernsteste Kritik, mit einer doppelten Anfrage[13]: a) Komme nicht jeder Horizont sich unendlich vor? b) Relativiere solches Unendlichkeits-Denken nicht Gottes Geheimnis in sich? – Nun ist Frage (a) schlicht zu verneinen. Nicht bloß in dem trivialen Bildsinn, daß ›Horizont‹ wörtlich »abgrenzend« heißt und so auch erlebt

[11] Hermeneutik und Psychoanalyse, München 1974, 300.
[12] Das Leid in der Welt und die Liebe Gottes, Düsseldorf 1972, 53, 61, 66.
[13] So P. Weß, Wie von Gott sprechen? Eine Auseinandersetzung mit Karl Rahner, Graz u. a. 1970, 57–90.

wird; sondern auch dann, wenn das Wort die spezifische »Umweltlichkeit« (v. Uexküll) eines Wesens meint. Eben dann muß man unterscheiden zwischen dem Nichtbemerken von Grenzen (wodurch ein Tier nicht weiß, daß es nicht denken kann) und dem expliziten Ausgriff auf Unendlichkeit als solche (unbeschadet der Frage nach dessen konkreter Erfüllung). Und geschehe der Ausgriff auch nur im Denken: das Erwägen der Denkmöglichkeit ist seinerseits nicht bloß Idee, sondern Faktum: real.

So aber werde, dies (b) der Kernpunkt, Gott zum Namen für die Transzendenz des Menschen. Auch dies nehmen wir nicht im Sinn (nun eher theologischer) Gottes*beweis*-Diskussion auf, sondern allein zur Klärung des Gottesbegriffs. Und dann steht ein Doppeltes zu erwägen. Einmal Hegels Ausführungen über den »Hochmut« der »Demut«, die »das Wissen des Wahren von sich ausschließt«.[14] D. h., der Selbstüberstieg ins Unendliche muß ernst genommen werden (»finitum capax *infiniti*«). Und er tritt dann Gott nicht zu nahe, wenn er von ihm selbst erweckt worden ist. Menschsein besagt so »natürliche Offenbarung«. Gott-Denken geschieht als Antwort. – Andererseits, dies das zweite, bleibt das capax infiniti doch *finitum*; darum ist die Rede vom Horizont selbst zu übersteigen. Anselm hat es nicht bei der Ausgangsbestimmung des »quo maius nihil cogitari possit« belassen (obwohl schon diese horizont*überschreitend* ist und nicht schlicht mit dem »immanenten« Grenzbegriff des »Höchstdenkbaren« gleichgesetzt werden darf). Prosl. 15 besteht aus einem Doppelsatz: »Herr, Du bist also nicht nur, worüber ein Größeres nicht gedacht werden kann, sondern Du bist etwas Größeres, als gedacht werden kann. Weil nämlich so etwas gedacht werden kann ...«

Gott: der Nicht-Andere (Analogie)

Eben dies »größer als« wird tatsächlich gedacht – als größer, statt etwa als Unsinn (der ja durchschaut wird, im Unterschied

[14] WW XV 197–202.

zum Geheimnis, auf welches das Denken im Selbstüberstieg aus rechtfertigbaren Denkschritten hinzielt). Es gilt »vernünftig zu begreifen: Unbegreiflichkeit« (Monol. 6).

1. Nikolaus v. Kues nennt den Punkt der »coincidentia oppositorum« die »Mauer des Paradieses« und hütet sich sorglich, sie mit Gottes Wahrheit selbst zu identifizieren, die »innerhalb« dieser Mauer liegt.[15] – Hier stellt sich das klassische Thema der Analogie. Das Wort wird meist mit *Ähnlichkeit* übersetzt und bringt dann die Schwierigkeit auf, daß Ähnlichkeit einen »Kern« von Gleichheit enthalten, also den Logos der Analogie Univozität bilden müsse. Dies objektivistische Mißverständnis drohte ja von Anfang an. Dabei stellt das univoke »ist nicht nicht«, das gleichermaßen von Gott und Geschöpf gilt, nur den abstrahierten »Rand-Rest« des zentralen Sinns von Sein dar. Man vermeidet solche Beirrung, wenn man Analogie wörtlich mit *Entsprechung* verdeutscht. Die Schöpfung ähnelt dem Schöpfer nicht, sondern entspricht ihm bzw. seinem »Wort«.[16]

Entsprechend erklärt der Cusaner als Regel für das Gott-Nennen von der Mauer der coincidentia her, »daß er weder ist noch nicht ist, noch ist und nicht ist, noch ist oder nicht ist. Alle diese Redeweisen berühren nicht ihn selbst, der allem Sagbaren vorangeht. ... Dennoch kommt keinem mit mehr Wahrheit zu, durch sich zu bestehen, als ihm, dem Grund alles Bestehenden«.[17] – Bezeichnenderweise verdeutlicht er das Gemeinte gern mit mathematischen Bildern. In diesem Sinn wäre eine Kurve ihrer Formel nicht ähnlich (noch einige Punkte – ob Minima oder Maxima – ihr ähnlicher als andere), sondern sie wäre in jedem Punkt deren (genaue) Entsprechung – eine von unendlich vielen. Entsprechend stellt sich eine Stufe höher der Bezug der Formel zum mathematischen Intellekt dar.

2. Formel und Kurve liegen nicht in *einer* Dimension, in der man sie als Ur- und Abbild zu vergleichen hätte, sondern Un-

[15] De visione Dei X (Kap. 2, Anm. 44).
[16] Ausführlicher: Gotteserfahrung... (Kap. 1, Anm. 29) 137–165.
[17] De principio 8 v. (Kap. 2, Anm. 44: II 230ff).

sichtbares versichtbart sich: in Erscheinung. Wird damit ein Monismus oder ein Dualismus vertreten? Man sieht, daß die Frage nicht greift. Gesetz und Kurve sind so wenig eins oder zwei wie Ich und Leib (weder *bin* ich einfachhin mein Leib noch *habe* ich ihn bloß). Diesen Verhalt zielt der Cusaner mit seiner Formel «Non-aliud« an. – Jedes Seiende ist zu jedwedem anderen ein anderes und nur so etwas (»aliud quid«). Es steht auch dem Schöpfer als ein anderes gegenüber. Umgekehrt aber ist Gott das Nicht-Andere, d. h. er steht weder der Schöpfung als anderer gegenüber, so daß sie sich wechselseitig begrenzten, noch ist er eines dieser jeweils anderen Seienden noch deren Gesamtheit, welche ebenso den einzelnen entgegensteht wie, wenigstens möglichen, anderen »Welten«.

Doch dürfen die mathematischen Bilder nun nicht andererseits dazu führen, Gott nur als Weltgesetz (oder »Weltseele«) zu denken. Diese »Struktur« ist vielmehr eben das, was Nikolaus »Welt« nennt (statt des Insgesamt, des »Alls der Seienden«). Darum haben wir oben die Analogie zum mathematischen Geiste verlängert. Dies zeigt eine Grenze mathematischer Denkhilfen überhaupt. Sie überwinden beirrende Anschaulichkeit und machen nachvollziehbar, was es heißt: Gott sei (»mediante universo« = durch das Weltgesetz) alles; doch nichts von allem sei Gott. Aber ausgeblendet bleibt die *dialogische* Perspektive von *Freiheit*. Sie ist nun in einem weiteren Denkschritt einzubeziehen.

Gott: Grund von Freiheit und Person-sein (Heiligkeit)

Aus der Sicht des Kontingenzbeweises ist von Gott als Person-Wirklichkeit darum zu reden, weil uns Person und Freiheit begegnen und deren Grund nicht minderen Ranges sein kann. Hier sei ein anderer Zugang skizziert, zunächst in Fortbestimmung der *analogia entis* als allgemeiner Erfahrung des »Es gibt«, sodann aus der spezifischen Entsprechungserfahrung des sittlichen Bewußtseins.

1. Als Sinn von Sein nennt das Reden von Gott das Gegeben-

werden und -sein dessen, was »es gibt«. Das besagt a) Analogie zwischen Einzel-Seiendem und seinem Sein: die Seienden sind (subsistieren) als Gabe; ihr Sein (selbst nicht subsistierend) ist ihr Gegebenwerden. Das »gibt« setzt (aktuiert) die Gabe, die ihrerseits es, das Geben, realisiert; am deutlichsten dort, wo das »Datum« kein Es, sondern ein Ich ist. So aber wird in der Gabe deren Gegebensein selber gegeben: es gibt die Gabe, insofern es (: *Er*) das »gibt« gibt. Im Da-sein selbst zeigt sich so b) eine zweite Entsprechung: zwischen dem Sich-geben der Gabe und dem Gegebensein (bzw. -werden) dieses Sich-gebens. (Ohne univoken Kern! Im univoken »es gibt = existiert« erscheint keinerlei Geben.) – Darin aber zeigt sich nun c) eine letzte Entsprechung: vom Sich-geben / Gegebenwerden zum Geber, der darin sich selbst gibt. So wird eine bloß negative Theologie überwunden und zugleich die zu wahrende »maior dissimilitudo« von Gottes Geheimnis, seine je größere »Unähnlichkeit«, die das IV. Laterankonzil angemahnt hat (DS 806), dem vag Komparativischen entzogen (siehe Kap. 15, Abschn. 1).

2. Zur Gabe aber wird etwas nicht schon durch das bloße Angebot seiner, sondern erst durch dessen und ihr Angenommensein. Das versichtbarte Unsichtbare ist so Gottes (Sich-)Geben und die Annahme dieses Schöpfer-Gebens zumal: Sein in Entsprechung besagt *Selbst-Annahme*. Dies ist die Spitze des alten Gedankens vom Wort-Charakter der Schöpfung.[18] Gott *macht* nicht (oder macht so, daß): er »ruft«. – Und auch dies nicht univok. Hier sei R. Guardinis anschauliche Redeweise aufgenommen, wonach Untermenschliches aus Gottes Befehl hervorgeht; nicht so die Person, »weil es sinnlos wäre. Er schafft sie durch einen Akt, der ihre Würde vorwegnimmt und eben damit begründet, nämlich durch Anruf.«[19] – Person hat »eine Sinnbedeutung, die ihr Seinsgewicht übersteigt« (113). Sie besitzt den Rang der Selbstzwecklichkeit (I. Kant); unverrechenbar, obwohl nur ein ens (und bonum) *finitum*. Also kann

[18] W. Kern: Kap. 2, Anm. 18.
[19] Welt und Person. Versuche zur christlichen Lehre vom Menschen, Würzburg ^{2}1940, 114.

ihre Würde jenseits von Wert und Unwert nicht aus ihrem Eigen-Sein als solchem, aus Vernunft, Freiheit, Seinsoffenheit usw. kommen, sondern einzig aus dem unbedingten Anspruch, der ihr gilt.

Um ein naheliegendes Mißverständnis auszuschließen: es steht jetzt nicht die *(meta-)ethische* Problematik des Grundes sittlicher Verpflichtung an, darum auch nicht ein theologischer Positivismus, wonach Humanität letztlich darum gelebt werden solle, weil Gott sie gebiete (müßte doch dazu erst evident sein, man habe ihm stets zu gehorchen). Hier geht es *religionsphilosophisch* statt ums Begründen- um ein Verstehenwollen der Gewissenserfahrung. Dafür nun verlangt die – ihrerseits hier vorausgesetzte – Würde der Person, ihr Recht auf Achtung ihres Gewissensentscheids und die Unbedingtheit des Ethischen überhaupt die Annahme einer absoluten Personwirklichkeit, da derart fraglos nur ein Anspruch zu treffen vermag, der nicht bloß als solcher vernommen (wie ein »Wertanruf«, die »Forderung der Stunde«, die »Nötigung« von Sachzusammenhängen), sondern auch und zuvor als solcher *gemeint* wird.

3. Das überzeugende Selbstgerechtfertigtsein dieses Anspruchs und seine gewaltlose Vollmacht verbieten seine Deutung als bloßer Denkhorizont oder als Projektion von Selbstidealisierung, und sie verbieten es, die Vollkommenheit dieser Anspruchs-Instanz zu bestreiten. Gerade Ijob appelliert gegen den mächtigen Gott an den *heiligen.* Das allein legitimiert den Protest und gibt ihm Würde, und nur das wahrt auch Ijobs Verstummen – aus dem Gesehenhaben des Herrn – seine Würde (sonst wäre es gebrochene Unterwerfung). – Gottes Geheimnis liegt also mitnichten in der Un(ent)scheidbarkeit eines Gemischs von Gut und Böse (was den Menschen über ihn erhöbe), so sehr derlei in ungeklärter Sakralität – als Projektion *unserer* Realität (Mt 13,24–30) – begegnet, und so sehr andererseits der heilige Gott das bloß Ethische transzendiert: in umfassende Bejahung und vergebende Neuschöpfung hinein.[20] Nicht als ob damit die Theodizeefrage beantwortet wäre; sie ist – theore-

[20] Die Rede vom Heiligen (Kap. 1, Anm. 29) 316–350.

tisch – unlösbar; doch andernfalls stellte sie sich nicht einmal.[21] Was sollte sie vor einem gut-bösen Weltgrund?

So ist das Höchste auch das Innerste; umfassend nicht als Gefängnis, sondern als Quellgrund.[22] In diesem Sinn nennt B. Welte das uns betreffende Geheimnis das Du-hafte: nicht von uns definiert, sondern »es selbst [aus sich selbst] es selbst«.[23] Gegen allen Anthropomorphismus-Verdacht: Die Begriffe ›Gott‹ und ›Person‹ gehören zusammen. Gott wäre nicht mehr Gott, wenn er weniger wäre als derart selbsthafter Ursprung. Und der Mensch könnte sich nicht begründet als Person (nur als Individuum und als Subjekt) verstehen ohne Rückgründung in Gott. (Was kein Wunschargument ist, sofern hier die *Pflicht* zum Würdeanspruch der Person als für uns selbst-evident vorausgesetzt worden ist.)

Gott: der Unterschied (Liebe)

Die Einzigartigkeit von Person untersagt pantheistische Konzeptionen. Der Ernst des Unterschieds zwischen Ich und Du (nach Feuerbach Anfang aller Humanität) gründet im Ernst ihrer Unterscheidung zu ihrem personhaften Urgrund.

1. Dieser Grund trägt ihr Einssein, doch so, daß er ihr Gegenübersein wahrt; denn sie unterscheidet (ungeachtet aller anderen Differenzen) eben das, was sie eint: ihr Person-sein. Darum dürfen wir Gott nicht bloß nicht als All (pan), sondern auch nicht bloß als (dessen) Eins (hen) denken. Als Grund der Einheit des Vielen wie der Vielheit der Geeinten muß er selbst diffe-

[21] Vgl. N. Hoerster, Zur Unlösbarkeit des Theodizee-Problems; J. Splett, Und zu Lösungsversuchen durch Unterbietung, in: ThPh 60 (1985) 400–409, 410–417.

[22] »Superior summo – interior intimo«, Augustinus, Conf. III 6,11; M. Blondel, Die Aktion (Kap. 2, Anm. 37) 373: »Im Grunde meines Bewußtseins ist ein *Ich*, das nicht mehr *ich* bin.«

[23] Heilsverständnis. Philosophische Untersuchungen einiger Voraussetzungen zum Verständnis des Christentums, Freiburg i. Br. 1966, 104–115; vgl. ders., Religionsphilosophie, Freiburg i. Br. 1978, § 8.

renzierte Einheit seiner selbst wie ihrer sein.[24] In diesem Sinn nehmen wir weiterführend die Formulierung auf, wonach der Unterschied von Welt und Gott nicht noch einmal von Gott verschieden ist: »Gott selbst existiert als dieser Unterschied«.[25]

Derart abstrakt tastet unsere Überlegung Gottes Geheimnis sicher nicht an; sie tut es aber auch in weiterer Konkretisierung nicht: insofern sie sich am Ernst personaler Selbsterfahrung orientiert, die zwar heute Stoff einer Reflexion »natürlicher Vernunft« ist, faktisch jedoch in einer Bewußtseinsgeschichte erst gewonnen wurde, die der Glaube als *Offenbarungs*geschichte er- und bekennt. (So ist ja auch der Schöpfungsbegriff erreicht und durchgeklärt worden, gegen Entwürfe eines Selbstabfalls oder einer unvermeidlichen Selbstentäußerung des Absoluten, die weder Gottes noch des Menschen Würde zu wahren vermöchten.) – Gott muß nach dem Bedachten das Geschehen von Gabe und Annahme schon in sich selbst sein, nicht erst im Gegenüber zur Schöpfung.

2. Weit entfernt, das Geheimnis antasten zu wollen, suchen wir gerade die Weise, es am entsprechendsten zu wahren: das des Dogmas wie darin jenes der menschlichen Person. – Person erscheint in der boethianischen Definition als ein Absolutum, ihre Bezüge (wenn auch vielleicht nicht die All-Bezüglichkeit ihrer Vernunft) sind akzidentell. Hier nun der Vorschlag, dem Bezug »Absolutheit« zuzusprechen und von ihm her die Wesentlichkeit und Würde von Person zu denken. Nicht der Mangel an Selbstbesitz und Selbstbezug (»reditio completa«) also, sondern der Mangel an absolutem = ganz gelöstem, selbstvergessenem Bezug macht es aus, daß wir nicht in vollem Sinn Personen sind – gegenüber Gott als dem absolut Personalen.[26]

[24] W. Kern, Einheit in Mannigfaltigkeit. Fragmentarische Überlegungen zur Metaphysik des Geistes, in: J. B. Metz u. a. (Hrsg.), Gott in Welt (Festschrift f. K. Rahner), Freiburg i. Br. 1964, I 207–239. So zum Sein: B. Weissmahr, Ontologie, Stuttgart–Berlin 1985, 95–119.

[25] L. Dümpelmann, Kreation als ontisch-ontologisches Verhältnis. Zur Metaphysik der Schöpfungstheologie des Thomas von Aquin, Freiburg–München 1979, 11.

[26] Siehe die neuere Untersuchung: A. Milano, Persona in teologia. Alle origini del significato di persona nel cristianesimo antico, Potenza 1984.

Um das Bild des Sehens aufzunehmen, das die Tradition liebt: Ich erblicke, nicht ein anderer an meiner Stelle (dies die Unmittelbarkeit und Unvertretbarkeit von Person); doch nicht mich, sondern mein Du. Damit aber erfüllt sich Personsein in jener Diskretion (Kap. 15, Anm. 52), in der zwischen Liebenden eines jeden Geheimnis nicht von und bei ihm selbst, sondern jeweils beim anderen – und so wahrhaft bewahrt wird. – Daß eben damit die Dyade zu einem seinerseits selbstlos offenen Wir reift (so daß auch der Riß zwischen »Privatheit« und Gemeinschaft zum Bezug wird), kommt daher, daß personale Einheit sich im Eins gemeinsamer Intention realisiert. Liebe hat Dreigestalt: die je zweier zum dritten wie seiner zu ihnen. Solche Erfüllung kann für Gott selbst nicht erst Endliches sein. – Dies ist kein Tritheismus, wenn nicht die Person(en), sondern das Geschehen selbst von Ursprung (Vater), Gabe (Sohn) und Empfang (Geist), also die dreieine Liebe (1 Joh 4,8) als Absolutum gedacht wird. (Umgekehrt läßt personale Liebe sich kaum mono-psychologisch noch gar in Hegelscher Dialektik erfassen.)

Es muß hier bei diesen Anstößen bleiben. Auch bei weiterer Ausführung – siehe später: Teil IV – ist nicht zu vergessen, daß wir hier den »Gott der Philosophen« bedenken, sei's auch in einer christlich geprägten Philosophie. Sie nennt Gott das Licht und erahnt sein inneres Leben. Was weiß sie von unserer »wunderbaren« Berufung zu diesem? Was vollends von der »wunderbareren Erneuerung« dieses Rufs im neuschaffenden Sich-Geben und Da-sein Gottes selbst als erlösender »Gott-mit-uns«? In Tat und Wahrheit ist Gott der Gott Abrahams, der Gott Isaaks und der Gott Jakobs, oder vielmehr der Gott und Vater Jesu Christi.[27]

[27] Für eine entsprechende transzendental-theologische Weiterführung des hiermit skizzierten (inter-)personalen Gedankengangs siehe L. Lies, Ignatius von Loyola. Theologie – Struktur – Dynamik der Exerzitien, Innsbruck-Wien 1983, insbesondere Kap. 2, das u. a. unseren Gottes- wie Weltbezug in/als Projektionen reflektiert und den christologischen Grund eines gemäßen (unterscheidenden) Umgangs mit diesen erhellt.

II. LEBENS-BEDINGUNGEN

4. FREIHEIT UND VERBINDLICHKEIT

Der Mensch ist frei

Stellen wir uns eingangs der strikten Bestreitung dieser These, also der Ansicht, der Mensch sei keineswegs und überhaupt nicht frei; er bilde es sich bloß ein.[1]

Zur Rede steht damit nicht erst die Handlungsfreiheit, gar – konkreter – bürgerliche, politische Freiheiten, sondern grundsätzlich die Wahlfreiheit, die Freiheit des Willens: Selbstbestimmung in dem Vermögen, neue Kausalreihen zu beginnen.

Fehlte diese Freiheit *völlig*, dann würde sich jede Diskussion erübrigen, nicht bloß die über Freiheit. Wäre, was jemand vorbringt, restlos psycho-physisch und gesellschaftlich determiniert, dann hätte man darauf nur wie auf Träume oder Computerergebnisse zu reagieren. Z. B. den hier vorliegenden Text würde man analysieren und auswerten: als Symptom für Zustand und Situation des Verfassers, als Datum auch über seine Umwelt (wie andere Meßwerte); aber es wäre sinnlos, die Aussagen selber zu diskutieren (gleichgültig, ob sie zutreffen oder nicht), sich also über ihre Logik und die beigebrachten Gründe zu streiten – womöglich gar noch mit dem Autor selbst.

Man diskutiert weder Traumsätze noch Texte der »écriture automatique«, sondern allenfalls deren Deutung. Und niemand argumentiert mit einem Computer; man überprüft höchstens sein Programm oder seine Bausteine und korrigiert bzw. repariert, wenn nötig. – Doch schon zur Analyse bedarf es der Frei-

[1] Siehe auch: G. Haeffner, Philosophische Anthropologie, Stuttgart 1982, 129–153, und seine Stellungnahme zu U. Pothast: Ist die Freiheit des Willens beweisbar? in: ThPh 57 (1982) 61–71; interdisziplinär: J. Splett (Hrsg.), Wie frei ist der Mensch? Düsseldorf 1980.

heit, wenn die Auswertung ihrerseits nicht bloß etwas über den Zustand des Auswertenden – in seiner Reaktion auf den Textreiz – sagen soll, sondern selbst diskutabel sein will.

Kurz gesagt: zwar setzt in Sachen Freiheit jeder Beweisversuch sie bei den Partnern der Diskussion schon voraus; es gibt hier also keinen »rein objektiven«, voraussetzungslosen Anfang, keinen (es wäre zudem paradox) »zwingenden« Freiheitsbeweis – doch andererseits macht deren Leugnung sich selbst unmöglich: weil sie Leugnung wie Bejahung überhaupt unmöglich macht. Statt dessen gäbe es dann einzig Anzeigen und »Fehlanzeigen«; und die sind pure Fakten, gegen die, nach einem alten Wort, Argumentieren nichts vermag – nicht deshalb, weil sie über alle Diskussion erhaben wären, sondern vielmehr, weil sie ihrer gar nicht fähig sind (»facta bruta«: vernunftlose Daten, wie Quecksilberausdehnung oder Zeigerausschlag).

Damit ist freilich noch nichts über das Ausmaß konkreter Freiheit und ihres Handlungsraumes gesagt; denn – was bei Diskussionen über Freiheit und Unfreiheit des Menschen häufig aus dem Blick zu geraten scheint – Freiheit kennt Grade. Von völliger, absoluter Freiheit zu reden wäre sogar widersinnig: weil es den positiven Rahmen zerbräche, innerhalb dessen man allein von Freiheit – auch von »Freiheit-von« – sprechen kann. (Siehe später in Kap. 5: Freiheit aus Bindung)

Freiheit hat Grenzen

1. Die erste, fundamenale Grenze der Freiheit ist die ihres Daß. Als »Anfangskraft« (R. Guardini) vermag sie dies und jenes anzufangen, nicht aber sich. Vielmehr fängt sie (intransitiv) nur so an, daß sie angefangen wird. Die Freiheit »ist weder frei, nicht zu existieren, noch, nicht frei zu sein.«[2]

Zu diesem Daß gehört, zweitens, auch das Daß einer jeweils vorgegebenen Situation. Möglichkeiten entspringen stets einer bestimmten Ausgangslage. Zwar meinen manche, wo *nichts*

[2] J.-P. Sartre, Das Sein und das Nichts, Hamburg 1962, 616.

(schon festgelegt) ist, da – und da alleine – sei noch *alles* »drin«; aber solche Chaos-Verliebtheit irrt: Wo gar nichts ist, ist auch nichts möglich. Mag man sich also größere Freiheits-Spielräume wünschen, »grenzenlos« können sie nie sein – auch nicht »über den Wolken«; denn wäre (unmöglicherweise) hier und jetzt tatsächlich alles möglich, dann hätte eben dies eine *konkrete* Wahl, also wirkliche Freiheit, unmöglich gemacht. Es bliebe beim Träumen.

Damit gehört, drittens, zum Daß das Bewegtsein durch bestimmte Motive. Wem keine der offenen Möglichkeiten »etwas sagt«, dem fehlt jeder Anstoß zur Antwort. Bei totaler Unbestimmtheit würde Freiheitshandeln ebenso hinfällig wie bei totaler Bestimmtheit.

2. Indem der Freiheit aber ihr Daß (vor-)gegeben ist, sind es auch die Grundbestimmungen dieses Daß, ihre »Konturen«[3]: Gemeinschaftlichkeit, Leiblichkeit, Gewissenhaftigkeit.

Nur im Mit- und Zueinander freier Wesen gibt es Freiheit. Person lebt in personalen Vollzügen; diese aber fordern zu ihrer Erfüllung entsprechende Antwort. Eine Frage will gehört, ein Angebot berücksichtigt, ein Versprechen entgegengenommen werden und so fort. So gehört zur Freiheit wesentlich Gemeinschaft.

Lassen wir es zunächst bei diesem Tatsachenhinweis bewenden. Wir haben ja auch beim Daß noch nicht erwogen, ob es Notwendigkeit, Zufall, Belieben oder Anruf sei; so mag hier offenbleiben, ob diese Gemeinschaftlichkeit grundsätzlich als Auseinandersetzung und Kampf (gar auf Leben und Tod) gedacht werden solle oder als ein ursprüngliches *Miteinander*. Im zweiten Fall wäre unsere davon abweichende Realität nicht unausweichlich »natürlich« und darum tragisch, sondern in ihrer »Kampf«-Gestalt geschichtlich geworden und darum unter Umständen erlösbar.

3. Dies Miteinander nun, wie immer man es verstehe, braucht Raum und Mittel der Verständigung. Zur Gemeinschaftlichkeit gehört die Koordinate des Naturhaften, der Leib-

[3] Vgl. Kap. 1 Anm. 8, im fogenden hier gerafft skizziert nach: Lernziel Menschlichkeit, 26ff.

lichkeit. Man kann dies am »Informationsträger« Buch zwischen Autor und Leser veranschaulichen. Es darf einerseits nicht selbst die Worte ändern können, andererseits nicht durch den Lesenden beliebig veränderbar sein – übrigens auch nicht einfachhin durch den Verfasser; denn der Leser soll ja das Geschriebene lesen (nicht, was er vielleicht möchte) – und der Schreiber hat zu seinem Wort zu stehen (auch wenn er vielleicht wünschte, sich nicht so exponiert zu haben). Weniger äußerlich wäre dasselbe an der Sprache zu zeigen, die nach Grammatik und Wortschatz den Sprechenden vorgegeben sein muß, ehe sie sie gegebenenfalls fortentwickeln.

Zu der Kontur »Ich-Du« tritt so die Kontur »Ich(oder Wir)-Es«. – Auch diese Naturalität und Leiblichkeit von Freiheit unterliegt verschiedener Bewertung. Besonders deutlich wird das bezüglich jenes Existenzmomentes, in dem die zweite und dritte Bestimmung am engsten und auffälligsten miteinander verknüpft sind, womit zugleich die erste Bestimmung ins Spiel kommt: bei der Geschlechtlichkeit des Menschen. Die Bestimmung des Ich durch das Nicht-Ich zeigt sich hier zugleich als Bestimmung durch die andere Person und durch das Naturale – und nur aus der Durchdringung von beidem beginnt jeweils eine neue Freiheitsgeschichte.

4. Woher und wozu nun diese leibhafte Gemeinsamkeit von Freiheitsexistenzen? Damit rückt die viertgenannte (die dritte Was-)Bestimmung in den Blick: Gewissenhaftigkeit. In Wahrheit ist sie allerdings die erste und umfassende; nicht eigentlich Dimension neben den anderen, so daß sie in Addition zu ihnen den Freiheits-Raum bildete. Sie eröffnet vielmehr und räumt diesen Raum allererst ein – als Dimension der Dimensionen. Statt um eine der Koordinaten von Freiheit geht es hierbei um ihr Woher und Wozu überhaupt.

Daß- und Was-Fraglichkeit verbinden sich so zur einen *Sinn*-Frage nach dem Grund und Abgrund von Freiheit. Bisher standen Tatsächlichkeit und Muß-Strukturen zur Rede; nun fragt das Warum darüber hinaus. Wohin?

In einem ersten Hinblick sei das Gemeinte als *Sollen* und *Geheiß* verdeutlicht. In ihrem Miteinander nämlich sind Menschen nicht nur tatsächlich engagiert, nach unumgänglichen Strukturgesetzen; sondern es geht ihnen darin um Wahrheit, um das Gute und Rechte, um Menschlichkeit oder wie man es nenne. Und zwar streben sie dieses Ziel nicht bloß tatsächlich an, sie behaupten auch nicht bloß ein Recht zu dieser Zielsetzung, sondern vertreten, daß diese Ausrichtung selber recht und gut, ja gefordert sei. In der *Unwiderruflichkeit* von Dasein als solchem und in der *Unvermeidlichkeit* seiner Strukturen zeigt sich damit *unbedingt* Betreffendes.

Aufs kürzeste läßt sich das wohl an einem möglichen Disput über diese Behauptung selbst verdeutlichen: Wer nämlich hier widerspräche, dürfte dies nicht aus irgendwelchen anderen Interessen, weder aus privaten noch aus allgemeineren, tun. Wenn er ernstlich Gehör finden will, muß er sich auf den Willen zur Wahrheit berufen. Dieses »Wahrheitsinteresse« aber versteht sich selbst weder als beliebig noch als gezwungen, sondern es wird, wie im ersten Kapitel erwogen, tätig aus *Pflicht.* (Wer sagen wollte: »Ob recht oder unrecht, jedenfalls dient es uns bzw. der Menschheit« – das heißt: irgendeiner behaupteten Majorität –, hätte damit jede prinzipielle Diskussion beendet und würde folgenrichtig den Disput durch Kampf- oder »Heil«-Maßnahmen ersetzen.)

Wir haben die überkommenen Namen für dieses Letztbestimmende bedacht: »Licht«, um das gewaltlos souveräne Selbstgerechtfertigtsein dieser Instanz auszusagen – »Anspruch« (»Anruf«), um deren Freiheits- und Person-Charakter herauszustellen. Nur eine solche Wirklichkeit kann ja den Menschen *unbedingt* betreffen; denn nur ein Anspruch, der *als* solcher *gemeint* ist, vermag ihn als Anspruch zu binden. – Natürlich ist man auch aufgrund von Sachstrukturen an bestimmte Mittel und Wege gebunden: dann, *wenn* ein bestimmtes Ziel erreicht werden soll. Eben um dieses Ziel-Soll aber geht es jetzt: um die Erfahrung eines »Du-sollst« ohne Wenn und Um-zu. Wahrheit, das Gute sollen sein und anerkannt sein, nicht weil sie nützen, weil sonst die Menschen nicht mehr miteinander leben könnten oder ähnlich, sondern einfachhin: um ihrer selbst willen.

Dieser Anspruch muß keineswegs immer »als solcher« erlebt und gewußt sein, damit man ihm folge; aber zumindest in der Diskussion, bei der Rechtfertigung gegenüber anderen Imperativen wird zuletzt dieses Moment zur Sprache kommen müssen, um den Gehorsam unter solchen Ruf von egoistischem Starrsinn zu unterscheiden. Religiös hieß die Formel dafür: »Man muß Gott mehr gehorchen als den Menschen.«[4]

Wie aber steht es angesichts eines solchen Anspruchs um unsere Freiheit? Heißt das nicht, Freiheit verwirkliche sich nur im Selbstverzehr (so wie die Flamme mit ihrer Nahrung eigentlich sich selbst verbrennt)? Heißt Anfangen konkret nicht immer: angefangen *haben*? Ist Anfang also nicht stets schon vorbei? So wäre Freiheit nicht bloß – wie zuvor bedacht – nicht frei, nicht frei zu sein, sondern sie wäre zugleich und insbesondere nicht frei dazu, frei zu *bleiben*?

Freiheit legt sich fest

1. Freiheit ist das Vermögen der Möglichkeit. Möglich ist immer zumindest eines *und* sein Gegenteil; doch wirklich werden kann von beidem nur eins: eins *oder* das andere. Ich könnte den sprichwörtlichen Kuchen (jetzt) essen *und* ich könnte ihn aufbewahren; aber ich kann ihn nicht zugleich verzehren und behalten. Ich kann wählen, was von beidem ich will; doch zugleich *muß* ich wählen (denn nur mögen und wünschen kann ich gleichzeitig beides, kaum ernstlich es wollen, jedenfalls nicht beides tun – so daß auch Nichtentscheidung eine Wahl bedeutet). Und mit der Verwirklichung der einen Möglichkeit ist die andere – sind unter Umständen unzählig viele andere – dahin: zur Unmöglichkeit geworden.

Martin Heidegger hat diesen Sachverhalt als das wesentliche und ursprüngliche Schuldigsein des Menschen bezeichnet. Schuld (als das unausweichliche »Schuldigbleiben« von Möglichkeiten) liegt ihm zufolge »im Sein des Daseins als solchem,

[4] Siehe Kap. 2, Anm. 42. Vgl. R. Schaeffler, Religion und kritisches Bewußtsein, Freiburg–München 1973.

so zwar, daß es schon, sofern es faktisch existiert, auch schuldig *ist*«.[5]

Wir haben, scheint mir, gute Gründe, diesen Neubestimmungs-Vorschlag abzulehnen und nicht schon das bloße Faktum »des Nichtgewählthabens und Nichtauchwählenkönnens der anderen« Möglichkeiten (285) Schuld zu nennen, sondern erst die (wissend-freie) Wahl des Unerlaubten. Aber wir leugnen damit keineswegs die Schwere und die Schmerzlichkeit des Aufbruchs aus dem Traum der vielen Möglichkeiten in die eine Wirklichkeit. »Die denkende Vernunft ist als Wille dies, sich zur *Endlichkeit* zu entschließen« (G. W. F. Hegel)[6].

Gerade diese Not wird ja dem Menschen zur Versuchung. Sie versucht ihn dazu, entweder entscheidungsfeige die Wahl zu vertagen oder doch irgendwie beides zu wählen (was nur eine andere Form von Nichtwahl ist), also wirklich schuldig zu werden.

2. Mit anderen Worten, weil Verwirklichung zugleich immer Aufhebung von Möglichkeiten bedeutet – wobei zudem ungleichgewichtig *eine* Verwirklichung mit vielfältiger Aufhebung bezahlt werden muß –, ist die eigentliche Versuchung der Freiheit als Möglichkeitskraft die Tat-Verweigerung in Wirklichkeitsflucht.

a) Das mag zunächst verwunderlich klingen, schaut man auf die Schuldgeschichte der Menschheit, beginnend bei dem nicht eben verträumten Griff nach der verbotenen Frucht bis zu heutigen Auf- und Ausbrüchen unter dem Banner »Selbstverwirklichung«. – Tatsächlich aber zeigt sich genauerem Hinblick der *Flucht*-Charakter all dieser Aktivitäten.

Was sich nämlich vordergründig als Wahl zwischen diversen Angeboten darstellt, angesichts deren einem die Beschränkung schwerfällt, ist im Grunde die Situation geforderter Antwort auf ein einziges Angebot: das des eigenen Namens und Seins. Zuletzt hat der Mensch nicht die Wahl unter verschiedenen Antlitzen (oder gar Masken und Rollen), sondern er steht vor

[5] Sein und Zeit (1927), Tübingen [15]1979, 281.
[6] Grundlinien der Philosophie des Rechts (1821) § 13 Anm. WW VII 65.

der Frage, ob er – religiös gesprochen – Gott mit dem Antlitz zu dienen gewillt sei, das er trägt; allgemeiner gesagt: er steht nicht vor der Frage, der oder jener zu sein, sondern, ob er bereit sei zur »Annahme seiner selbst«.[7]

Die Grundgestalt von Entscheidung ist also nicht das souverän auswählende Ja zu dem oder jenem (mit gleichsam dem Schatten der Ausklammerung, Hintansetzung oder Verwerfung: des Nein bezüglich alles nicht Erwählten), sondern sie ist das Ja – oder Nein zu dem einen Angebot, dem Anruf und Anspruch, der an jemanden ergeht, die Antwort auf ein *Erwähltwordensein*. Und die Wahl- = Vorzugsüberlegungen mannigfaltiger Art, die wir immer wieder anstellen müssen, sind in Wahrheit nur Klärungsprozesse auf diese Situation des Hörens, des Getroffenwerdens durch den Anruf hin.

Unernst und gelangweilt mag jemand sich fragen, was er tun wolle, um sich die Zeit zu vertreiben. Im Ernst der Stunde, sei es bei Partner-, Lebens-, Berufswahl, bei religiöser Entscheidung, in politischem Einsatz oder im Fall des Künstlers vor seinem Werk, gilt kein Belieben der Auswahl, sondern nur die unbeliebige Entscheidung angesichts dessen, was – wie sich herausgestellt hat – getan werden will: Ja oder Nein?

Dieser Tiefenentscheidung sucht die Wirklichkeitsflucht sich dadurch zu entziehen, daß sie den Blick auf die Oberflächenbreite unterschiedlicher positiver Wahlmöglichkeiten fixiert.

b) Indem jedoch Freiheit derart sich weigert, Möglichkeiten aufzugeben, gibt sie – ihre – Wirklichkeit auf. Im Bestreben, alle Möglichkeiten festzuhalten, verliert sie sich selbst und damit alle Möglichkeiten. Vielleicht hat niemand dieses (nicht bloß biblische – Mt 10,39) Lebens-Gesetz von Erhaltungsgewilltheit und Selbstverlust eindringlicher durchreflektiert als Sören Kierkegaard in Anti-Climacus' Schrift von der »Krankheit zum Tode« (1849). Hier muß es genügen, die paradoxe Behauptung stichwortartig plausibel zu machen.

Diese These lautet, daß die Flucht vor der »*Antwort*-Situation« in eine »*Auswahl*-Position« den Menschen unfrei werden

[7] R. Guardini, Die Annahme seiner selbst (1953), Würzburg 1960.

läßt, weil er dadurch den Zwängen der Notwendigkeit verfällt. Dies geschieht, schematisierend verdeutlicht, auf zwei Weisen. – Die erste wäre Handlungsunfähigkeit aufgrund der Angebotsfülle: Da alles Mögliche etwas für sich hat, scheint kein Verzicht gerechtfertigt, also keinerlei Auswahl möglich. Ein traditionelles Bild hierfür ist der Geizige, der die Möglichkeiten, welche Geld bedeutet, in keine bestimmte vergängliche Wirklichkeit tauschen kann und so über seinen Schätzen verhungert.

Die zweite wäre die Raffgier von Anreiz zu Anreiz, so daß eins das andere verdrängt und nichts tatsächlich wahr- und aufgenommen wird. Jede Wirklichkeit verwandelt sich sofort in ein zu überwindendes Hindernis auf dem Wege zur nächsten – oder anders gesagt: in eine Trittstufe zur nächsten Wirklichkeit, also eigentlich zur Möglichkeit (von jeweils etwas anderem). Vielleicht ist ein konkretes Beispiel dienlich: gewisse Party- und Empfangsgäste, die einem beim Händedruck schon statt ins Gesicht über die Schulter blicken, nach der nächsten brauchbaren »Kontaktadresse«. Auch hier geht Freiheit an »Nahrungsmangel« zugrunde; doch nicht wie der Geizige, der sein Gold nicht in Eßbares einzutauschen vermochte, sondern wie Midas, dem jede Nahrung zu Gold wird.

3. Kommt das dem Betroffenen zum Bewußtsein (natürlich selten in der reflektierten Distanz einer solchen philosophischen Überlegung), dann wird er sich aus dieser heillosen Auswahl-Situation in deren Gegenteil zu retten suchen. Das heißt, er wird eine Lage herbeiführen wollen, die ihm keine Wahl läßt.

a) Für private Auswegslosigkeiten hier eine französische Stimme: »Ich frage mich oft, ob nicht ein Hauptgrund für die immer wiederkehrenden Völkerkatastrophen darin zu suchen sei, daß mancher einzelne im geheimen den Wunsch nach einer Flucht aus seinen persönlichen Schwierigkeiten hegt... Der alles zerschlagende Krieg gibt oft recht summarische und gewalttätige Lösungen der Lebensfragen, die auf herkömmliche Weise nicht mehr zu meistern sind.«[8]

[8] P. H. Simon, Die Väter haben grüne Trauben gegessen... Roman, Frankfurt/M. [2]1974, 22; vgl. A. P. Gütersloh, Eine sagenhafte Figur (1946) München 1985, 81f.

Hierher gehört auch die heute verbreitete Neigung, sich als selbstdomestizierten Primaten oder höheren Chemocomputer zu interpretieren, sich als Produkt der »Gesellschaft« oder diverser Astraleinflüsse zu sehen. Im politischen Disput heißt das einschlägige Stichwort »Sachzwang«. Dabei wird nicht jeder, der die »Schutzbehauptung« solcher Zwänge abweist, auch die anderen Zwangsdeutungen verwerfen. Im Gegenteil zeigt sich häufig der nicht ungefährliche Widerspruch eines Bruchs zwischen äußerer und innerer Freiheit. »Innere (subjektive) Freiheit des Willens wird aus verschiedenen Gründen, die dem rationalistischen und dem empiristischen Denken entstammen, negiert oder in Frage gestellt. Zugleich aber wird um so lauter und heftiger äußere (objektive) Freiheit im sozialen und politschen Raum postuliert.«[9]

Derart »verhungert« die Freiheit zwar nicht, um die frühere Bildrede aufzunehmen; aber sie hat sich dem Diktat der Triebe unterworfen und sich in die Erfüllung der »Primärbedürfnisse« verloren. Ihr Bild ist der Ichverlust des Kaisers Nebukadnezzar: »Man verstieß ihn aus der Gemeinschaft der Menschen, und er mußte sich von Gras ernähren wie die Ochsen ...« (Dan 4,30 [4,12f u. 22]).

Weniger hart stellt sich der Widerspruch dar, wenn man zwar (im Sinn unseres Abschnitts I) Entscheidungsfreiheit beansprucht, aber nur eine einzige Weise konkreten Handelns als freiheitsentsprechend zuläßt. Eben das ist ja meist mit der Rede vom Sachzwang gemeint. Politisch erklärt man hier also die eigene Partei zur einzig demokratischen, ohne die Fähigkeit zur Unterscheidung zwischen politischen Gegnern in der demokratischen Diskussion und Feinden solcher Diskussion überhaupt. Oder man kann im Visier »wissenschaftlicher Weltanschauung« eine abweichende Weltsicht nurmehr als zurückgeblieben erfassen; zeigt der Gestrige sich intensiver Schul-Nachhilfe unzugänglich, muß er krank sein und ist an die Psychiatrie zu überstellen.[10]

[9] E. Coreth, Zur Problemgeschichte menschlicher Freiheit, in: ZkTh 94 (1972) 257–289, 277.

[10] Siehe Kap. 13, Abschn. 3 und Kap. 2, Abschn. 2.

Selbstverständlich droht auch und gerade in der religiösen Dimension diese Verkehrung. Auch die Geschichte des Christentums ist davon gezeichnet. Freilich besteht sie nicht (was der Wichtigkeit halber hier, statt in einer Anmerkung, geklärt sei) im »Absolutheitsanspruch« der christlichen Botschaft als solchem. Denn dieser vertritt nicht eine bestimmte Weltbild-Perspektive als allein einzig wahre – so daß über das Verhältnis von antikem und modernem Weltverständnis oder über die Teilhaftigkeit westlicher und asiatischer Mentalität diskutiert werden müßte –; sondern er bezeugt die Gültigkeit eines ergangenen Wortes: nämlich der erlösenden Annahme unser durch Gott im Da-sein-für-uns Jesu Christi.[11]

Allerdings spricht das Zeugnis von diesem end-gültigen Ja Gottes zu uns (2 Kor 1,19f) sich unvermeidlich weltbildlich aus; und diesem Wie der Botschaft kommt nicht dieselbe Unüberholbarkeit zu wie dem Daß. Hier drohen dann die erwogenen Verfestigungen. Ähnlich in der ethischen Verkündigung, wo Prinzipien (der Nächstenliebe, Menschenachtung usw.) sich jeweils in konkreten *Normen* verleiblichen müssen, ohne daß diese ihrerseits in den Rang überzeitlicher *Prinzipien* erhoben werden dürfen.

Niemals darf Selbstsucht und Lieblosigkeit sein; aber welche Gestalt hier und jetzt von der stets gebotenen Liebe verlangt sei, läßt sich oft nur in grobem Umriß vorbestimmen. Darum tritt zu Prinzip und Norm die *Modell*- oder Beispielerzählung (am berühmtesten jene vom hilfreichen Samariter). Sie fordert vom Hörer, nicht das Gleiche, sondern auf seine je andere Weise dasselbe zu tun wie das Vorbild (also es nicht nachzuahmen, sondern ihm zu folgen).

Ein Modell religiös-sittlicher Hörigkeit hat prophetisch Fjodor M. Dostojewski in der Legende vom Großinquisitor entworfen. Daß die Rettung davor nicht in der Auswahl-Beliebigkeit liegen kann, haben wir schon gesehen. Dostojewskis Gegenbild im selben Roman »Die Brüder Karamasoff« ist der Staretz Sossima.

[11] Siehe oben, Kap. 1, Anm. 36.

b) Der Staretz oder auch der »Idiot« Fürst Myschkin leben in der Gegenwart; aber so engagiert, daß hier geheimnisvollerweise die Möglichkeiten der »Auswahl-Situation« mit dem »Zwang« des Einzigmöglichen zusammenfallen. Biblisch gesprochen: »Meine Speise ist es, den Willen dessen zu tun, der mich gesandt hat« – und zwar jeweils jetzt (Joh 4,34).

»Auf einmal kann man nicht mehr einfach alles tun, / auf einmal ist die Wahl nicht mehr beliebig. / Der Weg erhält eine Logik, die man nicht ohne deutliches Gespür des Abfalls verläßt... Wer [diese Logik] erzwingen will, hat ihr zwingendes Wesen noch nicht entdeckt.«[12] – Es geht darum, »Gott in allen Dingen zu finden« (Ignatius v. Loyola), im »Sakrament des Augenblicks« (J.-P. Caussade).[13]

Das heißt, der Mensch sieht sich hier in eine Lage versetzt, in der ihn jeweils ernsthaft nur ein Angebot, ein ganz bestimmter Ruf erreicht. Es entfällt die Unbestimmtheit alles Möglichen, weil ein Einziges von ihm getan werden will, und der Bedrohungscharakter des Fremden, weil hier nichts beengend auf ihn eindringt, sondern umgekehrt er aus sich selbst heraus zu seinem (Be-)Ruf gehen soll. – Indem so der Mensch von Fall zu Fall tut, was ihn angeht, wird er er selbst, ganz nach der von Gottfried Benn notierten Maxime: »Vollende nicht deine Persönlichkeit, sondern die einzelnen deiner Werke.«[14] Im Mühen um die Verwirklichung des ihm Aufgetragenen gewinnt der Mensch selbst Wirklichkeit – und einzig so. Indem er anderes bildet, nicht etwa sich, gewinnt er selbst Kontur und Gestalt.

[12] L. Mösenlechner, Gott gibt sich nur umsonst. Aufbruchs-Erkenntnisse, Einsiedeln 1975, 36 (Dienst). Vgl. Dag Hammerskjöld, Zeichen am Weg, München–Zürich 1965, 64: »Einen Punkt gibt es, wo alles einfach wird, wo keine Wahl bleibt, weil alles, worauf du gesetzt hast, verloren ist, wenn du dich umsiehst. Des Lebens eigener point of no return.«

[13] Siehe die Auswahlübersetzung (eingel. v. R. Guardini): J.-P. Caussade, Ewigkeit im Augenblick. Von der Hingabe an die göttliche Vorsehung, Freiburg i. Br. ^{4}1955; ders., Hingabe an Gottes Vorsehung, Neuausg. Einsiedeln 1981. Zu Ignatius jetzt nur: J. Stierli, Das Ignatianische Gebet »Gott suchen in allen Dingen« in: F. Wulf (Hrsg.), Ignatius von Loyola – Seine geistliche Gestalt und sein Vermächtnis, Würzburg 1956.

[14] Der Ptolemäer, Ges. Werke in zwei Bänden, Wiesbaden 1968, II 1404.

1. Gestalt und Wirklichkeit, das meint erstlich Selbstsein. So lautet eine der folgenreichsten Freiheitsbestimmungen europäischen Denkens: »Wir sagen, ein Mensch ist frei, der um seinetwillen und nicht um eines anderen willen ist« (Aristoteles).[15] – Das stellt eine rechtlich-politische Definition dar, die den freien Herrn vom Sklaven unterscheidet. Aber die Tradition hat das Wort auch in grundsätzlicherem Sinn verstanden. Nicht als sollte es dem Freien egozentrisch um sich selber gehen – statt, wie es eben hieß, um sein »Werk«[16], seinen Auftrag. Aber doch so, daß er nicht zu dessen bloßem Mittel herabsinkt, sondern in »Selbstzwecklichkeit«. Der »Baum« wird gerade von seinen »Früchten« her (Mt 12,33) als er selbst identifiziert und *identifizierbar*; d.h. seine Wirklichkeit erhält aus seinem Wirken ihren *Namen*.

Wovor klaustrophobe Möglichkeits-Sucht auf der Flucht war, weil es ihr als Entselbstung erschien: *Identität* zeigt sich so nicht bloß als Grundbestimmung von Realität – das mochte auch jener Flüchtling erkennen und eben deshalb sich ins Irreale retten wollen –, sie ist vielmehr auch und vor allem die Kernbestimmung von Freiheit. Vollends frei ist, wen nichts und niemand mehr daran zu hindern vermag, er selber zu sein.

2. Das ist eine vorausgreifende Formulierung, »utopisch« bzw. »eschatologisch«. Aber sie ist bedeutsam; denn die Identifizierbarkeit durch den Namen zeigt in dieser Zielperspektive eine weitere, bislang noch nicht erfaßte Dimension: Identität erhält jetzt das Gewicht der *Endgültigkeit*, und der Name erweist sich als Zuspruch von ursprünglich tragendem *Sinn*.

In der Schulsprache der Tradition hieße das: »Agere sequitur

[15] Met I 2 (982b 25f).

[16] H. v. Doderer, Repertorium. Ein Begreifbuch von höheren und niederen Lebens-Sachen, München 1969, 140: »Man beschimpft gerne den Künstler als Egozentriker. Doch fehlt hier ein Buchstabe – er ist Ergozentriker, denn Ergon heißt das Werk.« (Mit der galligen Fortsetzung: »Die Andern aber treiben's ohne den fehlenden Buchstaben noch viel ärger. Dabei ist ihr Zentrum unauffindbar: vacat.«)

esse – dem Handeln liegt das Sein zugrunde.« Greifen wir zur Erläuterung nochmals auf den Satz des Aristoteles zurück, der Freie lebe seinetwegen: Hautoû héneka, lateinisch: sui causā. Man hat diesen Ablativ auch als Nominativ gelesen, um den äußersten Ernst geschöpflicher Freiheit anzusprechen: der Mensch ist tatsächlich in gewisser Weise causa sui = Ursache seiner selbst: insofern nämlich, als er sich selbst zu dem macht, der er in Ewigkeit sein wird.[17] – In diesem Betracht also folgt das Sein aus dem Tun, und zuletzt mit Endgültigkeit.

Jetzt aber soll dieser Sachverhalt seinerseits auf seinen Ursprung hin erwogen werden, und darauf zielt die Umkehrung »agere sequitur esse«. – Das mag zunächst trivial erscheinen, und auch wenn man es weniger trivial sieht, etwa anhand des Hölderlin-Wortes »Das meiste nämlich / Vermag die Geburt« (Der Rhein), stellt es sich eher als eine Schranke von Freiheit dar, zumindest als eine Vorausbedingung ihrer, denn als selbst ein Freiheitsverhalt.

Eben dies Letzte jedoch wird hier behauptet. Freilich zeigen Vorrang und Vor-gang des Seins auch eine Grenze von Freiheit: jene des Daß, von der wir schon gehandelt haben. Doch gilt es zu sehen, daß die Art und Weise dieses Vorgangs Freiheit nicht bloß wie von außen anfangen läßt, sondern sie innerlich und darum bleibend begründet.

Guardinis Satz von der Schöpfung des Menschen als Würde verleihendem Anruf ist bereits im vorigen Kapitel angeführt worden.[18] Die Würde des Menschen in seiner Freiheit ist »unantastbar« (Art. 1, Abs. 1 GG). Nicht als *könnte* man – und er selbst – sich nicht dagegen verfehlen; doch man *darf* es niemals, ausnahmslos; und zugleich auch *kann* die faktische Verletzung sie nicht wirklich treffen: in dem Sinn, daß ihr Anspruch ungemindert besteht, wie sehr ein Mensch auch von seinesgleichen »herabgewürdigt« und »entwürdigt« sein mag oder sich selbst seiner Berufung »unwürdig« verhalten habe.

[17] Vgl. E. Coreth (Anm. 9) 261f; Konturen der Freiheit (Kap. 1, Anm. 8), 70, Anm. (de Vries).

[18] Siehe dort Anm. 19.

3. In solcher End-gültigkeit menschlicher Freiheit, in der Würde der Person unabhängig von allem menschlichen »Wert« oder »Unwert« des Betreffenden, wird die unverlierbare *Sinnhaftigkeit* eines jeden Menschen-Daseins offenbar. Dieser Sinn bezeugt sich sogar noch – negativ – in Unglück und Verzweiflung, selbst im Suizid: ob im Protest gegen die Bestreitung oder (vermeintliche) Zerstörung des Lebenssinnes durch andere oder im erliegenden Leiden (das eben statt Nichtachtung *Leiden* ist) an dessen Unfühlbarkeit.

Um so mehr verpflichten Person-Sinn und Menschenwürde jeden zum Einsatz dafür, daß sie möglichst wenigen nur in der quälenden Weise des Mangels, daß sie vielmehr in der Freude erfüllter Freiheit erfahren und gelebt werden dürfen.

Sinn sagt von sich aus Verheißung und *Hoffnung*. Hoffnung aber sagt, so rundet sich der Kreisgang des Gedankens: *Möglichkeit*. – Das suggestivste Bild der Tradition für diese Offenheit des Selbstgewinns ist wohl der *Tanz* – in seinem freien Eins von fragloser Anerkennung des »Gebotenen« (Rhythmus, Tanzfigur ...) und gelöstem »Spiel« mit seinen Möglichkeiten.[19]

Tanz aber ist gemeinsames Tun, jedenfalls jene Tanzformen, welche man traditionell im Blick hat: der Reigen und auch der klassische Paartanz – bei dem Führen und Sich-Führen-Lassen das »eine Werk zweier« erwirken. Süddeutsch-landschaftlich sagt man für solches Zusammenwirken – und das leitet uns zum Thema des nächsten Kapitels – »Zusammenhelfen«.

[19] Von dieser Freiheit wüßte nichts, wer angstvoll vor der »Festlegung« auf einen Tanz (und Tanzpartner) zurückschreckt. Vgl. Kap. 12, Anm. 34. – Kaum mehr indes, wer sie (Platonisch) als Verschmelzung zweier Hälften zu einem Ganzen verstünde (wo bliebe dann der Dank zwischen den Liebenden [Kap. 6, Anm. 8f], ja, wo ihre Liebe? Kap. 15, Anm. 52f).

5. HILFS-KRAFT

Aus Amerika schreibt Antoine de Saint-Exupéry an seinen jüdischen Freund Léon Werth im unterworfenen Frankreich: »Ich muß Dir helfen dürfen zu leben.«[1]

Das ist in der Tat die (vielleicht knappeste) Bestimmung von Freundschaft; Freundschaft und Freundlichkeit aber dürften ihrerseits wieder die schlichtesten Namen für »Menschlichkeit« sein.[2] Dabei sei gleich eingangs auf einen bedeutsamen Doppelsinn solcher Bestimmungen hingewiesen. Das Helfen-Dürfen braucht Exupéry; wer es ihm also erlaubt, der hilft *ihm*. Freundschaft ist ein Wechselbezug, und menschlich ist jener, dem »nichts Menschliches fremd« ist. – Wie weit ist die Krise von Helfen und Sich-Helfen-Lassen, von der man heute des öfteren redet, also nicht umfassender eine Krise der Menschlichkeit überhaupt? Allerdings; nur daß sie nicht erst seit heute besteht. Sie weist uns vielmehr an, – in diesem Falle buchstäblich – »bei Adam und Eva zu beginnen«.

Hilfe macht unfrei

»Eine Hilfe, die ihm entsprach«, hatte Adam, der Mensch, nicht gefunden (Gen 2,20). Darauf erhielt er Eva (die man Gottes in die Welt gesetztes Mitleid genannt hat). Doch statt einander leben zu helfen, bringen sie sich miteinander um ihr Paradies. Dazu sei gleich zweierlei angemerkt. – Erstens (im Vor-

[1] Bekenntnis einer Freundschaft (Lettre à un otage, New York 1943), Düsseldorf 1955 u. ö., 37; Ges. Schriften, München 1978, III 202.

[2] Das Wort aus dem Titusbrief von der Menschenfreundlichkeit Gottes (seiner philanthropia –3,4) hat die Vulgata mit »humanitas: übersetzt.

blick auf das nächste Kapitel) besteht ihr Fall keineswegs im etwa nicht erlaubten Vollzug ihrer Geschlechtlichkeit, weder dem Wortlaut nach noch nach der zu eruierenden Tiefenaussage des Textes, so unausrottbar diese Deutung zu sein scheint.[3] Ebensowenig besteht er, zweitens, in einem heroisch-gemeinsamen Aufstand.[4]

Beide Deutungen sind der Versuch, der Schuld durch ihre »Naturalisierung« zu entkommen, indem man das freie verantwortliche Fehlverhalten des Geschöpfes zu einem eigentlich unvermeidlichen Reifungsschritt um-interpretiert, sei es zum Schritt von der Kindheit zur rebellischen Jugend, sei es von der Jugendrevolte zur Paargründung des Erwachsenenalters.

Dagegen aber ist hier nicht so sehr aus theologischen Gründen zu protestieren, als vielmehr durchaus im Interesse einer entsprechenden philosophischen Anthropologie und im Blick auf unser Thema: die humane Hilfe von Mensch zu Mensch.

»Lebenshilfe« beginnt ohne Zweifel auf der physisch-biotischen Ebene, und auch pädagogisch wie psycho-sozial ist sie vielfach zuerst »Behandlung«. Bleibt es indes dabei, dann ist der »Gegenstand« ihrer Fürsorge nur als Objekt, nicht als Subjekt im Spiel. Dabei aber *muß* es unweigerlich bleiben, wenn man den Menschen grundsätzlich entschuldigt.

Das Muster jeder Entschuldigung lautet nämlich: Nicht ich war's, sondern er-sie-es. Bei *prinzipieller* Entschuldigung würde darum die Freiheit *grundsätzlich* bestritten, zugunsten bio-psychischer oder sozialer Notwendigkeiten. Solcher »Unschulds-

[3] Natürlich steht es jedem frei, die Bibel nach seiner Hinsicht zu deuten. Die Exegese des Mittelalters bereits hat, auch im Blick auf schwierige und anstößige Texte, die Lehre vom vierfachen Schriftsinn entwickelt. Danach bedeutete etwa »Jerusalem« im Literalsinn oder historisch die Stadt in Palästina, mystisch oder allegorisch die Kirche, tropologisch oder moralisch die Seele, anagogisch oder eschatologisch den Himmel. Also mag jemand auch den Sündenfall und die Austreibung als »Anstoß zur Reife« verstehen wie etwa Ch. Meves. Die Bibel antwortet uns in Bildern, Freiburg i. Br. 1973, wenn man dies nur nicht als die an sich gemeinte Botschaft der Bibel ausgibt.

[4] Dem hat H. Cox entgegengehalten, es handle sich vielmehr um einen blamablen Verzicht auf Eigen-Initiative zugunsten der Schlange: »Man darf es nicht der Schlange überlassen« in: ders., Stirb nicht im Warteraum der Zukunft. Aufforderung zur Weltverantwortung, Stuttgart–Berlin 1968.

wahn« (J. B. Metz) aber macht jeden Befreiungsversuch illusorisch. Denn zwar ist, wer Hilfe braucht, nicht völlig frei. Doch wenn er gar nicht frei wäre, könnte ihn keine Hilfe befreien, man könnte ihn höchstens frei = loslassen wie ein Tier oder ihn freisetzen wie einen Wirkstoff.

Hat man es jedoch mit Freiheitswesen zu tun, dann heißt »helfen zu leben«, die Freiheit des anderen mehren. Indes, und hierin liegt ja das Problem, mindert man sie nicht gerade dadurch, daß man derart zur »Autorität« wird? (Autorität kommt von »augére« = mehren, wachsen machen; »auctor« ist der »Autor«).

Zur Antwort auf diese Frage bedarf es einer grundsätzlichen Aufklärung des Sachverhalts. Nach einschlägigen Gedankengängen bei Hegel und Fichte und sodann besonders Ludwig Feuerbach haben die Dialogiker unseres Jahrhunderts herausgestellt (was die empirische Psychologie bestätigt), daß nur am Du das Ich zum Ich wird. Erst aus der Erfahrung des Angenommenseins heraus vermag der Mensch sich selber anzunehmen. Und solche Annahme muß frei erfolgen, sonst ist es keine.[5]

Das heißt, lebens*notwendig* ist dem Menschen die *freie* Annahme durch jemand anderen. Er bedarf, um es mit einem heute fast nur noch von Theologen verwendeten Wort auszudrükken, der Gnade des Andern. Ist aber, wer der Gnade bedarf, ihrem Herrn nicht »auf Gnade und Ungnade« ausgeliefert? Und dies vor dem Hintergrund der eben angestellten Überlegung über die Fehlbarkeit und Schuldfähigkeit des Menschen. Was korrumpiert ihn mehr als Macht?

[5] Nur wenige Titel für viele: J. Böckenhoff, Die Begegnungsphilosophie. Ihre Geschichte – ihre Aspekte, Freiburg–München 1970; M. Theunissen, Der Andere. Studien zur Sozialontologie der Gegenwart, Berlin 1965; H. Duesberg, Person und Gemeinschaft. Philosophisch-systematische Untersuchungen des Sinnzusammenhangs von personaler Selbständigkeit und interpersonaler Beziehung an Texten von J. G. Fichte und M. Buber, Bonn 1970; B. Waldenfels, Das Zwischenreich des Dialogs. Sozialphilosophische Untersuchungen in Anschluß an Edmund Husserl, den Haag 1971.

Man versteht von daher, daß das griechische Denken Freiheit vor allem als Autarkie, als Selbstgenügen bestimmt hat. Das Kind ist überhaupt nicht autark, der freie Mann soll es soweit wie möglich sein (da es auch ihm nicht ganz möglich ist, kommt Autarkie in höherem Sinne der Polis zu; vollends autark ist freilich nur der Gott). Unter dem Druck der äußeren Verhältnisse verinnerlicht sich diese Forderung zur Unbetreffbarkeit und Selbstgenügsamkeit des Stoikers, dessen Gedanken zumindest frei sind.[6]

In der Tat, der Denkende als solcher erscheint unbedürftig. »Alles Seinige bei sich tragend«, ist er dem Gott am ähnlichsten, den Aristoteles als Denken des Denkens (noéseos nóesis[7]) auffaßt. Doch macht reines Denken den Menschen?

Wir wollen Klischee-Vorstellungen vermeiden. Es war Aristoteles, der den Menschen als zôon politikón – staatlich-gemeinschaftliches Lebewesen definiert hat,[8] ja sogar dem vorgeordnet als »zweisam«[9]. Und er stellt hierbei ausdrücklich auf die Sprache ab,[10] so sehr, daß er das Grundprinzip des Denkens, den Satz vom Nicht-Widerspruch, gerade von dort her begründet, daß, wer ihn leugne, unfähig zur Kommunikation wird: »Wie unterschiede er sich dann von den Pflanzen!«[11]

Aber es bleibt dabei, daß das eigentliche Ideal das der göttlichen Selbstgenügsamkeit bleibt. Selbstvollzug als Selbstbezug ist das Höchste: das Absolute = Losgelöste. Bezüglichkeit: Relativität in Vielheit gilt als Zweites, Minderes. Demgegenüber stellt etwa Max Scheler in einer phänomenologischen Untersuchung des »Wesens« von Person fest, »daß Gemeinschaft von Personen überhaupt zur evidenten Wesenheit einer möglichen

[6] Vgl. M. Pohlenz, Griechische Freiheit. Wesen und Werden eines Lebensideals, Heidelberg 1955; W. Warnach, Freiheit I, II, in: HWP II 1064–1083; E. Coreth, Kap. 4, Anm. 9 (257–267 der griechische Freiheitsbegriff).

[7] Met XII 9, 1074b 34f.

[8] Polit. I 2, 125 3a 2f.

[9] syndyastikón – Nik. Eth. VIII 14, 1162a 17f.

[10] Polit. ebd. 1253a 7–17.

[11] Kap. 1, Anm. 16.

Person gehört.[12] Denn sie vollzieht sich, wie im vorigen Kapitel zu ihren »Grenzen« erwogen, wesentlich in Akten, in denen sie sich auf andere Personen bezieht. Vor aller konkreten Verwirklichung liege dies »in der idealen Sinneinheit dieser Akte als Akte des Wesens von Liebe, Achtung, Versprechen, Befehlen usw., die Gegenachtung, Gegenliebe, Annehmen, Gehorchen usw. als ideale Seinskorrelate fordern, um einen sinneinheitlichen Tatbestand überhaupt zu bilden« (ebd.).

Indem aber Person ihr Angenommensein nur annehmen kann, d.h. sowohl: es entgegennehmen, statt es selber zu machen, als auch es dem anderen glauben, statt es rein objektiv sicherstellen zu können, ist Freiheit gar nicht anders verwirklichbar als in der Anerkennung der Autorität des anderen. – Womit wir den Satz wieder erreicht hätten, zu dessen Erläuterung dieser Rückblick nötig gewesen ist.

Und vielleicht bedeutet es eine Hilfe, diese Struktur, ehe wir wieder konkreter werden, noch grundsätzlicher, formal-allgemeiner zu erfassen. Nicht erst Freiheit und Autorität, Freiheit und Bindung überhaupt bedingen einander. *Das Reden von absoluter Freiheit wäre ein logischer Widersinn*; also kann es auch nicht im Sinn einer regulierenden Idee, einer vorausleuchtenden »Real-Utopie« oder ähnlich einen ernsthaften Maßstab zur Kritik an den Verhältnissen ergeben, die noch nicht so sind. Sondern die in der Tat nicht zufriedenstellenden Verhältnisse sind nach einem anderen Maß und Ideal zu korrigieren.

Doch zunächst der Aufweis.[13]

Freiheit aus Bindung

»Freiheit« besagt gewiß zuerst ein *Freisein von* – und zwar ein erfreuliches Freisein. Man ist frei von Zwang und Fesseln, von Sorge und Not, von Fieber und Schmerzen. Man stellt also

[12] Der Formalismus in der Ethik und die materiale Wertethik. Neuer Versuch der Grundlegung eines ethischen Personalismus, Bern–München ^{5}1966, 524.

[13] Er hält sich an den Beitrag von B.v. Freytag Löringhoff in: J.Simon (Hrsg.), Freiheit. Theoretische und praktische Aspekte des Problems, Freiburg–München 1977: Die logische Struktur des Begriffs Freiheit (37–53).

nicht bloß das Nicht-Vorhandensein solcher Bande fest, geschweige denn, daß man es gar als Fehlen und Mangel empfände, sondern erklärt dieses Freisein für gut.

Von woher aber nennt man es gut, d. h. wünschens- und erstrebenswert? Von einem übergreifenden Bezugsrahmen her, einer positiven Vorstellung von Leben, Menschlichkeit, Gemeinschaft oder Gesundheit, also einem Ideal her: einer Norm, die man für *verbindlich* erklärt. Und wie kommt man dazu, diese Norm für verbindlich zu halten? Wenn man nicht einfach in frageloser Bindung an sie lebt, sie also ihrerseits frei gewählt hat, dann wiederholen sich Frage und Antwort. D. h. es gab wiederum einen Rahmen, innerhalb dessen dieses Ideal (Gesundheit oder Menschenwürde usf.) als das Rechte und Bessere erschien.

Damit zeigt sich, daß schon rein logisch von einem *absoluten* Freisein (von) nicht die Rede sein kann; denn dann wäre das *positive* Moment im Begriff der Freiheit verschwunden. (Ein Mensch ohne Kopf, um es drastisch zu sagen, heißt nicht »kopffrei«, sondern kopflos, und ein Verstorbener hat zwar kein Fieber, doch ist er nicht fieberfrei; das ist nur der Gesunde, dessen Organismus sich im schmalen Band »normaler« Körpertemperatur hält).

B. v. Freytag veranschaulicht das an einer aufgehängten Kugel. Sie ist frei von der Notwendigkeit des Sturzes und kann in den verschiedensten Mustern schwingen, weil sie an einen höheren Fixpunkt gebunden ist. Ihre Freiheit stammt aus höherer Bindung. So ist der Mensch seinem Triebleben gegenüber aus »höheren« Interessen heraus frei (er kann z. B. fasten, d. h., er muß sich nicht einfach von seinem Hunger bestimmen lassen, insofern ihn medizinische, ästhetische, soziale oder religiöse Gründe bestimmen).

So »hängt« jedes Freisein an einer höheren Bindung. – Folgt daraus schon, daß ein Mensch um so freier ist, je mehr er sich höheren Orts bindet? Offenbar nicht; eine Kugel an *zwei* Fäden hat jedenfalls weniger Schwingungsfreiheit. Und wenn man sie an drei Fäden befestigt, vermag sie nur mehr um den Preis zu schwingen, daß (unter Umständen abwechselnd) wenigstens eine der Bindungen »durchhängt«.

Doch kann man nun das Brett samt seinen drei Haken und Fäden seinerseits an einem Haken aufhängen: nun schwingt die Kugel wieder in beliebig vielen Figuren, ohne daß auch nur vorübergehend eine ihrer Bindungen gelockert werden müßte. – Das Bild zeigt so, daß Bindung an den *höchsten* Punkt es erlaubt, in der mittleren Dimension Freiheit *und* Bindung miteinander in Einklang zu bringen (man möchte sagen: beides *frei* zu *verbinden*). Freiheit *von* Hemmnissen und Freiheit *zu* schwingendem Spiel (Handlungs- und Entscheidungsfreiheit) »hängen« hiernach von einem höheren Bezugspunkt »ab«.

Wie aber hat man diesen Bezug seinerseits zu verstehen? Er kann nicht einfach Sache eigener Wahl sein, da erst er jedes Wählen ermöglicht. Die biblische Tradition faßt ihn als Erwählung, Erwähltwordensein: Schöpfung ist Anruf (»Bei deinem Namen habe ich dich gerufen, und du bist mein«). In der Sprache der Metaphysik wird er als Naturstreben und Wesenstendenz gesehen. – Wer jedenfalls diesem Anruf oder diesem Streben zustimmt, wer diesem Bezug nicht einfach unterliegt, sondern ihn einwilligend (mit)vollzieht, der hat damit eine neue Freiheit gewonnen: Wesensfreiheit, Freiheit der Entschiedenheit, in der nichts und niemand mehr ihn hindert, er selbst zu sein (Freiheit der Identität).

In solcher Identität steht Bindung nicht mehr ermöglichend »über« Freiheit; die Bindung erscheint vielmehr selber als Freiheitsverhältnis. Und Freiheit steht nicht mehr (als Wahlvermögen) im Gegenüber zu Bindung, sondern erfüllt sich – jenseits der »Qual der Wahl« – im fraglos entschiedenen einverstandenen Ja (Freiheit der Bindung: Glück der Liebe).

Autorität eröffnet Wirklichkeit

Auf die Frage des Glücks kommen wir gleich nochmals eigens zu sprechen. Vorher aber müssen wir unsere Struktur-Reflexion noch in einer weiteren Hinsicht konkretisieren. Die aufgewiesene »Logik der Freiheit« haben wir früher bereits für das Ich-Du-Verhältnis als solches, aus der Wechselseitigkeit personaler

Vollzüge heraus, als grundbestimmend erkannt. Jetzt ist sie, in Erweiterung dieses Gegenübers, für das Welt- und Wirklichkeitsverhältnis überhaupt zu erörtern.

Dazu sei wiederum auf ein veranschaulichendes Bild zurückgegriffen, und zwar (faute de mieux zum wiederholten Male) aus einer Schrift des Nikolaus von Kues.

Die Mönche vom Kloster Tegernsee hatten ihn um religiöse Unterweisung gebeten. 1453 sandte er ihnen die Schrift »De visione Dei – Vom Anblick Gottes«, wobei der Titel im doppelten Sinne gelesen sein will: Gott erblicken bedeutet, daß man seinem Blick begegnet. Dem Text fügte er eines jener Bilder bei, die so gemalt sind, daß sie den Betrachter von jedem gewählten Blickwinkel aus unmittelbar anzublicken scheinen.

Stellen die Mönche sich nun im Halbkreis um das Bild, dann findet jeder sich direkt und wie ausschließlich von ihm angeblickt. Und wer, das Bild im Auge behaltend, es im Bogen umschreitet, erfährt, wie dessen Blick ihm ständig folgt. Das verdeutlicht einen weiteren Sinn im Titel der Schrift, nämlich die allumfassende Vorsehung Gottes.

Damit wird im Übergang von Mittelalter zur Neuzeit in genialer Weise die »Subjektivität« des Denkens und Redens über Gott (wie über alles) deutlich gemacht – und gleichzeitig gerechtfertigt: Von Gott sprechen die Menschen, wie sie ihn sehen; und sie sehen ihn (fährt der Cusaner fort, der ja nicht einen Feuerbachschen Atheismus verkündet), wie *Er* sich ihnen zeigt: Die »Ansicht« die sie von ihm haben, ist die »Ansicht«, die er ihnen bietet. Und wie er sich ihnen zeigt, hängt mit ihrem Verhalten ihm gegenüber zusammen. (Auch dies ein Beitrag zum Thema »Freiheit«; neutestamentlich gesprochen: angesichts des Unglaubens in seiner Vaterstadt »konnte Jesus dort keine Wunder tun« – Mk 6,5.)

Doch nicht darum geht es uns jetzt, als vielmehr um die Frage, wie, woher man wisse, daß hier *Gott* blickt. – Woher erkennt man die »Göttlichkeit« dieses Bildes, die ja nicht schon darin besteht, daß es mich ständig anblickt, sondern darin, daß es zugleich auch den anderen mit gleicher »Ausschließlichkeit« im Blick hat? – Dieses Zugleich läßt sich nur so erkennen, daß ich einmal *sehe*, wie der Blick mir folgt, und dann gleichzeitig *höre* – und es glaube, daß der andere in gleicher Weise angeblickt wird. So aber weiß ich die Göttlichkeit dieses Bildes nur aus meinem Sehen *und* meinem Vertrauen auf das Wort des anderen *zumal*.

Wollte ich diese Differenz überwinden, indem ich mich, statt dem anderen zu glauben, zur Nachprüfung genau an seinen Platz begäbe (soweit das ginge) oder sein Umschreiten mitmachte, dann fände ich zwar tatsächlich uns beide erblickt; aber die »Göttlichkeit« dieses Blicks, sein Zugleich, hätte sich – mir und somit auch ihm, also durch mich uns beiden – entzogen: denn nun sähe ich ihn ja nicht mehr von meinem Platz aus. – Ebenso entzöge die Wahrheit sich freilich, wenn ich mich auf gläubiges Hören beschränkte, ohne selbst sehen zu wollen. Und wieder entzöge sie sich uns beiden.

Die Wahrheit zeigt sich also nicht einfach rein an sich selbst, sondern grundsätzlich vermittelt. Und so die Wirklichkeit überhaupt in ihrer Wahrheit.

Das heißt: 1. läßt erst die Dazwischenkunft des Du das Ich sich von seinem Objekt unterscheiden (statt daß es unbewußt in seinen Empfindungen triebe). Erst die abweichende Ansicht macht die eigene Ansicht als solche bewußt und läßt so im Unterschied zu ihr überhaupt die *Begriffe* Wahrheit und Wirklichkeit erscheinen. 2. erscheint sodann hier – in Wahrheit – die Wirklichkeit selbst. Freilich, sie erscheint nur; einerseits sind unsere Ansichten von ihr wirklich Ansichten, die sie von sich aus bietet (dies ist ja der bedenkenswerte Doppelsinn des Wortes »Ansicht«); andererseits geht die Wahrheit der Wirklichkeit nicht in ihren Ansichten auf, sie ist reicher als sie.

Damit soll gerade nicht gesagt sein, daß man nur *von* Wirklichkeit, im Sinn von: *über sie*, erfahren könnte. Die gezeigte Vermittlung hebt die Unmittelbarkeit erlebter Erfahrung keineswegs auf. Das Wort des anderen *ersetzt* nicht etwa mein Sehen. Sehen und Hören gehören zusammen. Aber es geht eben auch nicht ohne vertrauende Hinnahme, also ohne die Anerkennung von Autorität. In diesem Sinn kann man nicht einmal die himmlische Anschauung Gottes als reine »Privataudienz«

konzipieren. Gott ist »Vater unser«, und nur in solcher Gemeinschaft ist er wirklich mein *Vater*, statt bloß ein privates Wunschbild (wobei es gerade nicht auf »Gleichschaltung« hinausläuft; hat doch jeder seine einmalige eigene Erfahrung einzubringen).

Das aber gilt nun nicht bloß für Gott, sondern für alle drei klassischen Momente oder Dimensionen der Wirklichkeit: wie für Gott so für die Welt und das Ich selbst. Zu einem Objekt als realem verhält sich das Subjekt nur dann, wenn es sich zu ihm als dem Objekt auch anderer Subjekte (mindestens eines anderen Subjektes) verhält. Und ebenso gibt es ein Subjekt-Subjekt-Verhältnis nur so als reales, daß das Gegen-Subjekt nicht bloß das meine, nicht ich allein seine Welt bin. Sogar über mich selbst weiß ich nicht *aus* mir selbst allein Bescheid; die Wahrheit über mich erscheint erst im Zusammenspiel dessen, was ich von mir weiß, und was mir andere über mich sagen.

Abhängigkeit als Glück

Nun sind die hiermit ausgebreiteten Fakten nicht bloß unbestreitbar, sondern wohl auch kaum je im Ernste bestritten. Strittig hingegen ist ihre Deutung. Angewiesen ist der Mensch in der Tat lebenslang auf den Menschen, ist aber nicht eben dies seine Not? Und dies so, daß seine Not nicht erst bzw. nur sich im Fehlen von jemandem zeigt, der sie ihm wenden könnte, sondern daß sie eben dort am schärfsten verspürt wird, wo sie der andere ihm wirklich wendet? Wo es also zur halbwegs glückenden Symbiose der Bedürfnisse und ihrer wechselseitigen Befriedigung kommt? Denn er wendet die Not ja durchaus nicht einmal für immer, sondern so, daß er nun bleibend und erst recht not tut. (So daß man sich sinnierend fragen könnte, ob denn Hilfe nicht in dem Sinn »not tue«, wie eine Wunde »weh tut«.)

Wir sind also wieder bei der Sicht der metaphysischen Tradition, die Glück als Selbstgenügen und Selbstverwirklichung auffaßt, und Vielheit, Bezug als Zeichen von Endlichkeit deutet.

Im Unterschied zu Einheit jedoch gibt es Einigkeit nur aufgrund von Differenzen; denn Einigkeit ist die Übereinkunft und das Einssein bleibend Unterschiedener.

Martin Heidegger besonders hat in der Gegenwart den Unterschied von Selbigkeit und faktischem Dies-(und-nichts-anderes-) Sein unermüdlich betont und immer von neuem verdeutlicht.

»Seit der Epoche des spekulativen Idealismus bleibt es dem Denken untersagt, die Einheit der Identitiät als das bloße Einerlei vorzustellen und von der in der Einheit waltenden Vermittlung abzusehen.«[14] Kap. 14 u. 15 werden die christlich-theologischen, nämlich trinitarischen Wurzeln dieses Grundgedankens freilegen; aber bleiben wir in der Philosophie und philosophischen Anthropologie.

Hier wird, wie gesagt, von der Tradition diese Vermittlung durchaus gesehen, aber sie wird doch gewissermaßen als ein Umweg des endlichen Ich zu sich selber entworfen. So im Deutschen Idealismus, wo der Hegelsche Absolute Geist durch die Arbeit der Weltgeschichte hindurch, deren Schädelstätte hinter sich lassend, erfüllt zu sich heimkehrt wie der Held der humanistischen Bildungsromane. Und so schon in der Deutung der Freundschaft bei Aristoteles aus dem Selbstverwirklichungsprinzip heraus, »die wir heute einfach schockierend finden«.[15]

Um wiederum keine falschen Bilder zu zeichnen: Hegel spricht an zentralen Stellen von der Liebe und bestimmt sie als »ein Unterscheiden zweier, die doch für einander schlechthin nicht unterschieden sind. Das Bewußtsein, Gefühl dieser Identität, dieses, außer mir und in dem andern zu sein ... mein Selbstbewußtsein nicht in mir, sondern im Andern ...«[16]

Und für Aristoteles ist es selbstverständlich, daß Freundschaft »mehr im Lieben als im Geliebtwerden verwirklicht«

[14] Identitiät und Differenz, Pfullingen 1957, 16.

[15] Th. Styczeń in: D. Mieth / F. Compagnoni (Hrsg.). Ethik im Kontext des Glaubens. Probleme – Grundsätze – Methoden, Freiburg i. Ue. – Freiburg i. Br., 1978, 83. Vgl. die frühere Debatte um den griechisch-scholastischen Eudaimonismus in: P. Engelhardt (Hrsg.), Sein und Ethos. Untersuchungen zur Grundlegung der Ethik, Mainz 1963, zwischen H. Reiner und S. Pinckaers.

[16] SW (Glockner) XVI 227.

wird.[17] Darum beantwortet er auch die Frage, ob der Glückliche einen Freund brauche, mit Ja.[18] »Denn die Unglücklichen brauchen Hilfe, die Glücklichen Lebensgefährten und jemanden, dem sie Gutes tun können, denn sie wollen wohltätig sein.«[19]

Aber es geht doch um Selbstbewußtsein, und wohltun will der Mensch, weil es ein Wirken ist, in Wirksamkeit aber die Wirklichkeit seines Lebens ihr Vollmaß erreicht. Daß Sich-Helfen-*Lassen* ein Glück sei, liest man hier nicht.

Eben darauf aber will diese unsere Überlegung hinaus. Statt des Selbstbewußtseins wäre selbstvergessenes Anschaun des anderen die »regulative Idee« der Erfüllung von Freiheit. Wann in der Tat ist ein Mensch mehr »da«, als wenn er außer sich, entzückt (d. h. sich entrissen – wie das Schwert aus der Scheide), umgangssprachlich: »ganz weg«, sich restlos in das Gegenüber verloren hat, das ihn beseligt?

So aber würde gerade nicht er selbst sich genügen. (Auch nicht etwa in dem Sinn, daß er nun diese Erfüllungswirklichkeit *geworden* wäre – z. B. als »Tropfen im Meer«.)

Er hinge ganz vom Grund seines Glücks ab.

Ottilie (in Goethes *Wahlverwandtschaften*) trägt in ihr Tagebuch ein: »Freiwillige Abhängigkeit ist der schönste Zustand, und wie wäre der möglich ohne Liebe«[20]

In der Tat: der schönste Zustand, Glück, bedeutet Abhängigkeit – von dem, was uns beglückt, im Widerspruch zu allen Selbstgenügsamkeits- und Eigenlohn-Theorien. Aber nicht dies meint Ottilie, sondern, daß gerade die Abhängigkeit selbst als der schönste Zustand bejaht wird. Was ein Geschenk zum Geschenk macht, ist eben das, was man daran nicht kaufen oder sonstwie an sich nehmen, was man einzig dankbar an-nehmen kann.

Freilich, wie wäre das möglich ohne die Liebe, die jene Angst der Freiheit um sich selbst vertreibt, die uns immer wieder un-

[17] Nik. Eth. VIII 9f, 1159a 27f, 33f.
[18] A.a.O. IX 9.
[19] A.a.O. IX 11, 1171a 22–24.
[20] Hamb. Ausgabe 6, 397 (II 5).

menschlich werden läßt. Hier geht es dann aber nicht mehr um den notgedrungenen Verzicht darauf, sich und die Welt selbst herstellen und gewährleisten zu können, sondern um das Glück, sich und sie und überhaupt alles aus der freien Gewähr eines Gegenüber empfangen zu dürfen. – Glück gibt es nur in bejahter Abhängigkeit. Und sie ist dieses Glück.

Realismus statt Idealisierung

Hätte man nicht aus solchen Träumen wieder auf den Boden der Realität zu kommen? Warum überhaupt diese praxis-fernen Reflexionen?

Grundsätzlich muß darum gedacht werden, weil alle Praxis, auch wenn sie mitunter sich in bloßem Reagieren zu erschöpfen scheint, doch entscheidend von Vor-entscheidungen und Grundstellungnahmen bestimmt ist. Welche Vorstellung von Welt und Mensch, von Freiheit, Glück, Gemeinschaft, Sinnerfüllung jemand hat, wirkt sich unweigerlich bis in den konkreten Umgang aus. Praxis-fern aber ist obiges weniger als »kontrafaktisch«, und insofern durchaus »praxisrelevant«.

Mag derart erfüllte Freiheit dem Menschen hier kaum, mag sie ihm vielleicht hienieden gar nicht, jedenfalls nicht bleibend erreichbar sein – der Weg zu ihr humanisiert bereits, während der Weg zu einer selbstverwirklicht-autark verstandenen Freiheit diese nicht bloß auch nicht erreicht, sondern obendrein den Menschen schon auf solchem Weg nicht menschlicher, sondern unmenschlicher und weniger glücklich werden läßt.

Doch ist auch diese erste Antwort noch zu prinzipiell. Denn man muß den Einwand ernst nehmen, daß mit Berufung gerade hierauf im täglichen Leben immer wieder Unmenschlichkeiten gerechtfertigt wurden und werden, indem man z. B. Duldung und Aushalten predigt, statt zur Selbst-Befreiung zu ermutigen.

Auch das verlangt zuerst wieder eine grundsätzliche Antwort: daß nämlich zwischen konkreter Praxis und faktischem Mißbrauch auf der einen Seite und dem *Prinzip* von *Kritik* und *Korrektur* daran auf der anderen Seite unterschieden werden müsse. Und nur um dieses Prinzip geht es – in unvermeidlicher déformation professionelle – in diesen philosophischen Reflexionen.

Anders gesagt, Glück ist rechtens die Sehnsucht des Menschen; von einem *Recht* auf Glück jedoch zu sprechen und Menschen zu intensivem Kampf um dieses Recht anzuleiten, treibt sie mit unausweichlicher Konsequenz gerade ins Unglück. Und das ist in keiner Weise moralisierend, sondern rein phänomenologisch gemeint.

Max Scheler hat klar gezeigt, daß mit der Ranghöhe von Gefühlen nicht nur ihre Störbarkeit durch Zuwendung zunimmt (darum mindert körperlicher Schmerz sich durch Ablenkung, seelisches Leid durch energische Objektivierung), sondern vor allem ihre »Herstellbarkeit«. Liebe macht glücklich; doch wer lieben wollte, um glücklich zu sein, der liebte nicht mehr. Das gute Wollen trägt »das Glück auf dem Rücken« (dazu der zweite Exkurs: Glück).

Menschen helfen zu leben, d. h. ihnen zu helfen, nicht bloß genuß- und leistungsfähig, sondern auch leidensfähig zu werden, heißt im Grunde also (womit alles andere nicht abgetan werden soll),[21] ihnen zu jener Umkehr des Herzens zu helfen, die alleine Glück gewährt. – Nach Meinung mancher ist es zudem das Besondere unserer heutigen Situation, daß es dieser Umkehr nicht erst zum Glück, sondern überhaupt zum Überleben bedarf.[22]

Schon nur um zu überleben also darf man nicht am Leben kleben. Lebenshilfe heißt Hilfe zur Annahme seiner selbst als eines endlichen Wesens. Nur aus dem Ja zu Grenzen wird Gestalt, und nur Gestalt hat Wirklichkeit.

[21] So daß beispielsweise durchaus »viel damit gewonnen ist, wenn es gelingt, ... hysterisches Elend in gemeines Unglück zu verwandeln« (S. Freud, Zur Psychotherapie der Hysterie, GW I 311). »Genuß- und Leistungsfähigkeit«: S. Freud, Vorlesungen zur Einführung in die Psychoanalyse, GW XI 476; die Ergänzung: V. E. Frankl, Anthropologische Grundlagen der Psychotheraphie, Bern–Stuttgart–Wien 1975, 252.

[22] Vgl. E. Fromm, Haben oder Sein. Die seelischen Grundlagen einer neuen Gesellschaft, Stuttgart 1976, 19: »Zum ersten Mal in der Geschichte hängt das physische Überleben der Menschheit von einer radikalen Veränderung des Herzens ab.«

Wer sich aber zu seiner Endlichkeit entschließt, der willigt in sein Ende ein und greift auf dieses vor, um es in diesem Vorgriff zum gültigen Abschluß seiner Selbstübernahme zu machen.

Wenn also Freundschaft bedeutet, einander helfen zu leben, dann bedeutet sie auch, den andern den Tod kosten zu lassen. Und dies nicht etwa souverän pädagogisch, sondern schmerzlich und demütigend beteiligt, indem man nämlich stets dem anderen auch Zeit und Kraft und Lebensmöglichkeiten nimmt, ihn durch die eigenen Grenzen begrenzt. Und auch dies wieder nicht bloß aufgrund unabänderlicher Endlichkeit und Begrenztheit, sondern darüber hinaus in durchaus nicht notwendiger und darum frei zu vertretender Schuld.

Der Mensch, dem Menschen helfend, seine Last auf sich zu nehmen, nimmt an der Last des anderen immer auch dadurch teil, daß er selbst seine Last wird. (Hilfe ist – das muß der Helfer nüchtern wissen – stets auch lästig.)

Lebensmöglichkeit aus dem Glauben

Glück, hieß es, sei die Entgegennahme der Welt und seiner selbst aus der Hand eines andern. Glück bestehe darin, sich und die Sorge um sich zu verlassen, indem man sich auf jemand anderen verläßt. Dagegen stand die Frage auf, ob man derart nicht ganz verlassen sei (mit einem solchen Rat also »von allen guten Geistern verlassen«). Die Frage stellt sich in der Tat, und nicht zuletzt eben dem, der sich aus dem Dienst eines Mannes leben weiß, den seine »Menschenfreundlichkeit« (Anm. 2) im Sich-Verlassen auf seinen Vater wahrlich in die äußerste Verlassenheit geführt hat (Mt 27,46). Dennoch, kann nicht zuletzt nur er die Unzuverlässigkeit von Welt und Mensch wirklich an sich heranlassen, ohne heimliche Illusionen (auch nicht über sich selbst), und dennoch – aus der Kraft des *Lebens* jenes Verlassenen – »wider Hoffnung« vertrauen?

Hier spitzt die Problematik sich noch einmal zu. – Der Mensch ist auf die Hilfskraft anderer angewiesen und verwiesen. Zugleich aber ist es auch der Mensch, der solche notwendende Hilfs-kraft hat – und ist. Aber hat er dieses Vermögen aus sich?

Wir wollen auch jetzt zum Kapitel-Schluß nicht in die Theologie überwechseln. Es sei also nicht die christliche Glaubensüberzeugung erörtert, daß, wo immer Menschen wahrhaft menschlich mit einander umgehen, sie das letztlich einzig aus der Kraft und Gnade des Gottes und Vaters Jesu Christi vermögen.[23]

Doch schon im Feld philosophisch-anthropologischer Überlegung stellt sich die Frage, wie man es gegenüber Einwänden des Lebenswillens von außen wie von innen soll begründet rechtfertigen können, daß der einzelne Mensch unbedingter Zuwendung nicht nur wert ist, sondern wir sie ihm schulden, unabhängig von seinem menschlichen Wert oder Unwert.

Es stellt sich, schärfer, die Frage, woher angesichts des dunklen Themas Schuld begründet Vergebung möglich sein soll. Und was sollte letztlich alle andere Lebenshilfe ohne sie? Auch Menschen können vergeben, doch in welchem Maß? Inwieweit können sie dem Schuldigen wirklich neue Zukunft in Würde eröffnen?

Es stellt sich schließlich die Frage, in Berufung worauf ich dem anderen zur Umkehr des Herzens soll helfen können, wenn diese Umkehr in der Welt, wie sie ist, eine lebensmindernde Torheit darstellt. Denn wollte ich mich darauf berufen, daß es zuletzt auch für ihn das Beste bedeute, so könnte er erstens erwidern, warum gerade er beginnen solle – ohne Sicherheit darüber, ob der andere wirklich »nachziehen« werde und nicht doch zuletzt nur er der Dumme sei. Und zweitens würde diese meine Argumentation gerade die Gesinnung festhalten, auf deren Überwindung es doch ankommt, weil nichts anderes als sie uns in die unmenschliche Situation gebracht hat, aus der wir befreit werden müssen. – Wird solche Torheit nicht erst dadurch lebens-möglich, daß sie sich auf das *Leben* eines Mannes stützen kann, der nicht bloß – wie schon mancher andere – dar-

[23] Siehe oben Kap. 2, Anm. 35; das Folgende resümiert Kap. 1 aus: Der Mensch ist Person.

an zu Tode kam, sondern der wie vor ihm keiner – nach dem Zeugnis der Seinen – nicht im Tode blieb?

Das heißt, außerhalb des biblischen Glaubens bietet sich, will man nicht – asiatisch – den Ernst und die Wirklichkeit von Welt und Person grundsätzlich bestreiten, als menschliche Möglichkeit nur Heroismus in Absurdität an (Albert Camus).

Leben könnte der Mensch dann nur dank mehr oder weniger bewußter Lebenslüge, ob er sich nun über seine Vergangenheit, seine Gegenwart oder – utopisch – über die gemeinsame Zukunft Illusionen hingibt. Und Lebenshilfe müßte letztlich – nochmals: ohne Abwertung all jenes Vorletzten, daran wir Christen es nur allzu häufig fehlen lassen – Hilfe zur Lebenslüge werden, wenn sie nicht von jenem Helfer sprechen wollte und aus seinem Leben lebte, der für jene, die sich zu ihm bekennen, in Person die Hilfe ist (»Jesus« heißt: Gott ist Heil).[24]

Damit erreicht diese Weg-Skizze (christlich-)philosophischer Reflexion endgültig den Grenzpunkt zur Theologie. Mit dem Hinweis auf die »Lebensdienlichkeit« des Glaubens ist ja weder sein Wesen bestimmt (er richtet sich auf Christus und »durch ihn und mit ihm« auf seinen und unseren Vater, nicht auf Lebenshilfe), noch seine Wahrheit erwiesen (auch die liegt nicht in seinem Dienst am Leben, dessen Opfer er u. U. ja sogar fordert, sondern eben in dem, dem er gilt).

Doch sei immerhin ein ganz kurzer Ausblick gestattet, schon um die Maße zurechtzurücken. – Denn wenn das bisher Bedachte nicht ganz verfehlt ist, liegt die entscheidende Hilfe für den Menschen eben darin, ihn vom Interesse an sich und seiner Hilfsbedürftigkeit zum Blick auf den andern, zur Selbstvergessenheit der Liebe zu befreien.

Für die Christen ist Christus der Beistand, und von ihm her der Geist, den der Vater und er uns gesandt haben und senden (Joh 14–16). Nicht, um an unserer Statt zu helfen, sondern um uns zur Hilfe zu erkräften. Seine Freunde haben im Blick auf die Situation vor Gericht seine Verheißung überliefert: »Macht euch nicht im voraus Sorgen, was ihr sagen sollt; sondern was

[24] Siehe E. Biser, Der Helfer. Eine Vergegenwärtigung Jesu, München 1973.

euch in jener Stunde eingegeben wird, das sagt. Denn nicht ihr werdet dann reden, sondern der heilige Geist« (Mk 13,11). Aber sie gilt nicht nur vor Gericht, sondern ebenso und gerade in Notsituationen des Helfens, wo der Helfer das rechte Wort und die rechte Tat sucht und dazu selber der Hilfe bedarf.

Damit erübrigt sich weiteres, und zumal »praxisnäheres«, Fragen und Suchen mitnichten; aber es hat in dieser Zusage einen Grund, auf dem sich stehen läßt und auch Schritt für Schritt gehen. Wie oft mag einfach dies Gehen, als Mit- und Voran-gehen, tastend und zagend, doch mit dem kleinen festen Mut getroster Hoffnung, die entscheidende Hilfe sein, die ein Mensch in weglosem Dunkel von einem Menschen erhält, den Gott ihm schickt?[25]

1. *Exkurs: Humanität*

1. *Humanitas* – Nach den ersten Belegen in der *Rhetorica ad Herennium* (84/83 v. Chr.) begegnet das Wort insbesondere bei Cicero. Darin »faßte der Römer... den verpflichtenden Wesenskern des Menschen zusammen« (Karl Büchner); vor allem im Blick auf Gesittung, Freundlichkeit, Kultur. Dies selbstverständlich dank griechischem Einfluß, »obschon ihm kein griechisches Äquivalent voraufgeht«[1]; doch zugleich mit einer bedeutsamen Umakzentuierung gegenüber dem Griechen, der »fast immer den Gegensatz zum Göttlichen im Sinn hat, wenn

[25] Gerade so aber werden – nochmals – sie *einander* geschickt. Hilfe annehmen ist seinerseits Hilfe, hat es eingangs geheißen und wird zu Krankheit wie zur Sterbehilfe nochmals zu erwägen sein. Entsprechend schreibt Paulus nach Rom, er hoffe – als Verkünder – »miteinander Zuspruch zu empfangen« (1,12). Besonders schön ein Wort von Augustinus zum Lehrer-Schüler-Verhältnis (rückverweisend auf Kap. 2, im Anschluß an Anm. 17 u. 18, wie voraus auf Kap. 7, Anm. 26; Kap. 15, Anm. 39): »Wieviel vermag doch das Mitfühlen des Herzens! Wenn die Zuhörer dieses Gefühl uns gegenüber empfinden, die wir sprechen, wir aber ihnen gegenüber, die lernen, dann sind wir gleichsam gegenseitig Mitbewohner [BKV: eines im anderen wohnend], und was jene hören, das sprechen sie gleichsam in uns, und wir lernen gewissermaßen in ihnen, was wir lehren.« Vom ersten katechetischen Unterricht, München 1985, 43 (cat. rud. 17).

[1] R. R. Rieks, Humanitas, in: HWP II 1231f.

er etwas menschlich nennt, Mangelhaftigkeit und Geringfügigkeit«.[2] Menschliche Größe wird zumeist als »Göttlichkeit« gedacht und angesprochen – »göttlich« ist so auch der Sauhirt, bei dem Odysseus erste Aufnahme findet (XIV 48) –, bis dann Menander den Menschen als ein »artig Ding« bezeichnen kann (fr 761 K) und Kleanthes gar einen Unterschied bei Tugend und Wahrheit zwischen Mensch und Gott bestreitet.[3] So ist der Spruch von Delphi: »Erkenne dich selbst«, aus einer Erinnerung an die eigene Nichtigkeit zu einem Appell an Würdebewußtsein und Hochgemutheit geworden.

»Humanitas« aber in diesem Rahmen legt den Akzent gerade nicht auf Würde, sondern auf die heitere Unabhängigkeit des Privaten, wenn Cicero vom »humaniter vivere« schreibt, von humanem Gespräch und Scherz unter Freunden.[4] Andererseits geht es beim »sensus humanitatis« um Vornehmheit, Mitleid und Milde dem Feind gegenüber.[5] In summa: »Humanitas ist bei Cicero der Inbegriff des Menschlichen, insofern es im Unterschied zum Tierischen Fertigkeit ist, nicht nur Umwelt, sondern geordnete und rhythmisierte Welt zu haben.«[6] Auf ihn greift in der Renaissance C. Bruni zurück mit dem Programmwort der »studia humanitatis«.

2. *Humanität.* – Die eingedeutschte Wortform verweist auf Herder, der »ihre ganze Sinnfülle gewissermaßen entdeckt hat«, als »ihr Verkünder für ein ganzes Zeitalter«[7], nachdem er in der Sturm- und Drangzeit sie noch verächtlich abgelehnt hatte. Das Wort meint auch Mitgefühl und Güte, aber darüber hinaus die Herausbildung unseres eigentlichen Wesens, bis zur Gottähnlichkeit. Der Mensch, einerseits in Einheit mit der Natur, ihrem Stufenbau eingefügt, bildet zugleich ihre Spitze und in seiner göttlichen Humanität gewissermaßen ihren Inbegriff.

[2] F. Klingner, Römische Geisteswelt, Stuttgart [5]1979, 704–746: Humanität und Humanitas, 726.

[3] Stoicor. fragm. (Arnim) I 129.

[4] Ad fam. 7.1.

[5] Pro S. Rosio Ameriano 154.

[6] K. Büchner, Humanitas, in: Der Kleine Pauly, München 1979, II 124–1244, 1243.

[7] Klingner 705.

Mit seiner Berufung auf das »studium humanitatis« der Griechen und Römer bezieht sich Herder hierbei (»in fruchtbarem Mißverständnis« – Büchner) vor allem auf die römische Stoa. Freilich kaum ohne Vermittlung des italienischen Humanismus, und so auch gestützt auf den biblisch-christlichen Gedanken der Gottebenbildlichkeit, ohne den man die »Heiligkeit« des Menschen »doch vielleicht nicht versteht«.[8] Aber ehe wir darauf eingehen, ist nochmals die Polemik des jungen Herder gegen die »Affen der Humanität«[9] aufzunehmen.

3. *Humanitarismus* – Unter diesem Titel hat vor allem A. Gehlen seine Kritik am neuzeitlichen Ethos vorgetragen. Er meint damit eine zur ethischen Pflicht gemachte unterschiedslose Menschenliebe als leere Ausweitung des familiaren gegenüber dem staatlich institutionellen Ethos. Zur Weltreichs-Ethik der Stoa und der christlichen Idee der Nächstenliebe tritt seit der Aufklärung der Sozialeudaimonismus als »Kernstück des ethischen Wandels der Neuzeit«[10]. Daraus entsteht, in Deutschland durch die Kriegsniederlage begünstigt, eine »Moralhypertrophie« (141ff), die auch die christliche Verkündigung gefährdet.[11] – Gehlens Kritik krankt an seinen biologisch-pragmatischen Voraussetzungen. Wer als Aufgabe für Individuum wie Staat nur die Daseinserhaltung erblickt[12], kann nicht zeigen, wieso man gegen privaten wie sozialen Hedonismus dafür optieren sollte, »sich von den Institutionen konsumieren zu lassen«[13]. Und wie wird die Universalität der sittlichen Vernunft mißdeutet, wenn sie dem »Staatsethos« gegenüber als Humanitarismus erscheint!

Tiefer lotet Schelers Analyse, die von Nietzsche den Ressentimentbegriff übernimmt, um Tendenzen der Moderne zu charakterisieren. Ressentiment ist am Werk, wo man Humanität

[8] Klingner 716.
[9] Klingner 706 (738).
[10] Moral und Hypermoral. Eine pluralistische Ethik, Frankfurt/M. 1969, 61.
[11] Einblicke, Frankfurt/M. 1978, 259.
[12] Der Mensch. Seine Natur und seine Stellung in der Welt, Frankfurt/M. [8]1966, 63.
[13] Moral und Hypermoral 75.

der Gottesliebe entgegensetzt.[14] Sodann, wo man einen Egalitarismus verficht, für die »Menschheit als Masse« (VII 190), gegen den Sinn für das Edle wie Liebe zum Nächsten und zum kleinen Kreis (»Summenprinzip« gegen »Solidaritätsprinzip« – III 149); mit Verabsolutierung der Wohlfahrtsförderung unter Verwerfung höherer Ziele, weil diese nicht direkt befördert werden können (II 339f).

Meint Humanität also eine Verbindung von Gerechtigkeit und Liebe, so ist Humanitarismus deren beider Verkehrung. An die Stelle der Würde der Person und die Wahrung ihrer Freiheit tritt die Forderung nach Wohlfahrt und Versorgung. Nicht als ob das Rechtsprinzip das Sozialprinzip ausschlösse. Den Kampf für dieses als humanitär-ökonomische Bewegung statt als politische Grundforderung angesehen zu haben, nennt Volkmann-Schluck als folgenreiches Mißverständnis des liberalen Bürgertums.[15] Im Wohlfahrts- und Versorgungsstaat aber wird dieses Mißverständnis zum Prinzip. Staat und Politik gehen im Gesellschaftlichen unter. Ähnliche Tendenzen gibt es bezüglich des Völkerrechts auf eine »universale Sozialdoktrin, die das Glück des ganzen Menschengeschlechts anstrebt«[16], mit Plädoyer für Verständnis und Nachsicht statt Gerechtigkeit (23), universellen Bedürfnissen entsprechend (17).

Demgegenüber ist mit K. Delikostantis festzustellen, daß es bei den Menschenrechten fundamental um die Würde und deren Wahrungsbedingungen geht, was in der Rede vom »humanitären Recht« (des Leidenden, Gefangenen usw.) nicht klar wird.[17] Und auch die sozialen Menschenrechte »haben ihren letzten Verpflichtungsgrund in der Freiheit des Menschen und nicht in der Daseinssicherung als solcher und in bloßem Wohlergehen« (179). Sonst ließe sich jede Wünschbarkeit zum Menschenrecht erklären und gingen andererseits durch solche Aus-

[14] Ges. Werke, Bern, V 366; III 103.

[15] K.-H. Volkmann-Schluck, Politische Philosophie. Thukydides, Kant, Tocqueville, Frankfurt/M. 1974, 118.

[16] J. Pictet, Die Grundsätze des humanitären Völkerrechts, Genf 1967, 15.

[17] K. Delikostantis, Der moderne Humanitarismus. Zur Bestimmung und Kritik einer zeitgenössischen Auslegung der Humanitätsidee, Mainz 1982, 178f.

uferung sowohl Geltungsernst wie Durchsetzbarkeit verloren. – Schließlich und gerade der Friede – dazu Kap. 13 – darf nicht grundlegend humanitär: von Bedürfniserfüllungen her, gedacht werden, will man nicht riskieren, daß zuletzt jegliche Ordnung als Repression ausgelegt wird, gegen welche als »strukturelle Gewalt« dann »Gegengewalt« gerechtfertigt wird (181).

Es ist also einmal die Rechtsautonomie gegen schließlich despotischen Humanitarismus zu verteidigen; gleichermaßen das christliche Liebesethos gegen einen horizontalistischen Humanismus (in Jesu Namen), der heute vor allem politisch auftritt und angesichts des Pluralismus die salus christiana auf eine (obendrein oft einseitig fixierte) salus publica reduziert.

4. *Theo-logisches Menschsein* – Man muß unterscheiden: ein religiös-»vertikales« Menschenverständnis ist *in Gefahr,* die horizontale Dimension zu vernachlässigen (oder gar dort bestehendes Unrecht positiv, als Ideologie, zu rechtfertigen); eine prinzipiell-horizontale Perspektive aber ist *unfähig* zu einer angemessenen Wertung des Vertikalen. Es erscheint in der (nicht auf Bedürfnisse reduzierbaren) Autonomie und Würde der Person mit ihrem Anspruch auf Gewissensfreiheit, und zwar in seinem Kern so unab- wie unbeweisbar: als »Faktum« der sittlichen Vernunft,[18] unbeschadet der Geschichtlichkeit dieser Erkenntnis. Transzendental-Reflexion zeigt ihre Unumgänglichkeit[19], und humanes Bewußtsein verbietet, sie ernstlich zu diskutieren[20].

Diskutiert werden müssen jedoch die Konkretionen des Prinzips. Und diskutiert werden sollten seine ontologischen Implikationen, im Sinne von Kap. 2 und dem Schlußabschnitt des vorigen Kapitels: Wie ist die – in sich fraglose, keiner Begründung bedürftige – Geltung des kategorischen Imperativs zu *verstehen*? Kann man Person(sein) angemessen denken ohne Rückbezug auf einen personalen Schöpfer? Ist Vergebung unter Menschen (eine Hochgestalt von Humanität) im Ernst ohne Beru-

[18] Siehe J. Schwartländer, Der Mensch ist Person. Kants Lehre vom Menschen, Stuttgart 1968.

[19] Siehe etwa F. Ricken, Allgemeine Ethik, Stuttgart 1982, 126 ff.

[20] R. Guardini, Sorge um den Menschen, Würzburg 1962, 171.

fung auf göttliche Vergebung denkbar? Lassen sich letztlich Ethos (bis zur Selbsthingabe für den / die anderen) und Lebenssinn (Wahrung des Selbst und seiner Würde) zusammen denken ohne Hoffnungsausblick – für den je Einzelnen selbst – über die Todesgrenze hinaus? Diese Fragen meinen ein Doppeltes: eine reflexive Begründung – ohne die Humanität durchaus gelebt werden kann und gelebt wird; dann aber auch die Humanität selbst, denn bei Ausfall dieser Perspektiven wird sie erheblich verkürzt (wenn auch nicht notwendig bis zum Humanitarismus). Dies begründet den Auftrag zu christlichem Zeugnis nicht allein als Christen-, sondern schon als Menschen-Pflicht.

6. SEXUALITÄT

»Das Christentum gab dem Eros Gift zu trinken – er starb zwar nicht daran, aber entartete, zum Laster«, hat Friedrich Nietzsche geschrieben.[1] – Redlichkeit nötigt freilich zu der Frage, ob dies wirklich die Botschaft des Christentums war und nicht vielmehr das asiatische Nein zu Leib und Leben und griechische Materie-Feindschaft, die sich darin zur Geltung brachten. Ähnlich wäre für die – doch nicht eben christliche – Neuzeit eher an das Leistungs- und Sparsamkeitsethos des Bürgertums zu denken, das zur Reserve gegenüber der Verschwendungsmacht des Eros geführt hat.

Insofern wäre nicht das Christen*tum* die Ursache der Leibfeindlichkeit, sondern umgekehrt hätten andere Ursachen die Christen*heit* in diese Einstellung gebracht. – Gleichwohl, die Tatsache besteht, mit schlimmen Folgen bis in die jüngste Vergangenheit hinein, vielleicht gar noch darüber hinaus. (Zumal wenn man den Gegenausschlag des Pendels – von gewissen Theologen unterstützt, ja propagiert – mit zu den Folgen rechnet.)

Und zu den Einflüssen von außen sind im Lauf der Kirchengeschichte unbestreitbar auch starke Kräfte von innen getreten, dank der bestimmenden Wirkung großer Einzelner, wie insbesondere Augustins mit seiner starken Sinnlichkeit, seiner manichäischen Prägung und seinen massiven Schuldgefühlen, sowie überhaupt aufgrund der führenden Rolle klösterlicher und zölibatärer Spiritualität, neben denen sich kaum eine eigenständige Laienfrömmigkeit und eine unverstellte Spiritualität erotischer wie ehelicher Liebe zu entwickeln vermochten.[2]

[1] Jenseits von Gut und Böse § 168 (KSA 5, 102).

[2] Daraus erklären sich Wucht und Höhe im Gegenschlag des theologischen

Doch hier geht es nicht um solche Fakten (die weder bestritten noch beschönigt sein sollen), sondern – wie schon wiederholt erinnert wurde – in philosophischer Reflexion um das *Prinzip,* von woher derlei grundsätzlich korrigiert und das Rechte ursprünglich begründet werden kann. – Als Motti des folgenden mögen zwei Notizen von Albert Camus zu denken geben: »Wer die Wahrheit liebt, muß die Liebe in der Ehe suchen; d. h. die Liebe ohne Illusion.« – »Zügellose Sexualität führt zu einer Philosophie der Sinnlosigkeit der Welt. Die Keuschheit hingegen verleiht ihr (der Welt) einen Sinn«[3].

Liebe

Auf das gemeinte Prinzip zielt allererst wohl das Programm-Wort »Liebe«. Doch wie ist es näherhin zu verstehen? Mancher möchte »diese schlüpfrigen anderthalb Silben mit dem Zungen-, dem Lippenlaut und dem dünnen Vokal in der Mitte« (Thomas Mann)[4] ob ihrer Vieldeutigkeit durch klarere Bestim-

Pendels heute: die Plädoyers für »Unbefangenheit« im Umgang mit dem Eros gerade von seiten christlicher Theologen. Man liest zwar, »einem Laissez-faire [sei] ja wohl kaum das Wort zu reden« (H. Haag, Du hast mich verzaubert, Einsiedeln 1980, 11 [Warum »wohl kaum« statt eines klaren »natürlich nicht«?]); das Hohelied bedeute keinen »Freibrief zum unbekümmerten Ausleben der Sexualität« (H. Gollwitzer, Das hohe Lied der Liebe, München ^{4}1980, 31). – Aber zugleich werden, weil sexuelle Harmonie so wichtig sei, Probeerfahrungen vor der Ehe empfohlen (Haag 40f – als hätten die sich trennenden jungen Paare nicht fast alle vor ihrer Hochzeit eine Weile »probiert«). Und es heißt »Filzokratie« der Kirche mit Gesellschaftsmächten, daß sie »als erlaubtes Betätigungsfeld für [den Sexus nur] die von ihr kontrollierte Zweierbeziehung, genannte Ehe, anbot« (Gollwitzer 28).

Auf solche Überreaktionen, ihrerseits, wie bemerkt, »Spätfolgen« bisheriger Gehemmtheit, haben wir noch später einzugehen. Nehmen wir jetzt nur auf: Sexus wie Eros, der Trieb als solcher wie das Entzücken an der Schönheit des andern, am anmutsvollen Gang der Geliebten, an Gradheit und Klarheit des Freundes, beides sind tatsächlich Gottes gute Gabe. – Ihr hat man darum nicht zuerst mit Mißtrauen und Vorbehalt zu begegnen, sondern mit Freude; mit einer Freude zudem, die erst einmal der Gabe selbst gilt – anstatt sie gleich »fromm« auf den göttlichen Geber hin zu »über-sehen«.

[3] Tagebuch 1942–1951, Reinbek b. Hamb. 1967, 91 u. 49.

[4] Th. Mann, Der Zauberberg, Ges. Werke in 13 Bdn, Frankfurt/M. ^{2}1974, III 178.

mungen ersetzen, etwa durch die aufsteigende Reihe: Sexus – Eros – Philia – Agape (Caritas). Aber »ist es nicht groß und gut, daß die [deutsche] Sprache nur ein Wort hat für alles, vom Frömmsten bis zum Fleischlich-Begierigsten, was man darunter verstehen kann? Das ist vollkommene Eindeutigkeit in der Zweideutigkeit, denn Liebe kann nicht unkörperlich sein in der äußersten Frömmigkeit und nicht unfromm in der äußersten Fleischlichkeit, sie ist immer sie selbst...« (ebd. 831f).

Hierbei dominiert nun wohl die Perspektive des Eros. Er meint in Griechenland zugleich die menschliche Leidenschaft in ihrer übermenschlichen (Halb-)Göttlichkeit und – nach deren Bild – die Grundgewalt des kosmischen Geschehens überhaupt. Diese Gewalt übersteigt den Menschen. Doch wie?

Den Glanz des Eros entlarven biologische Erklärungen als Schein und Illusion, zur Übertölpelung der Individuen im Dienst der Arterhaltung[5], ebenso wird er von einer Psychoanalyse wegerklärt, die ihn (juristisch gesprochen) als »Irrtum in der Person« diagnostiziert, als die Aura einer Verwechslung, aufgrund deren der Mann in der Frau seine Mutter, die Frau im Mann ihren Vater erblickt.[6]

All dem sei nicht widersprochen; denn es hat sein Recht; doch nicht allein und ganz. Denn hinter Charme und Glamour, hinter allen Masken ist der Glanz des Eros, so wird hier vertreten, der Aufglanz der Wahrheit. Und diese Wahrheit ist in christlicher Perspektive das Gottgeschenktsein der Liebe.[7]

Liebe verweist auf ein Woher jenseits von Mensch und Kosmos. Der Mensch findet sich von ihr »geschlagen«, »krank«, »betört«; darum fürchtet er sie; aber noch heftiger verlangt er nach ihr als nach seinem Glück. Wem sie darum begegnet und wer sich auf sie einläßt, in dem antwortet auf dem Grunde von Lebensschwung, Begehren, Stolz vor allem Dank. (Gemäß der

[5] So etwa A. Schopenhauer in seiner Metaphysik der Geschlechtsliebe: Die Welt als Wille und Vorstellung, Ergänzungen zum 4. Buch, Kap. 44 (SW [Löhneysen] Darmstadt 1980, II 678ff).

[6] Vgl. E. Drewermann, Psychoanalyse und Moraltheologie. II Wege und Umwege der Liebe, Mainz 1983, 38–137.

[7] Siehe etwa L. Bloy, Briefe an seine Braut, Salzburg 1935.

bedenkenswerten Eintragung Theodor Haeckers, mit der seine *Tag- und Nachtbücher* 1939–1945 beginnen: »Mißtraue jeder Freude, die nicht auch Dankbarkeit ist«.)

Fragt sich nur: dankbar wem? Natürlich dem anderen, der Geliebten, die mich entzückt. Die wiederum ist voller Dankbarkeit mir gegenüber: doch was soll mir dieser Dank? Kann ich mir danken lassen dafür, daß ihr Zauber mich hinreißt?

Man sieht, Liebende, suchen *gemeinsam* einen Adressaten ihres Danks. Kann dies der »Zufall« sein, das »Geschick«, die »Natur«? Wir stehen hier vor einer Wurzel der Religion, die nicht weniger tief reicht als Gerechtigkeitsverlangen, Furcht und Sicherheitsbedürfnis, die man sonst als Ausgangspunkt des religiösen Verhaltens zu berufen pflegt. Der Mensch sucht eine Macht, bei der er sich bedanken könne.

Antoine de Saint-Exupéry läßt den Herrn der Citadelle sagen: »Empfangen ist vor allem ein Geschenk, mit dem du dich selber hingibst. Nicht der ist geizig, der sich nicht durch Geschenke zugrunderichtet, wohl aber jener, der nicht das Leuchten seines eigenen Gesichts im Austausch gegen deine Gabe hingibt.«[8]

Mit den Worten des Religionsphilosophen Bernhard Welte: »Immer ist den Liebenden das schlechthin Ungewöhnliche begegnet, das alle Geschlossenheit der Alltagswelt durchdringt, alle Sicherungsinteressen durchschlägt, jede Weltgestalt durchstrahlt bis in ihre Tiefe hinein, die Liebenden selbst aber aus allen Verfestigungen in den Ursprung wirft... So sind die Liebenden, sofern sie dies wesenhaft sind, einfach durch ihre Liebe fromm, und diese selbst in ihrer reinen Macht zeigt den Charakter des Heiligen.«[9]

Fromm, das heißt dankbar. Und sie sind dies nicht etwa darum, weil der Geber darauf angewiesen wäre, sondern weil sie, die Empfänger, erst und einzig so erfassen, was ihnen wirklich geschenkt worden ist. Denn das ist ja das eigentlich Gemeinte und Beglückende einer Gabe: daß sie Geschenk ist.

[8] Die Stadt in der Wüste 63 (Ges. Schriften, München 1978, II 215).

[9] Auf der Spur des Ewigen. Philosophische Abhandlungen über verschiedene Gegenstände der Religion und der Theologie, Freiburg 1965, 135f.

Nimmt man der Liebe ihre Sakral-Dimension, beraubt man den Eros seiner Göttlichkeit, dann kommt entweder alles in das »Allzumenschliche« hinab oder man vergöttlicht nun dafür den Menschen: den Liebenden, den Geliebten oder das Paar als Gesamt. In jedem Fall sind die Folgen anti-human. Vor ihnen bleibt eine Entgöttlichung des Eros einzig dann verschont, wenn sie im Horizont des wahren Gottes geschieht.

Um diese, vielleicht provozierende, These nachzuvollziehen, gilt es im Prinzip der Liebe das Prinzip Person zu erkennen.

Person

1. Dankbarkeit dem anderen und gemeinsam mit ihm dem Herrn und Geber dieses Glücks gegenüber spricht sich zuerst und vor allem im Entzücken und der Selbstvergessenheit des gegenwärtigen Augenblicks aus. Aber das Wort dieses Augenblicks sagt zugleich: »Von jetzt an für immer!« Wie könnte es sonst »in der *Ganzheit* der leib-geistigen Begegnung« (Gollwitzer 33) wirklich Dankbarkeit sein?

Dabei geht es in der Tat nicht um ein »neues repressives Verbot«; aber sehr wohl um »eine Bedingung, ohne die man nicht darf« (ebd.), das heißt nämlich: ohne die das Reden von Menschlichkeit und Liebe seine Wahrheit verlöre. Um Menschlichkeit gerade und um Liebe geht es, statt etwa allein um »Ehrbarkeit« und »Legalisierung«, wenn ich gegen Gollwitzers Exegese-Ethik Einspruch erhebe, wonach »die Bibel ... im Hohenlied zur Verbündeten aller Liebenden [werde], die für ihre Liebe keine andere Legitimation haben als ihre Liebe. Ihr ›Rendezvous ist von keiner gesellschaftlichen Legalisierung geschützt, steht nur unter der Schirmherrschaft der Liebe und muß nach gemeinsam verbrachter Nacht mit dem schmerzlichen Abschied rechnen.‹«[10]

Es wäre dann doch nicht allein das Rendezvous, das nicht ge-

[10] Gollwitzer (25) zitiert hier zu Hld 2,6 G. Gerlemann (Biblischer Kommentar, AT XVIII, Neunkirchen 1965, 120).

schützt wird, sondern vor allem der schwächere Partner. Und was soll eigentlich hier »Schirmherrschaft der Liebe« heißen, von welcher Liebe ist denn die Rede, wenn man den »schmerzlichen Abschied« derart vage, gleichsam schicksalhaft beschwört, ohne in gleicher Schärfe wie gegen Moral und kirchliche »Filzokratie« zu klären, wer da dem anderen diesen Schmerz und aus welchen Gründen bereitet?

Ich wende mich damit nicht – schon aus Mangel an Kompetenz – gegen die Hohelied-Exegese (obwohl auch sie nicht unstrittig ist), wohl aber gegen deren normierende Ethisierung; also dagegen, wie man derart die Bibel zum »Verbündeten« eines poetisch verbrämten Egoismus erklärt.

Nun ist hier einmal die protestantische Allergie gegen Gesetz überhaupt in Rechnung zu stellen, und immerhin spricht Gollwitzer nicht – wie H. Haag – von sexueller Erprobung. Dessen Plädoyer verschwendet dabei auch nicht einen Gedanken an jene, die – in den Augen des testenden Partners – ihre Prüfung nicht bestehen. Geschweige denn, daß er sich der weiteren Frage stellt, wie oft man überhaupt probieren könne, ehe man liebesunfähig wird, weil man den Glauben an den Lebensernst der Liebe nicht mehr aufbringt.

Um es ganz drastisch zu sagen: mit der hier angewandten Methode zum Aufbau einer »exegetischen« Moral ließe sich genauso begründen, man habe im Krieg niemanden zu verschonen: »Töte Männer und Frauen, Kinder und Säuglinge, Rinder und Schafe, Kamele und Esel!« (1 Sam 15,3)[11]

2. Doch kommen wir nach dieser leidigen Klärung zur »Unterscheidung der Geister«[12] auf die wahre Antwort der Lieben-

[11] Daß vor allem bei Haag das »hermeneutische Prinzip« schlichtes Zeitempfinden zu sein scheint, erhellt auch daran, wie er mit der gleichen Selbstverständlichkeit, mit der er »biblisch« voreheliche Umgang und Masturbation zum »normalen Sexualverhalten« rechnet (41), andererseits die biblische Verurteilung der Homosexualität verwirft: nicht bloß das biblische Strafrecht mit seinen grausamen Folgen, sondern die (Ab-)Wertung als solche; als handele es sich hierbei um eine gleich-gültige Variante statt um eine den vollen Wirklichkeitszugang wesentlich behindernde Deviation.

[12] 1 Kor 12,10; 2 Tim 4,3 – Vgl. H. Rahner, Ignatius von Loyola als Mensch und Theologe, Freiburg u. a. 1964, 312–343 (503–509): Die Lehre des hl. Ignatius von der Unterscheidung der Geister.

den zurück. Lieben heißt sagen (und tun): »Es ist gut, daß es dich gibt.«[13] Was erwidert man nun auf die Frage »Warum?« – Die Antwort wird sich, im Lob, dem »Blason«[14], der Geliebten, auf Eigenschaften und Qualitäten berufen; doch wie, wenn sie dabei verbleibt? Findet sie nicht darüber hinaus, dann gilt das »Es ist gut« nur im Maß dieser Qualitäten, also nicht unbedingt, sondern durch sie bedingt; ja, eigentlich gilt es nur ihnen – statt ihr. Und für unsere prinzipielle Erwägung ist es sekundär, *wo* des näheren auf der »Stufenleiter der Werte« sich ein solches Ja begründet: bis zu Intelligenz und Herzensbildung hinauf.

»Ich liebe dich« heißt somit hier: ich brauche dich – im Maße deiner Brauchbarkeit für mich. Und so *wollen* wir auch bejaht und geliebt sein. Man möchte keineswegs bloß »interesseloses Wohlgefallen« erregen, sondern auch Begehren; man will brauchbar, nützlich sein, nicht überflüssig. Denn soll es gut sein, daß es mich gibt, muß es *für jemanden* gut sein.

Doch dies begründet nur eine bedingte Liebe, eine Bejahung in Grenzen – denen der gegebenen Qualitäten – und mit Vorbehalt – im Blick auf deren Schwund. – Wie bereits mehrfach angesprochen (siehe später auch Teil IV), läßt sich ein unbedingtes Ja zu einem anerkannt bedingten Menschen einzig durch Berufung auf ein (unbedingtes) Ja zu ihm verantworten, das nicht von einem bedürftigen oder launischen endlichen Ich (oder auch einer Gruppe von solchen), sondern von einer absoluten Personal- und Freiheitswirklichkeit gesprochen ist. Das heißt, wenn ich zu einem Menschen nicht nach *seinem* Maß, sondern *unbedingt* soll verantwortbar ja sagen können, dann muß mein Maß das unbedingte Ja des Schöpfers zu ihm sein, aus dem er ist und sein soll, der er ist. Das Ja zu einem Menschen ist als unbedingtes ein Mitsprechen von Gottes Ja zu ihm.

[13] J. Pieper, Über die Liebe, München 1972, 38ff. Zum folgenden ausführlicher: Der Mensch ist Person (Kap. 1 Anm. 8), bes. Kap. 1, 5 und 6.

[14] Siehe: Blasons auf den weiblichen Körper (ausgew. u. übertragen v. L. Klümer), Berlin 1964; und als ein Zeugnis für die »Rechtfertigung«, den Wiedergewinn (auch) des (eigenen) Leibes durch die Liebe: Etiemble, Blason d'un Corps, Paris 1961, dt. Lob eines Körpers, Reinbek b. Hamburg 1973.

3. Ansonst also Verzicht auf Unbedingtheit? In der Tat ist die Spannung zwischen sexuellem Naturtrieb und seiner institutionellen Regelung ein ewiges Thema der Schwank- und Volksliteratur. Neuer dürfte der Ruf nach amtlich rechtlicher Anerkennung und Gleichstellung von »Alternativen« zu Ehe und Familie sein. Hier geht es aber um mehr als einen Konflikt zwischen Individuen und Gesellschaft. Tiefer als diese Spannung reicht nämlich der Konflikt zwischen Sexus wie Eros auf der einen Seite, die von sich aus nicht person-orientiert sind und darum aus sich auch nichts von personaler Treue wissen, – und Rang wie Würde der Person auf der anderen Seite, der einzig Gewissen und Treue gerecht werden können.

Diese Spannung erhält ihre Schärfe erst aus dem Aufgang des Person-Bewußtseins in der biblisch-christlichen Tradition. Unbestrittene Fehlentwicklungen der Tradition sind also tiefer als das Scheitern vor einer Aufgabe zu erkennen, von deren Ernst sich manche sogenannte Unbefangenheit offenbar keine Vorstellung macht.

Die These von der naturrechtlichen Unauflösbarkeit der Ehe verlangt daher nach einem differenzierten Verständnis; denn Natur und Selbstauffassung des Menschen bestehen geschichtlich und müssen dementsprechend in ihrer Geschichtlichkeit gesehen werden: Erst in der Tradition einer konkreten (Offenbarungs-)Geschichte hat der Einzelne sich als solchen und als Person erkennen gelernt.

Von sich aus vermag der Mensch das wohl nicht. Je bewußter gerade und je gebildeter er ist, desto klarer wird ihm seine Begrenztheit. Und wenn er sich nicht mehr in Stamm und Sippe einordnet, dann in die größere Ganzheit von Vernunft und Weltgesetz.

Zeigt sich so in der angesprochenen Zunahme an Lebensbrüchen nicht das quälende Dilemma eines »nachchristlichen« Zeitalters, da der Mensch vom Christentum eröffnete Perspektiven und Erwartungen festhält (nämlich diejenigen personaler Unbedingtheit), aber nicht mehr den Zugang zu ihrer christlichen Erfüllung findet? Wird er auf die Dauer deshalb diese Erwartungen und Perspektiven verabschieden? Die Faszination eines person-auflösenden östlichen Denkens wäre auch in diesem Zusammenhang zu bedenken. – Oder entdeckt er aufs neue deren tragenden Grund?

Jedenfalls sollte klar sein, daß es um mehr als Stilfragen geht. Es ist üblich geworden, die »traditionelle« Ehe und Familie für jeden psychischen und gesellschaftlichen Schaden zur Verantwortung zu ziehen. Als ob sich die Sprechzimmer der Therapeuten inzwischen nicht schon längst mit Menschen füllten, die entgegengerichtete Lebensversuche krank gemacht haben!

Der Hinweis auf andere Kulturen ist hier so wenig ein gültiges Argument, wie der Hinweis auf das funktionierende Sklavensystem der Antike einen Einwand gegen unseren Rechtsstaat darstellt – mag in ihm noch so viel im argen liegen, und mag umgekehrt so mancher Herr mit seinen Sklaven humaner umgegangen sein als dieser oder jener Chef mit seinen Mitarbeitern. Es geht hier, um es noch einmal zu sagen, in philosophischer Perspektive um das Prinzip.

Christliche Toleranz kann nicht heißen, sich in binnenkirchliche Reservate verweisen zu lassen. Konkrete Kulturgestaltung bereits ist eine Gemeinschaftsaufgabe, von der man niemanden ausschließen und von der niemand sich ausschließen darf. Erst recht aber lassen der Wille zur Achtung des Menschen und die Verantwortung für seine Würde sich nicht etwa »gruppenspezifisch« beschränken. Und wenn man gerade in unserer Frage die Christen mit Recht dazu aufruft, aus früheren Versäumnissen zu lernen, dann gilt dies auch für die in den Jahren des Holocaust erlittene Einsicht, daß die Sorge um den Menschen unteilbar sein muß. Der Mensch aber, sein Personsein und seine Menschlichkeit überhaupt, nicht etwa bloß sekundäre Kulturregelungen, stehen zur Frage, wo über die Ehe als Lebensform diskutiert wird. Dafür reicht freilich (auch in unserer Beschränkung auf das Prinzipielle) das Prinzip Person für sich allein nicht aus.

1. Man erklärt, gerade weil es um Person zu tun sei, könne an einem bestimmten leiblichen Verhalten und auch an erotisch-seelischen Verhältnissen nicht so viel liegen. Hier werde fälschlich überbewertet. »Gut, daß es dich gibt«, sei doch gegenüber jedem Wesen und erst recht gegenüber jeder Person zu sagen und zu vollziehen. Dementsprechend müsse auch endlich das Besitzdenken der tradierten Ehe-Sicht überwunden und der Mensch zur unbeschränkten Nächstenliebe freigegeben werden.

Aus dem erwogenen Prinzip Person folgt immerhin die Ungeteiltheit personaler Hingabe. Eine »polygame« Teilung der Zuwendung würde dem Rang der Person nicht gerecht, und zwar nicht, weil diese »egozentrisch« mehr beansprucht, sondern weil es ihr gebührt. – Entweder also meint solche »geteilte Aufmerksamkeit« die anderen gar nicht in ihrem eigentlichen Selbst – indem sie es ausspart und unthematisch respektiert (dies die Weise der Achtung im gewöhnlichen Umgang), oder – wenn sie sich als adäquate Antwort auf die Lebenszuwendung des andern Menschen verstünde, spräche sie ihm faktisch die Personwürde ab, wäre also Verachtung.

Person ist als Zweck zu nehmen, und das heißt: als »Endzweck«. Mehrere Zwecke nebeneinander, sollten es Endziele sein, würden die Identität des auf sie sich Beziehenden sprengen. Oder sie wären letztlich doch Durchgangs-Stationen zu jenem Endzweck, von dem her sie alle vorläufig wären. In beiden Fällen hätte sich Person verloren.

Dies Argument trifft sowohl die synchrone, also gleichzeitige Polygamie wie die bei uns üblich werdende sukzessive in »Ehen auf Zeit«. Es reicht aber nicht im Disput um die »offene Ehe«.[15] Hier wird Ehe durchaus in dem Sinn als monogam entworfen, daß man sie als unverbrüchliche Lebensgemeinschaft Zweier versteht; aber so, daß den Partnern erotisch-sexuelle

[15] Vgl. N. u. G. O'Neill, Die offene Ehe, Reinbek 1975.

Verhältnisse zu anderen erlaubt, wenn nicht gar angeraten werden.

Um dazu Stellung nehmen zu können, müssen wir das Prinzip Person durch eine Reflexion auf Wesen und Bedeutung der Wirklichkeit Leib ergänzen.[16]

2. Im Versuch, den vielfältigen Reichtum des als Leib und Leiblichkeit Erfahrenen auf den *Begriff* zu bringen, sei jetzt Leib(lichkeit) als *Da-sein für andere* definiert. Leib wird hier also nicht vom dreidimensionalen Körpersein, von seiner physiko-chemischen Verfassung und biologischen Eigenheit her verstanden – ohne daß wir diese Zugänge bestreiten –, sondern ursprünglich anthropologisch.

Leib ist die Weise, wie ich für die anderen als ihr Objekt da bin: man wird gehört und gesehen, kann beurteilt, berührt, auf unterschiedliche Weise be-handelt werden. Leib ist zugleich in der Weise mein Da-sein für die anderen, daß ich meinerseits als Subjekt auf sie einwirken kann.

Leib ist so der unmittelbarste, nächste *Gegenstand* unserer Erfahrung, das, was wir immer und unaufhebbar bei uns haben, und zugleich jenes, *wodurch* wir, auf den »Wegen« der Sinne, erst die anderen und die Welt überhaupt in ihren vielen Dimensionen erreichen. Leib ist zugleich und zuvor jenes, das der Mensch nicht nur sich gegenüber *hat*, sondern worin er selbst *ist* (Lust und Schmerz des Leibes sind die seinen). Und auch die Welt steht dem Leib nicht bloß als »Außenraum« gegenüber, sondern stellt sich eher als eine »Ausweitung« dar. Wo genau verlaufen die Grenzen? Sie ist nur da, sofern wir sie wahrnehmend (M. Merleau-Ponty) »bewohnen«.

So sehr also einerseits zwischen Ich und Leib Unterschiedenheit waltet – ich bin nicht mein Leib oder jedenfalls, wenn man sich doch so ausdrücken will: mein Leib ist nicht ich –, so sehr herrscht hier andererseits eine solche Einheit, daß man ebensowenig sagen kann: ich habe meinen Leib bloß; vielmehr gilt: Der Mensch ist (durch und durch) leiblich, leibhaftig.[17]

[16] Ausführlicher: Konturen der Freiheit (Kap. 1, Anm. 8), bes. Kap. 2.

[17] Hier zeigt sich übrigens wieder die Begrenztheit von Fromms berühmter Alternative »Haben oder Sein«. Einen *Körper* mag man *haben*, eine Pyramide *ist*

Im Vollzug dieser Leiblichkeit erst verwirklicht das Ich sich aus seiner seelisch-geistigen »Mitte« heraus. Ein Gedanke ist nur als Wort da (und sei es als »inneres Wort« – »im Kopf« des Denkenden); Zuneigung, Liebe, Menschlichkeit sind nur in »*Tat* und Wahrheit« wirklich, und bei äußerer Verhinderung zumindest im ernsten Wunsch und Willen zu solcher Realisierung.

Aber zugleich ist es dieser Leib, der der Selbstausgestaltung und Verwirklichung des Menschen Grenzen setzt. Er schränkt ihn äußerlich in Raum und Zeit ein und hindert ihn innerlich daran, sich voll und ganz auszusagen, weil Leib in seinem Eigensein (von der physischen Realität bis zur Triebmacht) dem Wollen Widerstand bietet, Kräfte, die eigentlich sich auf das Auszusagende richten, für das Aussagen selbst absorbiert und so die Reinheit der Aussage trübt.

Diese Dialektik gilt für alles Geschehen des alltäglichen Lebens; aber sie wird besonders in der Dimension des Eros spürbar. Hier wird darum auch die Versuchung am offenkundigsten, die diese Leib-Spannung für den Menschen bedeutet.

Er kann der Gefahr erliegen, sein Leben in zwei voneinander geschiedenen Bereichen führen zu wollen, wobei aber beide ihre Menschlichkeit verlieren und so das Menschsein des derart Gespaltenen selbst aufs äußerste gefährden. – Eine zweite Fehlform wäre die Beschränkung auf eine der beiden Dimensionen: sei es in leibverachtender »Geistigkeit«, sei es in geistverachtender »Vitalität«; Versuche, die in jedem Fall das Gewählte zerstören und alsbald ins andere Extrem umschlagen.

Ein drittes Programm zielt auf schlicht undialektische Einheit; seine Parole lautet »natürlich«. – Als wäre dem Menschen reine Natürlichkeit überhaupt möglich; als gehörte es nicht zu seiner Natur, in Kulturen zu leben.

Am anschaulichsten zeigt die natürliche Kulturexistenz des Menschen seine Sprache (ein besonderes Konzentrat von Leiblichkeit). Die (Begriffs-)Sprache ist nach allgemeiner Überzeugung ein zentrales Merkmal des Menschen im Unterschied zu den Tieren; doch von Natur aus spricht er keine einzige. Er muß sie lernen, und zwar nicht Sprache schlechthin, sondern stets eine bestimmt besondere. – Die Alternative zu Kultur heißt für den Menschen nicht Natur, sondern Unkultur (also wiederum ein Kulturphänomen); und der Versuch, aus den lastenden Pflichten des Menschlichen in animalische Unschuld zu flüchten, führt statt zu paradiesischem Tiersein zu »brutaler« Unmenschlichkeit.[18]

Sowenig der Mensch sich adäquat von seinem Leib abheben kann, vielmehr eben dieser bestimmte Mensch nur »in« diesem Leib ist, so wenig ist der Aufschwung der Begeisterung in Werk und Liebe eine Erhebung aus dem Leib und über ihn hinaus. Wie der Leib die Selbstaussage hemmt und trübt, so wird zugleich einzig in ihm die »unsichtbare Seele« sichtbar. Im Leib »erkennt« der Mensch den Menschen (Gen 4,1), und aus diesem vollmenschlichen Geschehen *wird* der Mensch (wie wir noch zu erwägen haben).

Im Leib sind wir dem Untermenschlichen verbunden und verhaftet: »Staub« (Bedürfnis, Trieb), im Leib aber auch schon, als geistigem (nicht erst und bloß durch unseren Geist), sichtbar darüber erhoben. Man denke an Worte wie Antlitz, Blick, Haltung, Sich-Verneigen ...

Leib ist (G. Siewerth) »Urhandlung« des Menschen, sein »Realsymbol« (K. Rahner), oder auch (B. Welte) sein Wesensmedium, in dem er sein Leben und Dasein, seine Gegenwart setzt. Man sieht, diesen Sachverhalt kann ein Schichten-Denken nicht fassen. Hier geht es um Dimensionen, die zwar unterschieden, aber nicht getrennt werden können, außer um den Preis des Lebens. (So ist ein Würfel nur, was er ist, in Unter-

ein Körper. Aber schon ein Ich ist man nur so, daß man sich zugleich hat und hält (oder auch seine Haltung verliert). Erst recht im Fall der Leiblichkeit.

[18] Vgl. Lernziel Menschlichkeit (Kap. 1, Anm. 8), bes. Kap. 3. Gehört hierher nicht auch ein Teil der zahlreichen Plädoyers für »Zärtlichkeit« (siehe Stangeler in Anm. 23)? Sartre bestimmt Liebkosung als »das Insgesamt der Zeremonien, die den Anderen zu Fleisch werden lassen« (Das Sein und das Nichts, Hamburg 1962, 499), wobei ›Fleisch‹ den Leib meint, »insofern er das Bewußtsein verklebt« (498). Vgl. Freuds Rede von der »Klebrigkeit der Libido« (z. B. Vorlesungen ... [Kap. 5, Anm. 21] 360 u. 473). – Ein anderes als Zärtlichkeit(en – auch wo es sich nicht eher um maskierte Tätlichkeiten handelt) und deutlicher human wäre: Zartheit.

schiedenheit wie Ungetrenntheit von Horizontaler und Vertikaler.)

In der Sprache wirkt diese Unterschiedenheit/Untrennbarkeit zunächst im Verhältnis von Wort und Gedanke, bzw. von Gesagtem und Gemeintem. Die Viel- und Mißdeutbarkeit dieser Situation wird in der Wissenschaft wie im Recht dadurch behoben, daß man eindeutige Festlegungen trifft. Die Sprache wird damit zur Terminologie. So ist in der Physik beispielsweise »Arbeit« unabhängig von weltanschaulichen Kontroversen als »Kraft mal Weg« definiert, und ein Vertrag gilt unabhängig davon, was die Partner sich dabei gedacht haben mögen.

Zu solcher Eindeutigkeit aber kommt man nur, indem man die Dimension des Personalen ausspart. Ich möchte die hier angezielte Spannung mit den Wortpaaren »Gedanke-Hintergedanke« oder »Gemeintes – eigentlich Gemeintes« benennen. – Juristisch lassen sich die Modalitäten einer Eheschließung soweit klären, daß über deren Gültigkeit oder Nichtigkeit grundsätzlich Klarheit erreicht werden kann. Ebenso grundsätzlich aber bleibt stets unzugänglich, in welchem Geist zuletzt jemand die Ehe eingeht: ob wirklich aus Liebe oder aus wie immer verborgener Selbstsucht. – In dieser belastenden Situation gründet jene Versuchung, den »Knoten« der Leiblichkeit vereinfachend zu durchhauen, von der oben die Rede war.

3. Um von den grundsätzlichen Erörterungen endlich wieder ausdrücklich zu der konkreten Frage zu kommen, um deretwillen sie angestellt worden sind: man glaubt etwa, den leiblich-sexuellen Vollzug von der personalen Hingabe trennen zu können, so daß sexuelle »Außenerfahrungen« die »souveräne« Ehe nicht betreffen. Nur beiläufig sei hierzu an den Rang und die Würde des Dritten erinnert, die ebenfalls respektiert werden müssen (was man bei solchen Debatten nicht selten vergißt).

Wichtiger ist jetzt der Gedanke, daß solch eine Trennung die Leiblichkeits-Situation des Menschen und die Eigengesetzlichkeit seiner »Leibsprache« unangemessen verkürzt. Die leibhafte Ganzhingabe sagt etwas aus, dem eine abgesprochene Terminierung der »Treue« – sei es (auf der Reeperbahn) »bis morgen früh um neune« oder »sogar bis um zehn«, sei es allgemein bis auf Abruf – klar widerspricht. Denn die Vollzugsgestalt dieses Geschehens sagt von sich aus: Du und nur Du, von jetzt an für immer.

Nochmals, ob die Partner ihr Versprechen tatsächlich durchtragen werden, ist eine andere Frage gegenüber dem erklärten Programm, es gar nicht geben zu wollen: entweder überhaupt nicht oder nur für den Eventualfall bestandener Prüfung oder befristet auf die Dauer der Faszination.

Man muß einräumen, daß der Sinn für solches Eigengewicht der Sprache von Leib und leiblichen Vollzügen heute offenbar noch schwerer zu vermitteln ist als der Sinn für die Würde der Person. Aber auch hier ist es nicht gestattet, einfach zu resignieren. Bei jedem Einzelnen liegt es, Wert und Rang von Form und Gestalt zur Geltung zu bringen: »Wert und Ehre« der Sprache (gegenüber purer Information), den Sinn von Umgangsformen und von »Bräuchen« überhaupt (vgl. Der Kleine Prinz, Kap. XX), von Mahl (statt bloßer Joule-Aufnahme – vor dem laufenden Fernsehgerät) und von Feier: zu zweit, im familiären wie im öffentlichen Rahmen.

Zum Ernst des Leiblichen gehört schließlich der Ernst von Institution. Das »Du und für immer« will nicht bloß geflüstert, sondern öffentlich gesprochen werden. Die Selbstdefinition des Paares verleiblicht sich so auch juristisch – und soll das nicht zuletzt auch darum tun, weil ehrliche Liebe den anderen gegen die eigene Lieblosigkeit und Schwäche in Schutz nehmen muß. (Die Rede von »Trauscheinzwang« wirkt aus dieser Sicht nicht weniger läppisch als der Versuch, die »Rahmenbedingungen« von Wortschatz und Grammatik einer Sprache als Zwangssystem zu denunzieren.)

Leib und Leibvollzüge sind »Symbol«, will sagen: Wirklichkeiten, in denen eine reichere Wirklichkeit – nicht bloß angezeigt wird, sondern da ist. Symbole bedeuten mehr, als sie sind: der Ring meint mehr als den Reifen Metalls; der Wert eines Geschenks übersteigt seinen Preis; ein Kuß ist mehr als ein Schleimhautkontakt. Symbol ist das Sich-Geben eines seine pure Greifbarkeit übersteigenden Ungreiflichen.

Symbol ist aber stets auch weniger als das, was sich in ihm

symbolisiert: der Ring ist nicht die Treue, die er bezeugt; das Geschenk nicht die Liebe; der Kuß nicht wechselseitige Eröffnung der Herzen.

Die einen nehmen das Symbol für das Symbolisierte, in Vergötzung und Fetischismus. Das Symbol wird – in unterschiedlichen Formen der Sucht – zum Idol. Die anderen demgegenüber verkennen die reale Anwesenheit des Symbolisierten in seinem Symbol. Es handle sich ja »*nur* um ein Symbol«. So wird es zum bloßen Hinweiszeichen, zur Chiffre.

Von diesen Verkürzungen her läßt sich vielleicht doch sehen, was der leibhaftige Mensch in Wahrheit nicht nur tun *soll*, sondern zugleich, zuvor tun *will* und selbst zu erfahren erhofft.

Im Grunde weiß er doch, daß Wasser mehr ist als H_2O; daß Brot und Wein mehr sind als Lebensmittel; daß der Leib mehr ist als ein Körper; daß es im sexuellen Vollzug um mehr geht als um Abbau von Spannungen, Reizung von Nervenendplatten und um einen zeitweisen Abschied von der Sorge des Daseins durch ein Selbstvergessen im Fleisch; daß es darüber hinaus in Freundschaft und Liebe auch um mehr geht als um Bedürfnisbefriedigung und Flucht vor Einsamkeit. – Eigentlich (auf das Schwarze inmitten der Scheibe gezielt, auch wenn wir es immer wieder verfehlen) geht es hier nämlich nicht bloß um den anderen als Gut für mich, sondern um das Gute für ihn.

So aber öffnet sich aus sich selbst die Zweisamkeit des liebenden Paares zu gemeinsamem Auf-bruch.

Mann- und Frausein

Was hier erstlich aufbricht, ist der Unterschied zwischen den Beiden. Im Rausch der Einheit war er wie verschwunden, und aus Angst vor »Differenzen« gibt es die bewußte Strategie, ihn zu leugnen.[19]

1. Doch will man der Geschlechtlichkeit ihre entscheidende Rolle im Leben und Selbstverständnis des Menschen und in der

[19] Der Mensch ist Person (Kap. 1, Anm. 8) 117–120.

Suche nach seiner Menschlichkeit nicht bestreiten, muß man auch die entscheidende Rolle der Geschlechter*differenz* anerkennen; definiert sich Sexualität doch keineswegs etwa durch den Bezug auf »erogene Zonen«. Sie bestimmt sich nicht einmal (gerade »natürlicherweise« nicht) allein durch polaren Partner-Bezug. Vielmehr gehört grundsätzlich und wesentlich das Vater- bzw. Mutter-sein-können zu ihr; eine Dimension, die dem Mann nicht durch sich, sondern nur durch die Frau erfüllt werden kann, wie umgekehrt.

Damit wird hier keine »Fruchtbarkeitsideologie«, erst recht kein Biologismus vertreten. Selbstverständlich sind Mann wie Frau, was sie sind, auch ohne Vater und Mutter zu sein – so wie beide sind und sein können, was sie sind, ohne geschlechtlichen Vollzug: in der Lebensform bewußter Jungfräulichkeit. Aber Verzicht und Opfer oder aufgearbeitete Versagung sind etwas anderes als Verleugnung oder Verdrängung, und die gibt es heute durchaus – zwar nicht bezüglich der Sexualität (wie früher, besonders im Blick auf die Frau und das Kind), doch bezüglich ihrer Zukunfts- und Weitergabe-Bedeutung.

Mag, was man im einzelnen als männlich oder weiblich aufzählt, von der jeweiligen Kultur geprägt und bedingt sein: der biologische Unterschied mit seiner fundamentalen »Aufgabenteilung« zwischen Mann und Frau besteht fort. Und er verweist gemäß der hier vertretenen Anthropologie auf eine Polarität im *Personalen* zurück, auch vor einer – immer noch offenen, wohl gar nicht zu erwartenden – »philosophischen Entscheidung darüber«, wie Max Scheler es formuliert hat, »ob Weiblich-Männlich nur ein induktiv-empirischer Begriffsunterschied ist oder aber ein schon mit dem Wesen des Lebendigen selbst gesetzter Wesensunterschied.«[20]

Dabei kann mit »Wesensunterschied« ohnehin nicht strikten Sinns das metaphysische Wesen gemeint sein; das heißt, Mann und Frau bilden selbstverständlich nach dem hier Gesagten nicht etwa zwei Arten: sondern sie stellen zwei Seinsweisen des-

[20] Vom Umsturz der Werte. Abhandlungen und Aufsätze, Bern-München ^{5}1972, 206.

selben: eben des Menschen, dar. Aber daraus folgt keineswegs, wie in der klassischen Metaphysik und bei einem Teil der heutigen Vorkämpfer für Emanzipation, daß dieser Unterschied zweitrangig oder beiläufig wäre; daß, wie man gesagt hat, die »Seelen« ohne Leib geschlechtslos wären.

Ein letztes Mal sei die eingangs getroffene Bestimmung aufgenommen: Leib ist die Weise, wie ich da bin und wie du da bist, wie wir füreinander da sind. »Seele« wäre dann dies Ich beziehungsweise Du, das jeweils für den anderen da ist – und zwar weder abstrakt noch als bloßes Neutrum.

Das Fazit der Diskussionen der vergangenen Jahre kann man wohl (mit Ekkehard Kloehn[21]) auf die Formel bringen: »Geschlechtstypisches Verhalten als Ergebnis des Wechselspiels zwischen Grundausstattung und Umwelt.«

»Sexistische« Erziehung unterstreicht und verschärft die Unterschiede; sie tendiert zur »Rollen«-Festlegung. Da die Rollenvorgaben aber zumeist auf eine Benachteiligung des Mädchens und der Frau hinauslaufen, ist es verständlich, daß besonders Frauen, und hier nochmals junge Frauen, insbesondere Studentinnen, an diesem Punkt des weiten Themas »Sexualität« am vehementesten protestieren.

Indes läßt sich wohl sagen, daß die Strategie, den Unterschied zu verkleinern, doch zunehmend aufgegeben wird. Jedenfalls wäre ein Phänomen wie die feministische Theologie und ihre wachsende Bedeutung sonst nicht zu verstehen.

Die Schwierigkeit liegt darin, daß die Differenz sich kaum recht fassen läßt. Konkret (K. Rahner: »kategorial«) kann man Männlich- und Weiblichsein eben allein in kultureller Geprägtheit festmachen. Und Kulturen gibt es nur im mannigfaltigsten, teils sogar widersprüchlichen Plural. Dem Singular-Begriff »Natur« aber entzieht sich das spezifisch Menschlich-Personale. Darum die Vorbehalte etwa gegen die Ausdruckstypologie Philipp Lerschs.[22]

[21] Typisch weiblich? Typisch männlich? Geschlechterkrieg oder neues Verständnis von Mann und Frau, Reinbek b. Hamburg 1982, 79–99.

[22] Vom Wesen der Geschlechter, München/Basel [4]1968.

Wir stehen hier vor einem Sonderfall der normativen Frage nach dem Menschsein überhaupt: Der »kategorische Imperativ«, die Würde des Menschen in Theorie wie Praxis zu respektieren, gilt unbedingt und uneingeschränkt. Doch seine Konkretion führt zu den unterschiedlichsten Ethiken (auch wenn man Fehlformen – ist doch nicht jegliches, was irgendwo begegnet, nur schon deshalb auch zu billigen – ausschließt). – Das Kern-Phänomen Sprache haben wir schon angeführt. Dazu nur die Erinnerung, daß Sprachen nicht bloß Zeichen-Systeme, sondern jeweils Entwürfe von Welt sind (wenngleich – gegen Whorf-Sapir zu sagen – innerhalb der umgreifend-einen Welt des Menschen und des Humanen).

2. Versuchen wir gleichwohl eine Füllung der (Quasi-)Begriffe Männlich-Weiblich (nicht von Mann und Frau, und schon gar nicht von deren Rollen in unserer Gesellschaft von heute und morgen).

Screwtape bringt in einer seiner Dienstanweisungen an den Unterteufel Wormwood (in der für die Hölle kritischen Situation, da dessen Klient sich verliebt und verlobt hat) die Differenz auf die Formel, eine Frau verstehe unter Selbstlosigkeit hauptsächlich, sich um andere zu bemühen, ein Mann dagegen, andere nicht zu bemühen. Darum werde mühelos jedes Geschlecht das andere als »im Grunde« selbstsüchtig ansehen.[23] Die Formel ist so klar wie simpel. Aber man nehme sie zum Anlaß einer Diskussion, um zu erfahren, wie tief sie reicht.

Fruchtbarer wäre es freilich, sie zum Anstoß des Gesprächs, gemeinsamer Besinnung zu wählen. Dabei könnte sich die Unterschiedlichkeit gerade nochmals im Verhältnis zu eben diesem Gespräch, ja zu der Sprache selber, zeigen. Und darauf zielt un-

[23] C. S. Lewis, Dienstanweisung an einen Unterteufel, Freiburg [24]1982, 112f (26. Brief) Vgl. H. von Hofmannsthal: »Die Manieren ruhen auf einer doppelten Grundlage: dem anderen alle Aufmerksamkeit erweisen, sich selber nicht aufdrängen.« Buch der Freunde, Frankfurt/M. 1965, 30 (Ges. Werke in Einzel-Ausgaben: Aufzeichnungen, Frankfurt/M. 1959, 29). René Stangeler in H. v. Doderers Roman *Die Strudlhofstiege* hätte darum gern ein Wörterbuch des Männlich-Weiblichen, München 1951 u. ö., 498: »Oder es würde das Reden zwischen den Paaren überhaupt abkommen, nur so eine Art Tast-Sprache würde bleiben, wie die Insekten, die durch ihre Fühler miteinander reden ...«

ser Hinweis-Versuch. Er muß dazu jedoch zunächst hinter unsere Thema-Frage zurück auf das sprachliche In-der-Welt-Sein des Menschen überhaupt eingehen.

Die Farben und Klänge der Dinge stellen Qualitäten dar, die man bekanntlich nicht dadurch »erklärt«, daß man sie auf die entsprechenden Schwingungen zurückführt. Schwingungen sind vielleicht *mögliche* Töne und Farben, aber niemals deren Wirklichkeit; und diese Wirklichkeit erreichen sie nicht aus sich selbst, vielmehr erst durch unser Hören und Sehen. Aber so doch nicht allein von unseren Gnaden; wir nehmen ja gerade diese Dinge wahr und keine anderen, mit diesen und nicht anderen Bestimmungen. Farbe und Klang werden also von ihnen und uns »gemeinsam« erwirkt. Doch nicht nur Farbe und Klang, sondern die »Qualität« der Dinge überhaupt, ihre Wesensgestalt, wird »von innen und außen«, von ihnen und von uns gebildet.

Die Bibel drückt das so aus, daß den geschaffenen Tieren erst Adam ihre Namen gibt (Gen 2,19f); man braucht sich nur zu erinnern, daß für den Semiten Name nicht ein bloßes Etikett, sondern das Wesen, die Wirklichkeit selbst des Genannten bedeutet. So verdanken die Dinge und alle Geschöpfe ihr Wesen zwar erstlich und unvergleichlich dem Schöpfer, doch in einem damit auch der Namengebung Adams, der »Sprache« des Menschen. (Sie waren – unbestritten – auch schon »vor« ihm da und wirklich, aber doch im Grund nur so, wie eine Farbe »wirklich« ist, die niemand sieht.) Derart ist jeder von uns in der Weise von Gott erschaffen, daß er von Menschen gezeugt und geboren worden ist.

Die Dinge, ihre Bezüge, ihr Gesamt und dessen Ordnung, die ganze Welt des Menschen »hat« er also als die seiner Sprache (auch sein Denken wird nochmals von ihr bestimmt). Maurice Blondel bringt es auf die kompakte Formel: »Die Dinge sind nicht, weil wir bewirken, daß sie sind; sondern sie sind so, daß wir bewirken, daß sie sind, und sie bewirken, daß wir sind.«[24]

Bei solcher »Wechsel-Wirkung« ist der Mensch zwar in seiner

[24] Die Aktion (Kap. 2, Anm. 37) 480.

konkreten Sprache nicht gefangen; denn man kann von jeder in die andere über-setzen; doch bis zu welchem Grad? Man kann von der eigenen Sprache aus zu anderen hinübergehen; aber kommt man jemals aus ihr hinaus?

Bestimmt die Sprache aber so den Menschen und sein Weltverhältnis durch und durch, dann prägt sie auch sein Verhältnis zu sich und schließlich zu ihr, seiner Sprache, selbst. Und damit sind wir endlich wieder zu unserer Frage gekommen. Wir wollen uns vor Simplifizierungen hüten, und es kann ohnehin nur um den Hinweis auf Akzentuierungen gehen; aber vielleicht darf man doch sagen, daß Sprache in männlicher Perspektive vor allem Mittel (Instrument) ist, in weiblicher Perspektive eher Medium (Raum der Vermittlung).

Männlich bedient man sich ihrer zur Ordnung und Handhabung der Dinge, zur »Klärung« der Verhältnisse, unterscheidend: Sprache ist hier vor allem »Begriff«. Weiblich lebt man in ihr und bewegt sich gleichsam in ihr; sie klärt hier die Verhältnisse weniger, als daß sie deren Atmosphäre, ihre »Stimmung« mitteilt, sie hörbar und spürbar werden läßt. Sprache löst derart Ein- und Abschnitte (lat.: praecisio) auf: sie ist vor allem – nicht »Bild« (das wäre noch zu sehr optisch, »be-greifbar«), sondern »Anmutung« oder Zu-Wort-kommen-Lassen.

Darum spricht unter Liebesleuten allermeist der Mann der Frau zu wenig (von ihrer Liebe) – und sie ihm zu viel. (Und die oft bemerkte Weiblichkeit des Don Juan bestätigt sich auch darin, daß er vor allem durch seine Worte, besser: durch seine Stimme, verführt – nicht durch Argumente, sondern durch Reden.) Beide haben sich deswegen nicht nur *in* der Sprache zu verständigen, sondern gar über sie.

Dabei kann man sich nicht einfach aus den Mißverständnissen ins Schweigen flüchten, auch wenn das »Nonverbale« gegenwärtig Konjunktur hat. Gilt hier doch erst recht Stanislaw J. Lec' Aphorismus: »Ohne die Kenntnis der fremden Sprache wirst du niemals das Schweigen des Ausländers verstehen können.[25] Es bleibt also dabei, daß man sich in der Sprache ver-

[25] Alle unfrisierten Gedanken, München 1982, 12.

ständigen muß, und das heißt: in den Sprachen, »zwischen« beiden, in ihrem gemeinsamen Sprachraum.

3. Inzwischen ist geläufig, daß in der abendländischen Geschichte sich einseitig das männliche Sprachverständnis durchgesetzt hat. – Wenn Sprache wesentlich Gemeinschaftswirklichkeit ist, Gespräch, dann hat sie ihren ursprünglichen Ort in der Familie, so sehr sie immer darüber hinausreicht und Sprach-Gemeinschaft, Sprach-Familie schafft. »Zu Hause spricht man nicht, damit man versteht, sondern weil man versteht« (Ernst Fuchs).[26] In der Tat: Wenn man sich »nicht versteht«, dann »spricht man nicht miteinander«. Es gilt indes zu sehen, wie tief dieses Verstehen reicht: es liegt jedem Nicht-Verstehen zugrunde.

Die Sprache bekundet also die Einheit, das gründende Sich-Verstehen der Sprechenden, das alle Fremdheit nochmals untergreift und trägt. Sie zeugt und bezeugt dieses Einssein jedoch gerade, indem sie den Unterschied kundmacht, um den unsere Besinnung kreist. Die Sprache selbst, obwohl sie in ihrer Einheit die Einheit der Welt gegenwärtigt, zeigt sich als unterschieden: sowohl von der Welt wie vom Denken, die doch beide in ihr zueinander und so erst zur vollen Wirklichkeit kommen. Und in dieser Unterscheidung zeigt sie zugleich den Unterschied der Geschlechter.

Man kann ihn, mit Georg Scherers Phänomenologie der erotischen Gestalt von Mann und Frau[27], in der Art fassen, daß männliches Welt- und Sprachverhalten eher eindringlich, zielhaft, darum zentrifugal und – methodisch – sachbestimmt ist, weibliches auf- und einnehmend, wahrnehmend und bewahrend, zentripetal und einfühlsam situationsgeleitet. Die tradierten Symbole sind Speer und Spiegel.

Ersetzen wir jenen, weil einseitig »martialisch«, durch Zeigestab und Messer (das Waffe wie Werkzeug ist)[28] und verdeutli-

[26] Das neue Testament und das hermeneutische Problem, in: ZThK 58 (1961) 198–226, 209.

[27] Ehe im Horizont des Seins. Zu einem neuen Verständnis der Sexualität, Essen ^{2}1967, 124–136.

[28] Vgl. H. Bender (Hrsg.), Mein Gedicht ist mein Messer. Lyriker zu ihren Gedichten, München 1961.

chen wir das Gemeinte durch eine Tagebuchnotiz Max Frischs[29]: »Die Sprache ist wie ein Meißel, der alles weghaut, was nicht Geheimnis ist... Immer besteht die Gefahr, daß man das Geheimnis zerschlägt, und ebenso die andere Gefahr, daß man vorzeitig aufhört, daß man es einen Klumpen sein läßt, daß man das Geheimnis nicht stellt, nicht faßt, nicht befreit von allem, was immer noch sagbar wäre...«

Ersetzen wir dann aber auch den Spiegel, weil vielleicht zu narzistisch, durch dreidimensionale Geräte der Aufnahme, Bewahrung, Wiedergabe: Truhe und Krug.[30] Lebendiger mit einem Vers Hilde Domins gesagt: »Wort und Ding / lagen eng aufeinander / die gleiche Körperwärme / bei Ding und Wort.«[31]

Dazu zwei klärende Erläuterungen: einmal die Erinnerung daran, daß die Paarung »Männlich-weiblich« nicht deckungsgleich mit »Mann-Frau« ist; des weiteren der Hinweis, daß die angeführten Unterschiede keineswegs im Sinn von »aktiv-passiv« aufgefaßt werden dürfen, jenem gängigen Mißverstehen gemäß, das sich vor allem in den Vulgärbezeichnungen für den Geschlechtsvollzug ausspricht. Wenn überhaupt, wäre eher das Gegenteil der maskulinen Fehldeutung wahr; sowohl im Blick auf die Erscheinungsgestalt dieses Aktes: angesichts des aus sich herausgetriebenen Mannes und der ihn zur »Beiwohnung« empfangenden Frau; als auch grundsätzlich im Blick auf den Aktvollzug von Geben und Nehmen als solchen, beispielhaft im Sprachgeschehen: Reden ist zweifelsohne ein Tun; aber mehr Kraft und Wachheit braucht es, um wirklich zu hören.[32]

[29] Tagebuch 1946–1949, Zur Schriftstellerei (Ges. W. II 2 [wa 4] 379).

[30] Vgl. den Buchtitel von M. L. Kaschnitz: Dein Schweigen – meine Stimme, Hamburg 1962.

[31] Wort und Ding, in: Ich will Dich, Frankfurt/M. 1970, 33. Im übrigen findet sich auch das Bild vom Messer bei ihr: »Lieber ein Messer als ein Wort. / Ein Messer kann stumpf sein. / Ein Messer trifft oft / am Herzen vorbei. / Nicht das Wort.« Unaufhaltsam, in: Rückkehr der Schiffe, Frankfurt/M. 1962, 19.

[32] Und man bedenke obendrein Karl Kraus' schönen Vers: »Hab ich dein Ohr nur, find' ich schon mein Wort.« Zuflucht, in: Worte in Versen, München 1959, 63 (siehe später Kap. 15, Anm. 43).

1. Innerhalb nun dieses Unterschieds setzt sich im Abendland das männliche Sprachdenken durch. Das heißt, das Wort wird zum bloßen sinnlichen Zeichen; das »Eigentliche« geschieht zwischen dem Denken und der ihm gemäßen Wirklichkeit. Diese Wirklichkeit ist aber nicht das Einzelne und Einmalige (das kann man nicht denken, sondern nur beim Namen rufen), sondern das vervielfältigbar Allgemeine, das zugleich in allen »Abzügen« das gleiche bleibt; das also niemals wird, sondern stets ist, was es schon immer war.[33] Dieser Realität entspricht der Begriff, und dessen sichtbarste praktische Umsetzung – als tätiges Begreifen, nicht mehr nur gedankliches »System« – ist die Technik (im weitesten Sinn: vom Handwerk bis zum modernen wirtschaftlichen wie politischen »Betrieb«).

Setzt dieses Weltverhältnis sich als das eigentlich rechte, dann muß es die Momente, die es nicht berücksichtigt, für minderwertig erklären. Das Wort, der Name, das einzelne, die Geschichte, das Werden, die ungreifbare »Materie« (man begreift ja immer nur »Strukturen«), das »Irrationale«, schließlich die Frau: all das wird im Vergleich mit dem jeweiligen Gegenpol nicht nur vernachlässigt, es wird auch ausdrücklich zur Wirklichkeit zweiten Ranges erklärt.

Man begreift, wie der Gegenstoß nahezu unvermeidlich derselben Einseitigkeit verfiel, ja seinerseits noch radikaler um- und abwertete; denn da man ihm keine Auseinandersetzung gleichen Rechts erlaubte, wurde er notgedrungen revolutionär (dies auf der ganzen Breite der genannten Themen: vom Materialismus bis zur Frauenbewegung). Eben so aber blieb er dem Denken verhaftet, gegen das er aufbegehrte. Kehrt man nämlich den Vorrang in den verschiedenen Gegensatz-Feldern nur um, dann denkt man einseitig immer noch in der trennenden,

[33] Vgl. F. K. Mayr, Sprache, Sprachphilosophie, in: SM IV 695–707 (auch in Herders theol. Taschenlexikon); ders., Trinitätstheologie und theolog. Anthropologie, in: ZThK 68 (1971) 427–477, bes. 431–455 (Die patriarchal-matriarchale Grundstruktur der griechischen Metaphysik).

»begrifflichen«, »technischen« Weise wie vorher (man teilt und stuft ja nach »Klassen«) – nur konfus. Denn *wenn* man trennt und *wo* Begriff und Technik ihre Stelle haben, da(nn) ist nur die erste Wertung, nicht ihre Umkehrung sinnvoll.

Es kann also nie darum gehen, Denken, Begriff und Technik abzuwerten; vielmehr nur darum, der Sprache, dem Wort und dem Spiel ihren Wert zurückzuerstatten. Die Frage nach dem »Wertgefälle« zwischen beiden hat keinen Sinn; denn woher nähme eine Antwort ihr Maß? (Besitzt ein [stimmiger] Würfel mehr Wert als ein [plastischer] Oboenton? Vgl. J. de Finance: Kap. 13, Anm. 4.)

2. Die Frage nach dem »wahren Unterschied« vertieft sich also philosophisch zu der nach dem Sinn seiner Wahrheit. (»Besteht er?« und »Worin besteht er?« hieß es zunächst; jetzt: »Was heißt ›wahrer Unterschied‹ und wie ist, was da besteht, angemessen zu denken?«)

Sprache versteht sich mit Sprache nur als Sprache gegenseitiger Bejahung: Indem eine jede ihr Eigenes, sich selbst in das Gespräch einbringt, um eben so die andere in deren Eigensein als ein Geschenk der Er-gänzung entgegenzunehmen. Jeder versteht und »spricht« in diesem Sinne auch die Sprache des anderen (vgl. das eschatologische Motiv der »Aufhebung« des babylonischen Unglücks durch den *Geist* als die Person fruchtbaren Empfangs: Apg 2). Doch unaufhebbar hört und spricht ein jeder nur auf seine Weise. (Darum wären z. B. selbstverständlich weibliche Priester etwas anderes als die Priester bisher – und sollten dies sein: wie auch im Fall der Ärztin, der Lehrerin und so fort.)

Wächst aber menschliches Gespräch derart aus dem Zusammenklang beider Sprachen, dann ergibt sich als bedenkenswerte Konsequenz, daß es *die* Sprache personalen Menschseins als solche gar nicht gibt. Das von René Stangeler gewünschte Wörterbuch des Männlich-Weiblichen mag nützlich sein. Aber es löst das Problem nicht. Denn *die* Sprache hat weder Wörterbuch noch Grammatik; man kann sie nach keinem Lehrbuch vermitteln und studieren. Gesprochen werden die eigenen Sprachen. In gewisser Weise müssen sie dabei sich selbst erst noch finden,[34] mehr oder minder. Aber zwischen ihren Worten, »in« ihnen (nicht »dahinter«, nicht nur gedacht noch bloß gefühlt, sondern »unausgesprochen« *gesagt*) sprechen wir die eine Sprache des Menschen.

Wenn hier also für die Wahrung des Unterschieds zwischen Mann- und Frausein plädiert wird – in der Überzeugung, es handle sich keineswegs um eine »petite différence« –, dann spricht das Plädoyer zugleich für ein rechtes Verständnis dieses Unterschieds, also gegen seine (einseitig »männliche«) begriffliche Fixierung.

Es gibt biologisch Fixpunkte und philosophisch grundsätzlich die festzuhaltende These von der nicht bloß abstrakten, sondern realen Unterschiedlichkeit als solcher. Aber deren konkrete Gestalt – epochal, kulturell wie individuell (für den Einzelnen wie für das Paar bzw. die Familie) – wird nur geschichtlich. Und Geschichte ist ihrerseits ein »dialogisches« Geschehen von Freiheit in / und Natur, von Einzelfreiheit in/und Gemeinschaft.

So muß wieder einmal der Philosoph die Antwort auf die Frage schuldig bleiben, die man ihm stellt. Aber natürlich erklärt er, eben dies sei die Antwort. Nicht im Sinne Hegels, der einmal notiert hat: »Die Fragen, welche die Philosophie nicht beantwortet, sind so beantwortet, daß sie so nicht gemacht werden sollen.«[35] Sondern in dem Sinn, daß sie uns aus der Theorie in bedachtsames Leben verweisen. Lebensfragen wollen nicht beantwortet werden, sondern – verantwortlich – gelebt.

Für eine christliche Philosophie gibt die Rede von Ver-antwortung zuletzt nur in einem theo-logischen Horizont Sinn. Weder im Selbst-Bezug noch in dem auf die Menschheit noch auf »Werte« hin vermag sie jenen Ernst zu entdecken, den sie im

[34] Und was Otto Hermann Pesch hierzu bezüglich der Frauen-*Theologie* sagt, gilt auch darüber hinaus: »Diesen Prozeß der Selbstfindung, der noch im Gang befindlichen Ausarbeitung der Fragen und der ersten Antworten und Verstehensangebote sollte die ›maskuline Theologie‹ nicht durch sofortiges Mitdiskutieren stören, sondern statt dessen die feministische Theologie vorerst mit sich allein lassen und sich – das allerdings! – aufs lernbereite Zuhören beschränken.« Frei Sein aus Gnade. Theologische Anthropologie, Freiburg 1983, 438.

[35] K. Rosenkranz, G. W. F. Hegels Leben, Darmstadt 1969 (Berlin 1844) 543.

Gewissens-Anruf erfährt. Die Natur-Gegebenheiten deutet sie darum als Schöpfungs-Ordnung.[36] Welt und Dinge haben »Wort-Charakter«[37]. Doch die Schöpfungs-Ordnung ist gerade nicht als eine Anordnung nach dem Muster durchformulierter Ausführungsbestimmungen zu verstehen.[38] – Mann- und Frausein stellen nicht Vorschriften dar, sondern einen Auftrag, eine Aufgabe welt- und selbstgestaltender Freiheit.

Zuvor und grundlegend aber ist beides Gabe: an das jeweilige Ich; doch jeweils – in welcher Lebensgestalt auch immer – für den anderen. Und damit kommt ein weiterer, tieferer Sinn von Auf-bruch ins Spiel: die Zukünftigkeit.

Kind

1. Aus dem »Erkennen« von Mensch und Mensch beginnt ein neuer Mensch seine endlose, oder besser: end*gültige* Geschichte. Das muß nicht so sein und ist keineswegs der einzige Sinn der ganz-leiblichen Begegnung; doch es vergessen (oder verdrängen) hieße, jene anthropologische Situation unterschlagen, der jeder Leser dieser Seite sich verdankt. »Anthropologisch« statt einfach »menschlich« (gar: »biologisch«) heißt diese Situation, weil zwar kaum bei Zeugung und Empfängnis, wohl aber hinsichtlich der Geburt durchaus der Sinn (der »logos«) menschlichen Daseins Thema wird.

In der hier vertretenen anthropologischen Perspektive verzichte ich auf eine Wiederholung oder Fortführung der Diskussion um die Normativität biologischer Konstanten und einer

[36] Vgl. K. Wojtyla, Liebe und Verantwortung. Eine ethische Studie, München 1979, 212–216 (Zum Begriff »Gerechtigkeit gegenüber dem Schöpfer«); ders., Erziehung zur Liebe. Mit einer ethischen Fibel, Stuttgart-Degerloch 1979, 93–98 (Das Gesetz der Natur); Johannes Paul II, Mann und Frau schuf er. Grundfragen menschlicher Sexualität, München-Zürich 1981, bes. 58–71 (Schöpfung als Geschenk Gottes an den Menschen).

[37] W. Kern, Gott schafft durch das Wort (Kap. 2, Anm. 44), bes. 471ff.

[38] J. Splett, »Macht euch die Erde untertan«? Zur ethisch-religiösen Begrenzung technischen Zugriffs, in: A. J. Buch/J. Splett [Hrsg.], Wissenschaft Technik Humanität. Beiträge zu einer konkreten Ethik, Frankfurt/M. 1982, 175–202, bes. 188–198.

entsprechenden naturphilosophischen Argumentation. Ich gehe also nicht auf die Lehräußerungen Pauls VI. ein, sondern beziehe mich auf jene personal-anthropologische Sicht, die ich deutlicher in den Aussagen Johannes Pauls II. über die eheliche Fruchtbarkeit finde. Dabei soll auch jetzt nicht aus der Philosophie in die Moraltheologie hinübergewechselt werden. Es geht nur um die Skizze von Grundlinien einer christlichen Anthropologie zu diesem Thema, ohne weitergehenden Anspruch als den immanenten der vorgetragenen Argumente.

Karol Wojtila unterscheidet von der biologischen »Fortpflanzung« den menschlichen Willen zu Vater- und Mutterschaft. »Diese Haltung ist so wichtig und entscheidend, daß ohne sie sich im ehelichen Verkehr die personale Ordnung nicht erreichen läßt. Wenn sie nicht vorhanden ist, bleibt an Stelle einer wirklichen Vereinigung der Personen nur eine Paarung, der der volle personale Sinngehalt abgeht... Die Vereinigung in Liebe gleitet zu einem gemeinsamen Genuß ab, oder, besser gesagt, zum Genuß zweier Partner.«

Und bei dem bleibt es dann nicht: »Wenn der Mann und die Frau den Gedanken ›ich kann Vater werden‹, ›ich kann Mutter werden‹ *absolut* zurückweisen..., so geraten sie in Gefahr, ihren Verkehr – objektiv – auf den Genuß zu beschränken, dessen *Objekt* [Hervorhebung J. Sp.] dann die Person wäre.«[39]

Nur dieser Gedanke soll hier zur Diskussion gestellt werden. Ausgespart bleibt sowohl das Gewicht, das der Papst für seine These auf jeden einzelnen Akt legt, als auch die These, daß die Wahrung der Personwürde nur durch Respektierung der natürlichen Ordnung gewahrt bleiben könne. (Diese darf freilich nicht einfach mit der biologischen verwechselt werden.)[40]

Der Autor fordert nicht, die Zeugung habe positiv im Blick zu stehen, wobei tatsächlich die Personen leicht zum Mittel würden. Die Vereinigung »ist zur Liebe und nicht nur zur Zeu-

[39] K. Wojtyla, Liebe und Verantwortung 197.

[40] Ebd. 256f (bzw. Erziehung zur Liebe, 93ff). – Auch innerhalb dieser Perspektive wären Tragkraft und -weite jenes Vergleichs zu erörtern, wonach Gott als Vater erscheint, der sieht, wie sein Kind nur die Marmelade vom Brot schleckt und dieses wegwirft (Liebe... 268, Anm. 11). Dazu Anm. 38:195.

gung nötig. Die Ehe ist eine Liebes- und nicht nur eine Fortpflanzungsinstitution. Der eheliche Verkehr besteht seinem Wesen nach in einer interpersonalen Beziehung; er ist ein Akt bräutlicher Liebe. Deswegen müssen sich Absicht und Aufmerksamkeit jedes Partners auf die Person des anderen, auf deren wahres Wohl richten« (Liebe... 202).

Kommt es aber, fragt Wojtila, nicht eben zur Abwendung vom anderen und zum Blick auf die (abzuwendende) Zeugung gerade im Fall des grundsätzlichen Neins zum Kinde? »›Die Person als Mitschafferin der Liebe‹ verschwindet; es bleibt nur noch ›der Partner des erotischen Aktes‹« ... So aber werde der Genuß statt Begleitung zum Inhalt des Aktes (203).

Nochmals: lassen wir die Unterscheidung von natürlichem und künstlichem Ausschluß der Zeugung beiseite; fragen wir nur, ob nicht in der Tat ein grundsätzliches Nein zur Transzendenz des Paares über sich hinaus auch die Transzendenz auf Gott hin beeinträchtigen und zuletzt zerstören müßte.

Diese Offenheit für die Zukunft über das eigene Leben hinaus ließe sich allerdings wohl auf verschiedene Weise denken, unter anderem auch in jener der Adoption oder gemeinsamen sozialen Engagements. – Aber nicht erst die Psychologie, einfache Alltagserfahrung belehrt uns, daß es im Fall der Kinderlosigkeit besonderer Anstrengungen bedarf, die Gemeinsamkeit des Transzendierens festzuhalten und nicht in einen Egoismus zu zweit abzugleiten, der sich dann dem tieferen Blick – und wie oft braucht es dazu gar keiner Tiefe! – als Bindung entzweiter Egoismen entlarvt. (Ähnliche Anstrengungen sind auch für ein Kind erforderlich, das einzeln aufwachsen muß.)

Personen werden nicht eins dadurch, daß der eine den anderen, der andere umgekehrt ihn »intendiert«, sondern nur in *gemeinsamer* Intention. Personen werden eins in einem Dritten, das sie eint. Und ihre Einheit hat den Rang dieses Dritten.[41] Darum ist Ehe als solche zwar eine Lebensform eigenen Rechtes, die unabhängig von Kindern Bestand und Gültigkeit hat, die vor ihnen besteht und nach ihrem Fortgang weiter gelebt

[41] Siehe später: Teil IV.

wird. Aber sie zerfällt, wenn sie die Öffnung über sich hinaus verweigert. Zwar wird die Ehe nicht mehr wie früher von der Familie getragen, sondern umgekehrt; doch sie erfüllt sich wesentlich in der Familie. Das nicht bloß christliche, sondern allgemeine Lebensgesetz, daß sein Leben verliert, wer es festhalten will (Mt 16,25), bewahrheitet sich auch an ihr.

Novalis hat das Kind als »sichtbargewordene Liebe« bezeichnet.[42] Liebe, die ihr Sichtbarwerden verweigert, verliert die Wirklichkeit ihrer selbst. Und in der Tat ist Erscheinung, Äußerung, als Selbstentäußerung letztlich ein Sterben. In diesem Sinn redet Hegel in Jena vom Kind als dem Tod seiner Eltern.[43]

2. In philosophischer Perspektive muß man derart »radikal«, d.h. auf die Wurzel hin, denken, wenn man heutige Kinder- und Familienfeindlichkeit und wenn man die heutige Angst vor dem Endgültigkeits-Anspruch von Ehe zu begreifen versucht. Das heißt, angesichts dieser Themen zeigt sich eine Grundaufgabe menschlichen Selbstverständnisses überhaupt: die lebensnotwendige Verbindung von Realismus und Hoffnung.

Um seiner Würde willen kann es der Mensch auf keinen Fall akzeptieren, daß seine Welt und er selbst so sein sollen und unumgänglich sein müssen, wie sie gegenwärtig sind. Oder genauer: wenn er hinzunehmen hätte, daß alles derart sein muß, dann dürfte er dennoch keineswegs dazu bereit sein, es in bejahendem Sinne zu akzeptieren. – Selbstachtung muß ihm verbieten, seine Unmenschlichkeit als eben »menschlich«, und die in all dem immer wieder auch sich ereignende Menschlichkeit für

[42] Schriften (Kluckhohn-Samuel), Stuttgart, II ^{2}1968, 253.

[43] Ges. Werke (ed. DFG) 6: Jenaer Systementwürfe I, Hamburg 1975, 303: »Die Seite der Mitte, worin sie sich als eins und als aufgehobene erkennen, ist notwendig ein Bewußtsein; denn sie sind nur als Bewußtsein Eins; es ist das Kind, in welchem sie sich als in Einem Bewußtsein als Eins erkennen, und ebendarin als aufgehobene, und sie schauen in ihm dies ihr Aufgehobenwerden [im bekannten dreifachen Sinne] an.« Da aber dieses Eins seinerseits ein Bewußtsein ist, stellt es die Aufgabe der Erziehung. »Indem sie es erziehen, setzen sie ihr gewordenes Bewußtsein in ihm und sie erzeugen ihren Tod, indem sie es zum Bewußtsein beleben ...«

schon genügend zu nehmen. Ist vom ersten schon das mindeste mehr als genug, so vom zweiten »genug ... nicht genug«; denn »der Mensch übersteigt den Menschen unendlich« (B. Pascal).[44]

Er könnte darob – in tragischer Weltsicht – verzweifeln, zurückhaltender: resignieren. Aber wie würde dies der unzweifelhaften Erfahrung von Liebe gerecht, wie könnte es vor dem Augenaufschlag eines Kindes bestehen? – Muß der Mensch sich also Illusionen ergeben, oder muß (nach dem Vorbild des Großinquisitors) eine desillusionierte Elite die »Massen« (heute oft »mündige Bürger« genannt) entsprechend täuschen?

Von Rabindranath Tagore stammt der Satz »Jedes Kind bringt die Botschaft, daß Gott die Lust am Menschen noch nicht verloren hat.«[45] In jedem Kind spricht Gott erneut sein Ja zu seiner Schöpfung und zum Menschen im besonderen, und nochmals eigens: zu eben diesem Menschenkind selbst. Hoffnung wird hier als Realismus verkündet, wider allen gegenteiligen Anschein, ja – in der Sprache des Paulus – »gegen alle Hoffnung« (Röm 4,18). Man lese wieder Gottes Lob des »kleinen Mädchens Hoffnung« zwischen seinen großen Schwestern Glaube und Liebe bei Charles Péguy.[46]

Hier wäre zu wiederholen, was wir zu Anfang über die Begründung der Person-Würde erwogen haben. Es wäre zu vertiefen durch die Botschaft der Vergebung für jeden, der sie schuldhaft in sich und anderen verletzt hat. Hier erreicht auch dieses Kapitel den Punkt, wo die Vernunft-Argumentation eines Philosophen, der eingestandenermaßen als Christ denkt, sich zu übersteigen hätte in das nicht mehr argumentative *Bekenntnis* seiner *Glaubens*zuversicht.

Noch diesseits dieses Überstiegs aber ergeht die Frage an den Leser, wie angesichts des – philosophisch – aufgezeigten Dilemmas nun er sich entscheiden wolle – so, daß er dabei seiner Erfahrung treu bleibt. Mit dieser Erfahrung meine ich vor allem einzelnen die seiner Kindheit und seines Erwachsen(geworden)-

44 Pensées (fr-Brunschvicg) 434. »Genug ist nicht ...«: C. F. Meyer, *Fülle*.
45 Ges. Werke, München 1921, VIII 328.
46 Das Tor zum Geheimnis der Hoffnung, Einsiedeln ^{2}1980.

seins überhaupt. Genauer: ein jeder von uns hat zu wenig Liebe erfahren (weil – wie nicht nur die Christen glauben – einzig Gott unserm Hunger und Durst Genüge tun kann); aber zugleich jeder mehr, als er verdient und beanspruchen könnte.

Er wurde neun Monate getragen, unter Schmerzen geboren und zumindest in jenem Maß von unerzwingbarer, unselbstverständlicher Zuwendung umgeben, daß er nun zu lesen und zu disputieren vermag. Vielleicht entgegnet er, daß aber andere Kinder zerstörerisch vernachlässigt, mißhandelt, ja schon vor ihrer Geburt getötet worden sind und werden. Doch das setzt nicht seine eigene Erfahrung außer kraft; im Gegenteil.

Wir wollen und können hier ja nicht das Theodizee-Problem diskutieren, und müssen es auch nicht. Theoretisch, für die Vernunft, kennt es überhaupt keine zufriedenstellende Lösung; aber es fordert die Freiheit des Menschen heraus: zu Hoffnung und Tat.[47] In diesem Sinn müßte gerade die genannte eigene Erfahrung jeden dazu bewegen, aus ihr heraus für die Würde, das Menschsein und die Lebens-Zukunft *aller* Menschen einzutreten.

Für eine menschliche Zukunft hier auf dieser Erde, aus der Hoffnung auf jene ewige Zukunft, da *offenbar* sein wird, was der Glaube schon jetzt sieht: daß über Ehe und Familie hinaus vor Gott, dem einen mütterlichen Vater,[48] alle Menschen eine große Familie sind, Schwestern und Brüder seines Sohnes im Geist der Liebe.

[47] Siehe Kap. 1, Anm. 29; Kap. 3, Anm. 21.
[48] Jes 49, 15f; 66,13.

7. KIND-SEIN

Philippe Ariès hat die Entdeckung der Kindheit im 17. Jh. angesetzt. »Sprechen wir nicht heute noch vom Eintritt ins Leben und meinen damit den Abschied von der Kindheit?«[1] – Der Satz ist des Nachdenkens wert. In der Tat wollen die Zeitgenossen lange *jung* bleiben (wenn sich auch kaum jemand mehr, wie die Griechen, ewige Jugend erträumt); aber sehr rasch will man »kein Kind«[2] mehr sein.

»Aus sich rollendes Rad«

Dennoch, wen hat noch nie die bestrickende Anmut eines Kindes betroffen! Und wenn Schiller seinen viel zitierten Satz über die Menschlichkeit des spielenden Menschen auch nicht eigens auf das Kind bezieht, so stellt Kleist dann ausdrücklich die An-

[1] Geschichte der Kindheit, München (dtv) ³1980, 99. – Ein Descartes-Zitat, auf das ich stieß, liest sich in deutscher Übersetzung: »daß wir alle, bevor wir Menschen waren, Kinder gewesen sind« (E. Lévinas, Wenn Gott ins Denken einfällt, Freiburg-München 1985, 81 [Discours II, AT VI 13; für Descartes' »hommes« dort 547 korrekt: »viri«]). Geht es hier nur um ein Sprachproblem, so bekanntlich um mehr bezüglich der ungeborenen Kinder. Da steht die Entdeckung der Kindheit noch aus. (Siehe hierzu, unter dem spezifischen Todes-Aspekt, also auch als Exkurs zu Kap. 10, das den Abschied *nach* dem Tod ausspart, vom Verf.: Abschied von Ungeborenen, in: H. Becker/B. Einig/P. O. Ullrich [Hrsg.], Im Angesicht des Todes. Ein interdisziplinäres Kompendium. 2 Bde., St. Ottilien 1986.) Oder wäre inzwischen das »heute noch« eher resignativ anstatt erwartungsvoll zu lesen, weil nämlich die Geschichte der Kindheit – im »Jahrhundert des Kindes« (Ellen Key 1900) – schon wieder zu Ende gehe (vgl. auch N. Postman, Das Verschwinden der Kindheit, Frankfurt/M. ²1983)? Dann gelte, was hier folgt, immerhin als entschiedener Einspruch.

[2] Vgl. den Zyklus von Ludwig Soumagne, Möt angere Wöert jedaiht gedonn, Düsseldorf-Krefeld 1975, bei dem jeder Text in den Satz mündet: »ävver ech bön / doch ke Kenk mieh.«

mut des Vorreflexiven heraus: Marionette, Bär und Knabenunschuld.[3] Den Haupttext aber, dem auch die Überschrift dieses Abschnitts entstammt, bietet die erste Rede von Nietzsches Zarathustra: Von den drei Verwandlungen.[4]

In (konstrastierender) Aufnahme der Tradition, in welcher er steht, spricht auch Nietzsche vom *Werden* zum Kinde (vgl. Mt 18,2f). Es geht also um das *Kind als Metapher;* doch abgelesen am Dasein des natürlichen Kindes, in einer bestimmten »Lesart« seiner Daseinsweise. Und diese Lesart ist es, die uns jetzt interessiert.

Die erste der drei Verwandlungen – des Geistes – ist die zum *Kamel.* Zarathustra spricht davon mit Respekt. Gemeint ist die Umkehr zu Ehrfurcht, Pflichtbewußtsein und Entsagung, zur Aufsichnahme des Schwersten, was immer es sei, in der Stärke des »tragsamen« Geistes.

Doch schwerer als das Schwerste ist es, sich willentlich gegen die lastenden Werte der Tradition zu entscheiden (zumal sie ja nicht bloß lasten, sondern auch tragen). Diesen Aufstand gegen alles »Du sollst« im Namen des freien »Ich will« markiert die Wandlung zum *Löwen:* für »ein heiliges Nein auch vor der Pflicht«, so schmerzlich und herzzerreißend dieser Aufbruch auch erlitten werde.

Eben der Schmerz aber, das Kämpferische und Raub(tier)hafte dieser Lebensgestalt ruft nach einer letzten Verwandlung: zum *Kind.* »Unschuld ist das Kind und Vergessen, ein Neubeginn, ein Spiel, ein aus sich rollendes Rad, eine erste Bewegung, ein heiliges Ja-sagen.« – So wird das »Spiel des Schaffens« möglich: zum Neugewinn einer Welt.

Das »Du sollst« führt über das »Ich will« zu einem Ich bin,

[3] F. Schiller. Über die ästhetische Erziehung des Menschen... 15. Brief (1795); H. v. Kleist, Über das Marionettentheater (1810). Jean Château, Das Spiel des Kindes. Natur und Disziplin des Spielens nach dem dritten Lebensjahr, Paderborn 1976, kommt nach der Diskussion der verschiedenen biologischen und psychologischen Theorien zu dem Ergebnis: »So wie der Erwachsene seinen Wert durch die Arbeit beweist, so bestätigt das Kind seine Persönlichkeit durch das Spiel... Das kindliche Spiel erscheint uns also in seinem tieferen Wesen ein Akt der Kindheit zu sein« (379).

[4] F. Nietzsche, SW (Colli/Montinari), KSA IV 28–31.

oder vielmehr – denn selbst das wäre noch zu bewußt, kein volles Vergessen – zu einem rein gelebten *Da* bzw. *Es gibt.*

Um zu verstehen, was das bedeutet, mag es gut sein, auf jenen Denker zurückzublicken, dessen Schatten sich hinter diesen Sätzen erhebt: *Heraklit.* Sein berühmtes Fragment 52 lautet: »Die Lebenszeit ist ein Kind, das spielt, Brettsteine setzt, Kindesherrschaft.« – Dabei geht es jetzt nicht um die richtige Deutung Heraklits selbst[5], sondern um Nietzsches Verständnis des Spruchs.[6] Ihm sagt er die Welt als »Spiel ... des Feuers mit sich selbst« aus, als ein »Werden und Vergehen, ein Bauen und Zerstören, ohne jede moralische Zuordnung, in ewig gleicher Unschuld ... wie das Kind und der Künstler spielt.«[7] »Nicht Frevelmut, sondern der immer neu erwachende Spieltrieb ruft andere Welten ins Leben. Das Kind wirft einmal das Spielzeug weg, bald fängt es wieder an, in unschuldiger Laune« (831).

Man sieht, wie man, bei Philosophen nachfragend, im Handumdrehen von konkreten Phänomenen bei »Gott und der Welt« im Ganzen angelangt ist. Und unsere Besinnung bekennt sich dazu. Gleichwohl muß man und soll man dabei das Konkrete nicht aus den Augen verlieren. Freilich auch nicht seine symbolische Valenz. Es ist uns also um das Kind »als Kind« zu tun (in der gebotenen philosophischen »Reduplikation« des Bedachten) und damit zugleich um ein Selbst- und Welt- und Gottesverständnis vom Kind aus.[8]

Demgemäß ist nun auf eine merkwürdige Verkürzung in Nietzsches Perspektive auf das Kind(sein) hinzuweisen, mit entsprechenden Konsequenzen für seine Weltsicht als ganze (oder wäre umgekehrt zu formulieren?). – Bei ihm rollt das Rad aus sich selbst; die Offenheit des Kindes ist eine solche der Laune

[5] Dafür sei auf Klaus Held hingewiesen: Heraklit, Parmenides und der Anfang von Philosophie und Wissenschaft. Eine phänomenologische Besinnung, Berlin-New York 1980, 438–440.

[6] Ihm folgt auch Martin Heidegger, Der Satz vom Grund, Pfullingen 1957, 188; ders., Nietzsche, Pfullingen 1961, I 333f; oder Eugen Fink, Spiel als Weltsymbol, Stuttgart 1960, 28f.

[7] Die Philosophie im tragischen Zeitalter der Griechen: KSA I 828 u. 830.

[8] Das meint ja etwa J. W. v. Goethe mit dem Wort »Symbol«: »Indem es vollkommen sich selbst darstellt, deutet es auf das Übrige« (an K. E. Schubarth, 2. 4. 1818).

für dies oder jenes Spiel oder Spielzeug. Doch hat es das Kind ursprünglich mit Spielzeug zu tun und nicht vielmehr mit seiner Mutter?[9]

Aufblick

In einem der schönsten Bücher zu unserem Thema (und dem vielleicht schönsten Buch seines Autors): *Orientierung am Kinde,* überschreibt Heinrich Spaemann[10] das erste, grundlegende Kapitel »Aufblick«. »Das ist das Kindlichste am Kind: seine Blickrichtung.« »Der Becher seines Daseins ist offen nach oben hin« (23). Statt eines Rads ist das Kind eine Schale. Statt bloß – etwas – zu ergreifen, es spielerisch zu zerstören[11] und dann wieder von sich zu werfen, blickt es – jemandem – voll Erwartung entgegen. Und »weil das Kind ganz nach oben orientiert ist, ... ist es ganz Auge« (30).

[9] So sehr sich diese »Dyade« nicht bloß ins familiale Feld, sondern auch zum Umgang mit Gegenständen auftun muß. – Hilfreiche Zusammenstellung: C. J. Stone/J. Church, Kindheit und Jugend. Einführung in die Entwicklungspsychologie, 2 Bde., München 1978.

Zum Spiel selbst wäre im übrigen zu fragen, wo bei solcher Launenhaftigkeit sein Ernst bleibt, der es von bloßer »Spielerei« unterscheidet. (F. W. A. Fröbel, Die Menschenerziehung... Leipzig o. J. [Reclam 6685–89] 75: »das reinste geistigste Erzeugnis des Menschen auf dieser Stufe ... nicht Spielerei«.) Dieser Ernst ist der Ernst der *Regel* – am deutlichsten in der Gemeinsamkeit mit Spielgefährten (die Nietzsche ebensowenig kennt wie die Mutter), doch auch am Einzelspiel abzulesen. Vgl. Château (Anm. 3) 379: »Der Mensch kann sich nur durch die Unterwerfung unter eine Regel erhöhen. Diese Wahrheit fühlt der Mensch seit der Kindheit des Individuums oder der Gattung. Es ist das Urprinzip des menschlichen Spieles [gegenüber dem des Tiers]. Darum finden wir im Spiel die tiefste Quelle des moralischen Bewußtseins.«

[10] Meditationsskizzen zu Mt 18,3, Einsiedeln [5]1983.

[11] G. W. F. Hegel, SW (Glockner) X 101: »Das Vernünftigste aber, was die Kinder mit ihrem Spielzeug machen können, ist, daß sie dasselbe zerbrechen.« – Statt eines Kommentars nur der Hinweis auf das konträre Phänomen: A. Ziegler, Der Mensch schafft sich an der Schöpfung zu Tode. Theologische Hinweise zum Schöpferischen und Zerstörerischen im Menschen, in: Engadiner Kollegium (Tagung 1983), Schöpfung und Zerstörung, Schaffhausen 1984, 199–214: »Wir können die Dinge nur in Ehren, aber nicht im Dasein halten. Das Kind aber versteht es, seine Lieblingssachen auch dann noch in Ehren zu halten, wenn sie schon fast zerstört sind« (214).

Nun stellt »Erwartung« kein eindeutiges Phänomen dar. In welchem Sinne, als was ist sie zu verstehen? – René Spitz spricht im Blick auf das Kind von einer Ganzheit der Bedürfnisse und ihrer Befriedigung.[12] Bedürfnisbefriedigung spiele die Hauptrolle beim Fortschritt (71). Spitz folgt darin der Menschensicht Sigmund Freuds. Grundbestimmung ist hier der Trieb. – Hinter der »individuellen Kindheit wird uns dann ein Einblick in die phylogenetische Kindheit, in die Entwicklung des Menschengeschlechts, versprochen«.[13]

Das weist also auf Charles Darwin zurück (ebenso wie das marxistische Menschenbild, für das statt der »Liebe« der Hunger, der zweite der Schillerschen Weltantriebe, den Basis-Impuls bedeutet[14]): »Aus dem Kampf der Natur, aus Hunger und Tod geht ... unmittelbar das Höchste hervor, das wir uns vorstellen können: die Erzeugung immer höherer und vollkommenerer Wesen.«[15] – Hinter Darwin aber steht Hegel[16]. Für ihn ist der Trieb »die innere, die eigentliche Selbstbewegung« des Seienden (IV 547), die Selbstzwecklichkeit des Begriffs (V 241), die Grundwirklichkeit der Idee (274f). So »ist die Begierde diejenige Form, in welcher das Selbstbewußtsein auf der ersten Stufe seiner Entwicklung erscheint« (X 276).

Die deutsche Ausgabe des Buchs von Spitz hat den treffenden Untertitel »*Natur*geschichte der Mutter-Kind-Beziehungen ...« erhalten. Tatsächlich erscheinen in dieser Perspektive Geist und Freiheit einzig als Naturprodukt. Und auch bei dem »Ideali-

[12] R. A. Spitz, Vom Säugling zum Kleinkind. Naturgeschichte der Mutter-Kind-Beziehungen im ersten Lebensjahr, Stuttgart ^{2}1969, 33.

[13] Die Traumdeutung: GW II/III 554 (vgl. XIII 25).

[14] Und zwar, freud-kritisch, nicht als »orales Bedürfnis«, sondern ganz unsymbolisch: »Selbsterhaltung – mit dem Hunger als sinnfälligstem Ausdruck – ist der einzige Grundtrieb unter den mehreren, der diesen Namen verläßlich verdient.« Ernst Bloch, Das Prinzip Hoffnung, Kap. 13 (Ges. Ausg. V 74). – Schiller: »Einstweilen, bis den Bau der Welt / Philosophie zusammenhält, / Erhält sie [= die Natur] das Getriebe / Durch Hunger und durch Liebe.« Die Weltweisen (1975), SW (Kap. 1, Anm. 23) I 221–223.

[15] Die Entstehung der Arten durch natürliche Zuchtwahl, Stuttgart 1967, 678.

[16] ... durch den »die Geister Europas zur letzten großen wissenschaftlichen Bewegung präformiert wurden, zum Darwinismus – denn ohne Hegel kein Darwin«. F. Nietzsche, Fröhl. Wissenschaft 357 (KSA III 598).

sten« Hegel, der den Geist zur Grundwirklichkeit erklärt, wird eben dieser zu einer Drang-Wirklichkeit naturalisiert.

Aber muß man das Kind und seine Offenheit so sehen? – Unstreitig hungert es, und unbestritten erwartet es Hilfe. Unstrittig auch, daß eben dieser Aspekt immer wieder im Blick auf das Selbstverständnis des Menschen seinem Gott gegenüber angewandt worden ist: »Wie die Augen der Knechte auf die Hand ihres Herrn, wie die Augen der Magd auf die Hand ihrer Herrin, so schauen unsere Augen auf den Herrn« (Ps 123,2). »Aller Augen warten auf dich, und du gibst ihnen Speise…« (Ps 145,15).

Doch noch einmal: wie und als was ist diese Angewiesenheit ursprünglich zu verstehen? Als pures Bedürfnis – oder als Antwort?

Skizzieren wir – gegen das animalische Menschenverständnis einer antimetaphysischen Anthropologie, mit Trieb und Begierde als Grundbestimmungen des Daseins,[17] nun diese Alternative. – Wir wollen sie mit Gustav Siewerth als Empfänglichkeit verdeutlichen.[18]

Empfänglichkeit

Siewerth bedenkt die »sinnliche Empfängniskraft des Herzens« schon beim Embryo: »im Gelaß des Lebensschoßes in seinem leisesten traumhaften Gewahren und Empfinden seiner Sinne ganz dem einhüllenden mütterlichen Leben an- und eingefühlt, das ihm in seiner liebevollen Wärme die Welt vertritt. Der urtümliche Inhalt der Sinne wäre in ihrer wesenhaften Transzendenz damit ein Akt bergender, wärmender Liebe« (27).[19]

[17] G. Knapp, Der antimetaphysische Mensch. Darwin – Marx – Freud, Stuttgart 1973; Alma v. Stockhausen, Mythos – Logos – Evolution. Dialektische Verknüpfung von Geist und Materie, Stuttgart 1981.

[18] G. Siewerth, Metaphysik der Kindheit, Einsiedeln 1957.

[19] Eine genaue Illustration dieser einläßlich-zärtlichen Sprache sind die Fotografien von Lennart Nilsson, Ein Kind entsteht, München 1979. Fachlich: E. Blechschmidt, Anatomie und Ontogenese des Menschen, Heidelberg 1978; ders., Der Irrtum Haeckels. Ohne Individualität keine Entwicklung, in: Paderb. Studien 1980, 1/2, 69–74.

Nicht also ein Knäuel von Trieb und Bedürfnis, weder bloß Ohnmacht, »tabula rasa« zu fast beliebiger »Prägung«, noch egozentrischer Manipulator der Großen ist dann – auf's Wesen gesehen – das Kind; sondern es lebt und empfängt sich als Gabe der Liebe, als Erfahrung schenkenden Gewährens.

So aber empfängt es nicht bloß das jeweils Gewährte, sondern insbesondere dieses Gewähren selbst. Und dies kann man nur so empfangen, daß der Empfang selbst ein Gewähren bedeutet. Wem also Gewähren geschenkt wird, dem wird nicht bloß das Gewährte, nicht bloß das Gewähren geschenkt, sondern in alledem wird ihm vor allem dies geschenkt: zu gewähren.

In diesem Sinn stellt Siewerth als Motto einen Sophokles-Vers (Aias 522) über seine Gedanken zu Empfängnis und Erwekkung der Kindschaft: »Charis charin gar estin he tiktous' aei – Huld nämlich ist's, die Huld erzeuget immer.«[20] Was also psychologisch und pädagogisch als »Nachahmung« in den Blick tritt[21], ist philosophisch so zu verstehen, »daß der Mensch den Menschen auch in seinem geistig-seelischen Leben erzeugt« (30). (Wobei freilich das Erzeugtwerden als Sich-erzeugen-Lassen gedacht werden muß: weder aktiv noch passiv, sondern »medial«[22] – *rezeptiv*.)

Siewerth gibt ein bewegendes Beispiel für das Gemeinte, das ich dem Leser nicht vorenthalten möchte: »Wunderschön erfuhr ich dies bei einem Kind von acht Monaten, das noch nicht der Sprache und des Gehens mächtig war. Das erste Stücklein

[20] ›Charis‹ ist dabei so umfänglich zu lesen wie ›Huld‹: Anmut, Liebreiz, Liebenswürdigkeit, Geneigtsein, Wohltun, Gnade, Freude ...

[21] Vgl. S. Leber, Die Pädagogik der Waldorfschule und ihre Grundlagen, Darmstadt 1983, 57–63 (E.-M. Kranich, Nachahmung als Grundform frühkindlichen Lernens).

[22] Das Gute und ihm entsprechende Güte sind nie einfachhin »theoretisch« anschaubar; sie werden nur in einer grundwillentlichen Eröffnung der Person erfahren. Ergreifen kann hier einzig der Ergriffene, und ergriffen wird hier nur, wer sich ergreifen läßt (vgl. Der Mensch ist Person, 55 u. 70.) – Siehe als ein geglücktes Beispiel humaner Phänomenologie zum Erkenntnis-Lächeln des Säuglings (Vergil, Ecl. IV 60) – das man durch Reizirradiation auf den Nervus facialis zu erklären versucht hat –: F. J. J. Buytendijk, Das Menschliche. Wege zu seinem Verständnis, Stuttgart 1958, 101–118 (Das erste Lächeln des Kindes).

Schokolade, das ihm von der Mutter auf die Zunge gelegt ward, empfing es mit einem seligen Lächeln; dann aber holte es sich das Stücklein wieder aus dem Mund und überreichte es überglücklich dem Vater, der, nachdem er Freude und Mitgenuß bezeugte, es wieder zurückgab. Wieder war die Wonne an einem neuen Lächeln sichtbar, aber noch einmal wurde das Genießen unterbrochen und der Mutter das klein gewordene Stücklein zurückgereicht, damit auch sie ihren Anteil habe. – Was diese Erfahrung bezeugt, ist dies, daß die Schokolade nicht als solche empfangen wurde, sondern als Ausstrom und Gabe gewährender Liebe« (29).

Siewerth hat recht: »Dieses liebenswürdige Geschehen wäre nicht möglich, wenn das Kind nach dem rohen Modell als vorab sinnliches Wesen begriffen wird (30)[23]. Der Aufblick des Kindes zeigt vielmehr die »Schaukraft der Liebe« (40)[24], eine späterhin kaum mehr erreichte, nur von wenigen Menschen bewahrte Hell- und Scharfsicht der »kindlichen Herzensschau« (41).

Jegliche Mystifizierung des Kindes sei hier vermieden. Gewiß ist es unreif, unfertig; vor allem ist es durchaus nicht unschuldig. Aber statt bloß der Rohentwurf zu dem Menschen, den erst der Erwachsene darstellen würde, ist es jetzt schon es selbst, ja ist dies in gewissem Betracht niemals mehr so wie jetzt. Augenblicke der Liebe mögen den Menschen später wieder in diese Identität hineinversetzen (darin liegt nicht das geringste Ge-

[23] Vgl. (ergänzend zu Anm. 9) Buytendijk (Anm. 22) 119–138 (Gelebte Freiheit und sittliche Freiheit im Bewußtsein des Kindes). Wie heillos ist demgegenüber ein Denken der Not-wendigkeit dialektischer Selbstdurchsetzung, welches – Spinozas »esse suum conservare« (Eth III prop. 7) nur dynamisierend – das »Spielen der Liebe« (bezeichnenderweise bloß »mit sich selbst«) zur »Erbaulichkeit« und »Fadheit« herabsinken sieht, »wenn der Ernst, der Schmerz, die Geduld und Arbeit des Negativen darin fehlt« (Hegel [Anm. 11] II 23). Das Neuzeit-Prinzip der Lebenserhaltung (Vgl. Kap. 13, Anm. 12) macht blind für den Über-fluß freier Gnade.

[24] Siewerth zitiert damit Maria Montessori, die sich gegen die Deutung der Liebe als Gefühl wehrt: »Die kindliche Liebe kommt aus der Intelligenz ... Die Eingebung, die das Kind dazu drängt, zu beobachten, ließe sich mit einem Wort Dantes ›intelletto d'amore (Intelligenz, Schaukraft der Liebe)‹ nennen.« Kinder sind anders – Il Segreto dell' Infanzia, Frankfurt-Berlin 1980 (Ullstein Tb), 144.

schenk der Liebe – s.u. Anm. 43), aber aufs ganze nimmt die Kraft der Empfänglichkeit ab.[25]

Armut

Ist nun Empfangen eine Weise, zu geben, und haben wir den als reich zu bezeichnen, der mit Leichtigkeit und Freude gibt, dann ist das Kind in seinem strahlenden Erwidern ein Muster von Reichtum.[26]

Gleichwohl besagt Empfänglichkeit auch, ja zuerst: Nichthaben, Angewiesensein, Bedürfen. Offenheit ruft nach Erfüllung. – Wenn man so lange das Kindsein nicht eigens beachtet hat, dann wohl auch eben wegen dieser Ausgesetztheit und Armseligkeit, wegen der Ängste der Kindheit, derer sich fast nur die Künstler und Dichter zu erinnern wagen.

Diese Hilflosigkeit ist dem Kinde derart vertraut und selbstverständlich, daß es sie ganz ungehemmt in Geschrei und Trä-

[25] »Ihr gewinnt an Erfahrung, so sagt ihr, ihr mehrt eure Erfahrung. / Ihr steigt ständig abwärts, spricht Gott, ihr vermindert euch ständig, ihr verliert stets dabei. / ... Geht, meine Kinder, geht in die Schule. / Und ihr, große Leute, geht in die Schule des Lebens. / Fangt an zu lernen, / Wie man verlernt.« Ch. Péguy, Das Mysterium der Unschuldigen Kinder (O. v. Nostitz), Wien-München 1958, 147f (Pléiade 425f). Vgl. P. Duployé, Die religiöse Botschaft Charles Péguys, Freiburg 1970, 225–235 u. 386–394.) – Siehe (Anm. 24) 60ff, M. Montessoris Ausführungen zu den »sensiblen Perioden«. »Weitere Errungenschaften [können] nur mit reflektierender Tätigkeit, mit Aufwand von Willenskraft, mit Unruhe und Anstrengung gemacht werden ... Hierin besteht der grundlegende, wesensmäßige Unterschied zwischen der Psychologie des Kindes und der des Erwachsenen. Es gibt also eine besondere innere Lebenskraft, welche die wunderbaren natürlichen Errungenschaften des Kindes erklärt« (64).

[26] V. Poucel, Gegen die Widersacher des Leibes, Freiburg 1955, 165: »Habt ihr niemals bemerkt, was vor sich geht, wenn ihr ein kleines Kind an der Hand haltet, um es zu führen? ... Welcher Strom von Vitalität geht dann manchmal von den weichen und warmen Händchen aus, um sich in die euren zu ergießen! Ich möchte wetten, daß bei diesen gegenseitigen Hilfen zwischen einer Generation und einer anderen nicht immer die den größeren Nutzen daraus zieht, von der man es gewöhnlich annimmt.« Siewerth verweist (64) hierauf; siehe auch (65) sein Beispiel einer Anderthalbjährigen, die sich »mit erschreckendem Ernst und zu Herzen gehender Eindringlichkeit« der Depression ihrer Mutter entgegenwarf; aus der Gegenperspektive: A. Miller, Du sollst nicht merken. Variationen über das Paradies-Thema. Mit einem neuen Nachwort, Frankfurt/M. 1983.

nen verkündet. Und selbstverständlich drohen hier die entsprechenden Fehlformen von Selbstverlust und Hörigkeit auf der einen, von Ressentiment, Verstellung, Überlistung auf der anderen Seite. »Wir haben die Kinder in die Uniform der Kindlichkeit gesteckt; nun glauben wir, sie liebten, achteten und vertrauten uns, sie seien unschuldig, leichtgläubig und dankbar« (Janusz Korczak).[27] »Lord Actons berühmtes Bonmot ›Power tends to corrupt and absolute power corrupts absolutly‹ [... ist] unvollständig, denn bekanntlich korrumpiert Machtlosigkeit auch, und absolute Machtlosigkeit korrumpiert absolut« (Arnold Gehlen).[28]

Die Fehlformen seien jetzt nicht im einzelnen untersucht – nicht darum, weil wir hier ein Schaubild »heiler Kindheit« malen wollten[29], sondern weil es uns um das Wesen des Kindseins statt um sein Unwesen zu tun ist. – Doch die Bedrohung durch das Unwesen, die Versuchung dazu gehören zum Wesen. Kindsein ist nicht idyllisch, und Kindheit in der Tat »nicht kinderleicht«.[30] Bernanos' *Landpfarrer* notiert in seinem Tagebuch: »Ich habe die Traurigkeit auch viel zu früh kennen gelernt, um nicht empört zu sein über die Dummheit und die Ungerechtig-

[27] Wie man ein Kind lieben soll, Göttingen ^{4}1972, 98.

[28] Moral und Hypermoral. Eine pluralistische Ethik, Frankfurt/M. 1969, 114. (Lord Acton: an M. Creighton, 5.4. 1887.)

[29] »›Laß das‹, sagt die Mutter. Trotzdem langt [das Kind] nach dem verbotenen Gegenstand, neigt anmutig das Köpfchen, lächelt, wartet ab, ob die Mutter das Verbot in strengerem Ton wiederholt oder ob sie – durch die raffinierte Koketterie entwaffnet – nachgibt. – Ohne ein einziges Wort zu sagen, vermag es zu lügen, schamlos zu lügen ... Das Kleine kann auch ohne Worte ein Despot sein, einem aufdringlich zusetzen und seine Umgebung tyrannisieren.« Korczak (Anm. 27) 37. Zur oft genannten Grausamkeit der Kinder vgl. freilich die behutsame Klärung durch St. v. Dunin Borkowski, Miniaturen erzieherischer Kunst, Berlin-Bonn ^{2}1934, 110. Und ein letztes Mal sei auf M. Montessori (Anm. 24), mit ihrer Parteilichkeit gegen den Erwachsenen (23ff), verwiesen: zu Minderwertigkeitskomplex, Angst und Lüge der Kinder (234ff), vor allem aber zu ihrer natürlichen Würde: 176ff.

[30] Kindheit ist nicht kinderleicht (Psychologie heute – Sonderband), Weinheim-Basel 1980; K. Neumann (Hrsg.), Kindsein. Zur Lebenssituation von Kindern in modernen Gesellschaften, Göttingen 1981; J. Van den Brouck, Handbuch für Kinder mit schwierigen Eltern, Stuttgart 1981.

keit, womit alle Welt die so geheimnisvolle Schwermut des Kindes behandelt.«[31]

Vor Jahren wollte eine Ausstellung (in Köln?) zeigen, wie fremd und mühsam unsere Welt für die Kinder sei. Man hatte überdimensionale Tische und Stühle aufgebaut, Türen, deren Klinken unerreichbar waren, usw.[32] Mir zeigte sich der Um- oder Überschlag dieser Idee in dem Hinweis, daß viele Kinder nicht einmal eine eigene Sitzgelegenheit hätten, sondern darauf angewiesen seien, von jemandem auf den Arm oder Schoß genommen zu werden. – »Ich war es, der Efraim gehen lehrte, ich nahm ihn auf meine Arme...« (Hos 11,3).

Was der emanzipative Eifer dieser Wissenschaftler offenbar nicht sehen konnte, war jene ontologische Grundoffenheit, jenes Erschlossensein, »das die Kindheit eben nicht ›partiell‹, ›relativ‹, sondern bis auf den Grund hin ›arm‹ macht« (Ferdinand Ulrich).[33] – Es ist die Armut der vernehmenden Vernunft für Welt und Dasein als solches; Armut offener Empfänglichkeit für das eigene Selbst: »Wie Mann und Frau, so wächst auch das Kind vom Anderen her mit sich zusammen, wandert es durch das elterliche Du in die Landschaft seines Daseins hinein« (69).

Angenommen, aufgenommen und getragen, vermag es sich selbst als Geschenk zu empfangen. So zeigt sich (gemäß dem Grundgedanken von Ulrichs Philosophie) der *Reichtum* der Armut. »Nicht die bloße Bedürftigkeit liegt einem bloßen Reichtum gegenüber, denn so könnte sich die Armut nie an ihr selbst als wirklich reich enthüllen« (71).

[31] Frankfurt-Hamburg (Fischer-Tb), 100. Tsd 1958, 128. Vgl. J. Korczak, Begegnungen und Erfahrungen, Göttingen ²1973, 5–9 (Die Einsamkeit des Kindes). – Für eine Ausnahme siehe den »Hinweis auf einen Kinderfreund, der als solcher wenig bekannt ist, weil man den Mann nämlich überhaupt kaum kennt, obwohl sein Name von Millionen gewußt wird«: J. W. v. Goethe, in dem lesens- wie betrachtenswerten *Kinderspiegel* von Ursula Ziebarth, München 1979, 214–220.

[32] Vgl. dazu J. Korczak, Wie man ein Kind... (Anm. 27) 50f, 75–78. – 1984 hat man das übrigens in Paris, in einer Metrostation, wiederholt (FAZ 19. IV. 1984 [Nr. 94], 8).

[33] Der Mensch als Anfang. Zur philosophischen Anthropologie der Kindheit, Einsiedeln 1970, 67.

Was ist mit diesem Reichtum gemeint? Blicken wir auf die Eltern zurück. Jene Erfüllung seiner Männlichkeit, die Vaterschaft bedeutet, kann der Mann nicht selbst erreichen, sondern nur empfangen: von der Frau – die ihrerseits ihr Muttersein von ihm erhält. Doch dieses Wechselspiel von Armut (Angewiesensein) und Reichtum (Schenkenkönnen) umfaßt nicht bloß die beiden. Denn nicht einfach durch die Frau wird er Vater, sowenig wie sie bloß durch ihn Mutter wird: Eltern werden sie beide erst durch das Kind als die Frucht ihrer Liebe. Indem also dessen Bedürftigkeit ihrer beider Reichtum enthüllt und ihr wechselseitiges Selbstsein bekundet, verfügt es »dieses zugleich in die Armut von Vaterschaft und Mutterschaft«, welche sie von dem empfangen, das ihnen »schutzlos preisgegeben ist«. Was die Eltern sind, sind sie »durch und für das Kind« (73).

Archetypus

In solch »fröhlichem Wechsel« (M. Luther) wiederholen die Eltern die eigene Kindheit und werden nur so für das Kind zu wirklicher (»mehrender«) Autorität. »In diesem Horizont steht das von Anfang an lebendige, königliche Bild des Kindes, mit Szepter und Weltkugel in den Händen, auf dem Haupte die Krone; das Kind, vor dem die Könige der Erde ihre Schätze auftun, in die Knie gehn, *arm* und hilflos werden (›apertis thesauris suis…‹) und durch das die wache Armut der Hirten reich ist« (73).

Daß Gott Kind wird, erzählt nicht allein die christliche Botschaft. Die Schule C. G. Jungs spricht vom göttlichen Kind als einem Ausdruck des Selbst, jener Ganzheit der Gesamtpersönlichkeit, aus der sich das einzelne Ich über die Tagesgeschäfte hinaus in den Symbolbereich des Religiösen verwiesen erfährt. Paul Schwarzenau hat diesen Archetypus kürzlich auf seinem Weg von Indien und Ägypten bis zu heutigen Traumoffenbarungen vorgestellt.[34]

[34] Das göttliche Kind. Der Mythos vom Neubeginn, Stuttgart 1984.

Danach verkörpert das Kind Krishna »die innerste Natur des Göttlichen: Selbst-Genuß« (37 – D. R. Kinsley) und so die »ursprüngliche Unschuld und Werdelust« des Lebens (ebd.). Die Kindheitslegenden vom ernsten und übermächtigen Buddha zeigen, wie das Selbst, »klein und unscheinbar, riesige Kräfte in sich birgt und entfaltet« (55). Horus, das Kind des zerstückelten Osiris, steht in der Spannung zwischen (verschlingender wie nährender) matriarchaler und (erhebender wie kastrierender) patriarchaler Welt, bzw. in der Spannung »zwischen Regression und Ganzwerdung« (78). – Zerrissen wie Osiris wird Dionysos Zagreus, dessen Herz sein Vater Zeus wieder zu sich nimmt, und Zerreißung, Wahnsinn herrschen auch um den Sohn der Semele, doppelt geboren: aus ihr und Zeus' Schenkel (wie der Wein aus der doppelten Reife von Traube und Most, Natur und Kultur). – Als dirigierendes Kind malen die Apokryphen sowie dann die Christophorus-Legende den Knaben Jesus. – In Merlin schließlich, dem behaarten Kind Satans, werde das Dunkle, der Schatten des Göttlichen einbezogen.[35]

Demnach hat der Kind-Archetyp am deutlichsten mit den Problemen der zweiten Lebenshälfte zu tun (10). »Wenn im Traum des Erwachsenen das unbekannte, das göttliche Kind auftaucht, dann steigt aus dem Schoß des Unbewußten eine neue Lebensmöglichkeit in das konfliktschwere Bewußtsein« (177 – E. Aeppli).

Das Kind im Zentrum des Mandala (bzw. selbst als ein solches), Symbol des »unus mundus«, erscheint als der »innere Gott« (187 – C. G. Jung). – Damit aber stehen wir vor einer ähnlichen Sicht wie bei Nietzsche. An die Stelle der Schale ist wieder der Kreis getreten. – Wir wollen jetzt nicht theologisch argumentieren[36], sondern nur erneut auf den Fortfall des Dialo-

[35] So macht Schwarzenau sich auch C. G. Jungs Deutung des Marien-Dogmas von 1950 zu eigen, wonach durch die Aufnahme Mariens in den Himmel die Trinität endlich im Hierosgamos zur Vierfaltigkeit ergänzt wird, zur endzeitlichen Geburt (Offb 19,7; 12) des integralen Erlösers (171f).

[36] So merkwürdig sich aus der Feder eines christlich-theologischen Lehrers die *Entgegensetzung* von »Christifizierung und Individuation« – unter der Überschrift »Nicht Typisierung, sondern Individuation« – liest (190f). Und so unverständlich mir bleibt, inwiefern eine solche Erfüllung der »Bestimmung des Chri-

gischen in einem solchen »Mandala«-Verständnis des Archetypus Kind hinweisen. Von »Offenheit« kann jedenfalls in strengem Sinn nicht mehr die Rede sein. – Wieder wird einer (wahrhaft kindlichen) Mystik des »Ich bin Dein« die höhere Gnosis eines »Das bist Du« entgegengehalten.

Antwort

1. Schwarzenau beruft sich (166) auf Martin Buber, der die Entscheidung für das Eins- und Ganz-sein betont: »Wie die Reihe der Sinai-Gebote durch den Ruf zur ausschließlichen und unbedingten Entscheidung für den Einen eröffnet wird, so dienen die größten unter den Worten Mose (Dt 18,13; 6,5) der gleichen Forderung: ›Ganz sollst du mit dem Herrn deinem Gotte sein‹ und ›So liebe denn den Herrn deinen Gott mit all deinem Herzen und all deiner Seele‹; und das gleiche verkünden die Propheten von Elia an, der zum Volke spricht: ›Wie lange noch wollt ihr auf den zwei Ästen hüpfen?‹«[37]

Aber obwohl wir es hier noch mit dem vor-dialogischen Buber – im Horizont von Georg Simmel und Wilhelm Dilthey – zu tun haben (1916), wird doch schon deutlich, daß es um Entscheidung geht, um Umkehr aus Schuld und Sünde (im Unterschied zur »persischen Zweiheit« – 21f): »›Nur wenn du ungeteilt bist, hast du teil an dem Herrn deinem Gott‹, heißt es im Midrasch« (24).

Ganzheit ist in der Tat eine Grundbestimmung des Kindseins. Doch wir dürfen sie gerade nicht griechisch-gnostisch als Vollendung und Vollkommenheit der Kreisgestalt verstehen, sondern müssen sie als Ungeteiltheit der Zukehr, als Unbedingtheit

stentums« durch Integration des Bösen *nicht* bedeute, »daß wir aufhören sollen, Christen zu sein« (171). Wenn irgendwo, scheint hier die »Unterscheidung der Geister« vonnöten (themagemäß: der unverbildete Blick von Andersens Kind auf die feingesponnenen neuen Kleider des Kaisers).

[37] (So, leicht abweichend, nach:) Der Jude und sein Judentum, Köln 1963, 67.

erkennen.[38] – Die Ganzheit des Kindseins meint als Offenheit, daß es gänzlich *entspricht.*[39]

Der Grundakt solchen Entsprechens ist, wie schon bedacht, im Vollzug der Empfänglichkeit, das Empfangen: die »Annahme seiner selbst« (Romano Guardini) und alles anderen. Und dies nicht notgedrungen, sondern freudig, froh. Vor jedem ausdrücklichen »Danke-schön« zeigt sich in dieser Bereitschaft, jemandem etwas zu verdanken, eine bleibende Bestimmtheit (und ein brauchbarer Bewertungsmaßstab) von Menschsein und Menschlichkeit überhaupt.

Bleibt solches Verdanken in seiner Wahrheit, aus der doppelten »Aufmerksamkeit« des Kindes wie seiner Erzieher, dann greift es zugleich vertrauend aus dem Gestern und Heute auf das Kommende voraus.[40] So wie das Kind erfreut und dankbar annimmt, so erwartet es – in unausdrücklicher wie ausgesprochener Bitte – alles Weitere, und zwar wie selbstverständlich.[41] Dies aber gerade als Antwort, wie erwogen, statt aus bloßem Bedürfnis. In Antwort auf die gemachte Erfahrung nicht nur erhaltener Gaben, sondern vor allem die Gaben gewährender Sorge und Liebe. Darum ist diese Erwartung ihrerseits eine Weise von Dank. Und so gilt von ihr dasselbe wie vom Verdanken: daß sie bleibendes Moment und Wert-Maß des Menschlichen sei.

[38] Buber 30. So ist ja auch das *teleiós* in den Worten der Bergpredigt (Mt 5,48), »die in bedeutsamer Weise ein Wort der Thora (Lev 11,44) variieren« (38), vom hebräischen *tam* her zu interpretieren. (Siehe beispielsweise NTD 2, Göttingen 1975, 82f).

[39] Vgl. Zur Antwort berufen (Einführung, Anm. 8), bes. Kap. 1: Leben als Antwort.

[40] Dunin Borkowski (Anm. 29) 119: »Mißtrauen wird bei edlen Menschen durch Mangel an geschenktem Vertrauen wach, bei minder edlen durch Liebe, bei unedlen durch Wohltaten. Manchmal sieht man auch ein unseliges Nacheinander aller drei Mißtrauensmienen, wenn sich ein edles Herz zum Adelsverlust verderben läßt.«

[41] H. Spaemann (Anm. 10) 142: »Das Kind glaubt der Liebe. So sehr ..., daß es sie auf immer neue Weise hervorbringt in denen, auf die dieser Glaube sich richtet. – Ich komme in ein fremdes Haus. Ein Kind ist dabei, seinen Schuh aufzuknoten. Es bringt ihn nicht auf. Mich, den Eintretenden, Fremden, bittet es, mit einem Seitenblick aufschauend: ›Mach ihn mir auf!‹ Das ist unwiderstehlich ...«

In Dank und Bitte, in Entgegennahme und Erwartung aber zeigt sich schließlich ein drittes, oder vielmehr: erstes und Ursprüngliches: eine Offenheit und Ansprechbarkeit für Begegnendes, das nicht auf den Empfangenden bezogen wird (wie in Bedürfnis, Dank und Bitte), sondern das als es selbst aufgeht und in seiner eigenen Wahrheit »anspricht«; das erstaunt und bezaubert, hinreißt, entzückt.[42]

H. Spaemann, der seine *Orientierung am Kinde* mit dem »Aufblick« eröffnet hat, schließt mit dem Hinweis (144): »Das Kind wächst, es wird ein Erwachsener, nur eines wächst bei ihm nicht mit, das Auge. Dahinter verbirgt sich Tieferes ... Gott will, daß wir das Auge des Kindes behalten, daß wir aufschauen, nicht herab.«

Man betrachte ein schauendes Kind, etwa im Zoologischen Garten: wie es vor den Meerschweinchen oder dem Elefanten *ganz* – nicht etwa diese oder der Elefant, aber – deren *Da* wird und ist (besser als so »heideggerisch« läßt es sich nicht sagen)! In solchen Momenten (Augen-blicken) ist das Kind gänzlich schauende Zuwendung, Liebe. – Und soll man es, wie verschiedentlich anklang, als Identitäts-Symbol begreifen, dann gilt: »Wenn Liebe einen ›Zweck‹ hat, transzendent gesprochen, so müßte es der sein, daß in ihrer Glut der beständig in innerste Teile auseinanderfallende Mensch zu einer Einheit zusammengeschmolzen wird« (Hugo von Hofmannsthal)[43].

Das ist die Höchstgestalt von Antwort: Entzücken. Und zugleich die Höchstgestalt von Offenheit. – Doch diese Gestalt kennt ihrerseits noch eine letzte Steigerungsform. Bis jetzt wurde das Hingerissensein angesichts einer begegnenden Herrlichkeit erwogen. Die Steigerung, auf die ich abheben möchte, verbindet eben diese Höhe wieder mit der »Naivität« des Anfangs. Was ist damit gemeint?

2. »Reine« Hingerissenheit ist zwar Antwort. Aber gleichsam

[42] Vgl. Lernziel Menschlichkeit, Kap. 6 (Wort zur Antwort: Gebet) und 4 (Glück im Selbstvergessen).

[43] Buch der Freunde: Aufzeichnungen (Ges. Werke), Frankfurt/M. 1959, 48. S. 33: »Wo ist dein Selbst zu finden? Immer in der tiefsten Bezauberung, die du erlitten hast.«

eine solche, die sich selbst genügt. So aber könnte sie ihren Antwort-Charakter verlieren. Muster dessen ist Philine, die ihrem Wilhelm Meister erklärt: »Wenn ich dich liebe, was geht's dich an?«[44]

Antwort im Vollsinn demgegenüber (auf welche Philine glaubt verzichten zu müssen) versteht sich *als* Antwort, also als Wort in einem *Gespräch,* d.h. sie braucht und hofft nun für sich selbst das Angenommenwerden, dankt dafür und bittet darum. Denn wer in Wahrheit antwortet, der gibt sich selbst.[45] Und indem er schon als reine Antwort das *Lob* dessen ist, was (oder der) ihn »ansprach«, so ist er es nochmals und eigentlich in dem entzückten Bewußtsein, die *Freude* dessen zu sein, dem sein Aufblick entspricht und der seine Antwort empfängt.

Diesen Gedanken habe ich nirgendwo so schön ausgesprochen gefunden wie in einer Oxforder Predigt von Clive Staples Lewis über die »Last der Herrlichkeit«.[46] – Er macht darauf aufmerksam, daß nach theologischer Tradition die himmlische Herrlichkeit als Ruhm vor Gott verstanden wurde. Eine Sicht, die dem antiken Stoiker wie dem modernen Ethiker in gleicher Weise fremd ist; denn taste dies nicht die Autonomie des Sittlichen an? Darum das heutige Unbehagen bei solchen Gedanken und das verlegene Schweigen zu diesem Thema. Doch »plötzlich erinnerte ich mich daran, daß niemand in den Himmel kommen kann, er werde denn wie ein Kind; und nichts ist bei einem Kind – nicht bei einem eingebildeten, sondern bei einem guten – so augenfällig wie der große und unverhohlene Wunsch, gelobt zu werden ... Offenbar hatte mich meine ver-

[44] Wilhelm Meisters Lehrjahre IV 9 (Hamb. Ausg. 7, 235).

[45] Siehe oben Kap. 6, Anm. 8.

[46] The Weight of Glory, in: ders., Transposition and other Adresses, London 1949, 21–33; deutsch (»Das Gewicht der Herrlichkeit«) in: ders., Streng demokratisch zur Hölle und andere Essays, Basel 1982, 93–108. Vgl. Der Schmerz und die Freude. Bedacht mit C.S. Lewis, in: Liebe zum Wort. Gedanken vor Symbolen, Frankfurt/M. 1985, Kap. 9, bes. 207ff. – Hierin liegt die entscheidende Antwort auf Nietzsches Zarathustra IV, Der häßlichste Mensch, KSA IV 327f), statt daß man ihm emanzipativ gegen den (Vater-)Gott »über uns« beistimmt im Namen eines Christentums des »Gottes in uns«. Der Mittler (Kap. 1 Anm. 36) u.: Der Mensch ist Person, Kap. 7, bes. 168–172.

meintliche Demut all die Jahre hindurch daran gehindert, zu erkennen, was in Wahrheit die demütigste, die kindlichste, die natürlichste Freude – ja, das besondere Glück des Geringeren ist« (101).

Natürlich ist auch und gerade dieses Verlangen von egozentrischer Verzerrung (von Pose, Schöntun, Angst und Eitelkeit, kurz: von »Absicht«) bedroht. Aber hier liegt nicht sein Wesen und nicht das ersehnte Ziel: nämlich die ungeteilte Offenheit für den Blick Seiner Liebe.

Im Blick dieser Liebe jedoch empfängt nun der Mensch endgültig sich selbst – und endgültig nicht für sich, sondern als vollendete, gänzliche Antwort: »Vollkommene Demut braucht keine Bescheidenheit.«

»Die verheißene Herrlichkeit besteht, kaum zu glauben und nur durch das Werk Christi möglich, darin, daß [.. der Erlöste] Gott gefallen wird. Gott gefallen... ein Ingrediens der göttlichen Seligkeit sein... von Gott geliebt werden; nicht nur sein Mitleid, sondern sein Entzücken wecken, wie das eines Künstlers an seinem Werk oder eines Vaters an seinem Sohn...« (102).

In der Tat kaum zu glauben. Aber es ist die Erfüllung jenes offenen Anfangs, dessen Sinn und Zusage dem Denken hier schon aufgehen mögen – wenn ihm nur dafür (J. G. Fichte[47] → Sir 17,8) ein Auge eingesetzt wurde.

2. Exkurs: Glück

Man hört und liest, immer weniger Menschen fühlten sich zufrieden, geschweige denn glücklich. Immer mehr verzichteten sogar darauf, glücklich sein zu *wollen*. Das Kennwort dieses Zeitalters der Resignation: »wunschloses Unglück«. Doch woher Unglück, wenn wirklich wunschlos? Die Menschen haben Sehnsüchte, wiewohl verdrängte; und weil sie verdrängt sind,

[47] Z.B. Darstellung der Wissenschaftslehre (1801) § 9: Werke (Nachdr. Berlin 1911) II 19.

erscheinen sie in den unterschiedlichsten Formen von Süchten. Die Drogen stellen nur die schlimme Spitze verbreiteter Glückssucht dar, die uns hilflos macht gegenüber jeder Verführung, per Werbung oder privat.

Dabei liegt ein großes Wort zur Legitimierung bereit, durch Thomas Jefferson in der US-Verfassung festgeschrieben: vom Recht des Bürgers auf »pursuit of happiness«. – Nun ist damit zunächst etwas recht Nüchternes gemeint, nämlich das Recht darauf, »sein Glück zu machen«, d. h. ein Geschäft aufzubauen, ohne daß der Staat – gar das englische Mutterland – einen bevormunde. Doch reicht schon das über das bloß Geschäftliche hinaus. Es geht darum, daß jeder selber »seines Glückes Schmied« sein solle, statt es sich von Institutionen garantieren zu lassen. Und hier setzt die Rückfrage des Philosophen an.

Zunächst danach, ob Glück geschmiedet werden könne. Man kann gewiß eine Chance vertun: Wer es versäumt, das Eisen zu schmieden, solange es heiß ist, muß den Mißerfolg sich selbst zuschreiben. Für Nichtstun – ob privat, gesellschaftlich oder politisch, wird hier mitnichten plädiert. Doch wäre andererseits ein Erfolg ganz der unsere? Muß nicht eben dieses Schmieden selbst noch einmal *glücken? Es* muß glücken, was immer wir tun.

Dies das erste. Und es bleibt nicht dabei, wenn man es statt mit Metall mit Menschen zu tun hat. Zum Glück, heißt es, gehöre jemand, mit dem man es teilen könne. Und wenn der, den ich dafür ins Auge fasse, nicht mag, wird es kaum helfen, ihn zu »bearbeiten« dazu hin, mich doch sympathisch zu finden.

Wie kommt nun der zu seinem Glück, dem es der andere nicht schenken will? – Er verlangt es vom Staat. Und der – als moderner Sozialstaat – akzeptiert diesen Anspruch. Was daraus folgt, möchte ich mit einer Karikatur deutlich machen. Nehmen wir an, die Wissenschaft habe erkannt, der Mensch brauche pro Tag ein Dutzend »Streicheleinheiten« (für Handke übrigens »ein Wort aus dem täglichen Kalten Krieg«[1]). Die werden in einer Leistungs- und Konkurrenzgesellschaft des privaten Ha-

[1] Das Gewicht der Welt, Salzburg 1977, 134.

bens allzuvielen vorenthalten. Also entwirft man humanerweise und verabschiedet ein Gesetz, das jedem Bürger einen entsprechenden Rechtsanspruch gibt.

Dessen Einlösung ließe sich auf doppelte Weise sichern: durch die Einrichtung von Planstellen oder/und durch Verpflichtung der privaten Umgebung daheim wie am Arbeitsplatz. Für das Ergebnis läuft es zuletzt auf dasselbe hinaus. Es besteht nämlich erstens in einer neuen kontrollierenden Behörde; zweitens darin, daß der Mensch verkümmert, wenn er nicht zu dem Dutzend ihm gesicherter Einheiten wenigstens eine einzige frei und freiwillig erhält. Eben zu der aber wird sich nun erst recht niemand mehr verstehen, da er an der Erfüllung seines Plansolls schon mehr als genug hat.

Das ist keineswegs lustig; denn einerseits hat der Staat Gründe (und über Unmenschlichkeiten im Gefolge von »Liberalisierung«, vom Arbeitsmarkt über die »sexuelle Befreiung« bis zum Lebensrecht der Ungeborenen, wäre manches zu sagen); andererseits aber mag das groteske Beispiel erläutern, warum mit der Zunahme an Sozialstaatlichkeit die zwischenmenschlichen Temperaturen sinken.

Zudem wird so ein Doppeltes für Recht und Glück erkennbar, das man oft nicht sieht: Erstens lassen sich nicht alle Grundbedürfnisse in Rechte überführen. Ich habe kein Recht darauf, irgendwem sympathisch zu sein, obwohl niemand ohne den »Engel der Sympathie« (Max Frisch)[2] zu leben vermöchte. Zweitens sind Recht und Pflichten nicht streng symmetrisch zu denken; d. h. Pflichten, die man andern gegenüber hat, können nicht restlos in ein Recht des anderen an mich verwandelt werden.[3] Beispiel: das eben genannte der Sympathie, oder gleich – wovon wir hier handeln – das Glück. »Trage bei zu anderer Glück!« mag über das Poesie-Album hinaus ein Imperativ an

[2] Tagebuch, Neujahrstag 1949: Ges. Werke, Frankfurt/M. 1976, II 635ff.

[3] Auch vielleicht nicht beim Ungeborenen. In der Konsequenz dieses Versuchs entsteht jenes Klima, da »Recht gegen Recht« steht und die Mutter sehen müsse, wo ihr Recht auf Leben(squalität) bleibt, so daß dann nicht zynisch, sondern subjektiv ehrlich von »Verantwortung« bei der Tötung wehrloser Unschuldiger die Rede sein kann.

mich sein; ein »Recht auf Glück« jedoch gibt es nun wirklich nicht, auch wenn engagierte Theologen es aus der Unabhängigkeitserklärung herauslesen wollten. (Wie könnte man – von weiterem jetzt abgesehen – dann noch dafür dankbar sein! Und das ist alles andere als nebensächlich; denn allein der Dankbare ist glücklich.)

Wie aber steht es zumindest mit der Verfolgung des Glücks? – Wer für die Antwort nicht Max Scheler studieren möchte (den jetzt immerhin Johannes Paul II. wieder ins Gespräch gebracht hat[4]), der läßt sich vielleicht von Bertolt Brecht belehren: »... alle rennen nach dem Glück/Das Glück rennt hinterher«.[5] Das war seit je die List der Verfolgten.

Wie, wenn es stattdessen darauf ankäme, innezuhalten, um sich ansprechen zu lassen? Von einer Blume, einer Wolkenformation, von einem Musikstück, einem Menschengesicht – von einer aufrüttelnden Einsicht? Solcher »Anspruch« (in der gesamten Bedeutungsbreite des Wortes) will vernommen und beantwortet werden. – An die Stelle atemloser Verfolgung träte die Bereitschaft, sich treffen, sich antreffen und betreffen zu lassen.

So aber wäre man bei seinem Gegenüber – oder mit ihm gemeinsam bei der gemeinsamen Sache – statt forciert bei sich, im

[4] Der Formalismus in der Ethik und die materiale Wertethik (Kap. 5, Anm. 12) 338f u. 351: »So wenig gutem Wollen je ein Glücksgefühl als Ziel vorschweben darf – soll es ›gut‹ sein –, so absolut gewiß trägt es das Glück – auf dem Rücken.« (K. Wojtyla über Scheler: Primat des Geistes. Philosophische Schriften, Stuttgart-Degerloch 1980; auch in den Lubliner Vorlesungen, ebd. 1981, 218ff u. 369ff.)

[5] Lied von der Unzulänglichkeit des menschlichen Strebens aus dem 3. Akt der Dreigroschenoper: Ges. Werke in 20 Bdn., Frankfurt/M. 1967, II 465. – Anders als beim Schmerz verhält es sich ja bereits bei der Lust (die vielleicht auch schon darum nicht so niedrig anzusetzen wäre wie in den klassisch metaphysischen Hierarchien seit Platon?): »Je mehr es einem um die Lust geht, umso mehr vergeht sie einem auch schon.« V. E. Frankl, Der Mensch auf der Suche nach dem Sinn. Zur Rehumanisierung der Psychotherapie, Freiburg/Br. 1972, 19. Ders. grundsätzlich zu unserem Satz aus der US-Verfassung: »Happiness must ensue and cannot be persued«, in: A. Koestler/J. R. Smythies (Hrsg.), Das neue Bild vom Menschen. Die Revolutionierung der Wissenschaften vom Leben. Ein internationales Symposion, Wien-München-Zürich 1970, 378.

Leistungszwang der Selbstverwirklichung[6]. Es wäre nicht einmal gemäß, von Selbst*findung* zu sprechen – so daß wir auch nicht von dem heimlichen Wunsch, sich loszuwerden, handeln müssen (den ja gleichfalls der Drogengebrauch exemplarisch manifestiert). Denn was der Mensch hier findet, ist gerade nicht wieder und nur er selbst. Er findet sich ja *angesprochen,* und das heißt: von jemand anderem gefunden. – Was beglückt tiefer als dieser »erhoffteste Schrecken der Findung«?[7]

Damit tut sich eine Dimension auf, vor der Philosophie zur Religionsphilosophie werden muß. (»Religio« hat Schelling in seiner Freiheits-Schrift mit »Gewissenhaftigkeit« übersetzt.[8] Und »Theologie« ist ein genuin philosophisches Wort[9]). Dieser Hinweis mag jetzt genügen. Einen Ausblick in seiner Richtung öffnet wohl ein Vers des Dichters Peter Gan:[10] »Es«

»Es wird sich geben ...«
Volksmund

Es gibt alles, was beliebt:
Nacht wie Licht.
Nur das Es, das alles gibt,
gibt es nicht;
wenn es nicht dem Es beliebt,
daß es Sich (wie alles) gibt.

[6] Vgl. Selbstverwirklichung in sozialer Verantwortung?, in: StdZt 200 (1982) 409–420.

[7] Rilke an Erika Mitterer: SW, Frankfurt Wiesbaden 1955ff, II 294.

[8] SW VII (1860) 392–394.

[9] Siehe W. Jaeger, Die Theologie der frühen griechischen Denker, Stuttgart 1953, Kap. 1, bes. 12ff.

[10] Das alte Spiel, Zürich 1965, 48. Siehe zum Ganzen auch: N. Hinske, Lebenserfahrung und Philosophie, Stuttgart–Bad Cannstatt 1986, bes. 50 u. 78–85. (Nur wäre beim abschließenden Carlyle-Zitat das »ganz für sich allein« zu korrigieren. »Wer glücklich ist, braucht jemand, dem er's mit-teilen kann.«)

8. KRANKHEIT

»Krankheit ist kein medizinischer und schon gar kein naturwissenschaftlicher, sondern ein allgemein menschlicher Begriff«, schreibt Albert Ziegler[1]. In Hegels »System« hat sie ihren Ort am Schluß der Naturphilosophie erhalten, als Stelle des Übergangs vom Tier zum Menschen.[2] Skizzieren wir seinen Gedankengang als eine erste Annäherung an das Thema.

Isolation oder Verallgemeinerung

1. Zunächst bestimmt Hegel die Krankheit als Unordnung im Organismus: »insofern eines seiner Systeme oder Organe... sich für sich festsetzt und in seiner besondern Tätigkeit gegen die Tätigkeit des Ganzen beharrt« (697). Diese Sonderung vom Gesamt und gegen es tritt aber zugleich *in* diesem auf: nicht bloß und eigentlich das Organ, der Organismus erkrankt. So ist »der Begriff der Krankheit dies, daß der Organismus an sich selbst so auseinander tritt« (704). Durch die besondere Störung wird derart die Ganzheit des Ganzen sozusagen provoziert und erst dadurch bewußt. Die Antwort auf diese Herausforderung sieht Hegel im Fieber, »das den ganzen Organismus durch und durch ergreift« (706).

Gleichwohl bleibt ein solcher allgemein gewordener Organismus etwas Individuell-Besonderes. Diese »Unangemessenheit zur Allgemeinheit ist seine ursprüngliche Krankheit und der an-

[1] Die Würde des Menschen und die Fortschritte der Medizin aus katholischer Sicht, in: Bull. d. Schweiz. Akad. Wiss. 36 (1980) 259–321, 280.
[2] SW (Glockner) IX (System der Philosophie. 2. Teil. Naturphilosophie).

geborene Keim des Todes« (717). In seiner Lebenserhaltung behauptet das Tier sich gegen die allgemeine anorganische Natur wie gegen seine übergreifende Gattung; »aber diese behält, als das Allgemeine, zuletzt die Oberhand« (718). Wie im Altern sich die innerindividuellen Spannungen abschwächen zur »Gewohnheit«, so mündet diese Gewöhnung in die »Gegensatzlosigkeit«, die »Ruhe des Toten« (ebd.).

Das ist jedoch nur die bewußtlose Außenseite des Geschehens; der Tod überwindet nicht bloß die Besonderung der Krankheit, sondern die Isolation, die das Individuum als solches darstellte; das heißt, er vollzieht an ihm das Urteil des *Lebens,* das ja überindividuelle Verbundenheit meint. »Das Leben in seiner Allgemeinheit stößt seine in sich total gewordene [also starr = leblos gewordene] Realität von sich ab, aber ist an sich identisch mit derselben [nämlich seinerseits umfassend = total]« (719f). So geht aus dem Individuum in seiner Selbstaufhebung das Bewußtsein hervor. »Das Ziel der Natur ist, sich selbst zu töten, und ihre Rinde des Unmittelbaren, Sinnlichen zu durchbrechen, sich als Phönix zu verbrennen, um aus dieser Äußerlichkeit verjüngt als Geist hervorzutreten« (721).

Geist hinwiederum gibt es nicht isoliert, sondern nur als »Geist für den Geist«, wie Hegel unzählige Male in den religionsphilosophischen Vorlesungen hervorhebt. So wiederholt sich hier auf höherer Ebene dieselbe Dialektik von Besonderung, Isolation und Selbstaufhebung ins Allgemeine. Dem sei jetzt nicht weiter nachgegangen; denn das Skizzierte gibt genügend zu denken. Trifft sich diese eigentümliche Begriffs-Entwicklung Hegels nicht tatsächlich mit realer Erfahrung? (Ohne daß wir jetzt den Topos Krankheit und Künstlertum – bis hin zu »Genie und Wahnsinn« – erörtern wollen.)

Im »gesunden Egoismus« des egozentrisch Gesunden verschränken sich die Allgemeinheit der natürlichen Bedürfnisse und die jeweilige Besonderung dieses Bedürfnis-Subjekts, das die Welt »perspektivisch« auf sich hin bezieht. (Darin gründet die unaufhebbare Spannung und das prinzipielle Ungenügen einer Ethik, die aus Plausibilitätsgründen bei den Bedürfnissen einsetzen will, im ersten Exkurs Humanitarismus geheißen.) In der Krankheit tritt nun eine doppelte Besonderung auf: a) rückt der (bislang unbewußte) »Weltmittelpunkt« aus dem (gleichermaßen unbewußten) Ich bewußt in das gewordene Schmerz-Zentrum hinaus (in diesen Zahn beispielsweise oder in jenes quälende Organ); b) fällt damit das Ich selbst aus der gemeinsamen Welt, dem funktionierenden Austausch des Spiels korrelativer Bedürfnisse heraus.

Aber zugleich mag sich auch eine doppelte Ver-allgemeinerung ereignen. Einmal wird der Einzelne aus Sonderwünschen und -erwartungen auf allgemeine, »Primärbedürfnisse« zurückgeworfen. Sodann und vor allem mag er überhaupt Bewußtsein seiner wie des Lebens-Spiels gewinnen: weil er erst jetzt, statt einfach mitzutun, es »von außerhalb« anschaut. Und dann sieht er zugleich sein Selbstsein wie dessen, also sein eigenes, Angewiesensein auf die andern. So werden wir zu überlegen haben, ob die Situation der Isolierung, die Krankheit bedeutet, nicht in besonderem Maß und besonderer Weise diese fundamentale Gemeinschaftlichkeit des Menschen aufgehen läßt.

2. Vorerst aber dürfen wir die Grenzen dieser Gemeinschaftlichkeit nicht übersehen. Guntram Knapp in seinem Buch zum Thema Krankheit[3] akzentuiert mit Recht zuerst das *Selbstverhältnis* der Person: an den Phänomenen Stimmung, Gewissen und Tod.

Dabei erschließen die gedrückten Stimmungen primär den Last-Charakter des Daseins, d. h. jenen Anspruch, der aus der Forderung zu verantwortlicher Übernahme des Lebens entsteht. Auf diese Last ist Knapp zufolge auch die Stimmung der Freude bezogen. Sie »enthebt das Dasein seiner Schwere in der Weise, daß sie diese Schwere tragbar macht« (120); sie lebt aus dem Staunen darüber, daß in seinen Grenzen Leben da und möglich ist und der Mensch einen Freiraum eigenen Handelns eingeräumt findet.

Dieser Raum des Handelns ist das Feld zu treffender Wahl. Nicht alles Ausdenkbare zeigt sich als wirklich möglich, und innerhalb des faktisch Möglichen geben gemeinschaftliche Rege-

[3] Mensch und Krankheit, Stuttgart 1970, 116ff.

lungen nochmals bestimmte Raster und Alternativen vor: als Vor-urteile und Vor-entscheidungen individuellen Verhaltens. Gleichwohl legen sie den Einzelnen nicht gänzlich fest. Im Gegenteil, gerade diesen Vorentwürfen gegenüber ist die Person vom schweigenden Anruf des Gewissens nochmals zur Stellungnahme gerufen: nicht zu endlos und ergebnislos sich fortspinnender Selbstreflexion, sondern zu entschiedenem Handeln (das nicht zuletzt seinerseits auf die gemeinsamen Regelungen zurückwirkt).

Den äußersten Ernst dieser Vereinzelung bringt für den Menschen der Tod. Gewiß soll man zur Kenntnis nehmen, daß hier neuerlich ein Wandel eingetreten sei. Nach Hans Ebeling ist »nicht mehr der ›eigenste‹ und ›unbezügliche‹ Tod« das erste Thema der Philosophie; »sondern sie hat vordringlich die Aufgabe, sich dem möglichen Kollektivtod als der ›gemeinsamen‹ und ›verbindlichen‹ Herausforderung der menschlichen Gattung zu stellen.« Man sterbe so wenig ›allein‹, wie man ›allein‹ einer Regel folgen könne.[4]

Aber es fragt sich, wie weit Alternativprogramme dieser Art tragen. Ob vordringlich oder nicht, der Kampf gegen den Tod der Gattung ist das eine, die Frage nach dem Tod und dem Wie des Sterbens der Einzelnen ein anderes. Das »allein« muß man differenzieren; denn auch einer Regel habe *ich* zu folgen, nicht ein anderer für mich. Und wenn Ebeling vom Tod markig marxisch erklärt: »Es kömmt aber drauf an, ihn zu verhindern« (14), dann kann er das einmal nur auf den »Holozid« der »Verschleißgesellschaft der Moderne« (241) beziehen; als Programm gegen den Gattungstod überhaupt (in kosmischer Perspektive) verliert der Satz bereits jeden Ernst. Zudem aber wirkt Todesbewußtsein mitnichten von sich aus jene Steigerung der Humanität, die Ebeling von ihm erwartet.

»Die Ressource Zeit ist für die unbescheidene Sorge um die Unsterblichkeit viel zu knapp geworden.« Das Bedenken des Todes »wird zur vergleichsweise bescheidenen Sorge um den Fortbestand der Gattung«, werden wir belehrt (14). Aber wo-

[4] H. Ebeling (Hrsg.), Der Tod in der Moderne, Meisenheim 1979, 31.

her soll der »Mangel an ›jenseitiger‹ Perspektive« sich »in den Reichtum einer Diesseitigkeit« verwandeln, die sich zudem anscheinend einzig aus dem Kampf gegen ihr vorzeitiges Ende definiert? Ist hier Mephistos Verdikt über das, was entsteht und vergehen sollte, nicht konsequenter? Zum »Reichtum« jedenfalls wird – mag man die Beteuerungen Feuerbachs oder Nietzsches auch noch so oft wiederholen – das Diesseits keineswegs dadurch, daß man es seines Ewigkeits-Horizontes beraubt. Wer dies dennoch behauptet, muß angesichts des Leidens- und Krankheitselends hienieden sich fragen lassen, wie er dem Vorwurf des Zynismus zu begegnen denke.

3. Der Mensch verhält sich zu seinem eigenen Tod wie zu dem anderer. Er, der jeweils Einzelne, hat sich demgegenüber zu verhalten – und seine Humanität hängt nicht zum geringsten daran, daß er sich hinsichtlich des Todes der anderen keineswegs schlicht global zum Ende einer Gattung verhält (sei dieses unzeitig, »selbst-« oder »fremdproduziert«, sei es, zu seiner Zeit, »natürlich«), sondern daß er sich jeweils Einzelnen: je einem Einzelnen gegenüber und an die Seite gestellt weiß, der seinerseits sich zum Tod, dem eigenen wie dem der anderen, verhalten muß.

In der Tat ist der Tod kein »unbezügliches« Ereignis. Gerade sein Antlitz totalen Abbruchs, gänzlicher Verhältnislosigkeit (Eberhard Jüngel) fordert den Menschen in seiner Mit-Menschlichkeit heraus. Dazu das 10. Kapitel.

Es zeigt sich, daß die Spannung von Person und Gemeinschaft angesichts des Todes zugleich ihre äußerste Weite und ihre engste Verdichtung erfährt: alle müssen sterben und jeder selbst; jeder für sich, und doch in der Weise, daß ihn seine Gemeinschaft rituell aus ihrem Kreis entläßt, um ihn einem weiteren Zusammenhang anheimzugeben, so »daß der Tod in gewisser Weise die äußerste Verschärfung der menschlichen Einsamkeit und zugleich auch die tiefste Rückbettung des vereinzelten Individuums in einen allgemeinen Lebensgrund wäre« (Eugen Fink).[5]

[5] Grundphänomene des menschlichen Daseins, Freiburg-München 1975, 146.

Um den Tod aber ist es zuletzt, »offen oder versteckt«, in jeder Krankheit zu tun. »In der Situation des Menschen hat sich durch die besondere Fürsorge, die in fast allen Kulturen den Kranken zugewandt wird, wie durch die Errungenschaften unserer Medizin hier vieles gewandelt. An der grundsätzlichen Richtigkeit dieser Feststellung, daß hinter jeder Krankheit der Tod steht, hat sich damit nichts geändert« (Arthur Jores).[6]

Doch steht der Tod nicht ebenso hinter jedem gesunden Lebensvollzug? Jores sieht zugleich gerade das sich entfaltende Leben mit Rudolf Ehrenberg »als Abnahme des Möglichen und Zunahme des Wirklichen. Das heißt aber, Leben ist Verwirklichung, und die vollendete Verwirklichung ist der Tod« (127).

Wie aber sind dann Gesundheit und Krankheit zu denken?

Gesundheit und Krankheit als Seinsweisen

1. Aus der Sicht des neuzeitlichen Bewußtseins stellen sich Gesundheit und Krankheit vordringlich als Weisen organischen oder psychischen Funktionierens dar. Krankheit erscheint dem Kranken selbst wie denen, die mit ihm zu tun haben, vor allem als Funktionsstörung.

Nicht als wäre der Mensch bloß eine Maschine; die Störung beeinträchtigt ihn selbst und läßt ihn leiden. Aber im Interesse der Heilung sollten Arzt wie Kranker diese »subjektive Komponente« möglichst vernachlässigen.

Die hiermit geforderte »sachliche« Einstellung aus dem Geiste neuzeitlicher Naturwissenschaft hat die gewaltigen Erfolge der modernen Medizin ermöglicht; sie liegen bekanntlich (von dem Siegeszug der Chirurgie ganz abgesehen) vor allem auf dem Gebiet der Infektionskrankheiten, der parasitären Erkrankungen und der Avitaminosen. Aber während die Lebenserwartung zugenommen hat, ist die Erkrankungshäufigkeit nicht zurückgegangen. Hier treten die nervösen Störungen und die

[6] Der Mensch und seine Krankheit. Grundlagen einer anthropologischen Medizin. 4. völlig neu überarbeitete Aufl., Stuttgart 1970, 130.

»psychosomatischen« Krankheiten in den Vordergrund, und dies in wachsendem Ausmaß.

Solche Erfahrungen erschüttern die Selbstverständlichkeit des naturwissenschaftlichen Krankheitskonzepts. In der Tat ist ja nach dem vorher Bedachten der Mensch ein Wesen, das sich zu dem, was ihm begegnet, eigens verhält; d. h. sein Verständnis dessen, was er erfährt, konstituiert seine Erfahrung entscheidend mit.

In diesem Sinn kann Krankheit wohl zuerst als »Weltentfremdung« oder »Weltverlust« gefaßt werden (Rudolf Berlinger).[7] Das freie Weltverhältnis, der ungehinderte Umgang mit dem Begegnenden ist gestört. Aber wie wird das nun näherhin verstanden? Führt es zu einem utopischen »Welthunger«, einer »Weltsucht«, die Gesundheit zum Ideal erhebt, oder zu einem resignierten Sich-Einrichten in der Minderung, dem die Krankheit zum »Idol« wird (62f)? In beidem hätte der technische Funktionsgedanke gesiegt, statt daß der Kranke zu einem neuen vertieften Weltverhältnis gelangt wäre.

Dieses Verhältnis wird auch dort nicht erreicht, wo die Kranken aus ihrer Enttäuschung an der technischen Schulmedizin zu Wunderheilern flüchten. Im Gegenteil liegt hier nur das umschlagende Extrem der technischen Einstellung vor. Denn eben »wer in unklarem Aberglauben die ›Wunder der Technik‹ anbetet, wird trotzig behaupten: Es muß doch ein Mittel geben, mir zu helfen« (Werner Schöllgen)[8].

Daß die Verarmung des Menschlichen unter dem Druck derart instrumenteller Erwartung (ob wissenschaftsgläubig oder gerade wissenschaftsfeindlich) übrigens nicht erst seit Descartes droht, mag Platons Urteil über Herodikos von Selymbria zeigen: Der »mengte, krank geworden, die Gymnastik mit der Heilkunst zusammen und quälte sich ..., indem er sein Dahinsterben verlängerte. Denn da er jeder Wendung der tödlichen Krankheit ängstlich nachging, konnte er weder sich heilen noch

[7] Philosophie als Weltwissenschaft. Vermischte Schriften I, Amsterdam 1975, 61–81 (Krankheit und Welterfahrung), 61f.

[8] Christliche Tapferkeit in Krankheit und Tod. Eine moralpsychologische Studie, Würzburg o. J. (1940), 13.

hatte er Zeit für irgend etwas anderes, sondern kurierte lebenslang an sich herum, von Qualen befallen, wenn er auch nur etwas von der gewohnten Lebensweise abwich; und so erreichte er durch seine Weisheit in schwerem Sterben ein hohes Alter.«[9]

2. Demgegenüber ein vertieftes Weltverhältnis erreichen besagt, Gesundheit wie Krankheit als Seinsweisen des Menschen zu erkennen.

Balthasar Staehelin bestimmt das Welt- und Selbstverhältnis des Gesunden durch die Begriffe Sehnsucht (statt etwa Libido), Mut (statt Angst) und Vereinigung (statt Funktionalität), dementsprechend das Kranksein durch die Gegenbegriffe Enthoffnung, Entwurzelung, Vereinzelung.[10] Erst diese Nöte lassen dem Betroffenen eine Behinderung zur Krankheit werden.

Jores hat von »spezifisch menschlichen Krankheiten« gesprochen (jenen, die beim Tier als Spontankrankheiten unbekannt sind), nicht ohne zu betonen, daß auch eine Infektionskrankheit beim Menschen »eine ›spezifisch menschliche‹ Abwandlung erfährt« (27). Aber in unserer Perspektive geht es um mehr als um Abwandlungen.

Es kommt, anders gefaßt, darauf an, wie man Leib und Leiblichkeit denkt. In diesem Buch werden sie nicht vom drei-dimensionalen Körpersein her verstanden, sondern Leib besagt uns: Da-seins-Weise.

Dieser Leib zeigt, wie gesagt, auch die Aspekte des Körperlichen als solchen (so Abmessungen und Gewicht), des Organischen in psychosomatischer Doppelseitigkeit; aber in seiner Menschlichkeit ist er nicht von dort her zu definieren: darum sind auch Gesundheit und Krankheit nicht eigentlich naturwis-

[9] Rep. III 406 (nach O. Apelt). – Solch »abwegiges Sektierertum«, mit dem »faden Geschmack der Schleimsüppchen« (105), darf freilich den Blick auf eine rechte »Diätetik als Programm« (100) nicht verstellen. H. Schipperges, Moderne Medizin im Spiegel der Geschichte, Stuttgart 1970, 100–115 (Heilkunst ist Lebenskunde). Gerade zu ihr kann sich ja ein rein technisches Denken nicht verstehen. Statt der Änderung unguter Lebensweise sucht man vom Arzt Abhilfe gegen deren Folgen.

[10] Die Welt als Du. Betrachtungen aus der Medizinpsychologie über Zeitgeist, Mystik, Unbehagen des Einzelnen, Unruhe der Jugend, Unzulänglichkeiten der Wissenschaft und Anregungen für eine allfällige Änderung, Zürich 1970, 158ff.

senschaftlich, auch nicht psychologisch und psychoanalytisch zu fassen; nicht einmal psychosomatisch, da auch die in dieser Perspektive angezielte Unterscheidung wie Verbindung einmal sekundär, sodann gänzlich ungeklärt ist.

Medard Boss verdeutlicht dies am Beispiel der Träne: Kann ich sie in Trauer und Flüssigkeit zergliedern, ohne daß sie aufhört, Träne zu sein? *Was* sie sei, ist so nicht auszumachen; doch ebensowenig ihre Entstehung, etwa durch »Wechselwirkung« (denn was soll hier und wie soll beides aufeinander wirken?). Auch die Rede von einem »psycho-physischen Parallelismus« wird weder dem »Psychischen« noch dem »Physischen« in ihrer Eigenwirklichkeit gerecht. Und selbst die Deutung »Ausdruck« macht das Phänomen nicht besser begreiflich, da damit weder das Sich-Ausdrückende noch das Ausgedrückte sachhaltig bestimmt werden.[11]

Damit soll nicht bestritten sein, daß solche »Modellvorstellungen« nützlich und hilfreich sein können, zumal insofern sie die rein naturwissenschaftliche Perspektive hinter sich lassen. Doch ist 1. festzuhalten, daß es sich auch hier um theoretische Konstrukte handelt und daß sie 2. die Eigenwirklichkeit menschlich-leiblichen Daseins als solche gerade nicht erblicken lassen. Damit aber dürfte 3. auch ihr praktischer Nutzen nicht unabhängig davon sein, daß man sich dieser Grenzen bewußt ist (und der Grenzen konstruktiver Erklärungen überhaupt gegenüber verstehendem Schauen des Phänomens).[12]

3. Da-sein also als Grund- und Rahmenbegriff. Es wären nun die Grund-Charaktere menschlichen Da-seins in ihrem Eigen-Sinn zu entfalten. – Seine Räumlichkeit etwa, die entschei-

[11] Grundriß der Medizin. Ansätze zu einer phänomenologischen Physiologie, Psychologie, Pathologie, Therapie und zu einer daseinsgemäßen Präventiv-Medizin in der modernen Industrie-Gesellschaft, Bern-Stuttgart-Wien 1971, 220–222.

[12] Hinter dieser mißverständlich schlichten Gegenüberstellung ist selbstredend die ganze unabgeschlossene Hermeneutik-Diskussion zu sehen. Jetzt muß als Wink ein Satz Ernst Cassirers genügen (den man weder der Naivität noch der Unwissenschaftlichkeit wird verdächtigen können): »Rerum videre formas ist keine geringere Aufgabe als rerum cognoscere causas« (letzteres rühmt Vergil an Lukrez). Was ist der Mensch? Versuch einer Philosophie der menschlichen Kultur, Stuttgart 1960, 216.

dend durch das *Hier* gekennzeichnet ist. Kein Ding und Körper, auch kein Tier ist »hier«, sondern nur – für jemand anderen – »dort«. Das Hier ist vielmehr »ein sich selbst erlebender Punkt. Der Raum-erlebende Mensch fühlt sich gleichsam von der Weite des Raumes zurückgeworfen in die engste Enge, in sein Hier: vom Hier aus erlebt er die Raumweite« (Fink 60).

Sodann ähnlich seine Zeitlichkeit, im Jetzt des sich auf sich selbst beziehenden Zeitpunkts, hier weniger auf sich zurückgeworfen als in eben dem gemeinsamen Jetzt mit anderen und anderem in »Konstellation«, darin seine und des anderen Herkunft auf ihn zu-kommt.

Arbeit, Kampf und Herrschaft, Liebe, Spiel wären so zu bedenken, darin sich Leiblichkeit und Miteinandersein, Geschichtlichkeit und Gestimmtheit des Menschen auslegen. Bei alldem aber käme es darauf an, diese Phänomene nicht zuerst von objektiv biologischen Fakten her zu sehen, die dann eine ergänzende, erweiternde anthropologische Deutung erhielten, sondern umgekehrt sie fundamental als menschliche Daseinsweisen zu erblicken, die unter anderem auch jene objektiven Ansichten zeigen.

Um der Befremdlichkeit solch »unwissenschaftlichen« Redens zu begegnen: ein Beethoven-Quartett ist nicht »an sich« erst einmal: eine Lufterschütterung durch Roßhaar über Darm- und Stahlsaiten, die sich des weiteren nach bestimmten Mustern vollzieht. Und Augen sind nicht erstlich Gallertkugeln unter Hautlappen – könnten sie als solche doch so wenig »blikken«, wie eine Kamera blickt.

Wird von hier aus nicht ein wenig verständlich (wenn auch noch nicht akzeptabel), daß mancher glaubt, der angehende Mediziner verlerne das Arztsein, insofern er es an Leichen lerne? Immerhin läßt sich wohl rechtens fragen, ob statt eines Physicums nicht eher ein Philosophicum (Anthropologicum mit Ethicum) für das Studium des ärztlichen Berufs fundierend zu sein hätte.

Jedenfalls dürfte ein Stück weit klar geworden sein, was mit Krankheit und Gesundheit als Seinsweisen gemeint ist; in zwei Titel komprimiert: Welteinbezogenheit und Weltentzug.

4. Diese Titel erlauben nun noch einen letzten Teilschritt zu einem vertieften Verständnis des auch naturwissenschaftlich zugänglichen Sachverhalts, daß zwischen Gesundheit und Krankheit eine klare Trennung offenbar nicht gelingt.

Die Unmöglichkeit dieser Trennung ist es, die zur utopischen Idealisierung der Gesundheit (Musterbeispiel die berühmt-berüchtigte Gesundheits-Definition der WHO)[13] oder zur resignativen Idolisierung der Krankheit verführt, wovon die Rede war. Eine dritte Fehlantwort liegt in der ideologischen Festlegung eines bestimmten leib-seelischen Zustands als des einzig gesunden. Von den unmenschlichen Folgen solcher Fluchtformen für den Umgang mit Kranken ist sogleich zu handeln.

Keine Hilfe hiergegen bedeutet die Minimalisierung des Unterschieds von Gesundheit und Krankheit, als handele es sich um gleich gültige Varianten. Verständlich ist eine solche Strategie durchaus, fällt es dem Menschen doch äußerst schwer, das Anderssein des anderen zu respektieren, und erst recht, dem Schwächeren (wird er nicht durch das »Kindchen-Schema« begünstigt) mit größerem Respekt zu begegnen. Gegen Abweisung wie gegen kränkendes Mitleid will man sich dann dadurch wehren, daß man die Krankheit zu einer anderen Art von Normalität erklärt. Im Effekt aber liefe auch das auf Unmenschlichkeit hinaus; denn einmal verböte es konsequenterweise jeden Heilungswillen (so wie Vorbeugungsmaßnahmen für Gefährdete), sodann und vor allem bedeutete es die (objektiv zynische) Leugnung des Schmerzes und der Behinderung des Kranken.

Der Kranke ist nicht weniger Mensch als der Gesunde, aber er ist nicht gesund. (Und die Gesundheit des Gesunden mag Grenzen und Schwachstellen haben: Wahrhaftigkeit, Dankbarkeit, nicht zuletzt der Respekt vor dem Leiden des Kranken gebieten, daß er sich nicht – in Anbiederung oder Hypochondrie

[13] Vgl. etwa R. Spaemann (Kap. 2, Anm. 14) 16: »Wenn die Weltgesundheitsorganisation vor einigen Jahren Gesundheit definierte als Zustand vollständigen physischen, psychischen und sozialen Wohlbefindens bei gleichzeitiger Fähigkeit, ein normales Maß von Beanspruchung zu verkraften, so haben wir es hier offenkundig mit einem Äquivalent der Glückseligkeit zu tun. Daß diese aber künftig in Kliniken hergestellt und durch Krankenkassen finanziert werden soll, ist doch wohl eine gespenstische Vorstellung.«

– für »gleichfalls mehr oder weniger krank« erklärt.) – Gesundheit und Krankheit sind nicht gleichen Ranges: Welteinbezogenheit des Menschen und ihn entwurzelnder, zumindest: ihn gefährdender Entzug der Welt sind keineswegs gleich wünschenswert. – Gleichwohl läßt sich weder die Welteinbezogenheit des Gesunden als bloßes Funktionieren beschreiben noch der Entzug als bloße Funktionsstörung fassen. Der Mensch ist nicht bloß ein Weltbestandstück, er ist Weltverhältnis.

Und das sagt nicht ein nachträgliches Sich-Einfügen in ein fertiges Ganzes: dieses Verhältnis erst konstituiert vielmehr die Welt als Welt des Menschen. Im biblischen Bild: Adam gibt den Tieren ihre Namen (Gen 2,20). D. h., er schafft sie zwar so wenig (»idealistisch«), wie er (»materialistisch«) ihresgleichen wäre; aber er steht auch nicht bloß schlicht eine Stufe über ihnen, vielmehr gibt er ihnen – im semitischen Gewicht des »Namens« – ihre volle Wirklichkeit.[14]

Solch »kreatives« Weltverhalten nun entgleitet dem Kranken leidvoll – in unterschiedlichem Maße. Andererseits aber ist auch der Entzug eine Weise des Einbezogenseins in die Welt – und gibt es zugleich überhaupt kein Einbezogensein ohne Entzug. Denn man vermag nicht unterschiedslos auf alles und jedes thematisch bezogen zu sein, und innerhalb eines bestimmten Bezugs besagt die konkrete Realisierung nochmals als Verwirklichung das Sich-Entziehen nicht gewählter Möglichkeiten. Eben diesen Entzug im Bezug verdeckt dem Gesunden allzuleicht sein aktives Handeln. (Auch in diesem Sinn hat man wohl Goethes Wort zu lesen, daß der Handelnde immer gewissenlos sei.)

Das neue Weltverhältnis nun, in das die Krankheit den Betroffenen »ein-stimmen« sollte, ist gerade dieses Innewerden des Entzugs in allem Leben. Und darin geht ihm abgründiger auf: die Unselbstverständlichkeit der Gewähr dessen, was sich

[14] F. Nietzsche »Um den Helden herum wird Alles zur Tragödie, um den Halbgott herum Alles zum Satyrspiel; und um Gott herum wird Alles – wie? – vielleicht zur Welt?« SW (KSA) V 99 (Jenseits v. Gut und Böse 150) Biblisch-christliche Anthropologie und eine entsprechende transzendentale Dialogik sagen ebendies vom Menschen, im Miteins-Gegenüber zu seinem Gott.

einem nicht entzieht (wovon der schlicht Gesunde leicht zu glauben geneigt ist, er *mache* es; vergessend, daß ihm *glücken* muß, etwas zu machen). Zuletzt mag man erfahren, daß Entzug sogar das Gegenteil eines Verlustes sein kann. (So entzieht das Licht selbst sich, indem es uns die beleuchteten Dinge »gibt«, und eine Quelle unterscheidet sich von einem Wasserbecken dadurch, daß man ihr nicht »auf den Grund« kommt.)

Die Frucht solchen Innewerdens heißt, mit einem traditionsgesättigten Namen: Gelassenheit. Gerade nicht Resignation, sondern das getroste Sich-Einlassen auf das, was sich uns zuschickt. Darum ist sie in ihrer reinsten Gestalt Heiterkeit. »Heiterkeit im höchsten Sinne dieses Wortes – ihr Name sagt bereits von der ihr eigenen Helle – ist jene freie Gelichtetheit und Offenheit, in der ein Mensch allem sich Zeigenden leidenschaftlich zugetan ist, doch so, daß er es nicht eigenmächtig haben will, sondern es um dessentwillen solches werden und sein läßt, was es zu sein hat.«[15]

Doch kann ein Mensch für sich allein dazu gelangen, zumal in der egozentrierenden Situation weltentziehender Krankheit? Bedarf er nicht gerade hier zu derart personalem Werden der Hilfe?

Der Kranke und die Gesunden

»Entsprechend hätten wir eigentlich mit zwei Arten von kranken Menschen zu rechnen. Die einen wären jene, die mit ihrer Krankheit (verhältnismäßig gut) umgehen können und deshalb in ihrer Krankheit ›gesund‹ sind. Die anderen sind jene, die mit ihrer Krankheit nicht umgehen können und daher nicht nur krank sind, sondern noch zusätzlich an ihrer Krankheit kranken, weil sie sich durch ihre Krankheit kränken und dadurch erst recht krankmachen lassen« (Ziegler 281).

[15] Boss 295, in der Fortsetzung: »Ein Dasein, das zum Vollzug solchen Gestimmtseins frei geworden ist, vermag selbst die Möglichkeit des eigenen Sterbens gelassen-heiter zu übernehmen.«

1. Krankheit ent-setzt den Menschen aus seinem üblichen In-der-Welt-Sein; sie macht darum Angst, ihm sowie den Gesunden, weil ihnen daran ihre eigene Bedrohtheit aufgeht. Krankheit stört und zerstört das gemeinsame Sich-Einrichten in der Welt.

Die erste Reaktion auf Ängstigendes aber ist Flucht oder Aggression, also die Aussonderung des Kranken aus der Gemeinschaft. Schon im Verhaltensmuster von gruppenweise lebenden Tieren ist die Ausstoßung des Abweichlers, die Ausmerzung des Kranken angelegt (obgleich man hier auch Gegenbeispiele findet). Beim Menschen verschärft sich diese Vital-Reaktion durch das *Wissen* um sein Bedrohtsein, durch die Lebensnotwendigkeit theoretisch-praktischer Welt-Eingewöhnung.

Die Unheimlichkeit von Schmerz und Krankheit gefährdet das Heimischwerden des Menschen gleichsam von innen heraus und provoziert darum zu schärfster Abwehr. Diese findet den Ausweg, eben den Konflikt von Unordnung (Krankheit) und Ordnung (Gesundheit), der sich hier zeigt, seinerseits als ein Ordnungs-Geschehen zu deuten: quasi naturgesetzlich kausal im Karma-Gedanken, personal-ethisch – und darum geht es uns jetzt – im Verständnis der Krankheit als Strafe für Schuld.

Damit gelingt es dem Menschen erneut, die Welt sich heimisch zu machen – doch um den Preis, daß der Leidende zugleich schuldig gesprochen und damit seinerseits gleichsam als Sündenbock aus der gemeinsamen Heimat verjagt wird.

Das geschieht in der Idealisierung der Gesundheit wie in deren ideologischer Normierung, um den offensichtlich Kranken zusätzlich mit der verborgenen und gefürchteten eigenen Schwäche zu belasten; jedoch ebenso in einer zynisch resignativen Idolisierung der Krankheit, die erst recht den »gesunden« Egoismus der weniger Kranken rechtfertigen dürfte.[16] – Schließlich sollen derartige Subtilitäten keineswegs jene handfe-

[16] Und das ist nicht zuletzt auch eine Gefahr bzw. Versuchung der Psychosomatik. Indem sie Krankheiten auf psychische Ursachen zurückführt, bringt sie den Kranken wieder in jene Situation, aus der ihn Jesus bei Johannes befreit hat: »Weder er noch seine Eltern haben gesündigt...« (9,3). Vgl. S. Sontag, Krankheit als Metapher, München-Wien 1978.

sten Leistungs- und »Sach«-Zwänge in unserer Gesellschaft verschleiern, denen gegenüber man konkret für ein »Recht auf Krankheit« zu plädieren hätte: für die Menschen in Dienst und Arbeit wie etwa für die Kinder berufstätiger Mütter.

Daß solcher Ausschluß nicht bloß als brutale Vernachlässigung oder Ausstoßung auftritt, sondern gerade nochmals in gewissen Formen intensiver pflegerischer Zuwendung, ist inzwischen unter dem Stichwort, »der Helfer bedürfe der Hilfe«, über engere Fachkreise hinaus bekannt. (Sodaß es bereits zum Alibi der Bequemlichkeit dienen kann.) Dabei geht es also um mehr als den »Lustgewinn des Beherrschens«, aufgrund dessen Viktor von Weizsäcker den »Dienst am Kranken« und das »der leidenden Menschheit Helfen« »mehr als zweideutige Formeln« genannt hat.[17] Es geht auch um die Flucht vor dem Leiden an der eigenen Schwäche.

Eben die Einsicht hierein könnte aber zur Umkehr verhelfen: zu human übernommener Solidarität. Die Gesunden, auch Ärzte und Helfer sind ja ihrerseits mögliche Patienten. Darum sind Vertauschbarkeit und Selbstanwendung wichtige Kriterien ärztlicher Ethik«[18] (und ist die Rede von »Krankengut« oder »-material« nicht eine Nebensächlichkeit im »Wörterbuch des Unmenschen«).

Es geht um die Würde des Kranken in seinem Welt- und Selbstverhältnis, und dies in organischer wie psychischer Krankheit, und es geht um Solidarität. – Um nochmals den großen Arzt und Lehrer Viktor von Weizsäcker zu zitieren: »Und nun soll das Wort fallen, um dessentwillen dies Buch geschrieben wurde: das Schwere soll leicht werden. Durch Sympathie, und das ist schon eine Halbierung der Last. Durch nützliche Unterstützung, und das kann schon der Entlastung nahekommen. Und durch Abwerfen von Ballast, und damit kann der Ballon steigen. Es handelt sich nämlich bei der pathischen Reise

[17] Der kranke Mensch. Eine Einführung in die medizinische Anthropologie, Stuttgart 1951, 350.

[18] G. Wolandt, Arzt und Patient. Philosophische Überlegungen, in: Medizinische Welt 30 (1979) 499–504, mit Hinweisen auf E. May (Heilen und Denken, Berlin 1956) und R. Hönigswald.

durch die pathische Landschaft nicht ums Schwere, sondern ums Leichtere, nicht ums Grobe, sondern ums Feine, nicht um den Ernst, sondern ums Heitere« (302).

Nochmals das Wort ›Heiterkeit‹, aus dem Werk eines Mannes, dem die Alltagsrealität von Krankheit nicht fremd ist, darum (siehe oben Kap. 5) im realistischen Sinne und nicht idealisierend zu lesen. Als »kontrafaktische« Benennung eines Ziels.

Im Sinn solcher Ziel-Absicht seien in unserer grundsätzlichen Besinnung noch zwei Punkte angesprochen, über die das Verhältnis »Gesunde und Kranke zu denken gibt: einmal zu dem Stichwort *Hilfe* (und Sich-Helfen-Lassen), sodann zum (ebenfalls bereits genannten) Stichwort *Dankbarkeit.*

2. Von der Fragwürdigkeit des Helfens ist die Rede gewesen. Doch der Mensch bedarf der Hilfe, und Helfen ist menschlich; wie aber ist es angesichts dieser Fraglichkeit um das Sich-Helfen-*Lassen* bestellt? Daß eben dies eine Freude und ein Glück sein könne, sollte das 5. Kapitel nahebringen. Freilich hat man Glück und Freude dann in jener Strenge zu nehmen, die sie von happiness und Vergnügen fast bis zur Entgegensetzung unterscheiden, wobei solche Strenge ihnen weder die Leichtigkeit noch die Heiterkeit des Aufstiegs nehmen müssen. (v. Weizsäkker schließt den zitierten Absatz mit dem Wort, es gehe »nicht um die Fundamente, sondern um den Opferrauch«.)

Hierauf jedenfalls zielt letztlich die Umkehr, die wir als Sinn der Krankheit glaubten erkennen zu können. Hierin erreicht das Ende wieder den Anfang, schließt sich der Kreis des Lebens, indem der Mensch nun wissend und einwilligend annimmt, was ihn in Geburt und Kindheit ohne seine Stellungnahme bestimmt hat: Abhängigkeit und – statt »Selbstherstellung« – Verdanktsein.

Damit stehen wir schon bei dem zweiten Gedanken. Er nimmt freilich Dankbarkeit nicht als Sinn- und »Lernziel« von Krankheit für den *Kranken* in den Blick, sondern schlägt eine vielleicht zunächst paradox wirkende Umkehr der Blickrichtung vor: Der Kranke bedarf gewiß der Gesunden – aber bedürfen nicht mehr noch sie der Hilfe durch den Kranken?

In einem unmenschlichen Sinn hat gerade das Sündenbock-

Denken diese Frage bejaht. Aber wäre dem einzig so zu begegnen, daß man die Frage verneinte? – Ist nach v. Weizsäcker nicht der Kampf mit dem Tod, sondern der Pakt mit ihm die Aufgabe des Arztes, weil Leben und Tod zwei Seiten derselben Sache darstellen (362); sagt sich der Tod in jeder Krankheit an, und soll die Krankheit im Schmerz ihres Sinnentzugs gleichwohl – als Seinsweise des Menschen – einen Sinn haben können: worin soll der liegen und gefunden werden, wenn nicht in der erweckenden Einsicht in unser aller faktische Solidarität des Todes und in der Erweckung zur gesollten Gegenseitigkeit unseres Lebens (370)?

Sie hat, wie früher bedacht, diesen Sinn nicht aus sich; das Todesbewußtsein bewirkt nicht notwendig gelebte Mit-Menschlichkeit; ja, es *kann* sie aus sich selbst heraus gar nicht erbringen. Aber es stellt den Menschen in den Ernst einer Situation, da im Verstummen des Unwesentlichen die »Stimme verschwebenden Schweigens« (1 Kön 19,11f – Buber-Rosenzweig) vernehmbar werden könnte, die den Einzelnen bei seinem Namen ruft.

Für ihn also mag die Krankheit die Chance eines neuen Weltverhältnisses bedeuten. Eben dieselbe Chance aber stellt sie auch für die Gemeinschaft dar. – Wenn also der Jesus des Johannes-Evangeliums die Schuldvermutung im Blick auf den Blindgeborenen zurückweist: »Gottes Wirken soll an ihm offenbar werden« (Joh 9,3), dann läßt sich in unserer philosophisch-anthropologischen Perspektive ähnlich von einem Offenbarwerden des Menschlichen, der »condition humaine«, im Kranken sprechen.

Nicht bloß der Held, der Weise, das Kind, die Liebenden oder der Dichter sind Inbilder des Menschen, auch der Kranke ist in seiner Weise der lebendige Anruf »Ecce homo«.[19]

Saint-Exupéry hat seinen leidenden und gefährdeten Freund im besetzten Frankreich gebeten, ihm helfen zu *dürfen*.[20] Nicht

[19] Toyotama Tsuno, Gelöstes Haar, Frankfurt ^{2}1966 (M. Hausmann), 82: »Kranksein – / ich könnte auch sagen: / wissend werden.«

[20] Kap. 5, Anm. 1.

also Achtung, Sympathie und Solidarität sind schon das Letztbestimmende in dem Verhalten, das die Gesunden ihren Kranken schulden (obzwar die Gemeinschaft als ganze bereits ein anderes Antlitz erhielte, wenn sie diese ihre Schuldigkeit erfüllte). Erst einer weitergehenden »Einstellung« ginge jene Tiefendimension des Menschlichen auf, die das Geheimnis der »Heiligkeit« von Person birgt, um den Menschen, in Gesundheit wie in Krankheit, selbst im Tode, heil zu machen. Diese Haltung wäre – dem umsorgten Kranken gegenüber: Dankbarkeit.

9. ALTER

Dieses Kapitel – zwischen Reflexionen über Krankheit und Tod – stellt eher eine Meditation dar als einen Diskurs. Ohnehin geht es bei diesen drei Themen (den neuen Tabus, wie man gesagt hat, gegenüber dem beseitigten der Sexualität) im Grunde um ein und dasselbe, sogar um ein und dasselbe wie bei jener nicht mehr tabuisierten Thematik, nämlich um Liebe und Tod.

Die Bibel, das heilige Buch Israels und der Christen, ist voll von Bitten um langes Leben als Zeichen des Segens Gottes. Aber – wie der kaum nur platte Spruch besagt – wer nicht jung sterben will, muß es ertragen, alt zu werden. Und das ist kein geringer Preis. – Die Gebote vom Sinai richten sich bekanntlich nicht zuerst und eigentlich an Kinder, sondern an Erwachsene, und denen wird auferlegt, Vater und Mutter zu ehren – dann nämlich, wenn es sich nicht mehr wie von selbst versteht, wenn die Eltern nicht mehr achtunggebietend und kaum noch ehrfurchteinflößend wirken, eben dann aber Ehrerbietung und Achtung umso nötiger brauchen.

Aus dieser Not ruft der bewegende Psalm 71 (9) zu Gott: »Verwirf mich nicht, wenn ich alt bin [schleudere nimmer mich fort, heißt es bei Martin Buber]; verlaß mich nicht, wenn meine Kräfte schwinden.«

Es stimmt zwar, was Robert Spaemann anmerkt, daß »Zivilisationen dem Lebensglück abträglich [sind], die in der allgemeinen Schätzung des Menschen, seiner Einfluß- und Wirkungsmöglichkeiten, eine Prämie auf Jugend setzen und so erstens das Gefühl erzeugen, die Zeit auf hektische Weise nutzen zu müssen, zweitens aber das Gefühl, daß es vorwiegend bergab geht.[1] Doch inwieweit ist auch dort, wo sie gewährt wird, die

[1] Kap. 2, Anm. 14: 12.

»Prämie auf Älterwerden« nicht doch im Grunde eine Art Trostpreis? Auch in Athen, wo nach Solons Gesetzen alle Macht bei den Alten lag, lachte das Publikum im Theater aus vollem Halse über lächerliche Greise.

Darum sei im folgenden bewußt von der Sondersituation unserer gegenwärtigen Leistungs- und Konsumgesellschaft abgesehen. Man wirft ihr vor, nicht bloß den alten Menschen zu Ausschuß und Abfall zu deklarieren, sondern vor allem den jungen und erwachsenen Menschen daran zu hindern, daß er auf der Lebenshöhe jene Interessen, Werke und Ziele entdecke, aus denen heraus er dann auch sein Alter zu leben vermöchte.[2]

So erschwerend und belastend diese Dinge sind und so dringend notwendig die Bemühung, hier Wandel zu schaffen: in unserer Meditation soll es um die Frage nach Wesen und Sinn menschlichen Alters überhaupt gehen, die dem konkreten Ruf der Stunde noch vorausliegt – und die sich darum weiter dem Alternden stellt, auch wenn die Gegenwarts-Aufgabe befriedigend gelöst sein sollte.

Abbau

Auf diese Wesensfrage hat es allen Ernstes Jean Améry abgestellt, in seinem bitteren Essay »Über das Altern«, dem er den Untertitel »Revolte und Resignation« gegeben hat.[3] – »Was da immer dem Alternden empfohlen wird, wie er sich mit dem Niedergang abfinden, ja diesem allenfalls sogar Werte abgewinnen könne – Adel der Resignation, Abendweisheit, späte Befriedung –, es stand vor mir als niederträchtige Düperie« (10).

[2] Vgl. die gegenwartskritisch wie kulturgeschichtlich überaus materialreichen Analysen von Simone de Beauvoir: Das Alter. Essays, Reinbek b. Hamb. 1972.

[3] Stuttgart 1968 (Seitenhinweise darauf im Text). Vgl. ähnliche Reflexionen durchgehend im zweiten Tagebuch Max Frischs: Tagebuch 1966–1971, in: Ges. Werke in zeitl. Folge, Frankfurt 1966, VI (Werkausg. 11). – Zum biologischen Hintergrund siehe den informativen Überblick von W. Theimer, Das Rätsel des Alterns, München 1983; umfassend, von medizinischen bis zu theologischen Aspekten: U. Lehr (Hrsg.), Altern – Tatsachen und Perspektiven, Bonn 1983 (Lit.!).

1. Alter, das besagt ihm: Zeitentdecken. Der junge Mensch hat nicht eigentlich Zukunft, sondern Welt vor sich gehabt. Nun entdeckt man – weltlos werdend – die Zeit. Sie vergeht, und das immer schneller – wobei der Kern dieser Entdeckung darin besteht, der absoluten Unumkehrbarkeit von Zeit bewußt zu werden (13ff).

2. Über solchem Schwinden wird der Alternde sich selber fremd (38ff). Ein Begebnis, das immer wieder in Toilette- und Spiegel-Szenen dargestellt worden ist. Ich möchte jetzt nur an die Marschallin im »Rosenkavalier« erinnern[4]:

> ... wie kann das wirklich sein,
> daß ich die kleine Resi war
> und daß ich auch einmal die alte Frau sein werd! ...
> ...
> Wie macht denn das der liebe Gott?
> ...
> Und wenn ers schon so machen muß,
> warum laßt er mich denn zuschaun dabei
> mit gar so klarem Sinn?

Améry hebt die Zweideutigkeit im Selbstempfinden vor dem Spiegel hervor: Genugtuung und Stolz, so lange durchgehalten zu haben – und zugleich Fremdheit, Überdruß.[5]

Dieser Selbstdistanzierung entspricht eine zunehmende Distanzierung der Welt – wobei der Genetiv in doppelter Richtung gelesen werden darf: der alternde Mensch nimmt sich aus ihr zurück und sie weicht ihrerseits gleichsam vor ihm rückwärts, wenn sie nicht umgekehrt sich ihm anlastet und wie aggressiv sich ihm aufdrängt. (Beides läuft auf das Gleiche hinaus: Kommunikation wird zur Mühsal.)

Das beginnt beim eigenen Leib: »Ich bin ich im Altern durch

[4] H. v. Hofmannsthal, Ges. Werke in Einzelausgaben, Lustspiele I, Stockholm 1947, 330f.

[5] Beides verquickt sich obendrein mit der komplizierenden Partnerproblematik in jener Anekdote, die eine Frau vor dem Spiegel zu sich sagen läßt: »Das Scheusal – gönne ich ihm.«

meinen Körper und gegen ihn; ich war, als ich jung war, ohne meinen Leib und mit ihm« (50). Es setzt sich fort bezüglich Berg und Wald, Meer und Wetter, und erreicht seine quälende Spitze im Verhältnis zu den anderen Menschen. »Welt« bedeutet für uns ja vor allem Mit-welt, nicht ein Ding-Gesamt, sondern: »die Anderen« (63ff).

3. Diese Welt nun billigt dem Gealterten keine Zukunft mehr zu, weil ihn das allgemeine Urteil als den »identifiziert«, der er geworden ist.[6] Und das, was er derart unabänderlich ist, ist er obendrein in abnehmendem Maß:

> Man wird nicht schöner, wenn man älter wird.
> Wer andrer Ansicht ist, der irrt.[7]

Und um nicht bei »Äußerlichkeiten« hängen zu bleiben:

> Man wird nicht besser mit den Jahren,
> Wie sollt' es auch ...[8]

Dabei gilt das nicht bloß in den Augen der Jungen, sondern nicht minder in denen der Mitalternden, ja, wie schon angesprochen, vor allem für den sich neu begegnenden Einzelnen selbst. Fontane setzt in dem zitierten Spruch darum fort:

> ... Man wird bequem,
> Und bringt, um sich die Reu zu sparen,
> Die Fehler all in ein System.

Damit aber gehen nicht allein die Zukunft und von daher auch die jeweilige Gegenwart verloren, sondern sogar die Vergangenheit selbst: Man hat geglaubt, die Welt, in welch kleinem Maß

[6] Bedenkenswert, daß man den Scharfblick des Hasses von dem der Liebe durch eine ähnliche Zukunftsverweigerung zu unterscheiden versucht hat, wonach jener den anderen »festlegt«, während sie ihm offene Zukunft einräumt.

[7] E. Kästner, An ein Scheusal im Abendkleid (Gesang zwischen den Stühlen), in: Ges. Schriften, Zürich ^{3}o. J., I (Gedichte) 230.

[8] Th. Fontane, Sprüche 10, in: Nymphenburger Taschenbuchausgabe, München 1969, XV 292.

und Umkreis auch immer, prägen zu können; aber jede Prägung wird durch neue Prägungen überdeckt und gelöscht. Damit jedoch verblaßt nicht bloß sie, sondern auch die Basis ihrer gerechten Bewertung. Auf eine prägnante Formel gebracht: »Der Alte verliert eins der größten Menschenrechte: er wird nicht mehr von seinesgleichen beurteilt: (J. W. v. Goethe).[9]

4. Aus diesem Grund versteht umgekehrt auch der Alternde selbst in wachsendem Maß die Welt nicht mehr (87ff): Kleider- wie intellektuelle Moden in Kunst, Literatur und Philosophie, Ernst und Eifer im Verfechten neuer Programme, die stets neuen Insider-Sprachen und das Gewicht, das man ihnen beilegt.

Dabei macht er in jedem Fall keine gute Figur, ob er das Neue nun verteufelt, wie Ernest Ansermet die serielle Musik, Oskar Kokoschka die moderne Malerei (oder Dietrich von Hildebrand die Kirche nach dem letzten Konzil)[10]; oder ob er »aufgeschlossen« mit der jeweiligen Avantgarde Schritt zu halten versucht.

Mit dem Sterben leben

1. Soweit die knappen Züge einer Skizze, die selbstverständlich nach Konturen wie Valeurs noch reichlich aufzufüllen wäre. Wenn wir sie hier statt dessen auf ihren Begriff bringen wollen, dann zeigt sich dem wohl keine Formulierung dienlicher als: »Mit dem Sterben leben« (111ff).

Rechtens wehrt Améry sich gegen die »liebenswürdige Metapher« vom Herbst des Lebens (28); denn auf den Herbst folgt

[9] Maximen und Reflexionen (Hecker 371): Hamburger Ausgabe XII, 542 (Nr. 1334). Man verliert so die Hilfe (ein)verständnisvollen Lobs wie auch die adäquater Korrektur (»correctio fraterna«). Auf deren Notwendigkeit hat das Fontane-Gedicht hingewiesen. Vgl. Y. Kenkô: »Man sollte sterben, bevor man noch vierzig Jahre alt geworden ist. Lebt man länger, so verliert man die Fähigkeit, sich seines Aussehens zu schämen.« Betrachtungen aus der Stille – Tsurezuregusa, Frankfurt/M. 1963, 10.

[10] Karl Julius Weber, Demokritos, Stuttgart 1868, III (Das Alter. Die Fortsetzung): »Gott wird mich bewahren vor der Schwäche oder dem Stolze vieler Alten, die jeden für einen Esel halten, der nicht grau ist« (17).

nach dem Winter der Frühling. Nicht so für den Menschen, der dem Tod entgegengeht, ja, der ihn gleichsam neben, mit sich gehen spürt und aus solcher Weg-Gemeinschaft heraus sich selbst und alles andere zunehmend wie durch ein umgedrehtes Fernglas anschaut.

Bewußt habe ich dieser entschiedenen Stimme (die inzwischen, nach einem Plädoyer für den Suizid, durch solchen verstummt ist) so viel Raum gegeben. Denn mit Jean Améry bin ich der Überzeugung, daß man sich nicht oberflächlich und falsch trösten dürfe – obwohl ich mir andererseits bewußt bin, daß wir allesamt von unseren Inkonsequenzen leben – und daß Konsequenzmacherei eine Gefahr des Philosophierens ist, die es zu mörderischer Unmenschlichkeit kann degenerieren lassen.

2. Es gibt allerdings durchaus, was Améry im Vorwort als niederträchtige Düperie attackiert hat: Adel der Resignation, Abendweisheit, späte Befriedung – und es ist gegen solche Verdächtigung nicht weniger energisch zu verteidigen. Die Bekundungen späten Glücks, meine ich, seien ebenso ernst zu nehmen wie Amérys vehementer Protest.

Wir rühren hiermit an ein allgemeineres Phänomen, daß nämlich viele geneigt sind, Ausbrüche von Ekel, Argwohn, Angst und Verzweiflung für ehrlich und »authentisch« zu halten, Zeugnisse des Glücks, der Dankbarkeit für Hingabe und Treue hingegen als Schönfärberei, im besten Fall als naive Illusion abzutun. – Dagegen möchte ich meinerseits protestieren.

Bezüglich nun unseres Themas hat man zum Beispiel gesagt, der junge Mensch habe neben so vielem andern auch das Leben selbst, das Lieben, das Glück erst noch zu lernen – so daß nur der Ältere die diffizile Kunst beherrsche. Ein Satz, der des Nachdenkens wert ist.

In der Tat würden genügend alte Menschen jeder der referierten Feststellungen widersprechen. Sie haben nicht die Zeit, sondern – aus der Rastlosigkeit zur Ruhe kommend – umgekehrt den Raum entdeckt, als Innenraum wie als Landschaft. Sie glauben, statt sich fremd geworden zu sein, vielmehr sich endlich gefunden zu haben (oder wenigstens dabei zu sein, es zu tun). Dies nicht zuletzt dank allmählich erreichter Unabhängigkeit vom Urteil der anderen. Sie fangen jetzt erst an, sich und die Welt zu verstehen, um ihr nun verständnisvoll gerecht zu werden.

Sie »leben mit dem Sterben«? Ja, und zwar mit allem Nachdruck auf »leben« – während die Jüngeren vor lauter Flucht davor gar nicht zum Leben kommen.[11]

Ursula Ziebarth notiert: »... wo in der Jugend Glück zumeist noch eine Art Treffer sein muß, den man erst registriert, wenn heftig ein Zentrum berührt wird, bildet sich Wahrnehmungsvermögen mit zunehmendem Alter beträchtlich aus, das Sensorium verfeinert sich, die Tentakeln werden beweglicher und erreichen Glück [,] wo es der Jugend unzugänglich ist. Die Möglichkeiten, glücklich zu sein, multiplizieren sich mit der Anzahl der Hirn- und Körperzellen, die durch Lebenserfahrung für Glück empfindlich gemacht wurden, was alle jungen Menschen abstreiten werden, bis sie nicht mehr jung und weit glücklicher sind.«[12]

3. Gleichwohl, muß ich gestehen, gebe ich zuletzt Jean Améry gegen *solche* Bekundungen besonnten Abends recht. Und bestätigt mich nicht die grimmige Traurigkeit der Altersprosa eines Arno Schmidt oder etwa des »théatre amoureux« Pablo Picassos, jener wie atemlos produzierten Gravurenfolge aus dem Sommer 1968?

[11] Vgl. B. Pascal: »Unbekümmert rennen wir in den Abgrund, nachdem wir etwas vor uns aufgebaut haben, das uns hindert, ihn zu erblicken« (Pensées, Fr. Brunschvicg 183). (Denn [166] »der Tod, an den man nicht denkt, ist leichter zu ertragen als der Gedanke an ihn, [auch] außerhalb jeder Gefahr.«)

[12] Hexenspeise, Pfullingen 1976, 304f. – Weniger »sensualistisch« Goethes Dialog aus dem »Buch der Betrachtungen« im *West-östlichen Divan* (Hamburger Ausgabe II, 39):

»Die Jahre nahmen dir, du sagst, so vieles:
Die eigentliche Lust des Sinnenspieles,
Erinnerung des allerliebsten Tandes
Von gestern, weit- und breiten Landes
Durchschweifen frommt nicht mehr; selbst nicht von oben
Der Ehren anerkannte Zier, das Loben,
Erfreulich sonst. Aus eignem Tun Behagen
Quillt nicht mehr auf, dir fehlt ein dreistes Wagen!
Nun wüßt ich nicht was dir Besondres bliebe?«

Mir bleibt genug! Es bleibt Idee und Liebe!

Mag man das Leben auch erst spät erlernt haben: zugleich stellt sich heraus, daß es zu spät ist, da das Leben selbst darüber hingegangen ist.[13]

Und wollte man mir jetzt entgegenhalten, zumindest habe man so das Sterben gelernt, dann bin ich mir erstens dessen nicht sicher und frage zweitens zurück, was es verschlage. Wenn man gelebt hat, ohne es zu können, wird man halt auch ungelernt zu sterben haben.

»Nur einen Moment noch, bitte! – Encore un moment, Monsieur le bourreau«, soll die Comtesse du Barry auf dem Schafott gerufen haben. Doch auch nach diesem Moment und beliebig weiteren Momenten wäre es zu früh.

4. »Es sei denn – Ja, es sei denn…« schreibt Améry, man »glaube an ein ewiges Leben und habe diesen Glauben definiert« (119).

Allein von hier her – darum die quälend ausführliche Schrittfolge unseres bisherigen Gedankengangs, gegen letztlich unernste Berufung auf das genußreiche oder tätige Leben hinieden oder auf die Zukunft der anderen (wie hin und wieder bei Ernst Bloch oder, mit metaphysikverachtender Attitüde, bei Dorothee Sölle) – allein von hier aus läßt sich ein Sinn des Sterbens und so auch des Lebens mit dem Sterben, das das Alter ist, erblicken, der in Wahrheit zu tragen vermag.

Annahme und Bewahrung

Allein von solchem Glauben aus (dazu das folgende Kapitel), – nur von ihm aus letztlich, so aber in Tat und Wahrheit können nun auch die anderen Wortmeldungen – gegen Amérys Protest – ihr Recht erhalten.

[13] Vgl. Dolf Sternbergers »petite perception« beim Binden des erst kürzlich neu gelernten »Windsor-Knotens«. Vor dem Spiegel trifft ihn fein und scharf der Blitz: »Ich werde sterben. Du wirst dich, ich werde mich dieser Kunst nicht mehr lang erfreuen. Lange hast du, habe ich gebraucht, sie zu erlernen, nun kennst du sie, nun kenne ich sie, aber das wird nicht dauern.« Über den Tod, Frankfurt/M 1977, 11–17, 13.

1. Zuallererst wäre wohl gewiß auf jene Zeugnisse zu verweisen, die 1968 noch nicht in der Breite vorlagen wie heute: daß nämlich Sterben »ganz anders« sein kann.[14]

Zwar ist der »klinisch Tote« nicht im Ernste tot gewesen. Doch er ist am weitesten ins fahle Zwischenreich des Sterbens vorgedrungen. Und es hat zweifellos höchstes Gewicht, hier zu lesen, daß Menschen auf Grund solcher Grenzerfahrung alle Todesfurcht verloren haben, ohne statt dessen in Resignation verfallen zu sein; daß vielmehr immer wieder die Worte »Licht« und »Wärme«, »Leichtwerden« und »Seligkeit« auftauchen, um eine an sich unbeschreibliche Erfahrung zu bezeugen.

Also doch »besonntes« Leben; freilich in ernsterem Sinn. – Erscheint hierdurch die Grundbestimmung »Mit dem Sterben leben« in einem neuen Licht, dann bietet es sich an, auch die genannten Einzelzüge, die uns vorhin zu dieser Bestimmung geführt haben, in diesem Licht von neuem zu betrachten. – Gehen wir also unseren früheren Weg in umgekehrter Richtung noch einmal.

2. Der letztgenannte Aspekt: »Die Welt nicht mehr verstehen.« – Das ist schmerzlich; aber was genauerhin, was eigentlich versteht der Älterwerdende nicht mehr? Offenbar doch, daß der jeweils letzte Schrei für endgültig, für die erste wirkliche Lösung und darum auch für die letzte Auflösung eines zur Rede stehenden Problems gehalten wird; daß die Jungen anscheinend nicht zu sehen vermögen, wie peripher, d. h. vorübergehend, ist, wofür sie sich engagieren. (Und Vorübergang heißt biblisch »Pessach«, »Pascha«.)

Deutlich die Doppelgefahr: entweder sich verzweifelt doch an das Entgehende zu klammern oder nicht minder verzweifelt es als eitel abzutun. – Doch nicht weniger deutlich die Chance: das Irdische gelassen »sein« zu lassen, und das meint jetzt nicht, ihm den Rücken zu kehren, vielmehr ihm in Freiheit zugetan zu sein und ihm gehörigen Entwicklungsraum einzuräumen. Es

[14] Genannt seien nur: E. Wiesenhütter, Blick nach drüben. Selbsterfahrungen im Sterben, Gütersloh ^{4}1977; J. Ch. Hampe, Sterben ist doch ganz anders. Erfahrungen mit dem eigenen Tod, Stuttgart ^{4}1976.

heißt, Dinge, Verhältnisse, Menschen nicht in die Kategorien eigener Absichten und Interessen zu zwingen, sondern sie behutsam zu sich selbst sich entfalten zu lassen, nach deren statt dem eigenen Verständnis.

Bedauerlich, wem die Erfahrung nie zuteil geworden sein sollte, bei einem alten Menschen solcher Güte zu begegnen: sie urteilt nicht, weil sie sich kein volles Verständnis und schon gar kein Besserwissen anmaßt; zugleich aber konfrontiert sie wie ein Licht den jungen Menschen mit sich selbst, und statt daß sie ihn schlicht pardonnierte, bringt ihr schweigendes Zuhören sein Reden in einer Weise unter das Geheiß der Wahrheit, wie es kein noch so unwiderleglicher Einspruch vermöchte.

3. Damit hat sich auch die vorhergehende Bestimmung verwandelt; »Der Blick der Anderen«, wobei es Améry vor allem darauf ankam, daß dieser Blick den Alternden und Alten eigentlich gar nicht mehr trifft, weil er in der geschäftigen Welt »nicht mehr zählt«.

Wiederum ist die Schmerzlichkeit dieser Beobachtung ebenso unbestreitbar wie die Doppelgefahr einer verfehlten Reaktion auf diese Erfahrung: entweder eines peinlichen Bemühens um Auffälligkeit oder verletzt schmollenden Rückzugs.

Doch wiederum glaube ich eben vor dieser Folie die eigentliche Chance benennen zu können. Sie bietet das Amt jenes hilfreichen Zuhörers an, der in der Diskretion der eigenen »Unsichtbarkeit« nicht bloß dem jungen Menschen verläßliche Zuflucht gewährt.

Das Sich-Messen der Blicke zwischen möglichen Rivalen gehört der Vergangenheit an, und auch den Blick eines (zu)messenden Richters verhängt hier barmherzig das Alter wie Gitter und Tuch im Dunkel des Beichtstuhls. Sorgen und Hoffnungen, Niederlagen und Triumphe kann man solchen Menschen anvertrauen – und man muß sie nicht »sehen«, weil man ihre Anteilnahme spürt. Sie aber, obzwar nicht angeblickt, dürfen ihrerseits spüren, wie der Jüngere in ihrem Hören daheim ist.

4. Er bleibt nicht daheim und ist mit seinen Gedanken nicht eigentlich hier, sondern beim Leben draußen und bricht von daheim immer neu dorthin auf. Darum widerspreche ich auch be-

züglich dieser Situation der Diagnose Amérys »Sich fremd werden« nicht. Denn will der Mensch nicht doch gesehen werden und braucht er es nicht, um sich nicht selbst zu verlieren?

Es tut weh, sich fremd zu werden. So klammern die einen sich an das vertraute Selbstbild von gestern – aber waren das sie? Oder nicht bloß (ich denke etwa an Marilyn Monroe in ihrem Unglück) das Bild der anderen von ihnen (also erst recht Entfremdung, umso entfremdender, da nicht einmal als solche gewußt)?

Andere flüchten in eine panikartige Jagd nach neuer Identität, im Wechsel von Lebensentwurf und Partner, als ließe Identität sich nicht allein durch Treue gewinnen statt durch Verrat.[15] Oder die Entfremdung mündet in resignierten Zynismus.

Die positive Chance möchte ich mit der Parole »Selbst-Begegnung«, oder besser mit dem Wort »Selbstannahme« bezeichnen.[16] – Der junge Mensch (nach der Krise der Pubertät, die eine erste, vor-läufige Chance ähnlicher Art geboten hat) und der erwachsen Tätige waren nicht so sehr bei sich als bei der Sache, um die es ihnen ging. Sie identifizierten sich eher mit ihrer Aufgabe oder dem zu leistenden Werk als mit sich. Nun hat das Leben sie im Umweg zu sich selbst geführt.

Man kann diese Begegnung als Selbstfindung bezeichnen; weithin nennt man heute das, worum es jetzt geht, Selbst-Verwirklichung. Aber mir scheinen beide Wörter nicht glücklich. Erstens verdecken sie nämlich das Fremdheits-Moment, auf dem Jean Améry zu Recht besteht. Sie klingen viel zu schlicht

[15] Es versteht sich, daß damit weder bloßer Gewohnheit oder bequemer »Alterssicherung« das Wort geredet werden noch der Ernst von Bekehrung und der Mut entschiedenen Neuanfangs denunziert werden soll. Zuvor ist schon auf das biblische Pessach hingewiesen worden; ihm zuvor wäre von Abrahams Aufbruch aus dem Gewohnten zu sprechen.

Doch dem Trend veröffentlichter Meinung gegenüber scheint mir heute vor allem die Klärung vonnöten, daß der Preis der Freiheit Treue heißt. »Wer frei sein will, muß treu sein. Der Freie steht zu der von ihm autonom gesetzten Verbindlichkeit [schlichter gesagt: zu seinem Versprechen], und in eben dieser Standhaftigkeit bewährt sich Freiheit. Damit ist das Wort vom Preis der Freiheit umkehrbar: Der Preis, den die Treue gewinnt, ist die Freiheit.« H. Krings, System und Freiheit. Ges. Aufsätze, Freiburg-München 1980, 229f (Der Preis der Freiheit).

[16] Kap. 4, Anm. 7.

»identisch«. – Sodann aber und vor allem fehlt ihnen eine entscheidende Bezugsdimension.

Bei »Selbstfindung« und »Selbstverwirklichung« hat es das Selbst nur mit sich selbst zu tun. Und hier taucht angesichts der sich einstellenden Entfremdung die in der Tat gar nicht so befremdliche Frage auf, ob der Fund sich denn lohne, ob die Verwirklichung den Preis wert sei, den man selbst und gegebenenfalls auch andere dafür erlegen müßten.

»Annahme« aber bringt eine weitere Beziehung ins Spiel: zu jener Macht, von der, aus deren Händen man sich anzunehmen hätte. Der Wert einer Gabe aber bestimmt sich wesentlich nicht aus ihrem An-sich-Sein, ihrer Schönheit, Seltenheit, Nützlichkeit und so fort, sondern vom Geber und dessen Zuwendung her.

Jenseits des Funktionalen und der Zwänge des gesellschaftlichen Bedingungsgeflechts tut sich hier die Freiheit unbedingter Bejahung auf, mit dem Angebot, sich aus solch unbedingter Bejahung heraus nun auch selbst ohne Selbstwert- oder -unwert-Ängste zu akzeptieren.

5. Darauf scheint mir eigentlich die Rede von den größeren Glücksmöglichkeiten im Alter zu zielen, erst recht die Goethesche Formel »Idee und Liebe«. Jedenfalls finden sie hier ihren Rechtsgrund. Das heißt, der Mensch ist achtsamer auf jene kleinen Zeichen geworden (»Spuren« nennt sie Ernst Bloch), in denen solches Ja sich bekundet.

»Klein« meint dabei das Gegenteil sich bescheidender Resignation. Biblisch ist es der Windhauch verwehenden Schweigens, in dem statt in Beben und Feuersturm dem Propheten Elija Jahwe erscheint (1 Kön 19,11–13). Und im »Gegen-Evangelium« Friedrich Nietzsches erlebt Zarathustra »Mittags«, daß nicht etwa wenig zum Glück genügt, sondern »das wenigste gerade, das Leiseste, Leichteste ... – wenig ... die Art des besten Glücks« macht.[17]

Das gilt darum, weil hier nicht mehr Greifbares das Ungreifbare verdeckt; weil nun kein für greifbar gehaltenes Unbegriffe-

[17] SW (KSA) IV 344.

nes mehr zu ungeduldiger Jagd nach ihm verleitet und so den Menschen aus jener Stille herausreißt, in der allein er des Unbegreiflichen inne zu werden vermag, das bereit ist, ihm Heimat zu schenken.

6. In der Tat ist derart das Alter, und damit sind wir zum Ausgangspunkt unserer Überlegung gekommen, die Erfahrung der Zeit. Ihres Vergehens – gewiß, doch nicht weniger ihres Auf-uns-Zukommens von Augenblick zu Augenblick und ihres Auf-uns-zugekommen-Seins.

Dies ist sogar das Erste und Fundamentale. Denn ur-sprünglich ist alle Zeit Zu-kunft: Auf mich kommt zu, mir wird zuteil, was ich nicht habe, mir nicht machen und erzwingen kann und worauf ich keinerlei Rechtsanspruch habe. Darum ist alle Zeit, was Paulus von einer bestimmten Zeit schreibt: »Zeit der Gnade« (2 Kor 6,2).

Sie wird uns gewährt, ohne daß wir sie uns selbstherrlich nehmen oder sie festzuhalten vermöchten; wir können sie einzig annehmen und nur so – im Maß sie uns gegeben ist – sie uns für andere oder anderes »nehmen«. Solches Entgegennehmen aber ist der Grundvollzug von Dank.[18]

Darum entsprechen der Zeit vor allem anderen Dank und Gedenken. Von Dank und Gedächtnis (kultisch gesagt: von Eucharistie und Memoria oder Anamnese) lebt das Vertrauen, und das Vertrauen begründet die Hoffnung bezüglich weiterer Zeit, über gestern und heute hinaus – ja hinaus auch über das Morgen, auf jenes hin, das wir nicht wissen und kennen, das sich aber in jeder uns gewährten Stunde »angeldlich« (2 Kor 1,22) ansagt.

Abschiedlichkeit

Hier erreichen Gefährdung und Sinn des Alters wohl ihre intensivste Verdichtung. Seine Gefahr heißt Verzweiflung: sei es ver-

[18] Vgl. Lernziel Menschlichkeit 127ff (Wort zur Antwort: Gebet). Franz von Baader bestimmt einmal Danken als »die Präsenz des Gebers in der Gabe anerkennen« (Sämtl. Werke, Leipzig 1851–1960 [Nachdruck Aalen 1963] IX 387).

zweifelte Jagd hinter Hoffnungen her, die den Gehetzten immer neu zum Narren halten, sei es larmoyante oder zynische Resignation.

Chance und Sinn dieser Situation aber wäre, durch die Enttäuschung bezüglich solcher Hoffnungen (der »espoirs«) hindurch, das Sich-einlassen auf die Hoffnung (espérance«).[19] Und Sinn wie Chance gelten für den Einzelnen selbst wie für die Jüngeren, die mit ihm umgehen und von ihm lernen können.

Alt sein könnte demnach, biblisch ausgedrückt, besagen: In der Welt, doch nicht mehr von ihr zu sein (Joh 15,19; 17,16). Eine Formulierung, die bedenkenswerterweise aus den Abschiedsreden des johanneischen Jesus stammt.

Der alte Mensch mag sich zuzeiten wie lebendig »abgeschieden« vorkommen (von Schmerz und Not sprechen ja auch diese Abschiedsreden durchaus); aber es geht gerade nicht um ein (letztlich schmerzloses) Tot-sein, sondern um ein Leben ergriffener Abschiedlichkeit. – Entsprechend ist das Zielwort dieser Reden: »Freude«.

»Was ist die Freude? Das ursprüngliche Wesen der Freude ist das Heimischwerden in der Nähe zum Ursprung.« (Martin Heidegger)[20]. Im Dienst dieser zu erkennenden Nähe steht all das leidvolle Fremdwerden, das wir erwogen haben.

Das wäre nun zu entfalten. Doch breche ich mit diesen sparsamen Verweisen ab.

»In Gottes Namen«, sagt am Schluß des »Rosenkavaliers« die Marschallin,[21] und auf Faninals Wort »Sind halt aso, die jungen Leut'«: »Ja, ja«.[22] Dem 71. Psalm aber erwidert Psalm

[19] Siehe zu dieser Unterscheidung, im Rückgriff auf Gabriel Marcel, Paul Ludwig Landsberg und Maine de Biran: Herbert Plügge (den auch Améry mit hohem Respekt nennt), Wohlbefinden und Mißbefinden. Beiträge zu einer medizinischen Anthropologie, Tübingen 1962, 38–50 (Über die Hoffnung).

[20] Erläuterungen zu Hölderlins Dichtung, Frankfurt/M. ^{3}1965, 24.

[21] Anm. 4, 434.

[22] Dies nicht hier (auch nicht im Anhang 455–458), doch in der Oper (z. B. in der von Gerhard Ulrich illustrierten Ausgabe, München 1966, 143). – Von der *Herausforderung* zur *Verwandlung* führt dementsprechend ein Lesebuch von ganz eigenem Reiz, daß hier mit Nachdruck genannt und empfohlen sei: E. Plünnecke (Hrsg.), Füg den Jahren Leben zu, Stuttgart 1974.

73 (20–25).[23] Ich zitiere ihn (dort ist es nach der Zählung der Vulgata Ps. 72) in der Übersetzung von Romano Guardini:

...als mir der Geist verbittert ward,
  und verwundet das Herz,
war ich ein Tor und erkannte nicht;
  wie ein unvernünftiges Tier war ich vor Dir.
Nun aber will ich allezeit bei Dir sein,
  denn Du hast meine Rechte erfaßt.
Nach Deinem Ratschluß geleitest Du mich,
  und am Ende nimmst Du mich auf in die Herrlichkeit.
Wen hab ich im Himmel, wenn nicht Dich?
  Und bin ich bei Dir, dann freut mich die Erde nicht
  [Buber: ... habe ich nicht Lust auf die Erde].
Mein Leib und mein Herz vergehn,
  Gott aber ist meines Herzens Fels,
    mein Anteil in Ewigkeit.

23 Wird es damit nun nicht doch zuviel der Pietät und »Re-signation«? Ist das wirklich die Erfahrung unserer Zeit, da man die Selbstverwirklichung der »Senioren« – der etablierten Erben von Brechts »unwürdiger Greisin« – und ihre Lebenslust (nicht zuletzt im Jungbrunnen der Sexualität) entdeckt (und all dies – nochmals nicht zuletzt – als einen Markt)? Im Stil des Kapitels hierzu statt einer argumentierenden Antwort ein zu denken gebendes Zitat. E. Lévinas (Kap. 7, Anm. 1, 92): »Man beschränkt das Menschliche... auf das Positive, das durch die feste Erde ermöglicht wird – ohne dabei die ›passive Synthese‹ der Zeit zu berücksichtigen, das heißt das Altern, das sich vollzieht, während doch niemand es vollzieht, und das, ohne daß jemand es sagt, Abschied von der Welt, von der festen Erde, von der Gegenwart, vom esse bedeutet: das Des-inter-esse [= Weg vom Dazwischen-sein] durch das Vergehen. Doch bedeutet dieses Des-inter-esse, dieses Abdanken, dieses Abschiednehmen [adieu] nicht ein Zu-Gott [à-Dieu]?«

10. DEM TOD BEGEGNEN

Begegnung mit dem Tod?

1. Man kennt Epikurs Trost-Angebot in seinem Brief an Menoikeus: »Solange wir noch da sind, ist der Tod nicht da; stellt sich aber der Tod ein, so sind wir nicht mehr da.«[1] An ihn hält sich etwa Bertolt Brecht, »in weißem Krankenzimmer der Charité« (1956): »...keine Todesfurcht mehr. Da ja nichts / Mir je fehlen kann, vorausgesetzt / Ich selber fehle...«[2] – Wie aber, wenn es nicht darum ginge, ob man *sich* fehlt, sondern jemand anderem?[3] Oder darum, daß ein anderer uns fehlte? Dann würde der Mensch dem Tode doch begegnen – indem er dem anderen begegnet.

Angesichts dessen ließe Epikurs Programm sich nur dadurch aufrecht erhalten, daß man der Begegnung mit dem anderen und der Bindung an ihn ausweicht. So das stoische Programm bis hin zu Rainer Maria Rilke (um nochmals einen Dichter zu zitieren).[4]

Doch auch beim Blick auf den Einzelnen selbst wird Epikur widersprochen. Hier ist zuerst wohl Max Scheler zu nennen, der die These »intuitiver Todesgewißheit« vertritt.[5] – In der er-

[1] Diogenes Laertius, Vitae philos. X 125.

[2] Ges. Werke in 20 Bdn., Frankfurt/M. 1967, X 1031.

[3] Vgl. Brechts bekanntes Gedicht *Morgens und abends zu lesen* aus dem Jahre 1937: Der, den ich liebe / Hat mir gesagt / Daß er mich braucht. / Darum / Gebe ich auf mich acht / Sehe auf meinen Weg und / Fürchte von jedem Regentropfen / Daß er mich erschlagen könnte.« (IX 586)

[4] Sonette an Orpheus II 13: »Sei allem Abschied voran, als wäre er hinter / dir, wie der Winter, der eben geht. /... / Sei immer tot in Eurydike...« SW, Wiesbaden 1955, I 759.

[5] Tod und Fortleben, in: Ges. Werke X, Bern 1957, 9–64, 22 u. 26; vgl. G. Scherer, Das Problem des Todes in der Philosophie, Darmstadt 1979, 43–49.

fahrenen Lebensrichtung von Sein und Tun zeigt sich zugleich die Richtung des Lebens auf den Tod, im Erleben des Alterns wie auch und zuvor in der Abschiedlichkeit eines jeden Augenblicks.

Eindeutiger vom unverwechselbar Menschlichen her erscheint diese Todesgegenwart bei Martin Heidegger, der seinerseits auf Sören Kierkegaard zurückgreift.[6] Dabei geht es Kierkegaard weniger um den Tod als um das Denken an ihn, und zwar an den eigenen, statt der Klage über den Tod der Geliebten. Denn, wie im Echo auf Epikur: Der Tod ist »nichts Wirkliches, und wenn man erst tot ist, so liegt es hinter einem, ernst zu werden... Sich selbst tot denken ist der Ernst; Zeuge sein beim Tode eines andern ist Stimmung.«[7] »Der im Ernst gedachte Gedanke an den Tod ermöglicht erst wahres, wirklich gelebtes und gerichtetes Leben.«[8]

Diesen vorausblickenden und aus dem Vorblick zurückschauenden, lebensverwandelnden Ernst nennt Heidegger das »Vorlaufen zum Tode«.[9] – Menschliches Leben zeigt sich als »Sein zum Tode«, doch nicht im Sinn eines Denkens an zu verwirklichende Möglichkeit(en) (261), sondern als Erwartung, das heißt, Sich-Betreffenlassen von der »eigensten Möglichkeit des Daseins« (263). Diese freilich ist gerade die »Möglichkeit der Unmöglichkeit jeglichen Verhaltens zu« (262). Darum bedeutet das Sein zum Tode »wesenhaft Angst« (266). Verkehrt die Angst sich zu feiger Furcht, dann flieht der Mensch ins zerstreuende Allgemeine des beredbaren »Man [lebt und stirbt]«. Eigentliche Existenz gewinnt sich einzig aus der Sammlung vor dem Nichts ihrer möglichen Unmöglichkeit.

2. Nun hat es in der Neuzeit nicht an Stimmen gefehlt, die

[6] Vgl. nach wie vor: J. M. Demske, Sein, Mensch und Tod. Das Todesproblem bei Martin Heidegger, Freiburg-München 1963 (^{3}1984).

[7] An einem Grabe (Drei Reden bei gedachten Gelegenheiten), in: Ges. Werke 13/14, Düsseldorf 1952, 177f (SV V 229f).

[8] M. Theunissen, Der Begriff Ernst bei Sören Kierkegaard, Freiburg-München 1958 (^{3}1982), 147. »Spricht der Tod: vielleicht noch heute; so spricht der Ernste: möge es nun vielleicht heute sein oder nicht, ich sage: heute noch.« Anm. 7, 187f (SV V 238).

[9] Sein und Zeit (1927), Tübingen ^{15}1979, 267.

solche Todesmeditation entschieden abgelehnt haben.[10] Berühmt ist Spinozas 67. Lehrsatz in seiner Ethik: »Der freie Mensch denkt an nichts weniger als an den Tod, und seine Weisheit ist nicht eine Betrachtung des Todes, sondern des Lebens.«[11]

Und zuvor schon war, in Reaktion auf den Triumph des Todes im »Herbst des Mittelalters«, »Guicciardinis Rat, *memento vivere*... zum Schlagwort der Renaissancemenschen« geworden.[12] Doch was Jacques Choron zu Spinoza anmerkt (128), gilt wohl nicht bloß für diesen: Sein »Nachdruck hierbei fordert zur Skepsis heraus: ganz gleichgültig war ihm der Tod offenbar doch nicht.« Und in unseren Tagen hat etwa Peter Noll in seinen vielbeachteten »Diktaten« Montaigne gegen auch zeitgenössische Verunglimpfungen verteidigt. Er sieht beides: »Eigentlich sollte das Denken an den Tod für jedermann eine lebenslange Beschäftigung sein. Doch ist damit die menschliche Psyche überfordert. Wir müssen leben, als wären wir unsterblich. Das Leben will und kann den Tod nicht kennen... Dennoch ist der Satz voll von Wahrheit: ›Herr, lehre uns bedenken, daß wir sterben müssen, damit wir weise werden‹ (Ps 90,12).«[13]

So schreibt Noll im Entwurf für die Predigt, die bei seinem Begräbnisgottesdienst verlesen werden soll: »Nicht nur die Christen, sondern besonders die Nichtchristen, von Seneca und Montaigne bis, wenn Sie wollen, zu Heidegger, waren der Meinung, daß das Leben mehr Sinn habe, wenn man an den Tod denkt, als wenn man den Gedanken an ihn beiseite schiebt, ver-

[10] Ganz zu schweigen von jener Kritik-Richtung, die darauf abhebt, daß der Tod ein »Meister aus Deutschland« sei.

[11] Opera/Werke, Darmstadt 1967, II 479.

[12] J. Choron, Der Tod im abendländischen Denken, Stuttgart 1967, 99.

[13] Diktate über Sterben & Tod mit Totenrede von Max Frisch, Zürich 1984, 35. Vgl. 65: »Der Abstand zwischen einem hochbegabten Schimpansen und einem schwachsinnigen Menschen dürfte schwer zu ermitteln sein. Trotzdem sage ich jetzt: Im Gegensatz zum Tier hat der Mensch in seinem Gehirn von vornherein angelegt die beiden Gedanken an den Tod und an Gott. Nur scheinen sich die Menschen hinsichtlich dieser beiden großen Gedanken... rückwärts zu entwikkeln.«

drängt.[14] Sie sagten auch, es sei leichter zu sterben, wenn man sich sein ganzes Leben lang mit dem Tod beschäftigt habe, als wenn man von ihm überrascht werde. Ich habe erfahren, daß das alles stimmt« (115).

Freilich hat er diesen Entwurf ein gutes halbes Jahr vor seinem Tod geschrieben. Wichtiger als die Gedanken wird schließlich – in jener »Horrornacht« des September – das Da-sein seiner Tochter Rebekka (276f). Und das läßt weiter fragen (auch zur Humanisierung des Lebens durch den Todesgedanken bei Schnurre), an wessen Tod habe man zu denken?

Mitunter kontrastiert man die Erkenntnis der eigenen Sterblichkeit (Scheler) bzw. den »Solipsismus« des Vorlaufens in den eignen Tod bei Heidegger und die Betroffenheit durch den Tod des geliebten anderen Menschen (Gabriel Marcel). Aber ich möchte Georg Scherer zustimmen, wenn er beide Zugänge innerlich aufeinander bezieht. »Das Vorlaufen in den eigenen Tod und die Erfahrung des Todes eines geliebten anderen Menschen bringen uns vor denselben Abgrund... Wenn es z.B. wahr ist, daß erfüllte Interpersonalität die höchste Seinsmöglichkeit des Menschen darstellt, dann trifft uns der Konflikt von Liebe und Tod im Sinne Marcels nicht erst beim Tode des geliebten Menschen, sondern durchschneidet unsere Gegenwart füreinander schon zu Lebzeiten.«[15]

Zeigt sich so im Ernst jeder dialogischen Situation der Ernst des Todes gegenwärtig, dann sei nun umgekehrt der Ernst des Todes als der Ernst dialogischer Situation erwogen.[16]

[14] Vgl. Wolfdietrich Schnurre, Der Schattenfotograf. Aufzeichnungen, München 1978, 86 (übrigens unter einigen kritischen Anmerkungen an die Adresse Montaignes): »Wenn ich täglich befürchte, die um mich sind, morgen nicht wiedersehen zu können, habe ich anders Umgang mit ihnen, als wenn ich zu wissen glaube, mich morgen schon *wieder* über sie ärgern zu müssen.«

[15] Anm. 5, 70; zu Marcel – und Augustinus – hier 59–69.

[16] Verf. erlaubt sich hier den Rückgriff auf: Konturen der Freiheit (Kap. 1, Anm. 8), Kap. 5. Sterbliche Freiheit: End-gültigkeit; J. u. I. Splett, Meditation der Gemeinsamkeit. Aspekte einer ehelichen Anthropologie, ²A-St. Michael 1981, Kap. III 1: Wirksamer Schmerz, 3: Der Tod (wie auch II 2: Des anderen Last).

1. Zuerst ist Tod unbestreitbar höchstens in dem Sinn dialogische Erfahrung, daß er alles dergleichen mit einem negativen Vorzeichen versieht. Tod besagt Vereinsamung in der Erfahrung der »Untreue« von Mensch und Welt.[17] Weder Dinge noch Menschen halten die Versprechen, mit denen sie uns gewannen. Die Verheißung von Zukunft erweist sich als falsch, die Lebensmittel helfen nicht, sogar die Luft, doch notwendig, schmerzt qualvoll. Und andere Menschen, auch – ja vielleicht gerade, wenn sie helfen wollen, vermögen es nicht.

Eingehüllt in sein Fieber, mag der Sterbende den anderen sich um ihn bemühen sehen; aber alle Sorge und Zärtlichkeit reicht nicht an ihn heran. Und wenn der wütende Angriff des Schmerzes ihn packt, ihn zusammenpreßt und zugleich ihn aus sich herausreißen will, wenn er sich dann zu halten sucht, sich an die Hand und den Leib des andern klammert, so ist es nicht anders, als krallte er sich in Leinen und Holz. Erst wenn die Woge verebbt und er aufatmend losläßt, wird ihm die Hand, nach der er griff, wieder zur Hand.

Man darf diesen Anblick von Schmerz, von Alter und Tod nicht überdecken und kurzschlüssig wegdisputieren. Gerade auch – zum Theologen hinübergesprochen – der Christ nicht, denn ihm wird vom »Anführer seines Glaubens« (Hebr 12,2) sogar ein Wort überliefert, daß nicht bloß das Hiesige, sondern den »Vater« selbst der Untreue anklagt: »Gott, mein Gott, warum hast du mich verlassen?« (Mk 15,34)

Dennoch behauptet der mehr, als er weiß, der erklärt, dieses Antlitz des Todes sei schon seine ganze Wirklichkeit. Als hätte man das Unbegreifliche so doch durchschaut; als wäre das »Geheimnis« eigentlich – nichts.

Die Einsamkeit des Todes ist die Not unaufhaltbaren Verlassenwerdens und -seins. Doch zugleich auch ist sie Situation ernsthaftesten Bezugs, nämlich des Aufrufs dazu, selber alle und alles zu verlassen – nicht in bloßer Abkehr, sondern in Zu-

[17] P. L. Landsberg, Die Erfahrung des Todes, Frankfurt/M. 1973, 28 u. 159.

wendung, d. h., sie in dem Sinn zu lassen, daß man ihnen Raum und Leben läßt, daß man sie sie selber *sein* läßt.[18]

2. Jetzt, wo ich auf keine Weise mehr neben dem andern für mich dahinleben, weil überhaupt nicht mehr leben kann, sondern zum ganzen Ja vor der Welt, zur letzten Stellungnahme gegenüber meiner Endlichkeit, zum wirklichen Platzmachen für die anderen aufgerufen werde, eben hier kann nur ich selbst und niemand anstatt meiner antworten, da nach dem Ernst *meiner* Liebe gefragt wird. So war es vorher schon Einübung in den Tod, dem anderen zu gönnen, was man ihm selbst nicht zu vermitteln vermag: Freude an Dimensionen des Lebens, zu denen einem selbst der Zugang fehlt. Nun gilt es, ihm das Leben überhaupt zu gönnen, ein Leben in Freude auch ohne mich selbst, in der Bereitschaft, ohne Groll vor dem andern »hinüberzugehen«.

Oder auch, um vorgreifend schon einmal zur Perspektive des begleitenden Überlebenden hinüberzuwechseln: dem anderen zu gönnen, daß er vorher geht, befreit und erlöst wird, daß er mich verläßt und allein zurückläßt.[19] Ein Verlassen, das schon länger vorher beginnen kann. (Tolstoi etwa schildert, wie Natascha dies von Fürst Andrej auf sich nehmen muß.[20])

Aber lenken wir zunächst – mit der gebotenen Diskretion – wieder zurück in die Situation des Sterbenden selbst. Nach dem bisher Erwogenen können wir das aufgrund einer doppelten Zugangsmöglichkeit: der Achtsamkeit auf die Abschiedlichkeit der eigenen Existenz in jedem Augenblick (Scheler) wie der einfühlenden Achtsamkeit auf die Situation des anderen.

Dabei kommt nun eine doppelte Dimension der Dialogik ins Spiel. Einmal die sozusagen »horizontale« des Sein-lassens und des Gönnens, der Selbstzurücknahme und des Verzichts, darin man dem Selbst- und Eigensein der anderen zustimmt, statt sie an sich und die eigene Existenz zu binden. Sodann aber auch

[18] In diesem Sinn wissen die Christen das zweite Wort ihres Stifters: »Vater, in deine Hände [die ihn doch offenbar fallen gelassen] gebe ich mich« (Lk 23,46).

[19] Vgl. P. Sporken, Hast Du denn bejaht, daß ich sterben muß?, Düsseldorf 1981.

[20] Krieg und Frieden. 12. Teil, 15 (München [Kegel] 1956, 1329ff).

die gewissermaßen »vertikale« des Ernstes dieser Situation. Damit meine ich die Unvergänglichkeit der Situation und der in ihr getroffenen Entscheidung: Im Anspruch der Liebe wie in der Drohung des Todes trifft der Mensch auf seine eigene Zukunft. Er erkennt, daß er sich selber nie, auch nicht ins Sterben entkommt, daß er also Stellung nehmen, sich entscheiden muß, um in solcher Entscheidung sich seinen endgültigen Namen zu geben. So hieß in unserer Sprache der Tote früher der »Verewigte«.

3. Diese Erfahrung begegnet sowohl in der »Eigen«- als auch in der »Fremdtod«-Sicht. Zur ersten hat Scheler erwogen, daß der moderne neuzeitliche Schwund des Unsterblichkeitsglaubens seine Wurzel in einer Verdrängung des Wesens des Todes habe.[21] Er ist die Konsequenz einer Auffassung des Todes als Unfall und Abbruch auf dem Fortschrittsweg von Arbeit und Leistung, statt daß man ihn als jenes Entschiedenheitsmoment erfaßt, das aller Gestalt innewohnt, besonders deutlich in der Gestalt des Kunstwerks. Es geht mit anderen Worten darum, Grenze statt als Ende und Abbruch, als Kontur zu denken, griechisch: peras. Als jenes, wo etwas weniger aufhört als vielmehr anfängt, ganz und es selber zu sein.

Wann ist eine Symphonie gegenwärtig? Nicht in der Stille nach dem letzten Ton (und vor den ersten Klatschern)? Wann und wo ist ein Gedicht gegenwärtig wenn nicht im Geist des (es gelesen habenden) Lesers? Nicht im Mund ist der eigentliche Ort des Wortes, sondern im Ohr.

Entsprechend teilt in der Bezugs-Perspektive Gabriel Marcel einer Dramenfigur die Worte zu: »Jemanden lieben heißt sagen: du wirst nicht sterben.«[22] Und das ist mitnichten poetisch-romantisch gemeint; denn es wird beim Abschied zu einem »Himmelfahrtskommando« gesagt. Gemeint ist vielmehr die Zusage jener Treue, ohne die der Bezug gar nicht wahren Sinnes personal wäre. Denn Person anerkennen heißt, ihr ihre eigene Zu-

[21] Anm. 5, 15.

[22] *Le mort de demain.* »Das ist für mich keineswegs eine bloße Theaterreplik, sondern eine Behauptung, die wir nicht übersteigen können«, Das ontologische Geheimnis. Drei Essays, Stuttgart 1961, 79.

kunft zuzusprechen. Nicht bloß ein Fortleben im eigenen Gedächtnis, man selber gleichsam weiter in die Zukunft schreitend (unter gelegentlichem Rückblick auf den seinerzeit am Wegrand Liegen-gebliebenen). Es geht um reales Mitsein, das stets die Gegenwart (= das »Entgegenwarten«) gemeinsamer Zukünftigkeit ist, d. h. des je neuen Zukommens der Herausforderung vom anderen her auf mich in Augenblick und Stunde.

Es ist hierbei keineswegs um Spekulationen zu tun, sondern um Besinnung auf die leibhaftige Alltagserfahrung, läßt sich doch die Frage des »Fortlebens« (Scheler) in der Tat nur an einem entscheiden: »in der strengen, klaren Einsicht in die Art, wie und was wir täglich und stündlich, ja von Sekunde zu Sekunde erleben« (Anm. 5, 61).

Und was erlebt man nun, was erblickt man, wenn man in ein Menschenantlitz sieht? (Gallertkugeln unter Hautlappen, hieß es oben, oder nicht vielmehr Augen: »Fenster der Seele«?) Doch ihn, den anderen selbst, als sich erblickt wissend und selber blickend. Zeigt sich aber hier schon jener Überschuß und jene Gegenwärtigkeit (= Geistesgegenwart) in/über Stofflichkeit, die den Körper zum Leib macht und den Leib zum Realsymbol des Selbst, dann gewinnt der Liebende von hier aus das Recht, auch im Todesfall dem materiellen Phänomen nicht das letzte Wort und die Maßgeblichkeit beim Verständnis des Geschehens zu überlassen. Ohne daß er andererseits sich den zerstörerischen Schmerz des Abschieds dadurch leicht machen müßte oder dürfte, Leib und Leibhaftigkeit für Nebensache, den Tod zum bloßen Durchgang und den Menschen als eigentlich nur Seele zu erklären. Von der Ausflucht vor dem Ernst des Verstummens in spiritistische Surrogate zu schweigen.[23]

[23] Damit soll hier nicht die Frage von Recht und Wahrheit solcher Phänomene erörtert werden, sondern nur an jene alte Volksweisheit erinnert werden, wonach die Toten danach verlangen, daß man sie ungestört tot sein läßt, ihnen ihr Totsein gönnt. (Vgl. das Grimmsche Märchen vom Totenhemdchen [und dem Tränenkrüglein] – KHM 109).

1. Als eine Ausflucht vor dem »Todesernst« dieser Situation stellt sich mir auch die (hierzulande zunehmend Anhänger gewinnende) Vorstellung der Wiedergeburt bzw. der Seelenwanderung dar. Zunächst ist dabei zu bemerken, daß sie zumeist in charakteristischer »Umwertung« ihres ursprünglichen Gehaltes begegnet. Dort nämlich steht sie im Zusammenhang eines Denkens, für das Existenz als solche Leiden und Schmerz bedeutet, d. h. als eigentlich nicht sein sollend erscheint. Erneute Existenz stellt die beklagenswerte Folge noch nicht überwundenen Haftens am Leben dar. Anders bei uns, wo man eher den Eindruck gewinnt, es gehe darum, nach einer nicht bestandenen Prüfung eine zweite Chance eingeräumt zu erhalten.

Natürlich hängt alles am Begriff der Person und, damit verbunden, personaler Entscheidung. In diesem (hier vertretenen) Rahmen gibt es dann nicht bloß Irrtum und Reifungsrückstände, die sich vielleicht in späteren Existenzen aufarbeiten oder nachholen ließen (wobei die Frage personaler Identität jetzt ausgespart sei); sondern es zeigt sich auch die Dimension persönlicher Schuld. Und für diese ist »Aufarbeitung« durch späteres Bessermachen undenkbar. Ihr gegenüber gibt es seitens des Schuldigen nur die selbstverurteilende Distanzierung der Reue – welche sie aber nicht aufheben kann, und die Hoffnung auf Vergebung durch den Verletzten.

In der personalen Freiheit bestimmt – im Guten wie im Bösen – das Selbst sich selbst. Und die innere Dynamik dieser Selbstbestimmung, ablesbar an Vorgriffen und Vorentwürfen wie Versprechen, Gelöbnissen usf., zielt auf Unwiderruflichkeit, auf Endgültigkeit ab. Das Ziel der Wahlen ist nicht stets neues Entscheiden, sondern die Entschiedenheit des erworbenen »ewigen« Namens.[24]

Diese Endgültigkeit des zu sich gekommenen Daseins haben

[24] Vgl. K. Rahner, Schuld – Verantwortung – Strafe in der Sicht der katholischen Theologie, in: Schriften zur Theologie VI 238–261; sowie ebd. 215–239: Theologie der Freiheit.

wir aber – anders als Heidegger – nicht monologisch zu denken, sondern als Gültigkeit für. Für wen? Die Hinterbliebenen wissen, daß nicht ihr Reden (»nil nisi bene«) und ihr Gedenken dem Toten Gültigkeit schenkt, daß vielmehr umgekehrt sich ihr Gedenken an der wahren Maßgabe der Gültigkeit zu messen habe.

2. Diese absolute Maßgabe meinen die christlichen Traditionsstücke vom Gericht, von Himmel und Hölle. In unserer christlich-philosophischen Reflexion dazu nur so viel, daß man – gemäß hermeneutischen Trivialforderungen – Bilder als Bilder zu nehmen habe. (Zudem mit wechselweiser Selbstkritik bereits in ihrer Bild-Dimension; denn sie lassen sich keineswegs harmonisieren, und man sollte nicht meinen, das hätte früher niemand gesehen.) Was sie aussagen wollen, ist ein Dreifaches: 1. daß mit dem Tod nicht »alles aus und zuende« ist;[25] 2. daß mit ihm der Mensch seine unwiderrufliche Endgestalt, seine von ihm miterwirkte Selbst-Identität erreicht (in geschenkt-errungen-erlittener Annahme seiner oder im unwiderruflichen Nein zu sich selbst); 3. daß diese Identität eine solche »angesichts von«, »mit « und »für« ist.

Das erste haben wir schon erörtert. Zum zweiten sei – gegen nicht ganz unberechtigte Vorwürfe der Angstmacherei und -manipulation – nur der Verdeutlichungshinweis auf eine heutige »Hermeneutik eschatologischer Aussagen« gegeben.[26] Dies meint ein Doppeltes. Einmal, daß nach genuin christlichem Selbstverständnis die Botschaft keine Droh-, sondern eine Frohbotschaft ist, daß also die futurischen Indikative der Gerichtsreden als verkürzte Bedingungsgefüge gelesen sein wollen. Zum Beispiel Jonas Untergangsprophetie in der Stadt Ninive: »Noch vierzig Tage...« [Jon 3,4] – aufzufassen als: »Wenn ihr

[25] Nochmals mit Marcel bedacht: in welcher Weise könnte man ein Wesen nur bejahen (lieben), zu dem sich nicht sagen ließe: Du wirst nicht sterben, von dem tatsächlich nur Folgen und vielleicht, zunächst noch, Erinnerungen an es bleiben.

[26] Vgl. K. Rahner, Theologische Prinzipien der Hermeneutik eschatologischer Aussagen, in: Schriften zur Theologie IV, 401–428; H. U. v. Balthasar, Glaubhaft ist nur Liebe, Einsiedeln ^{2}1966, 59ff.

nicht...«). Sodann, daß sie, als Bedingungsgefüge, freilich vollen Ernstes gemeint sind. Mit dem Ernst von Rang und Würde der Person, unter Anerkennung ihrer Selbstbestimmungskraft; und mit dem Ernst von Rang und Würde des Guten, der Wahrheit, des Göttlichen, also dessen, was in philosophischer wie biblischer Tradition immer wieder unter dem Bildwort des absoluten »Lichtes« angesprochen worden ist (Kap. 1).

Darum gilt hier Kierkegaards Feststellung in besonderem Maße, die an sich nur das formale Todes»jenseits« als solches benennt: »Die Frage nach der Unsterblichkeit ist keine gelehrte Frage. Sie ist eine Frage der inneren Existenz, eine Frage, welcher der Einzelne sich stellen muß, indem er Einkehr hält bei sich selbst.«[27] Um es mit C. S. Lewis zu verdeutlichen: Verloren-Sein, unwiderrufliche Selbstzerstörung stellt eine reale Möglichkeit dar – »nicht für unsere Feinde, auch nicht für unsere Freunde (beide trüben den klaren Blick der Vernunft), nein, für uns selbst – dich und mich.«[28]

Diese Identität, in Nein oder Ja, ist nun – drittens – eine solche »angesichts«. Hier bildet vor allem die biblische Rede vom »Lohn« (bzw. von Strafe) das Ärgernis. Gemeint indessen ist Annahme, Aufnahme, Antwort. Tatsächlich bedeutet »Tugend« ja keineswegs ihren eigenen »Lohn«. Oder vielmehr, nicht bloß. Das unverbildete Bewußtsein jedenfalls verlangt für sie obendrein Anerkennung, Preisung, Ruhm. Natürlich ist beispielsweise ein geglücktes Kunstwerk ein Fest für sich und »selig scheint es in ihm selbst«[29]. Aber wer wollte sich nicht dafür einsetzen, daß »so etwas Schönes« auch angeschaut werde, um die ihm gebührende Antwort zu finden! Und selbstverständlich hat Liebe ihren Sinn in sich selbst. Doch mag auch Philine (aufgrund welch schmerzlicher Erfahrungen?) sagen: »Wenn ich dich liebe, was geht's dich an?« (siehe oben Kap. 7, Anm. 44):

[27] Abschließende unwiss. Nachschrift 1. Teil, Düsseldorf-Köln 1957, 164 (SV VII 144).

[28] Über den Schmerz, übers. mit einem Nachwort von J. Pieper, Olten 1954, 146.

[29] Vgl. E. Staiger, Die Kunst der Interpretation. Studien zur deutschen Literaturgeschichte, (Tb) München 1977, 28–42: Ein Briefwechsel mit Martin Heidegger.

wer wäre nicht der Überzeugung, ihr gebührte, entsprechend wiedergeliebt zu werden? – Von solchen Anstößen her könnte vielleicht auch der moderne Leser nachvollziehen, was die Kirchenväter im Auge hatten, wenn sie schrieben, die Seligkeit bestehe wesentlich im Ruhm vor Gott.[30]

In der These vom Tod als End-gültigkeit sind also beide Bestandteile des Worts zu betonen. Einmal das Ende – gegen Abschwächungen seines Ernstes zu einem bloßen Durchgang, ob nun näher griechisch oder ursprünglicher asiatisch gedacht; sodann die Gültigkeit (für) – insofern der Mensch ein Verhältnis zu sich ist, das sich nicht selber gesetzt hat, und so wesentlich im Verhältnis zu der Macht steht, der es sich verdankt.[31]

Zum Beistand gerufen

1. In diese Situation nun, hat es geheißen, gerät unausweichlich und unvertretbar jeder Einzelne, jedweder als er selbst. Wir haben bedacht, daß diese Ver-Einzelung gleichwohl nicht als reine Isolierung aufgefaßt werden darf, daß die Einsamkeit dieser Situation vielmehr gerade den Ernst von Bezug, also Gemeinsamkeit (im Sinn von Gemeinschaftsbezogenheit) meint. Doch das ist nicht alles. Den Anstoß für dieses Kapitel bildet vielmehr die Tatsache, daß gerade die Einsamkeit der Vereinzelung selber nochmals eine Gemeinschaftsaufgabe darstellt. Auch und gerade Abschiednehmen ist in seinem Wesen – und sollte es darum auch im konkreten Vollzug sein – ein gemeinsames Geschehen.

[30] Ein Nachklang dessen ist noch Ernst Blochs Ausblick auf die »Berge« (= das Aufgehobensein) des »roten Helden«: »eingeschreint im Herzen der Arbeiterklasse«. Das Prinzip Hoffnung, Gesamtausgabe (wa), Frankfurt/M. 1977, V 1379. Ganz ungenügend ist demgegenüber etwa Viktor E. Frankls (monologischer) Vorschlag, im Vergangensein des Getanen als solchen seine »Ewigkeit«, »die sicherste Form von Sein überhaupt«, zu begründen. Vielleicht noch deutlicher im negativen Fall, wo dann (statt Vergebung) die Reue für sich als »Einstellungswert« die Wertverwirkung der Schuld balancieren soll. Der Wille zum Sinn, Bern 1972, 49–56 (Zeit und Verantwortung).

[31] S. Kierkegaard, Die Krankheit zum Tode, 1. Abschn. A.A., Düsseldorf 1957, 8–10 (SV XI 127f).

Ein Selbst kann nicht gemacht, hervorgebracht werden; es kann nur selber werden. Und dies dennoch so, daß es sich anderen verdankt. Dies Grundgesetz unseres Anfangs ist das Gesetz unseres ganzen Lebens, darum auch seiner Vollendung. Nur am und mit dem Menschen werden Menschen Mensch. Gestalt sagt, hieß es, Kontur. Kontur sagt Grenze, und Grenze ist immer die Grenze von wenigstens zweien. Ans Nichts kann man so wenig grenzen wie an das Unendliche.

Hier zeigt sich die anthropologische Grundsätzlichkeit des Rufs nach Sterbe- als Lebenshilfe. Und zugleich zeigt sich hier die Fragwürdigkeit allen menschlichen Helfens in besonderer Schärfe.

Auch und gerade unter dieser Rücksicht also bringt der Ernst der Sterbe-Situation nur an den Tag, was überall umd immer gilt – sich höchstens sonst zum Teil verdecken und verdrängen oder überspielen läßt. Damit kommt aber auch sozusagen der Hilfe-Charakter der Hilfe selber deutlicher zu Tage. Biologisch-anthropologisch gefaßt, entfällt beispielsweise das erleichternde »Kindchen-Schema«, das im Normalfall die Hilfe am Lebensanfang wie spontan entspringen läßt. Oder grundsätzlicher genommen: es entfällt der Antrieb, im Kind der eigenen Zukunft zu dienen, in der natürlichen Selbsttranszendenz des Lebens; ja, man dient offenbar überhaupt nicht dem Leben, gerät vielmehr in den Strudel der Lebensminderung hinein (darum konnten die olympischen Götter ihren sterbenden Lieblingen nicht helfen, sondern mußten sie fliehen).

So aber erscheint hier jene Eigenqualität des Sittlichen am reinsten, die material wohl am dichtesten mit dem Wort »Liebe« benannt ist, die ich der Deutlichkeit halber aber jetzt formal und negativ in dem Schiller-Wort fasse, daß das Leben nicht der Güter höchstes sei.[32] Leben als Höchstwert ist in der Tat die Normbestimmung des Bios, sei nun das Leben des Individuums, der Art oder der Gene gemeint. Sittlichkeit, also Freiheits-Dasein, demgegenüber heißt, einen Wert anzuerkennen, für den sich zu leben »lohnt« (für den man darum auch notfalls

[32] Die Braut von Messina, Schlußverse.

zu sterben bereit ist). So darf man auch Exupérys Brief-Wort nicht falsch verstehen. »Helfen zu leben«, das meint selbstverständlich, vom schlichtest Konkreten an, die physisch-basale Hilfeleistung; aber es geht darin beileibe nicht auf, weil uns ja darum zu tun ist, menschlich zu leben. So ist hier gerade die Hilfe zu jener Freiheitsvollendung gemeint, die wir als den Auftrag der Sterbesituation glaubten erkennen zu können.

In diesem Sinn hat alle »Fürsorge« im Dienst der Ermöglichung des Mit- und Zueinanders zu stehen und muß als eine spezifische Weise selbst dieses Miteinanders gewußt sein (des Miteinanders – Marcel – gemeinsamer Zukunft. Also eines Miteinanders »angesichts von«.) Alle Versorgung muß als u. U. schmerzlich zu erleidende Schwundform von interpersonalem Miteinander gewußt sein (hier liegt das Fundament für entsprechende juristische Regelungen.)

2. Das sei in unserer Skizze nun nicht mehr in Einzelheiten hinein konkretisiert. Hier soll statt dessen noch ein Gedanke in der Gegenrichtung angesprochen werden. Von der Not, sich helfen zu lassen, ist mehrfach die Rede gewesen – und kühnlich vom Glück dieser Not. Es will freilich gelernt sein.

Wie aber, wenn eben das – nach so vielem anderen – gelernt werden müßte, um auf den Grund der Wahrheit menschlicher Existenz zu gelangen? Wenn – nach dem mühsamen Erwerb des Reichtums der Selbständigkeit – es tatsächlich gälte, diese Armut zu erwerben? Den Weisheitslehrern nicht etwa bloß der christlichen Tradition zufolge ist das Ziel der Freiheit in Tat und Wahrheit solches Sich-Lassen.[33]

Dann wäre, sich helfen zu lassen (dem anderen zu erlauben, einem zu helfen), die spezifische Lernaufgabe des letzten Lebensabschnitts, des Alters und vor allem des Sterbens. (Und hätte die Hilfe der Helfer gerade darauf zu gehen, dazu zu helfen!)

Aber ich möchte auf einen weiteren Gedanken hinaus: nämlich auf die Hilfe, die tatsächlich der Sterbende dem Helfer zu

[33] Vgl. Zur Antwort berufen (Einführung, Anm. 8), Kap. 4: Der Geist der Freiheit.

leisten berufen ist. Die demütigende Hilfe, ihm als »Objekt der Fürsorge« zu dienen, ihn aus der Umfriedung seines gewohnten Lebens heraus in die Situation der eigenen Not und des eigenen Sterbens zu rufen. Ihm derart selber helfen zu leben, daß man ihm am eigenen Sterben die Unselbstverständlichkeit seines Lebens und den Vorgeschmack seines späteren Todes vermittelt.

Ich sage, demütigend, weil Sich-Umsorgen-lassen leicht fällt, solange man Kind ist, und leicht in der wechselweisen Angewiesenheit der voneinander entzückten Liebenden. Jetzt aber wird man zum schmerzenden Stachel im Leben des andern. Bedrängend darum die Versuchung – wenn die leibliche Situation einem solche Gedanken erlaubt –, sich in die Einsamkeit des Todes wegzustehlen, um den anderen diese Zumutung zu ersparen. Doch wieder gilt: »des andern Last« ist der Mensch stets, und zwar ihm nötige Last. Nur daß hier unverbrämt und ungeschmückt heraustritt, was auch sonst gilt: jetzt, in der »Stunde der Wahrheit«.

Was aber ist diese Wahrheit? Wenn es oben hieß, der Liebende werde sich weigern, den körperlichen Phänomenen die Maßgabe seiner Deutung des Gesamtgeschehens Tod einzuräumen, dann kehrt diese Überlegung hier wieder. Ist Gemeinsamkeit die Grundwahrheit von Personalität und Menschsein, dann bildet sie auch die Grundwahrheit des Todesgeschehens. Und dann ist Sich-Helfen-Lassen die Grundwahrheit in jedem Hilfs-Bezug. Auch und gerade hier.

Daraus folgt indes, daß die entscheidende Hilfe eben die zum Sich-Helfen-Lassen sein muß. Und das in beiden Richtungen, die wir betrachtet haben. Der Sterbende wie sein Begleiter sollen/dürfen einander helfen, sich helfen zu lassen – und dürfen/sollen eben hierzu sich helfen lassen.

Diese Hilfe haben sie auch von anderen zu erwarten, erstlich und im wesentlichen jedoch voneinander. Darin aber letztlich vom Herrn ihrer gemeinsamen Situation. Darum ist der Tod – wie die Liebe – eine eminent religiöse Situation. Und darum kann seine Menschlichkeit nur bewahrt bzw. wiedergewonnen werden, im Maß diese seine religiöse Dimension bewahrt bzw. wieder entdeckt wird.

Dem Tod begegnen heißt, dem Menschen begegnen: Tod heißt Selbstbegegnung,[34] in mehrfach verschränktem Sinn: der Mensch begegnet hier sich selbst (man denke an die Todesbedeutung von Doppelgänger und Spiegel), indem er nun (durch alle »Rollen« hindurch) dem anderen als ihm selbst begegnet; ihm als ihm selbst und zugleich als einem Selbst (als einem Selbstverhältnis), wie er selbst eines ist. Wer aber derart ernstlich dem Menschen begegnet, den trifft – darum die kaum zu bemeisternde Versuchung zur Flucht – im unbedingten Augen-blick der Blitz des »Lichts«.

[34] So gilt für die zu lebende »Abschiedlichkeit« (Kap. 9 – in Antwort auf Kap. 2, Anm. 21 u. 36) in doppelter Richtung: »Erkennen / wird geübt / wie sterben«. L. Cors, Hungertuch, in: Im Gefieder der Lerche, Lahnstein o. J.

III. ZEIT-FRAGEN

11. RESIGNATION UND ZUKUNFTSHOFFNUNG

Resignation heißt eigentlich Rücktritt, Verzicht: ein Herrscher gibt die Insignien, die Zeichen seiner Amtsvollmacht, zurück. Das kann freiwillig oder erzwungenermaßen geschehen – oder auch in einer menschenüblichen Mischung von beidem. Und heute ist es offenbar so, daß solche Resignation in besonderer Weise denen nahe gelegt wird und liegt, die sich technisch-wissenschaftlich »die Erde untertan« machen. – Wie lange ist es her, daß beispielsweise jeder Abschluß eines Autobahnteilstücks zu einem bewimpelten Fest wurde, während heute schon die vorbereitenden Messungsarbeiten nicht selten als verbrecherischer Anschlag angeprangert werden! – Dabei bildeten nach ihrem Selbstverständnis wie nach allgemeiner Schätzung Wissenschaft und Technik gleichsam die Vorhut, die Spitze der in die Zukunft ziehenden Menschheit der Neuzeit.

Ende der Neuzeit?

»Neuzeit« ist freilich ein unscharfer, heuristischer Begriff, weniger ein Begriff als ein vorläufiger Raster zum Zweck des Begreifens. Doch läßt sich immerhin sagen: aus dem humanistischen Rückgriff auf die Antike, der Wirtschaftsentwicklung der oberitalienischen Städte, dem naturwissenschaftlichen Aufbruch, andererseits aus dem Schock der Kriege im Gefolge der Reformation wie der Entdeckung fremder Kulturen entsteht ein neues Welt- und Menschenbild. In ihm tritt die Jenseitsorientierung zurück, und im Vordringen von Schrift und Wissenschaft, im Werden der Nationalstaaten wie im Aufstieg des Bürgertums rückt das Diesseits ins Zentrum ein.

Und zwar geschieht das mit jenem Pathos, das die berühmte Rede des Pico della Mirandola »De dignitate hominis – Von der Würde des Menschen« bekundet und das einen Ulrich Hutten ausrufen läßt, es sei eine Lust, zu leben (»juvat vivere«). Im Vordergrund steht nun hier, bei Gegnern wie Befürwortern, der Aufbruch der Wissenschaft als Naturwissenschaft. Für den Philosophen heißt der bestimmende Name René Descartes, und der steht für das Programm, den Menschen zum »maître et possesseur de la nature« zu machen.[1]

Dieser Herrschaftsanspruch war durchaus konkret gemeint. Nicht zuletzt nämlich ging es Descartes um eine größere Effizienz der Medizin. Selbst von eher schwacher Gesundheit, war er mißtrauisch gegenüber dem mittelalterlichen »Qualitäten«-Denken und hoffte, durch eine Physikalisierung der Medizin, also durch die Fortentwicklung der Heil*kunst* zur Heilungs*wissenschaft*, den Körper besser in die Hand zu bekommen, um so ein längeres Leben garantieren zu können.

Es ging also um den Menschen. Aber es lag offenbar in der Konsequenz dieser Wende, vom konkreten Menschen abzusehen. Meß- und zählbar, vor allem voraussagbar, ist ja nicht das Verhalten von Freiheit als solcher. Dem wissenschaftlichen Ethos zufolge soll also der Mensch um des Menschen willen vom Menschen absehen, auch – wie im Fall der Medizin – beim Menschen. Denn erstrebt wird »Objektivität«.

Das heißt, es geht um die Erkenntnis der Strukturgesetzlichkeit von Welt und Vernunft, um die »mathesis universalis« der exakten Wissenschaft. Als universale kann sie nicht einen Bereich freien unbestimmten Lebens neben sich dulden, sondern muß ihn einbegreifen. Möglich aber ist das einzig so, daß das Nicht-Erfaßbare, das »Un-« und »Vor-wissenschaftliche« (worunter ja bereits für Aristoteles auch das Geschichtliche fiel) zum

[1] Discours de la methode 6,3 (WW AT VI 62). Siehe über diese Stichworte hinaus: Lernziel Menschlichkeit (Kap. 1, Anm. 8) Kap. 2 (Ausweg Wissenschaft?); Ph. Schmitz (Hrsg.), Macht euch die Erde untertan?, Würzburg 1981; A. J. Buch u. J. Splett (Hrsg.), Wissenschaft Technik Humanität, Frankfurt/M. 1982.

im Grunde Unwichtigen erklärt wird.[2] Mit anderen Worten, das menschliche Handeln wird soweit wie möglich der Freiheit entnommen und »theoretisiert«, die Theorie hingegen wird »praxis-orientiert«, gemäß der Devise neuzeitlicher Wissenschaftlichkeit: »savoir pour prévoir afin de pouvoir«.

Damit aber sind Theorie wie Praxis etwas anderes geworden als früher. Theorie ist jetzt Erkennenwollen des »Willens zu Macht« (wie Friedrich Nietzsche sagen wird); der Wille zur Macht aber verzichtet, eben aus Machtwillen, auf alle »Willkür« und unterstellt sich »diszipliniert« den erkannten Notwendigkeiten.

Solcher Disziplin wird dann nicht nur die Freiheit, sondern auch die Frage nach dem Warum, nach dem Sinn dieses Opfers, geopfert, gleichermaßen in der »Wissenschaftsreligion« mit ihren Ansprüchen an die Forscher wie in dem Religionsdienst, den der entstehende Nationalstaat beansprucht (»Right or wrong, my country« – später dann: »meine bzw. unsere Partei«).

Inzwischen hat sich nun gezeigt, daß diese Frage sich auf Dauer doch nicht unterdrücken läßt. Indem die erstrebte Herrschaft über Sachen, absolut gesetzt, die unpersönlich-»sachliche« Herrschaft über den Menschen erzwingt, weckt sie in ihm die Frage nach dem Warum und Wozu solcher Herrschaft.

Zwar wird ihm diese Frage im Namen der Wissenschaft untersagt: wenn nicht als schlichtweg sinnlos, dann als naive Moralisierung von gesellschaftlichen Struktur-Problemen. Aber indem die »Verhältnisse«, die »nicht so sind«, in ihrer Unmenschlichkeit als menschliche erkannt sind, stellen sie die Verantwortung des Menschen in neuer Weise zur Diskussion.

Damit zeigt sich das, was man heute als Nach-Neuzeit oder gar »post-histoire« diskutiert. Hier wären nun alle zuvor genannten Momente erneut aufzugreifen, vom Rückgang der Schrift, die durch Bilder und Piktogramme oder durch die Zah-

[2] Wenn bei Vico und dann Marx auch die Geschichte, als vom Menschen gemachte, der Wissenschaft zugänglich, ja zu deren eigentlichem Gegenstand wird, geht es wieder nur um deren übergreifende Gesetzlichkeit, mitnichten um die jeweils Einzelnen.

len der EDV ersetzt wird, dem Bedeutungsverlust der Nationalstaaten zugunsten von Wirtschaftsblöcken bis zum Niedergang des Bürgertums mit dem ihm eigenen Ethos und zum Abschied vom Fortschrittsgedanken als solchem.

Und hierbei wäre zu diskutieren, inwiefern all dies als Ende (im Sinn von Ablösung etwa) oder als Vollendung des neuzeitlichen Bewußtseins zu verstehen sei. – Jedenfalls ist offenbar aus dem Pathos der Renaissance-Humanisten nunmehr ein Überdruß am Menschen geworden: vordergründig als Ungeduld mit dem unbeweglichen, unbelehrbaren »Bürger«, hintergründig als Selbstüberdruß.

Hat sich der Mensch vielleicht doch überanstrengt?

Verzicht auf Gottgleichheit?

In diese Richtung zielt die Diagnose Horst Eberhard Richters: Gotteskomplex.[3] Aber er popularisiert nur einen Gedanken, der längst vorher ausgesprochen wurde.

Friedrich Nietzsche war es, der in kaum übertreffbarem Scharf- und Tiefblick die Verlorenheit derer beschworen hat, die sich an der Tötung Gottes überhoben haben.[4] Dostojewski schildert sie in den »Dämonen«. Mit leichter Hand hat Goethe das Thema in der Schüler-Szene (wie im Gedicht vom Zauberlehrling) durchgespielt; ebenso weniger »seriös«, in der ihm eigenen denkenden Sprach-Spielerei, hat es Odo Marquard wiederholt variiert. Im folgenden soll (einigermaßen frei) an seine Ausführungen auf einem Münchener Symposion von 1976 über das Schicksal angeknüpft werden.[5]

Zunächst hatte das antike Schicksal an Gott sein Ende gefunden. Geschichte war seine Schickung. Nun wurde sie neuzeit-

[3] Der Gotteskomplex. Die Geburt und die Krise des Glaubens an die Allmacht des Menschen, Reinbek b. Hamburg 1979.

[4] Siehe, vor den Nachlaßtexten zum Thema »Nihilismus«, jetzt nur das berühmte Gleichnis vom tollen Menschen: Die fröhliche Wissenschaft III § 125.

[5] Ende des Schicksals? Einige Bemerkungen über die Unvermeidlichkeit des Unverfügbaren, in: Schicksal? Grenzen der Machbarkeit, München 1977, 7–25.

lich zum Werk des Menschen; seither leben wir im Zeitalter der Machbarkeit. »Alles steht zur Disposition, alles kann und muß verändert werden, und Veränderung ist immer Verbesserung« (9): durch uns.

Wie jedoch bleibt man unter solchem »Gottwerdungsdruck« menschlich? Geschöpf ist der Mensch zwar nicht mehr, aber nach wie vor endlich: sterblich. Seine Zeit ist begrenzt; darum zeigt er sich zunehmend als das Wesen, das keine Zeit hat, weder für sich und seinesgleichen noch für seine Projekte. Und solche Begrenzung steht nicht nur am Ende, sondern genauso am Anfang. Denn zwar fängt *er* einmal an, doch nicht die Welt mit ihm. Die gibt es schon, samt ihren natürlichen wie quasinatürlichen, nämlich gesellschaftlichen »Verhältnissen«. Über sie zurückfragen wollen hieße, sich selbst aufzuheben. Darum verbietet man sich diese Frage, verzichtet auf »metaphysische« Gesamt*interpretationen* und knüpft, mit *Veränderungs*programmen, an der konkreten Situation an.[6]

Das heißt, wer handeln, etwas tun und »machen« will, muß Welt und Dasein so konzipieren, daß er nicht *alles* machen muß, um derart zu akzeptieren, daß er nicht alles machen *kann:* daß in vielerlei Hinsicht »nichts zu machen ist«. – Dies ist eine erste Unverfügbarkeit, über deren Rückwirkung auf das Selbstverständnis des Menschen und sein Gestimmtsein wir nachdenken müssen.

Eine zweite findet Marquard darin, daß die *Folgen* unseres Handelns sich unserem Zugriff entziehen. Zwar will und soll der Mensch nun sich und alles selber machen; aber er ist nach wie vor nicht allmächtig. – Institutionen, die Kritik auf sich ziehen, schafft man ab – um zu entdecken, daß sie »latente Funktionen« erfüllt haben, »deren Nichterfüllung Unheil stiftet« (18). Doch auch positiv Erreichtes verliert, sobald selbstverständlich geworden, seinen »Befriedigungswert«. Gerade erfolgreiche Planung plant sich um ihren Erfolg.

Wer das erkannt hat, wird sein Planungsprogramm um die

[6] Wieder begegnen sich hier »demokratischer« Positivismus, humanwissenschaftlich etwa bei F. B. Skinner, und Marxscher Wirklichkeitszugang.

Entwicklung von »Enttäuschungsverarbeitungstechniken« bereichern. Deren nächstliegende ist das Ignorieren und dazu bedarf es (beim Publikum) der Ignoranz; also wird die Erinnerung, die Historie diskriminiert – oder doch nur in zuträglicher Auswahl und Deutung vermittelt.

Das aber leitet schon zur zweiten Vorgehensweise über, da Vergessen nicht genügt. – Es kommt zu einer »Kultur der Ausreden«, zu »Entschuldigungsarrangements«, zur Sündenbocksuche: wie für die Vergangenheit, so insbesondere für das Heute, das (noch immer) nicht so ist, wie es sein sollte. Denn wo etwas nicht nach Wunsch geht, müssen Menschen daran schuld sein: doch natürlich andere Menschen. An die Stelle der Parzen sind (Marquard merkt die Verschiebung vom Textil- zum Metallsektor an) die »Drahtzieher« getreten.

Der Mensch, das heißt, eine jeweils bestimmte Menschengemeinschaft, scheint sich also vom Feind her definieren zu müssen (man denke an die Haß-Übungen in Orwells »1984«). – Entspricht also einer Theologie nach dem Tode Gottes eine »Anthropologie nach dem Ende der Menschlichkeit« (19)?

In summa: Wer sich und alles selbst machen muß, muß eine Strategie entwickeln, angesichts der Folgen seines Handelns es gerade nicht gewesen zu sein.

Von beidem her nun, von der Notwendigkeit des Handelns wie von der Notwendigkeit her, mit dessen Grenzen fertig zu werden, nötigt sich eine neue übergreifende Notwendigkeit auf: die Geschichte und Natur verschmelzende Gesetzlichkeit eines Naturschicksals, einer inneren Unabwendbarkeit des Endsiegs des Guten. Die Stelle der Vorsehung übernimmt der wissenschaftlich erschlossene Weltlauf.

Was aber sagt eben dies für das konkrete Planen und Handeln? Es beläßt ihm im Grunde einzig das Gegensteuern zu konkreten Fehlfolgen früherer Pläne, im Rahmen des festliegenden Selbst-Ablaufs im großen (wobei diese Steuerung ihrerseits wieder unvermeidlich nach Korrektur rufen wird).

So verwundert es nicht, daß O. Marquard seinen Beitrag mit dem Hinweis auf den »Schwabing-Oblomow« (von 1967) aus May Spils' »Schätzchen«-Filmen schließt: »Es wird bös enden.« – Denn, wie gesagt, was erbringt diese Gegenwartsperspektive für Selbstsicht und Stimmung des Menschen?

Hinsichtlich der Vergangenheit, des Vorgefundenen, ist »nichts zu machen«. Hinsichtlich der Zukunft ist entweder, im großen, auch nicht zu machen, weil sie sich von selbst macht, also alles schon festliegt. Oder sie liegt nicht fest, und es ist noch alles offen im »laboratorium possibilis salutis«, wie Ernst Bloch zu sagen liebte: Woher aber sollte man dann hoffen und erwarten, daß es gutgeht? Woher soll sich – im Blick auf den bisherigen Gang der Menschengeschichte – »alles, alles wenden«, wenn das durch eben den Menschen, also uns, geschehen soll?

Erziehung verfängt hier gewiß nicht, geschieht sie doch gerade durch uns. Konsequenter scheint Nietzsche mit seinem Züchtungs-Gedanken. Doch wer soll hier züchten, wenn nicht der heutige Mensch, der es nach seinen, also nach den alten, keineswegs verwandelten Maßgaben täte?

Ob man die Aporien nun in solcher Schärfe sieht oder nicht, jedenfalls wird erklärlich, daß man sich, wie vielfach beklagt, ins Private zurückzieht.

Technik-Feindschaft?

Und nicht bloß aus der Politik ins Private, sondern auch aus der Zivilisation ins »Natürliche« und aus der Rationalität ins Emotionale. Nur zu verständlich angesichts der Größe der Erwartungen an den »Fortschritt« und der Tiefe der erfahrenen Enttäuschung.

Wolfgang Wild überlegt darum wohl mit Recht: »Angenommen, es würde gelingen, in der Photovoltaik einen Durchbruch zu erzielen, der dem bei Integrierten Schaltkreisen entspräche, und man würde auf diese Weise die Sonnenenergie optimal nutzen können... Ein derartiger Erfolg würde sicher nur sehr wenige ›Grüne‹ bekehren. Denn mit der Schaffung einer sauberen und regenerativen Energiequelle wäre zwar ein entschiedener Schritt in Richtung auf eine ressourcen- und umweltschonende

Technologie getan, die psychologische Ursache des Unbehagens aber nicht beseitigt.«[7]

Wo sich aber derart verbreitetes Unbehagen findet, finden sich auch rasch die Leute, die es für sich zu nutzen verstehen. Michael Schneider schreibt zornig von den »Lebemännern des Untergangs«.[8] Er beklagt nicht bloß den Umschlag aus einem dogmatischen Marxismus ins private Glück (125), sondern stellt vor allem im Anschluß an Peter Sloterdijk den neuen Nihilismus und Zynismus heraus (134), den »schwarzen Kitsch« von Cioran-Jüngern, die ihn an »Sekten aus dem Spätmittelalter [erinnern], die zwar den Glauben an Gott, den Erlöser, verloren hatten, nicht aber an seinen Widersacher, den Satan, in dem sie das einzige Wirkungsprinzip der Geschichte erblickten« (54).[9]

Doch auch wo an die Stelle des zynischen Nihilismus radikale Prophetie tritt, sind rationale Rückfragen fällig: »Ein Zusammenbruch der technischen Zivilisation würde zwar das Weltbevölkerungsproblem lösen, aber auf die grausamste und inhumanste Weise, nämlich durch eine Dezimierung der Menschheit in mörderischen Überlebenskämpfen. Ich frage mich«, schreibt Wild, »ob Carl Amery, der den Ausstieg aus der technischen Zivilisation ›um beinahe jeden Preis‹ gefordert hat, wirklich bereit wäre, diesen Preis zu bezahlen.«

[7] W. Wild, Das Not wendende Vertrauen in die Technik, in: FAZ 10. Nov. 1984, Bilder und Zeiten.

[8] Das Gespenst der Apokalypse und die Lebemänner des Untergangs. Essays und Aphorismen, hier nach der Ausgabe der Büchergilde Gutenberg, 1984.

[9] »Entweder werde sich die Menschheit bis zum Ende dieses Jahrhunderts in die Luft geschossen haben oder aber am ökologischen Kollaps krepiert sein, verkündet der Schriftsteller K., preisgekrönter Endzeit-Lyriker, in einer Festrede, nachdem er nun auch den Literaturpreis der Stadt X entgegengenommen hat... Eine halbe Stunde später sehe ich ihn am Büfett mit vortrefflichem Appetit bereits das zweite Filetsteak verzehren...« (162). – Damit wird deutlich, daß nicht bloß die frühere »Verallgemeinerung« des Lebens (da man den persönlichen Tod ins Fortleben der Gattung hinein vergaß), sondern auch die heutige Verallgemeinerung des Todes (oben: Kap. 8, Anm. 4) der Verdrängung des jeweils eigenen Sterben(müssen)s dient. Mit Recht hat darauf etwa Horst Janssen in seiner Lübecker Neujahrsrede hingewiesen: »Diese lärmend empfohlene Gigantomanie in der Vorstellung solchen Unheils und möglichen kommenden Untergangs verdrängt perfekt das Bild von der alltäglichen Gegenwart des Todes.« Hommage à Tannewetzel, Lübeck-Hamburg 1986, 18.

Wild spricht auch Hans Jonas und sein Prinzip Verantwortung an. Jonas plädiert für die Vorsicht als besseren Teil der Tapferkeit, solange Prognosen unsicher sind, »zumal bei der Unumkehrbarkeit mancher der eingeleiteten Prozesse«.[10] Wild entgegnet mit dem Hinweis, auch das Unterlassen habe Konsequenzen, und warnt vor einem totalen Immobilismus. »Wenn wir jeglichen Irrtum vermeiden wollen, dürfen wir nie etwas Neues versuchen und bestehende Mißstände nicht beseitigen, denn die Beseitigung könnte ja vielleicht schlimmere Mißstände zur Folge haben.«

In der Tat, nur scheint mir dieser Gedanke auch bei Jonas nicht zu fehlen: »Nicht die vom Handeln abratende, sondern die zu ihm auffordernde Furcht meinen wir mit der, die zur Verantwortung wesenhaft gehört, und sie ist Furcht um den Gegenstand der Verantwortung« (391).

Technik-Feindschaft wäre sicher Flucht aus der Verantwortung, in der wir stehen. Reine Natur-Existenz ist dem Menschen als einem Kulturwesen versagt. Und bei allem Verständnis für Distanzierung gegenüber unserer hochartifiziellen Zivilisation: es ist mitnichten ausgemacht, daß naturnähere Formen der Ernährung, Heilung usw. in jedem Fall auch die besseren, die gebotenen wären. Allerdings bedarf die Technik eines neuen Selbstverständnisses.

Naturfrömmigkeit?

Die Mentalität gottgleicher Weltherrschaft und Natur-Umgestaltung muß tatsächlich überwunden werden. Besonders dringlich scheint das heute in den neuen Disziplinen der Biotechnik. – Die Problematik, die sich hier auftut, bringt man häufig auf die Formel: »Dürfen wir, was wir können?«

Nun gilt es erst einmal zu sehen, daß die Fragestellung trivial ist. »Dürften« wir, was wir können, dann wäre das Wort ›dür-

[10] Das Prinzip Verantwortung. Versuch einer Ethik für die technische Zivilisation, Frankfurt/M. 1979, 338.

fen‹ ganz ohne Bedeutung. Sollen, Dürfen, Nicht-Dürfen sind Begriffe, die allein im Raum der Freiheit, also des Könnens und Anders-Könnens, Sinn besitzen, und zwar als Konturbestimmungen dieses Raums. Ein ethisches Wesen ist der Mensch gerade insofern, als er im Feld seines Könnens dies oder jenes (tun) soll (obwohl er es auch unterlassen könnte) und dies oder jenes nicht (tun) darf (obwohl er es tun könnte).

Auf einen zweiten Blick scheint die Frage indes nicht mehr so banal; wenn man sie nämlich auf die Freiräume von Wissenschaft und Technik beschränkt: Dürfen wir in Wissenschaft und Technik, was wir wissenschaftlich technisch können? Damit rücken zwei lange unbefragte »Dogmen« der Neuzeit in das Licht der Reflexion, zwei Plausibilitäten, die »fast bekenntnishaften Charakter« besitzen (ich streiche sogar das »fast«): die Überzeugung von der Wertfreiheit der Wissenschaft und das Postulat der Freiheit ihrer Forschung (grundgesetzlich verankert: Art. 5 Abs. 3).

Doch muß ich gestehen, daß ich nicht sehe, wie diese Einschränkung das grundsätzliche Dürfen-Können-Verhältnis ändern bzw. aufheben sollte. Um es gleich auf krasse Deutlichkeit zu bringen: Dürfte jemand – rein experimenteshalber – aus Forschungsgründen eine Atomexplosion beliebigen Ausmaßes zünden? Oder dürfte man – in bloß theoretischer Absicht – medizinische Experimente – im Stil der KZ-Mediziner – an verwaisten Säuglingen durchführen?

»In beiden Sorten von Experiment – dem von übermäßiger Größe und dem an Personen (denen andere hinzugefügt werden könnten) – ist die schützende Grenzlinie zwischen stellvertretender und wirklicher Aktion, zwischen Versuch und Ernst, im Vollzug der Forschung selbst verwischt. Damit wirkt auch die konventionelle Unterscheidung von ›reiner‹ und ›angewandter‹ Wissenschaft irgendwie antiquiert... Die ›Anwendung‹ findet bereits in der Untersuchung selber und als Teil von ihr statt... Von *beiden* Seiten daher – sowohl der ihrer schließlichen technologischen Früchte als schon der ihrer eigenen Techniken in der Bereitung des theoretischen Bodens für sie – sieht sich die moderne, erfolgsgekrönte und beifallsverwöhnte Naturwissenschaft plötzlich den ungewohnten Winden ethischer Prüfung ausgesetzt.«[11]

Untersagt nun Verantwortung solche Versuche nur deshalb, weil sie Menschen betreffen? – Dazu hat Robert Spaemann erklärt: »Nur wenn der Mensch heute die anthropozentrische Perspektive überschreitet und den Reichtum des Lebendigen als einen Wert an sich respektieren lernt, nur in einem wie immer begründeten religiösen Verhältnis zur Natur wird er imstande sein, auf lange Sicht die Basis für eine menschenwürdige Existenz des Menschen zu sichern.«[12]

Daß Technik statt neuzeitlich aus dem Geist des »Willens zur Macht« im Bewußtsein von Dienst und Ehrfurcht gelebt und vorangebracht werden muß, haben wir zuvor selber erwogen. Insofern ist in der Tat eine rücksichtslos anthropozentrische Perspektive zu überwinden. – Aber was soll nun ein »wie immer begründetes religiöses Verhältnis zur Natur« bedeuten und bewirken?

Ist denn, erstens, die Natur problemlos? Selbst wenn sich in einer gewissen darwinistischen Natur- und Evolutions-Sicht auch die mitleidlose Mentalität des kapitalistischen Bürgertums reflektieren sollte: den Kampf ums Dasein mit dem Untergang des Schwächeren kann man allenthalben beobachten. Nicht bloß im Tierreich – in intra- wie interspezifischer Aggression –, auch bei jedem Waldspaziergang (nur daß wir hier weder die Erstickungsschreie von untergehenden Pflanzen noch den Triumphgesang der zum Licht durchgestoßenen Sieger vernehmen). – Sollte man nun etwa eine Religion der »Magna Mater« mit ihren blutigen Fruchtbarkeitsriten wiederbeleben?

Man könnte aber, zweitens, Leben und Natur wie Albert Schweitzer sehen und daraus das Prinzip der Ehrfurcht vor allem Lebenden ableiten. »Als gut gilt [dem denkend gewordenen

[11] H. Jonas, Technik, Medizin und Ethik. Zur Praxis des Prinzips Verantwortung, Frankfurt/M. 1986, 99f (Freiheit der Forschung und öffentliches Wohl). Siehe oben Kap. 2, Anm. 11.

[12] Technische Eingriffe in die Natur als Problem der politischen Ethik, hier nach: D. Birnbacher (Hrsg.), Ökologie und Ethik, Stuttgart 1980, 180–206, 198.

Menschen] Leben erhalten, Leben fördern, entwickelbares Leben auf seinen höchsten Wert bringen; als böse: Leben vernichten, Leben schädigen, entwickelbares Leben niederhalten. Dies ist das denknotwendige, absolute Grundprinzip des Sittlichen.«[13]

Näher betrachtet, sieht freilich die *Natur* auch Schweitzer nicht anders; auch ihm bietet sie »das grausige Schauspiel der Selbstentzweiung des Willens zum Leben« (ebd.). Erst im Menschen erscheint mit dem Wissen um Gemeinsamkeit auch der Wille zur Solidarität. Doch weiß Schweitzer zugleich, daß auch der Mensch unter das naturbestimmende »Gesetz gestellt ist, auf Kosten anderen Lebens leben zu müssen und durch Vernichtung und Schädigung von Leben fort und fort schuldig zu werden« (ebd.).

Hier geriete die Diskussion nun in philosophische und obendrein theologische, nämlich konfessions-spezifische Subtilitäten. Der Münchener (katholische) Moraltheologe Wilhelm Korff fragt zurück: »Eine Maxime, die uns mit ihrer moralischen Remystifikation der Natur permanent schuldig spricht? Ist solche undifferenzierte Ausweitung notwendig? Läßt sich das ethische Prinzip auf einem biologischen Sachverhalt aufbauen und von ihm her begründen?«[14] (Siehe auch den folgenden Exkurs!)

Dabei geht es nicht bloß um den globalen Schuldspruch als solchen. Vielleicht wäre der Mensch ja ein solches Wesen, das *faktisch* sich ständig verfehlt. Sondern es geht darum, daß hier *unvermeidliches* Handeln als Schuld bezeichnet wird. Denn so verliert der ›Schuld‹-Begriff seinen Sinn (gemäß dem vorhin zu Sollen und Dürfen Bedachten). Und zugleich damit wohl auch jede Appell-Kraft. Denn wenn ich ohnehin, was immer ich auch täte, schuldig werde, warum sollte ich mich dann eigentlich darum bemühen und Verzichte dafür auf mich nehmen, dies vielleicht ein ganz klein weniger zu werden? – Ein moralischer

[13] Aus meinem Leben und Denken, Hamburg 1959, 134.
[14] Ethik und Technik. Kriterien bei der systematischen Nutzung der Naturkräfte, in: Atom u. Strom 29 (1983) 5–11, 8.

Anspruch verdient nur dann Gehör, wenn moralische Existenz zumindest grundsätzlich gelebt werden kann – mag »der Gerechte« auch am Tage »siebenmal fallen« (Spr 24,16).[15]

Prinzip einer humanen Ethik ist in der Tat nicht das biologische Datum Leben samt dem Datum Lebensdrang bzw. Lebensgewilltsein, sondern die Würde der menschlichen Person, »nicht aus Vorgaben der Natur, sondern aus der Konstituierung des Menschen als moralisches Subjekt« (Korff ebd.). So wird von ihm gegebenenfalls der Tod für andere Menschen gefordert; doch niemals für ein Tier oder eine Tierspezies, geschweige denn für Baum und Gras, gar für Löß oder Wasser. – Zugleich aber beschränkt solche Vernunft- und Freiheitsverantwortung sich keineswegs bloß auf den Menschen. Vielmehr »ist darin zugleich eine geschärfte Verantwortung für alles Lebendige eingeschlossen. Und zwar jetzt durchaus im Sinne der Konkretisierungen Schweitzers: ›Wo ich irgendwelches Leben schädige, muß ich mir darüber klar sein, ob es notwendig ist. Über das Unvermeidliche darf ich in nichts hinausgehen, auch nicht in scheinbar Unbedeutendem.‹«[16]

Ethos und Sinn

Es könnte scheinen, als hätten wir damit unsere Titelfrage vergessen. Sie lautete (mit den Worten Kants ausgedrückt): »Was dürfen wir hoffen?« Das ist bei ihm die dritte Frage der Philosophie (wenn man diese nicht bloß fachlich schulmäßig nimmt, sondern als etwas, das jeden Menschen beschäftigt). Wir sind nun in eine andere Fragestellung geraten, nämlich in die: »Was sollen wir tun?« Das ist nach Kant die zweite Grundfrage eines denkenden Menschen, und damit wird schon ein Zusammenhang sichtbar.

[15] Wobei ich jetzt ausdrücklich offen lasse (um weitere Diskussionen – etwa mit Eugen Drewermann – zu vermeiden), ob diese Möglichkeit rein natürlich oder vielleicht nur im Glauben eröffnet sein mag. Sie muß jedenfalls prinzipiell bestehen.

[16] Korff ebd., mit Zitat aus: A. Schweitzer, Kultur und Ethik. Kulturphilosophie. Zweiter Teil, München 1923, 249.

Blicken wir nochmals zurück. Die Resignation drängt sich uns heute ja vor allem darum auf, weil dem Menschen keine Zukunft mehr versprochen werden könne. Woher dieser plötzliche Einbruch?

Ich meine so: Als der Mensch, wie vorher bedacht, seine Stütze im Gottesglauben verlor und die Vorsehung in eigene Hände zu nehmen hatte, mußte er sich auch mit dem Gedanken auseinandersetzen, daß seine Macht vor dem Tod an ihre Grenze geriet. Und er löste das Problem dadurch, daß er seine Existenz und deren Sinn ins Fortleben der Menschheit verlegte. – Bert Brechts Krankenhaus-Gedicht: »... Jetzt / Gelang es mir, mich zu freuen / Alles Amselgesanges nach mir auch.«[17]

Zeigt sich aber nun, daß auch diese Zukunft (in deren Erinnerung z. B. der »rote Held« eine Berge zu finden hoffte[18], daß auch die Zukunft der Gattung nicht erst nach Jahrmillionen, sondern viel früher zu Ende sein könnte, dann wird auch die allgemeine Verfinsterung im Bewußtsein der Zeitgenossen verständlich.

Dabei war schon jene Verlegung ins Allgemeine nicht legitim. Denn Ethik und Sinnfrage hat man genau zu unterscheiden (was nicht heißt: zu trennen). Tatsächlich lebt der Mensch nicht für sich: die Sinnfrage fragt über ihn hinaus. Wollte ich aber seinen Dienst an den anderen zu seinem Lebenssinn erklären, hätte ich ihn zum Mittel gemacht. Ist ein Mittel doch eben dies, dessen Sinn sich in der Funktion für seinen Zweck erschöpft. Hier steht also gar nicht die Frage des Egoismus oder Altruismus eines Individuums zur Debatte (so wichtig sie an ihrem Ort ist), sondern die Frage, wie die »Nutznießer« des Opfers sich zu diesem stellen. – Man kann das Lebensopfer anderer mit Dank entgegennehmen – und von anderen leben wir alle. Aber damit wird man nicht zu deren Sinn und Zweck. Wo das geschähe, wären jene zu Sklaven und bloßen Mitteln geworden; und es änderte auch nichts, wenn sie – »heroisch« – sich selber derart verzweckten. Nicht das Kind ist Lebenssinn der Mutter, nicht

[17] Kap. 10, Anm. 2.
[18] Siehe Kap. 10, Anm. 30.

der Unterhalt der Eltern Daseinszweck ihrer Nachkommenschaft.

Das gilt auch und gerade in christlicher Sicht. Zwar findet man bei Dorothee Sölle eine Meditation zum Tod des Moses vor dem Einzug ins Gelobte Land, wo man liest: »Er sah auf das Land, das er nicht erreichte, das er niemals betrat. Eine individuelle Auferstehungshoffnung hatte er nicht nötig. Weil er den großen Tod, der die Menschen nicht zum Leben kommen läßt, in der ägyptischen Sklaverei erkannt und bekämpft hatte..., darum brauchte er den kleinen Tod nicht zu fürchten.«[19] Aber dazu ist, immanent biblisch erstens, zu fragen, von woher hier völlig verdrängt wird, daß Moses zur *Strafe* vor Betreten des Gelobten Landes sterben mußte (Num 20,12f). Sodann, warum die Autorin bei ihrem sonstigen sozialen Engagement hier jene anderen unterschlägt, deren Gebeine zu seiten des 40jährigen Wüstenwegs bleichen, ohne daß sich von ihnen eine Lebensleistung wie von diesem Großen melden ließe.

Die Sinnfrage ist immer die von Einzelnen, obwohl sie niemals einen allein meint, sondern ihn alsbald nach dem Sinn des Ganzen, nach dem Sinn für alle fragen läßt.

Diese Frage wird also durch ethische Appelle nicht beantwortet. Andererseits kann man beides nicht trennen. Wenn – wie betont – die Sinnfrage nicht durch die Ethik niedergeredet werden darf, dann darf ebensowenig die Sinnfrage den ethischen Anspruch übertönen. Und diese zweite Gefahr liegt heute vielleicht noch näher: jener Resignation, die biblisch so ausgedrückt wird: »Laßt uns essen und trinken; denn morgen sind wir tot« (Jes 22,13; 1 Kor 15,32).

Auch wenn man morgen tot ist, hat man heute anständig zu leben; und sogar wenn morgen alle tot sein sollten, haben wir heute gewissenhaft und voll Verantwortung zu handeln. – Diese Unabhängigkeit und Unbedingtheit des sittlichen Anspruchs scheint mir, wie gesagt, gegenwärtig durch eine einseitige Fixierung auf die Sinnfrage ernstlich gefährdet.

Das zeigt sich sowohl in der Abtreibungsdiskussion, wo da-

[19] Die Hinreise. Zur religiösen Erfahrung, Stuttgart 1975, 23.

für plädiert wird, ungeborene Kinder zu töten, weil ihnen – medizinisch oder sozial gesehen – das Leben, das sie erwartet, nicht zugemutet werden könne, als auch in der begonnenen Euthanasie-Debatte; schon finden sich Hinweise auf Dialysepatienten, Bluter ...

Demgegenüber kann man es nicht deutlich genug unterstreichen: Selbst wenn wir bezüglich der Zukunftshoffnungen zu resignieren hätten, dürfen wir es nicht bezüglich der sittlichen Herausforderung, die jede Situation für den Menschen bedeutet. Wir dürfen es nicht individuell, im Privaten; wir dürfen es gesellschaftlich und politisch nicht. Um es mit einem leuchtenden Wort aus einer dunklen Stunde zu sagen, dem Schlußsatz der Erklärung von Otto Wels vor der Abstimmung über Hitlers Ermächtigungsgesetz: »Freiheit und Leben kann man uns nehmen, die Ehre nicht.«

Gleichwohl verlangt eben diese »Ehre«, also das Gewissen, von uns, Lebens-Bedingungen zu erhalten, in denen sich diese Alternative nicht in solcher Schärfe stellt. Darin gründet die Pflicht zur Verteidigung unserer Freiheits-Ordnung. (Auf mich wirken theologische Voten zynisch, welche Katakomben-Zustände beinah herbeizuwünschen scheinen. Ich jedenfalls möchte für Verhältnisse nicht verantwortlich sein, in denen man fast nur noch um den Preis des Martyriums seinem Gewissen treu bleiben könnte. Doch dazu Kap. 13.) Darin aber gründet genau so der Auftrag an Wirtschaft, Wissenschaft und Technik, ressourcen- und umweltfreundliche Verfahren zu entwickeln, um das Leben nicht bloß für wenige, sondern für möglichst viele lebenswert zu erhalten: für unsere Generation und für unsere Kinder und Enkel.

So gilt der sittliche Anspruch zwar unabhängig von Hoffnung; aber erstens verlangt er gerade, der Hoffnung zu dienen, Voraussetzungen und Bedingungen vertretbarer Hoffnung zu schaffen. Und zweitens *gilt* der Anspruch zwar aus sich selbst; doch der Mensch, so wie er gebaut ist, wird ihm in der Regel nicht *entsprechen* können, wenn er keine Hoffnung sieht.

Wir haben uns nicht verheimlichen dürfen, daß der Tod – nicht erst der mögliche (und schließlich sichere) der Gattung, sondern der gewisse jedes Einzelnen – das Ende aller hiesigen Hoffnung bedeutet. Um nochmals – und jetzt zustimmend – Ernst Bloch zu zitieren: »Das letzte Fiasko bleibt kein Rahmen oder dunkler Grund, von dem der kurze Sonnentag sich desto bewußter abhebt; Memento mori ist im Bewußtsein selber der Bankrott ... Die Kiefer des Todes zermalmen alles«[20]

Müssen wir Sterbliche ihm, seinem Schweigen das letzte Wort lassen? – Nicht von ungefähr gewinnt, wie gesagt, der östliche Gedanke der Wiedergeburt zunehmend Anhänger hierzulande. – Aber es geht nicht bloß um den Tod, sondern auch um »der Übel größtes« (F. Schiller): die Schuld. Hier war eine sinnlose Ausweitung des Schuldvorwurfs abzuweisen; aber ihn ganz zu bestreiten, hieße, im »Unschuldswahn« die Menschenwürde zu opfern, weil man dann Freiheit und Verantwortung bestritte.

Darum fragen wir nicht bloß, inwiefern das spätere Leben eines anderen (denn was hieße »ich«?) eine Antwort auf meine Sinnfrage sein könne; vor allem hat sich im vorherigen Kapitel die Frage gestellt, worauf bei dem gnadenlosen Konzept einer Aufarbeitung meiner Schuld in späteren Existenzen sich die Hoffnung auf Abnahme statt Zunahme (nicht des Unwissens, sondern) zu vertretender Schuld stützen wolle, ja was Aufarbeitung von Schuld (statt von Entwicklungsrückständen) ohne neuschaffende Vergebung überhaupt bedeuten solle.

Gegenüber dem genuinen Zielsinn von Reinkarnation, nämlich auf die ersehnte Befreiung von Leben und Dasein hin (was jegliche Furcht vor dem Ende der Zukunft ausschlösse, im Gegenteil), zeigt biblischem Schöpferglauben sich das Dasein als ursprüngliches Gewollt- und Gesolltsein, als gut, ja »sehr gut« (Gen 1,31). »Zum Dasein hat (Gott) alles geschaffen, und heilbringend sind die Geschöpfe der Welt« (Weish 1,14). Darum ist

[20] Prinzip Hoffnung (Kap. 10, Anm. 30) 1301.

das Siegel seiner Schöpfertat und Schöpfertreue die Erweckung der Toten zum Leben. Im Blick hierauf hat Karl Rahner Gott die »absolute Zukunft« genannt.[21]

Immer noch hört man, solcher Glaube bedeute eine Abwertung des Hiesigen, als ob nicht gerade das Gegenteil gölte, wie jedem unvoreingenommenen Blick evident wird: Nur wenn es ein Leben *nach* dem Tod gibt, gibt es auch ein wahres Leben *vor* dem Tod.

Um nochmals an Blochs letztes Wort zu erinnern: Wer an den persönlichen Gott glauben darf, für den verfinstern nicht die Schatten des Nichts das Sonnenlicht seines Heute, sondern sagt umgekehrt in diesem »Sonnentag« sich ein Licht an, das dessen Versprechen end-gültig bestätigt, allem Dunkel auf dem Lebensweg zum Trotz. – Damit sind die Dunkelheiten nicht verschwunden, doch man mag sie nun getrost betreten. Denn wer seiner absoluten Zukunft gewiß ist, der kann seiner und unserer relativen Zukunft in Gelassenheit entgegenleben und -wirken.

Wer das Leben als Geschenk zu empfangen und zu lieben vermag, dem wird sich dann auch dessen Sinn auftun.[22] Ihn hetzt sein Schrecken nicht, noch lähmt ihn seine Angst. So kann – im Ernst, aufs letzte gesehen – nur er bewußt und illusionsfrei ein präsenter Bürger dieser Erde sein – in Licht wie Nacht. Und darum kann er nun auch Mittel und Wege entdecken, die weder egozentrische Wehleidigkeit noch panische Hysterie finden würden. Und er kann solche Wege nicht allein sehen, sondern

[21] Die Frage nach der Zukunft, in: Schriften zur Theologie IX, Einsiedeln 1970, 519–540; zur Schöpfertreue: J. Splett, Gottes Gerechtigkeit, in: Th Ph 55 (1980) 404–417 (408).

[22] Auf dieser Reihenfolge besteht Aljoscha Karamasoff im Gespräch mit seinem Bruder Iwan (V 3; Darmstadt 1979, 374). – Hier ist insbesondere auf den Schluß des 6. Kapitels zurückzuverweisen (Anm. 42ff), und auf Kap. 10. J. Pieper, Noch wußte es niemand. Autobiographische Aufzeichnungen 1904–1945, München 1976, 139: »Eine ganz neue Erfahrung war schon der zuerst kaum wahrnehmbare Ruck, mit dem sich unversehens und nur um ein winziges der Blickwinkel ändert, unter dem man Welt und Leben betrachtet – auf Grund des schlichten Faktums, daß man der Vater eines Sohnes geworden ist. Seitdem geschieht es, wenn ich dem ›gebildeten Räsonnement‹ der Sophisten zuhöre und sie ihr jugendverderberisches Spiel treiben sehe, immer wieder einmal, daß ich zu mir selber sage: Wahrscheinlich haben sie keinen Sohn.«

auch gehen – ohne den hybriden Anspruch eines geschichtsphilosophischen Gesamtplans für diese Welt (wonach alles Kommende bereits gewußt = altbekannt wäre), sondern ungleich bescheidener – mit dem Mut des Vertrauens und der Demut der Hoffnung: Schritt für Schritt.[23]

3. Exkurs: »Natur« und »natürlich«

Identität als Übereinstimmung mit sich »muß für ein natürliches Wesen immer auch heißen: in Übereinstimmung mit der Natur leben« (R. Spaemann)[1]. Unstreitig; doch was heißt in den entsprechenden Diskussionen jeweils ›Natur‹ und ›natürlich‹? Es dürfte hilfreich sein, dazu einige klärende Unterscheidungen ins Gedächtnis zu rufen. Sie werden hier schlicht aufgrund des »Ausführlichen Handwörterbuchs« von Karl Ernst (dann Heinrich) Georges geboten, in lockerer Anlehnung zudem an Clive Staples Lewis, der das erste Kapitel seiner »Wort-Studien« diesem Begriffsfeld widmet.[2]

1. ›Natura‹ heißt zunächst: ›Geburt‹ (auch [wie seltener: das Zeugungs-] das »Geburtsglied« – Georges). Es heißt sodann ›Natur‹, das meint zuerst: die »Beschaffenheit« von etwas, »what something ›is like‹« (24), also auch die Art und »Familie«, zu der etwas gehört (englisch: ›kind‹).

Damit kommen bereits wertende Bestimmungen hinein wie: gute, gehörige Beschaffenheit. Zu ›Art‹ gehört ›artig‹, zu ›Geburt‹: ›von Geburt‹, ›gebürtig‹, ›echtbürtig‹, ›geboren‹ (der ›geborene Herrscher‹, ... englisch: ›kindly‹). Ebenso gehören hierher die Adverbien ›natürlich‹, ›naturally‹, ›naturellement‹, mit einem Sinn, den ›naturaliter‹ noch nicht besitzt, nämlich: selbstverständlich, dementsprechend (›natürlich‹ wird zum Gegen-

[23] Siehe auch meinen Beitrag: »Sakrament des Augenblicks« (Einführung Anm. 8).

[1] Die Aktualität des Naturrechts, in: ders., Zur Kritik der politischen Utopie. Zehn Kapitel politischer Philosophie, Stuttgart 1977, 183–198, 194.

[2] Georges: [10]Hannover 1959, II. Bd.; C. S. Lewis, Studies in Words, [2]Cambridge (1967) 1972, 24–74.

wort von ›unnatürlich‹). – ›Natur‹ meint so (rein beschreibend wie wertend) Charakter, Denkungsart, »natürliches Gefühl«, zur »zweiten Natur« gewordene Gewohnheit.

›Physis‹, das griechische Wort, besagt: Ursprung, Aufgang, Anfang; aus dem Gewordensein besagt es dann das Wesen des Gewordenen. Vor allem aber – und damit kommt nun die umfassende Bedeutung von *natura* ins Spiel – dient ›physis‹ seit den Vorsokratikern als Wort für das Eine Ganze des Sich-Zeigenden. Natura = das All.

Hat dieses Wort zunächst keinen Gegenbegriff, so erhält es ihn im Fortgang der philosophischen Spekulation. Platonisch, aristotelisch, christlich wird ein Jenseits zur Natur behauptet: platonisch das Reich der Ideen, aristotelisch die Gegenstände der Mathematik und der unbewegte Beweger, christlich der Schöpfer.[3]

Neben solcher Depotenzierung kommt es jedoch auch zu einer Steigerung: Natur wird nicht bloß rhetorischerweise selber zur Göttin. Lewis bemerkt hierzu: »Of all the pantheon Great Mother Nature has, at any rate, been the hardest to kill« (42). Inzwischen müßte er wohl einräumen, daß sie nur scheinbar tot war, daß sie jedenfalls in neuer Weise lebt und herrscht. (F. Nietzsche: »*Tod* ist bei Göttern immer nur ein Vorurteil« Das Eselsfest.[4])

2. So weit ein knapper Durchblick. Ein Überblick über die angedeutete Vielfalt ist vielleicht am einfachsten dadurch erreichbar, daß wir die Gegenbegriffe zu ›natürlich‹ mustern.

Schon genannt worden ist a) ›unnatürlich‹ (schärfer: ›widernatürlich‹, anders als beispielsweise ›unirdisch‹ stets pejorativ verwendet) gegen ›natürlich = wesensgemäß‹; b) ›künstlich‹ (technisch), statt ›ursprünglich‹ (spontan); c) kultiviert, seelisch, geistig – im Gegenüber zum »Animalischen« im Menschen; d) sittlich, geistlich gegenüber der »menschlich-allzu-

[3] Im Mittelalter wird ›Natur‹ sogar teilweise auf die sublunare Welt beschränkt (nicht ohne Ansatz bei Aristoteles, der Met XII 7 [1072b 14] »Himmel *und* Natur« vom Bewegungsprinzip abhängen läßt).

[4] Zarathustra: SW (KSA) IV 391.

menschlichen« (»fleischlichen«) Natur des »Alten Adam«.[5] Der Natur-Begriff von d) kann so das Gegenteil zu dem erstgenannten bedeuten.

Aber wir sind noch nicht am Ende. e) In Kunst- und Modediskussionen wird gegen Unausgewogenes, Übertriebenes, Ausgefallenes für das »Natürliche« als das Klassisch-Kanonische votiert. Damit verwandt ist f) die rechtstheoretische Unterscheidung »physei-thesei (nomo)«, also von natürlichem und gesetztem Recht. Sie wird mit doppelter Stoßrichtung getroffen: sophistisch gegen die Einengung durch das Polis-Gesetz für das naturgemäße »Recht« des Stärkeren; bei der Berufung auf »Naturrecht« umgekehrt im Namen des Ethos gegen ungerechte staatliche Gesetze. Entsprechend wird das Verhältnis zwischen Naturzustand und Rechtsstaatlichkeit unterschiedlich gewertet (Hobbes – Rousseau).

An siebter Stelle ist g) die systematisch-theologische Unterscheidung von »natürlich« und »übernatürlich« zu nennen, die von der Geschöpflichkeit des Menschen das innergöttliche Leben und unseren Anteil daran abhebt. h) Vager taucht diese Unterscheidung auch in »Psi«-Diskussionen auf: im Blick auf Phänomene, die den »natürlichen Lauf der Dinge« unterbrechen oder überschwingen. i) ›Übernatürlich‹ wäre schließlich auch eine mögliche Übersetzung von ›metaphysisch‹, das wohl doch nicht bloß als bibliothekarische Bezeichnung verstanden werden darf:[6] ›physisch‹ meint dann soviel wie ›phänomenal‹.

Vielleicht sollte im Zug gegenwärtiger Mentalität auch der Schlußabschnitt von Lewis' Erörterungen genannt werden: Natur ist in der Poesie des 18. und 19. Jhd. ein Wort für stadt- und

5 So wäre aus der Perspektive von Schüllers Kritik die These traditioneller Moraltheologie zu lesen, die den »natürlichen« Vorrang der Selbstliebe vor der Nächstenliebe vertritt. Die Begründung sittlicher Urteile. Typen ethischer Argumentation in der Moraltheologie, Düsseldorf ²1980, 80, 82, 233f.

6 So die übliche Deutung, die auch Lewis (68) übernimmt. Siehe hingegen: H. Reiners, Die Entstehung und ursprüngliche Bedeutung des Namens Metaphysik, in: Ztschr. f. philos. Forschung 8 (1954) 210–237 (auch in: F.-P. Hager [Hrsg.], Metaphysik und Theologie des Aristoteles, Darmstadt 1969, 139–174); ders., Die Entstehung der Lehre vom bibliothekarischen Ursprung des Namens Metaphysik, a.a.O. 9 (1955) 77–99.

zivilisationsfeindliches Fernweh, Träume von Asien oder, »nostalgisch«, vom Mittelalter, bis zurück nach Ägypten; auch die »Natur« des »Englischen Gartens« gehört hierher (samt seiner – künstlichen – Ruine). Doch unsere Fragestellung ist ernster: grundsätzlich = prinzipiell.

3. In der Tat sind ›Natur‹ und ›Prinzip‹ fast eine Tautologie, wenn man die thomasische Definition von »natura« als »principium operationis« aufgreift.[7] Aber verlangt die Wahrung eines Prinzips, daß man es auch zur Norm macht?

Prinzip ist das, wodurch etwas ist oder erkannt wird; das deutsche Wort dafür heißt »Grund« (bzw. »Grundsatz«). – *Norma* demgegenüber heißt das Winkelmaß, übertragen: Regel, Vorschrift. Wir lassen hier die faktisch-statistische Bedeutung des Wortes (im Sinn des Durchschnittlich-Normalen) beiseite und halten uns an die maßgeblich-axiologische (im Sinn des *Normativ-Normierenden*). Innerhalb des Normativen geht es jetzt nur um das *sittlich* Gesollte (weder um logische Normen noch um ästhetische oder solche des gesellschaftlichen Umgangs ...).

Als solches »Soll« hat »Norm« nun nochmals eine doppelte Bedeutung: als »singulare tantum«, wäre sie mit dem *Prinzip* sittlichen Handelns identisch, etwa als der Grundsatz: Handle freiheitsgemäß, handle sittlich, gewissenhaft! oder ähnlich; im zweiten, meist pluralen Gebrauch meint »Norm« die *konkrete Handlungsregel.* Hier »wird die sittliche Norm als Vermittlungsbegriff zwischen Sittlichkeit (Freiheit) einerseits und faktischem Tun andererseits gedacht«, was freilich »nicht als ein nachträgliches Subsumtionsverfahren zu verstehen ist, in welchem eine geschehene Handlung unter eine bestehende Norm subsumiert wird«, sondern als eine ursprünglich-spontane Zu-

[7] De ente et essentia 1 (c. fin.): »videtur significare essentiam rei, secundum quod habet ordinem ad propriam operationem rei (Omn. Op., Parmae 1853ff, 16,330). Oder weiter gefaßt: In De anima II, lect. 2: »Naturalia enim sunt, quae in seipsis principium motus et status habent. Huiusmodi enim principium natura dicitur« (20, 44). Siehe J. Splett, Natur I. Der philosophische Begriff, in: Sacramentum Mundi III 675–677 (auch in Herders Theolog. Taschenlexikon).

sammenschau, die der Herausgeforderte in seiner jeweiligen Situation zu erbringen hat.[8]

Solche lebendig hier und jetzt »realisierte« *Maximen* lassen sich aufgrund ihrer allgemeinen Verantwortlichkeit nachträglich formalisieren und kodifizieren. Und in diesem Sinn spricht man von einem geltenden Normensystem.

Schließlich haben wir noch beim Natur-Begriff zu unterscheiden: zwischen der Natur des Menschen als solchen (als eines »animal rationale«, ich sage lieber: »gerufener« oder »leibhaftiger Freiheit«) und der Natur seiner Leiblichkeit (die selbstverständlich nicht schlicht »biologisch«, weil spezifisch human gesehen sein will). – Damit läßt sich endlich unser Antwortversuch formulieren:

Die Leib-Natur(ordnung) des Menschen muß zwar stets ein Prinzip seines Handelns darstellen, soll es nicht selbstzerstörerisch werden; aber sie hört nicht einfachhin auf, dies zu sein, wenn sie nicht gleichermaßen als konkrete Handlungsnorm fungiert. Anders gesagt: Nicht jedes Handeln gegen einen Natur-Zweck ist schon ein Handeln gegen die Natur.

Einmal nämlich erscheinen die Naturzwecke ihrerseits in großer Vielfalt, sich »überschneidend«, so daß im Verfolg des einen ein anderer durchkreuzt und ausgeschlossen wird. Aus der von einer Sandwespe gelähmten und zur Eiablage verwendeten Raupe wird niemals ein Schmetterling schlüpfen.

Sodann heißt »Kultur« nichts anderes als bewußte Umfinalisierung, also die Indienstnahme, die Hemmung und auch Ersetzung von natürlichen Zwecken durch gesetzte andere. – Es gibt eine Weise, sich die Erde »untertan« zu machen, die Ausdruck hybriden und egoistischen Macht-Anspruchs ist, nicht »Statthalter«-Dienst. Dafür ist heute ein neues Bewußtsein erwacht. Aber solcher Gefahr entgeht der Mensch nicht dadurch, daß er auf Eingriffe in die Natur und auf Kulturgestaltung überhaupt verzichtet. Schlechthin »natürliches« Leben ist ihm verwehrt,

[8] A. Pieper, Norm, in: Handbuch philos. Grundbegriffe, München 1973/74, II 1009–1021, 1016.

da, um es nochmals zu wiederholen, es seine »Natur« ausmacht, in Kulturen zu leben.

Und nicht die Ausübung seiner Herrschafts-Autorität (gemäß Gen 1,28), sondern, wie bedacht, deren Verkehrung aus mißtrauischer Absage an Gottes Leitung hat zur heutigen Krise geführt.

12. HEIMAT

»Wo ist man daheim? Wo man geboren wurde oder wo man zu sterben wünscht?« beginnt Carl Zuckmayer seine »Horen der Freundschaft«.[1] – Es steht eine Zeitfrage an, im »Jahrhundert der Flüchtlinge«; doch soll sie philosophisch erwogen werden, also in bewußter Beschränkung auf allgemeinste, grundsätzliche Perspektiven.[2] Das wirkt angesichts politischer Diskussionen »abgehoben« und fern (»unheimlich« abstrakt). Aber vielleicht wird auch die Mühe, sich in u. U. Befremdliches hineinzudenken, damit belohnt, im Ungewohnten doch Verwandtes, gar Eigenes zu entdecken und so in einer neuen Weise sich selbst zu begegnen.

Um eingangs aus den vielen unterschiedlichen Bestimmungen von ›Heimat‹ eine anzuführen – die des Münchener Historikers Karl Bosl –: »Heimat ist geographischer, biologischer, gemeinschaftlicher, mentaler, geistiger, religiöser Ort, der den und die Menschen zwingt, natürliche und geistig-moralische Bindungen anzuerkennen, die man vergessen, aber nicht auslöschen kann.«[3]

Dem Philosophen ruft das Thema eine »Definition« der Philosophie ins Gedächtnis, die Novalis 1798 in seinen enzyklopädistischen Materialien notiert: »Die Philosophie ist eigentlich

[1] Als wär's ein Stück von mir. Werkausgabe in zehn Bänden, Frankfurt/M. 1976, I 7.

[2] Vgl. W. Hinrichs, Heimat, Heimatkunde, in: HWP III 1037–1039: »eine raumzeitliche Gegebenheit für das Subjekt«; nicht bloß vorgegeben, sondern auch »erst zu schaffen« durch dessen »emotional-praktische[s] Sichhineinleben».

[3] K. Bosl, Heimat, in: R. Walter (Hrsg.), Das Glück liegt auf der Hand. ABC der Lebensfreuden, Freiburg 1984, 133–135, 135.

Heimweh – Trieb, überall zu Hause zu seyn.«[4] Das heißt, der Philosoph bzw. (so ja dessen Hochmut): der Mensch überhaupt ist einerseits nicht daheim; andererseits aber sehnt er sich offenbar keineswegs einer fernen Heimat entgegen, sondern der zweite Teil spricht von dem Trieb, überall, also vor allem *hier*, daheim zu sein.

Sehen wir zu, ob das Folgende diesen Knoten ein wenig löst, zumindest lockert. Es sei das anhand von fünf Worten versucht (die zudem jeweils – wie es nicht bloß Novalis geliebt hat – eine Figur-Formel kennzeichnen mag). – Das erste Wort schließt an die zweite Hälfte der zitierten Definition an:

Kreisschluß: wohnen

Bei Luther lesen wir, daß in den Zweigen des Senfbaums die »Vögel des Himmels wohnen« (Mt 13,32), eigentlich »kataskenoûn = ihr Zelt aufschlagen«. Doch das ist bildhafte Rede. – Die Sprachwissenschaft belehrt uns, das Wort ›wohnen‹ besage ursprünglich: sich wohl befinden. Die Wurzel ›wen‹ bedeutet: verlangen und lieben. Wunsch und Wonne, Gewinn, die Göttin Venus selbst gehören hierher.

Weitere Hilfe bietet die Phänomenologie, die Wissenschaft einer doppelten Frage: 1. was zeigt eigentlich ein Phänomen (hier: das Wohnen), wenn man es vorurteilsfrei in den Blick nimmt? 2. Was ist das nun eigentlich, was sich da zeigt? – Für Essen, Schlafen, Lieben, Kindererziehung gibt es in modernen Wohnungen besondere Räume, »und dann gibt es da noch das Wohnzimmer. Was macht man da? Man wohnt. Was ist das?« fragt Hermann Schmitz.[5]

Als Ausgangspunkt seiner Analysen wählt er den Augenschluß, also jenes Bei-sich-Sein, das sich einstellt, »wenn ich, in einem bequemen Sessel sitzend, die Augen schließe« (207). Und

[4] Schriften (Kluckhohn-Samuel), Stuttgart 1960ff, III (^{2}1968) 434 (Nr. 857).
[5] Das Göttliche und der Raum (System der Philosophie III 4), Bonn 1977, XV.

die erreichte Zielbestimmung lautet: »Ein Wohnen findet demnach statt, wenn Menschen in einem umfriedeten Bezirk dank der Umfriedung eine Chance haben und wahrnehmen, mit ergreifenden Atmosphären in der Weise vertraut zu werden, daß sie sich unter ihnen zurechtfinden und mehr oder weniger über sie verfügen« (213).

Erläutern wir diese kompakte Formel aus der Gegenrichtung: Die Welt ist zunächst das bedrohlich Fremde ringsum. Innerhalb dieser überwältigenden Bedrohung schafft sich der Mensch einen überschaubaren Lebensraum für sich und die Seinen. – ›Raum‹ kommt von ›räumen‹; und das heißt eigentlich: freilegen, roden. – Im Dschungel der Welt also räumt sich der Mensch einen Platz frei, an dem er mit den Seinen sich wohlfühlen kann, weil innerhalb dieses Platzes er selber »Wetter« und »Stimmung« zu korrigieren vermag, statt ihren Launen schutzlos ausgeliefert zu sein.

Der Mensch ist also jenes Wesen, das nicht so sehr sich der Welt anpaßt – wie es vorwaltend im Pflanzen- und Tierreich geschieht –, als daß er vielmehr diese Welt sich und seinen Wünschen zurechtmacht. Nicht sogleich die Welt im Ganzen, aber doch jenen Ausschnitt, den er bewohnt. Und von dort her in einem ersten Schritt auch schon die Welt selbst: die Zeltstange ist deren Nabel, die Achse der Welt, ja der Weltbaum.[6]

So gründet der Mensch in der Welt ein Heim, wo er zu sich kommen und bei sich sein kann. Und wo dann auch andere und anderes – nicht bloß Menschen, auch Tiere, Pflanzen, geschätzte Dinge – bei ihm sein und gleichsam zu sich kommen können. – »My home is my castle«, wobei jetzt weniger an die Abwehr nach außen zu denken wäre – sie bindet und beunruhigt ja noch – als an das Geschützt- und Ungestörtsein im Innern: Zufriedenheit. – Als Zum-Frieden-gebracht-Sein hat Martin Heidegger beim zweiten Darmstädter Gespräch (1951) das Wohnen bestimmt.[7]

[6] Vgl. M. Eliade, Kosmos und Geschichte. Der Mythos der ewigen Wiederkehr, Reinbek: Rowohlt 1966, 16ff; ders., Die Religionen und das Heilige. Elemente einer Religionsgeschichte, Salzburg: O. Müller 1954, 424ff (§§ 143f).

[7] Bauen Wohnen Denken, in: Vorträge und Aufsätze, Pfullingen 1954, 145–162, 149.

Und Friede seinerseits (um sozusagen noch einen Kreisgang auf die Mitte des Labyrinths hin zu tun), ›Friede‹ hat eine gemeinsame Wort-Wurzel mit ›Freiheit‹: ›fri‹, was ›lieb und teuer‹ bedeutet. – Jemanden freien heißt, ihn liebend umfrieden, um nun bei ihm (bzw. ihr) zu wohnen: mit ihm oder ihr in derselben Umfriedung zufrieden zu sein.

In einem Wort, man wohnt dort, wo man »bei sich« ist, wo man sagen kann: »Hier bin ich Mensch, hier darf ich's sein.«[8] Doch ist man damit zufrieden?

Parabel: Aufbruch

Heinrich von Kleist läßt eine Prinzessin, »als der schwarze Prinz um sie warb«, in die Worte ausbrechen:[9]

Was weiß ich, was er alles
  Mocht' erstreben.
Und jetzt begehrt er nichts mehr,
  Als die eine –
Ihr Menschen, eine Brust her,
  Daß ich weine.

Ein Gedankenstrich markiert den Umschlag, da der »Liebesjubel im Augenblick des Aufbruchs zur Liebesklage wird über den Ritter, der sich verliegt« (Kraft 56).

In der Tat, der Ritter hat auf Abenteuer auszuziehen; Aufbruch gilt als ein Grundgesetz in Mythen, Sagen und Märchen. »Abenteuer und Fahrten der Seele« hat Heinrich Zimmer seine Deutungen zu solchem Stoff überschrieben.[10] – Max Lüthi: »Der Märchenheld ist wesentlich ein Wanderer ... Sei es, daß

[8] J. W. v. Goethe, Faust I, Vor dem Tor (940).

[9] Katharina von Frankreich, in: Sämtl. Werke u. Briefe. 2 Bde, München [4]1965, I 14. Siehe dazu W. Kraft, Augenblicke der Dichtung. Kritische Betrachtungen, München 1964, 53–59.

[10] Ges. Werke IV, Zürich-Stuttgart 1961. Vgl. etwa: R. Bezzola, Liebe und Abenteuer im höfischen Roman (Chrétien de Troyes), Reinbek b. Hamb. 1961.

die Eltern zu arm sind, um ihre Kinder bei sich zu behalten, sei es, daß ein Auftrag oder ein Wettbewerb den Helden in die Ferne zwingt oder lockt, sei es der reine Entschluß, auf Abenteuer auszugehen. In einem niederdeutschen Märchen schickt der Vater seine zwei älteren Söhne zur Strafe, den jüngsten aber zur Belohnung in die Welt hinaus. Nichts zeigt deutlicher, daß dem Märchen jedes Mittel recht ist, seinen Helden zu einem Wanderer zu machen, ihn in die Ferne zu führen...«[11] – Alte christliche Rede spricht vom Menschen als Pilger, »Homo viator«.

Der Mensch ist das Wesen der Freiheit und damit der Geschichte. Beides spricht im Wort »Erfahrung«. Die kann man nur »machen«, indem man, ausfahrend, sich der Gefahr stellt, mit sich etwas »machen« und geschehen zu lassen. Und wer sie – am Ziel seiner Fahrten – nur mehr »hätte«, ohne sich ihrer Infragestellung auszusetzen, wäre um den Preis vollendet, daß er zugleich auch am Ende wäre.

Will man nicht in diesem Sinn perfekt bzw. »fertig« sein, dann muß man unabgeschlossen, offen bleiben – statt schon eingefriedet: also im Aufbruch. Bei Romano Guardini heißt die Freiheit »Anfangskraft«.[12] – Das leugnet Herkunft und Gewährtes nicht, aber entnimmt aus der Dankbarkeit dafür gerade die Pflicht, weiterzugehen.

»Die Wahrheit der Geschichte... ist die Wahrheit der Freiheit, welche sich nur verständlich macht im immer neuen Aufbruch; daher sagt Hölderlin:

> Alles prüfe der Mensch, sagen die Himmlischen,
> Daß er, kräftig genährt, danken für alles lernt,
> Und verstehe die Freiheit,
> Aufzubrechen, wohin er will.

Der Wille zum Aufbruch ist nicht Willkürwille des Menschen... Prüfung der Umstände und Möglichkeiten des Men-

[11] Es war einmal... Vom Wesen des Volksmärchens, Göttingen ²1964, 108. Er steht darum nicht an, im Blick auf den Schwank »Hans im Glück« von »Antimärchen« zu sprechen: So leben sie noch heute. Betrachtungen zum Volksmärchen, ebenda 1969, 107.

[12] Einführung, Anm. 1.

schen, Dank für die verdankte Herkunft und ihre Gaben geben ihm nach Hölderlin erst Freiheit zum Aufbruch« (Max Müller).[13]

Aufbruch muß also im Gehorsam geschehen, als Annahme eines Schicksals. Sobald der Mensch diese seine »Sendung« beherzt übernimmt, ist sein Dasein nicht mehr im Kreisbild zu fassen, sondern stellt sich eher im Bild einer Schritt für Schritt sich weitenden und raumfassenden Parabel dar. – Statt um den gerodet umfriedeten Ausschnitt geht es ihm jetzt um den Ausgriff. Er ist also nicht eigentlich bei sich (»chez soi«), sondern statt dessen eher außer sich. Weniger als der eigene Umriß »definiert« den Einzelnen sein charakteristisches »Interesse«; und dies bestimmt sich entscheidend von jener Wirklichkeit her, der es gilt, also gerade von anderem als durch es selbst.

Ist aber damit nicht aus Selbstbestimmung Fremdbestimmtheit geworden? Eben das meinen ja auch die Programmworte »Erfahrung« (die man tatsächlich nur in der Weise »macht«, daß man sich ihr aussetzt) und noch stärker »Abenteuer». – In deren wirbelnder Folge stellt sich nun die Frage: Wozu? Gerade aus diesem Wechsel reift die Erfahrung, daß sie in sich selbst nicht hinreichenden Sinn besitzen.

Bei ständigem Aufbruch kann es nicht bleiben, will man dem Schicksal entgehen, daß die Kurzweil der Abwechslung langsam zu grauer Langeweile ermüdet. – Die Ferne lockt, doch sie nährt nicht. Im »Elend«, d. h. im Ausland der Fremde, entdeckt der Fahrende als »Frucht der Abenteuer« die Heimkehr.[14]

Strahl: Unterwegs zur Heimat

Doch fände er mit der Rückkehr den Frieden? Auch wenn man einräumt, daß es niemals eine *Rück*kehr gibt, weil weder das Heim noch der Heimkehrende die gleichen sein können wie bei

[13] Erfahrung und Geschichte. Grundzüge einer Philosophie der Freiheit als transzendentale Erfahrung, Freiburg-München 1971, 598. Hölderlin: Lebenslauf, in Kl. Stuttg. Ausg. II 22.

[14] N. Bruchhäuser, Heimkehr, Frucht der Abenteuer, Bad Godesberg 1955.

seinem Aufbruch:[15] in allem Wandel sind sie doch die*selben*. Die Situation ihrerseits ist dieselbe: die Ferne ruft wieder. (Außer der Mensch wäre auch innerlich müde geworden, also weniger geworden statt mehr, und hätte sich tatsächlich dem Zug resignierender Regression überlassen. So aber wäre er eigentlich nicht mehr zur Heimat, sondern in Wahrheit hinter sie zurück zum »Schlaf« des Nichtseins unterwegs. Dazu später.)

Entdeckte zuvor der Wechsel der Fernen sich als langweilend »Immer dasselbe«, so nun der Wechsel zwischen Heim und Ferne, Zentrum und Peripherie.

> So tauml' ich von Begierde zu Genuß,
> Und im Genuß verschmacht' ich nach Begierde.[16]

Genuß, Befriedigung hat demnach zwar mit Heimat zu tun – was uns eingangs die deutsche Sprache zu ›Wonne‹ und ›Wohnen‹ gesagt hat, heißt in der lateinischen Klarheit des Aquinaten: Genuß besage Ruhe des Strebens im entsprechenden Guten[17] –; doch solche Ruhe, Heilmittel gegen die Müdigkeit der Seele (ebd.), gewährt bloß eine Rast, die den Wechsel bestätigt.

Nur eins bewahrt davor, angesichts dessen von selbstzerstörerischem Überdruß angefallen und von ihm übermächtigt zu werden: den Wechsel selbst als *Schritt*-Abwechslung auf einem *Weg* zu begreifen.[18]

Das heißt, die Heimat, die der Mensch im Grunde sucht, ist nicht hinieden zu finden, weder daheim noch in der Ferne, noch im Aufbruch als solchem aus der Umfriedung.

»Mensch und Heimat«, bestimmt also dieser Bezug den Menschen als Wesen des Heimwehs? Davon sprechen offenbar die Mythen und Lehren der Religionen. von Hardenbergs Aphorismus weist auf jene Lehre zurück, die Platons Sokrates

[15] »You can't go home again« zitiert Carl Zuckmayer – zu seiner Fahrt ins Exil – Thomas Wolfe, Werkausg. II 474.

[16] Faust I, Wald und Höhle (3249).

[17] Delectatio est quaedam quies appetitus in bono convenienti, Sth I–II 38, 1.

[18] Goethe spricht bekanntlich vom Richtungswechsel beim Atmen: West-östlicher Divan, Buch des Sängers, Talismane (Hamb. Ausg. 2, 10).

aus dem Mund Diotimas gehört haben will: Liebe sei das Streben nach dem Guten und nach dessen ewigem Besitz (Symp. 206). Das Gute aber erscheint im Schönen, und an einem Schöngestaltigen erwacht das Streben; doch es greift über den einen zu allen hin aus (210), über die Schönheit der Leiber sodann zu jener der Seelen, schließlich zu der – »auf dem weiten Meere des Schönen« – von Weisheit und Erkenntnis überhaupt.

»Bis man am Ende das Schöne selbst und an sich erkennt... Hier erst, lieber Sokrates, erklärte die Freundin aus Mantinea, wird, wenn irgendwo, das Leben für den Menschen lebenswert« (211).

Entsprechend hat der christliche Platoniker Augustinus die Liebe das »Gewicht« des Menschen genannt.[19] Das meint nach antikem Verständnis jenen Zug oder inneren Wesens-Schub, der einen Körper an den ihm bestimmten Ort im Kosmos reißt; man könnte sagen: seine Heimatkraft.

Der Mensch vermag hiernach nicht wirklich bei einem irdischen Du zu wohnen und bei ihm daheim zu sein. Die Du-Welt, schreibt in unserem Jahrhundert Martin Buber, »hat ihren Zusammenhang in der Mitte, in der die verlängerten Linien der Beziehungen sich schneiden: im ewigen Du«.[20]

Menschengemeinschaft wird hier gleichsam radial entworfen, freilich in einem sperrigen Bild; denn es berücksichtigt nur das liebende Ich, nicht auch das jeweilige Du seiner Begegnungs-»Situation« (131). – Buber versucht diesen Mangel zu korrigieren, indem er das menschliche Miteinander insgesamt als Kreis-Peripherie entwirft: indem »die Beziehungen der Menschen zu ihrem wahren Du, die Radien, die von all den Ichpunkten zur Mitte ausgehn, einen Kreis schaffen« (156).

Mir stellt sich ganz als Konsequenz solcher Sicht dar, was Buber zuvor, im ersten Teil seiner berühmten Schrift, dem Leser über die Gegenwart der Begegnungswelt sagt: »... sie führt dich, durch die Huld ihrer Ankünfte und durch die Wehmut ih-

[19] Conf. XIII 9,10.
[20] Werke, München-Heidelberg 1962, I 146 (Ich und Du).

rer Abschiede, zu dem Du hin, in dem die Linien der Beziehungen, die parallelen, sich schneiden« (100). Denn will man das Ziel nicht seiner Göttlichkeit berauben, muß man die Linien, die in ihm münden, (das Kreisbild auseinanderreißend) zu Parallelen erklären, die sich erst im Unendlichen treffen.

Eben das ist nun die berühmte Liebes-»Lehre« Malte-Rilkes, um einen letzten Zeugen zu nennen, hier überdies ausdrücklich mit scharf antichristlichem Akzent. – Sein Traum ist eine Liebende, die »im Dunkel der Umarmungen nicht nach Stillung grub, sondern nach Sehnsucht».[21] – Er bedenkt, wie an Christus, »an dieser Erleichterung Gottes eine so einfältige Liebende wie Mechthild, eine so hinreißende wie Therese von Avila, eine so wunde wie die Selige Rose von Lima hinsinken konnte, nachgiebig, doch geliebt. Ach, der für die Schwachen ein Helfer war, ist diesen Starken ein Unrecht... Seines stark brechenden Herzens Linse nimmt noch einmal ihre schon parallelen Herzstrahlen zusamm, und sie, die die Engel schon ganz für Gott zu erhalten hofften, flammen auf...« (937).

Die Geschichte vom verlorenen Sohn liest er, in »mythopoetischer Umkehrung«, als die Legende dessen, der fortging, weil er nicht geliebt werden wollte, und der heimkehrt, als er gelernt hat, sich von der Liebe nicht mehr treffen zu lassen, also in der Heimat fremd zu bleiben.

Einem so Gereiften mag das Geliebtwerden sogar dienen, zumal wenn auch der Liebende recht zu lieben versucht, das heißt, *die* Schuld vermeidet (»wenn irgendeines Schuld ist« – I 645 [Requiem]):

> Die Freiheit eines Lieben nicht vermehren
> um alle Freiheit, die man in sich aufbringt.
> Wir haben, wo wir lieben, ja nur dies:
> einander lassen...

Und solches Lassen, Loslassen genauer, nun in durchaus aktivem Sinn, sprengt zuletzt auch das Bild der Parallelen: Die erste

[21] Sämtl. Werke (6 Bde. – E. Zinn) VI 930.

der Duineser Elegien verlangt (I 687) liebendes Sich-Befreien vom anderen (und fordert von diesem – ergänzen jetzt wir – dessen Hilfe dazu), daß wir »es [das Geliebtsein und Lieben] bebend bestehn:«

> wie der Pfeil die Sehne besteht, um gesammelt
> im Absprung
> *mehr* zu sein als er selbst.

»Denn Bleiben ist nirgends«, schließt die Zeile. – Damit aber hat sich die Heimatlosigkeit des Menschen um ein Entscheidendes verschärft. Wenn Bleiben nirgends ist, bedeuten Sein und Leben »Elend«: Vertriebensein aus dem göttlichen (und näherhin dem mütterlichen) Schoß – Entfremdung. Und Heimat umgekehrt sagt Nichtsein; Frieden gibt es nur als Friedhofsruhe. Wenn der Pfeil im Ziel ist, hat er seinen Flug beendet.

Ist so aber der Mensch nicht tatsächlich, wie Jean-Paul Sartre gesagt hat, eine »passion inutile«,[22] nutz- und sinnlos, absurd? – Leben als Zieljagd, das doch nichts mehr fürchtet als sein Ziel, weil es nichts mehr liebt als die Jagd, genauer sogar: nichts als sie?

Dem stellt sich nun als Antwort die differenziertere Lebenskunst »dialektischer« Weltlichkeit entgegen:

Asymptote: Weg als Heimat

Sie erklärt den Weg selbst gewissermaßen zum Ziel. Oder anders: an die Stelle des Ziels tritt die »Richtung«. – So notiert bereits Malte, dessen Freundin Abelone sich sehnt, »ihrer Liebe alles Transitive zu nehmen« (VI 937): »Konnte ihr wahrhaftiges Herz sich darüber täuschen, daß Gott nur eine Richtung der Liebe ist, kein Liebesgegenstand?«

Hat man indessen das Ziel wegzudenken, dann bleibt auch die Richtung nicht, was sie war. Aus einem *Hin*weg wird sie

22 L'être et le néant 708; Kap. 6, Anm. 18: 770.

zum bloßen Hin*weg*[23]. Aus der Richtung wird pures Bewegtsein. »Dynamik« schlechthin, absolute »Bewegung« (Aristoteles: Wirklichsein eines Seinkönnenden, des »Möglichkeitsmoments«, als solchen[24]), reiner Fort-Schritt.

Ernst Bloch hat dafür die Parole vom »Transzendieren ohne Transzendenz« ausgegeben, mit dem Anspruch, derart die Religion zu beerben.[25] Und in der Tat scheint er damit seine »Zeit in Gedanken erfaßt«[26] zu haben.

Ist es nicht schon ein Gemeinplatz geworden, die Lebensform der Moderne als »Nomadenkultur« neuen Stils zu bezeichnen? – Es herrscht eine ungemeine Mobilität: horizontal im Wechsel von Land zu Land, Stadt zu Stadt wie innerhalb der großen »Stadtlandschaften« und »Ballungsgebiete«, vertikal im sozialen Auf- oder Abstieg. – Die Arbeitsteilung ist zu einer Unzahl von Berufen und Berufspositionen aufgefächert, in denen der Einzelne seine »Rolle« spielt, den wechselnden Erfordernissen entsprechend – auch wenn er sie nicht so oft wechselt wie im Falle des »Jobs«.

Aus dem Berufsalltag brechen jeweils die Urlauber-Scharen in die Ferne auf (oder nur »aus«?). Aus dem einen werden zunehmend zwei Jahresurlaube, und rapide nimmt die Nutzung des Wochenendes oder freier Tage für Kurzurlaube zu; sie hat inzwischen sogar Weihnachten, bislang in Deutschland das Fest familiärer »Innigkeit«, mit einbezogen. Fühlen die Leute sich daheim nicht mehr zu Hause – oder wären sie es, umgekehrt, schon überall? Jedenfalls scheut sich der Mensch offenbar besonders davor, zur Ruhe zu kommen.

Doch wie ist diese Situation zu verstehen? Handelt es sich nur um einen geistigen Gezeitenwechsel, wenn der Bloch'sche Optimismus heute eher Vergangenheit zu sein scheint? – Zwar trug

[23] Fällt auch von hier aus Licht auf die doppelsinnige Zeile 87 in der siebenten Elegie (I 713)?

[24] Phys III 201 a 10f.

[25] Gesamtausg., Frankfurt/M. 1977, XIV Atheismus im Christentum. Zur Religion des Exodus und des Reichs, 15.

[26] G.W.F. Hegel, Grundlinien der Philosophie des Rechts, SW (Glockner) VII 35.

schon bei Bloch selbst der Optimismus Trauer.[27] Es gehöre zur Hoffnung, daß sie enttäuscht werden kann, ja »daß sie enttäuscht werden muß« (Erg. bd. 346). Doch ist hier wiederum zu unterscheiden: Ich stimme zu, was konkrete Berichtigung angeht (denn meine Hoffnungs*vorstellungen,* dem Heute entnommen, täuschen sich unvermeidlich über die tatsächliche Erfüllung); doch wie steht es bezüglich des Hoffnungskerns selbst? Kann und »muß« sich Hoffnung auch hier zuletzt als Illusion erweisen: woher verdiente sie dann (auch in Abhebung von »Gewißheit«) den Namen »Hoffnung«? Oder soll sie doch gelten? Woher aber dies, wenn es den Herrn des Ziels nicht gibt, sondern nur um uns ein »Laboratorium possibilis Salutis« (XIII 217) und hinter uns die vieldeutige Herkunft aus dem Materieschoß?

Welche Erfahrung belehrt uns, daß ziel-lose Flucht vor der Ruhe *hinauf*führt?

Blaise Pascal hat alles *Elend* der Menschen davon abgeleitet, daß sie es nicht auf ihrem Zimmer aushalten (fr 139). Emile Cioran meint andererseits in seiner Meditation über die »Grausamkeit und Unermeßlichkeit der sonntäglichen Nachmittage«, daß die Welt zugrundeginge, wenn sie länger dauerten: »in poesiedurchdrungenen Herzen hielten ein übersättigter Kannibalismus und eine Traurigkeit von Hyänen ihren Einzug.«[28]

Demnach tauscht man das Heim, seine Lebensform, seinen Partner, auch die geistige Heimat im Wechsel von Weltanschauung und Glaubensgemeinschaft, um zu vermeiden, »was in Stunden der Langeweile in uns heraufgähnt: die Erfahrung der Vergeblichkeit« (Arno Plack)[29].

Nun kann man wie dem Bloch'schen Optimismus auch solchem Pessimismus mit Grund widersprechen (zumal wenn er sich derart eloquent und elegant artikuliert wie bei Cioran). Plack jedenfalls glaubt »auf dem Grunde der Schwermut« einen

[27] »Optimismus mit Trauerflor«: Ges.ausg. XIII 241 (Zur Ontologie des Noch-Nicht-Seins); Ergänzungsbd. (1978) 336: »Hoffnung mit Trauerflor« (Gespräch).

[28] Lehre vom Zerfall, Stuttgart ^{2}1979, 31f.

[29] Philosophie des Alltags, Stuttgart 1979, 80 (Langweiliger Sonntag).

»Anlaß zur Gelassenheit« zu sehen, um so den jeweils gelebten Augenblick achten zu können, »aus dem einzig die Freude erblüht« (82f).

Er findet für das »Daheimsein«, das Ruhen, *in* der Bewegung das suggestive Bild des »Gleitflugs«; »denn alles ungeduldige Fragen nach dem, was kommt, erfährt als letzte Wahrheit nur das Ende, auf das wir unausweichlich zutreiben. Aber wir treiben nur, wir fallen ihm nicht zu, solange wir in Wiederholungen kreisend dem Sog der Vernichtung widerstehen... Es gibt keine Gelassenheit vor dem Ende, wo nicht der Alltag in seinen Wiederholungen gelassen ertragen wird...« (87: Im Gleitflug).

Doch erinnert dieses Bild nur zufällig an Edgar Allan Poes Erzählung vom Malstrom? – Tatsächlich ist es offenbar die Lösung des westlich neuzeitlichen Geistes, den Weg und die Suche selbst als Heimat zu propagieren. »Wenn Gott in seiner Rechten alle Wahrheit, und in seiner Linken den einzigen immer regen Trieb nach Wahrheit, obschon mit dem Zusatze, mich immer und ewig zu irren [sic!], verschlossen hielte, und spräche zu mir: wähle! Ich fiele ihm mit Demut in seine Linke, und sagte: Vater gib! die reine Wahrheit ist ja doch nur für dich allein!« (Gotthold Ephraim Lessing).[30]

[30] Ges. Werke (Rilla), Berlin-Weimar 1968, 8, 27 (Duplik). – Zur »Demut« (dies besonders im Blick auf den wichtigen Zusatz: » mich immer und ewig zu *irren*«) hier nur eine Gegenstimme: »Man muß solchen Standpunkt dem Inhalt nach für die letzte Stufe der Erniedrigung des Menschen betrachten, bei welcher er um so hochmütiger zugleich ist, als er sich diese Erniedrigung als das Höchste und als seine wahre Bestimmung erwiesen hat, und nur diese formelle Seite – daß der Mensch selbst durch die Erkenntnis zu dem Resultat [kommt], seine Erkenntnis fasse auf alles andere, nur das Wahre nicht – ist, was noch ein Interesse hat.« Hegel im Manuskript zur Religionsphilosophie (Jaeschke, Kap. 2, Anm. 30) I 7. – Weniger aggressiv Johann Gottfried Herder (Ideen zur Philosophie der Geschichte, Buch 15, I): »Wären wir dazu geschaffen, um, wie der Magnet sich nach Norden kehrt, einen Punkt der Vollkommenheit, der außer uns ist und den wir nie erreichen könnten, mit ewig vergeblicher Mühe nachzustreben: so würden wir als blinde Maschinen nicht nur uns, sondern selbst das Wesen bedauern dürfen, das uns zu einem tantalischen Schicksal verdammte, indem es unser Geschlecht bloß zu seiner, einer schadenfrohen, ungöttlichen Augenweide schuf. Wollten wir auch zu seiner Entschuldigung sagen, daß durch diese leeren Bemühungen, die nie zum Ziele reichen, doch etwas Gutes befördert und unsere Natur in einer ewigen Regsamkeit erhalten würde: so bliebe es immer doch ein unvollkommenes, grausames Wesen, das diese Entschuldigung verdiente; denn

Doch indem hier, ob triumphalistisch oder resignierend, die Not zur Tugend gemacht wird, schlägt man, genau besehen, als Lebenserfüllung die Stillung am eigenen Durst vor. Und ist nicht eben dies eine Interpretation von Welt und Leben, die tatsächlich, gemäß Marx' berühmter elfter Feuerbach-These, bekämpft werden müßte, weil sie den Willen zur Veränderung von Welt und Dasein lähmt, auf welche es ankommt?[31]

Träfe jedenfalls diese Deutung des Lebens-Wegs zu, sähe ich eher Buddha im Recht (also vor Marx und Hegel Arthur Schopenhauer,[32] den eigentlichen Patron der Frankfurter Schule). Denn statt sich einzureden, man lebe vom Durst, gälte es dann, seiner ledig zu werden (und keinesfalls neue Wesen in diese Situation zu versetzen).

Figürlich gesprochen: angesichts des radikalen Unglücks asymptotischen Bewußtseins läge das Glück im In-eins-Fall zum *Punkt*.

Andererseits aber ist »Weg« doch – östlich wie westlich – eins der Grundworte für das menschliche Dasein, und zwar nicht bloß in seinem Unglück, sondern gerade in seinem Ge-

in der Regsamkeit, die keinen Zweck erreicht, liegt kein Gutes, und es hätte uns, ohnmächtig oder boshaft, durch Vorhaltung eines solchen Traums von Absicht seiner selbst unwürdig getäuschet.« Textausgabe Darmstadt 1966, 397 (WW [B. Suphan] XIV 20).

31 In diesem Sinn zeigt sich noch vor dem Malstrom jene Vision, die nach Eadmers Lebensbeschreibung (I 4,29) Anselm von Canterbury zuteil geworden sein soll: Er schaute »einen reißenden, jäh abstürzenden Fluß, in den die Abwässer und der Spülicht aller Erdendinge zusammenströmten. So war das Wasser tosend und unrein anzusehen und starrend von jeglichem Schmutz. Es riß in sich hinein, was es berühren konnte, und wälzte hinab Männer und Weiber, Reiche und Arme zugleich. Als Anselm das erblickte, jammerte ihn ihr ekles Hinstürzen, und er fragte, wovon sie lebten und ihren Durst stillten, die so dahingetrieben wurden. ›Sie leben mit Entzücken von dem Wasser, das sie hinschwemmt,‹ ward ihm zur Antwort. Und er darauf: ›Wie? Sollte nicht einer, der sich mit solcher Kost letzt, sich für eine Schmach des Menschengeschlechts halten?‹ ›Wundre dich nicht,‹ entgegnete sein Begleiter, ›es ist der Wirbelstrom der Welt, den du siehst. In ihn werden die Menschen der Welt gerissen und lassen sich von ihm treiben.‹« Das Leben des heiligen Anselm von Canterbury, München 1923, 44f.

32 »So ist offenbar, daß, wie bekanntlich unser Gehn nur ein stets gehemmtes Fallen ist, das Leben unseres Leibes nur ein fortdauerndes gehemmtes Sterben, ein immer aufgeschobener Tod ist: endlich ist ebenso die Regsamkeit unseres Geistes eine fortdauernd zurückgeschobene Langeweile.« Die Welt als Wille und Vorstellung I 4 § 57 (SW [Löhneysen] I, Stuttgart-Frankfurt 1976, 427).

glücktsein[33]: oftmals »via dolorosa«, aber auch als »rechter Weg« (weder bloß Einzel-Pfad noch breite Straße), auf dem man gemeinsam, in Übereinkunft, vorankommt.

»Tao – Weg« heißt eine der ältesten Lehren der Menschheit, die Weisung Lao-tses; Lukas nennt in der Apostelgeschichte die christliche Botschaft einfachhin »Weg – hodos« (9,2; 19,9.23 u. ö.); und wenn man heute »methodisches« Vorgehen bei der Lösung unserer Probleme fordert, dann geht es nochmals um den rechten Weg; denn eben dies – ›Nachgehen‹, ›Weg zu etwas hin‹ – heißt wörtlich ›Methode‹.

Wollen wir also der Konsequenz einer Selbstaufgabe in den Punkt entgehen, und dies nicht bloß durch »glückliche Inkonsequenz«, dann muß dem Programm des »Wegs als Heimat« ein ursprünglich anderes Welt- und Selbstverständnis begegnen. Ich nenne es – hoffentlich nicht allzu mißverständlich:

Kreis-Spiel: Heimat als Weg

Hier wird das Ziel weder als Punkt noch als Kreisschluß noch als farb- und formlos weißes »Ein-und-Alles« gedacht, darin alle Unterschiede erlöschen und so alles Leben endet, sondern als End-gültigkeit der auf dem Weg gewordenen Gestalt, des aus Sendung und Suche, aus Geschick und Abenteuer, in Tun und Erleiden erworbenen Namens.

Daß hier die Vorstellungsbilder versagen, versteht sich. Einander widersprechend, weisen sie auf etwas hin, was sich nur ungeschützt aussprechen läßt, weil es sich aller Vorstellung entzieht und auch unser Begreifen noch hinter sich läßt. – Paulus beispielsweise redet wiederholt von den »Entschlafenen« (u. a. 1 Kor 11,30; 15, 6.18; 1 Thess 4,13f – koimâsthai); im Philipperbrief aber lesen wir, er sehne sich nach dem Sterben, um beim Herrn zu sein (1,23) – dies doch wohl nicht schlafend.

Das Ziel heißt nicht Tod, sondern Leben. Von den ewigen

[33] Vgl. H. Rombach, Leben des Geistes. Ein Buch der Bilder zur Fundamentalgeschichte der Menschheit, Freiburg 1977, 173ff.

Wohnungen ist die Rede (Joh 14,2; 2 Kor 5,1), von Gastmahl und Hochzeit.

Aus der Verbindung von biblischer Tradition und griechischem Denken gewinnen die theologischen Väter die Vision vom kosmischen Reigen, die alle bisher erwogenen Figuren in sich »aufhebt«:[34]

Hippolytos singt in einer Osterhymne: »O des Vortänzers im mystischen Reigen! O des geistlichen Hochzeitsfestes! O des göttlichen Pascha, neue Feier aller Dinge ...« (83). Gregor von Nyssa erläutert die Psalmaufschrift »eis tò télos hypèr maëlèth« zu Ps 52,1 LXX (Buber [53]: Des Chormeisters, nach »Die Krankheit«): »Zum Ende« weise auf die Endzeit, und »Maleth« heiße »der Tanzchor«. »Einst war eine Zeit, da bildete alle logosbegabte Kreatur einen einzigen Tanz-Chor, aufblikkend allein zu dem Vor-Tänzer dieses Chores. Und in der Harmonie jener Bewegungskraft, die von dem Vortänzer durch sein Gesetz auf sie alle ausging, schlangen sie ihre Reigen.« Das wurde gestört und wird erst am Ende wieder so sein, wie es war. So lasse das symbolische Rätselwort uns im Kampf der Versuchung auf das Ende des Sieges hinblicken. »Und dieser wird sein: eingereiht wirst du wiederum in den tanzenden Reigen der Engelsgeister« (85f).

Das sind nun eschatologische, philosophisch: utopische, mythische Perspektiven. Läßt sich, was läßt sich aus ihnen für ein hiesiges Reden vom Menschen gewinnen, das sachhaltig und konkret konsequenzträchtig wäre?

Tatsächlich kann die Form einer, sei's auch utopischen, Zielkonzeption nicht folgenlos für das Verständnis des Wegs dazu hin sein. Das hat sich im Bisherigen gezeigt, und es dürfte auch unstreitig sein, daß etwa Politik, von Wohnungs-, Städteplanung über Wirtschaftsfragen, Arbeitsordnung bis zu internationalen Perspektiven an Grundsatzdiskussionen um das jeweils vorausgesetzte »Menschenbild«, ich sage lieber: »Menschenverständnis«, nicht vorbeikommt.

[34] Siehe H. Rahner, Der spielende Mensch, in: O. Fröbe-Kapteyn (Hrsg.) Eranos-Jahrbuch 1948 (XVI, Der Mensch. Zweite Folge), Zürich 1949, 11–87, 64ff (Einzelveröffentlichung Einsiedeln [8]1978).

Steht also im Ziel die Heimat dem Weg nicht schlicht gegenüber, sondern nimmt sie auch ihn in sich auf (so daß auch er selbst, nicht bloß der Gehende, dort Heimat findet): dann wäre auch für unser jetziges Weg-Dasein zu postulieren, Heimat und Weg so zu denken, daß ihre Opposition nicht radikal gilt.

Und zwar spricht das Postulat in beide Maßrichtungen menschlicher Existenz: Theo-logisch oder »vertikal« betrachtet, muß Selbstsein nicht Gottesferne heißen – die dann allein durch Selbstaufgabe zum Sein in Gott erlöst werden könnte. Mit dem Hymnen-Zitat der Areopag-Ansprache: »In ihm leben wir, bewegen wir uns und sind wir...« (Apg 17,28).

Aus solch umgreifender Beheimatung heraus ist ebenso für die »horizontale«, zwischenmenschliche Dimension zu sagen: Es ist ein Zeichen von Krankheit statt von Heroismus, in einer Ideologie steten Fortgangs, einer sozusagen ontologischen Klaustrophobie, jede Bindung als Fesselung zu verstehen, das Ethos des Bürgers grundsätzlich als »spießbürgerlich« zu denunzieren, Institution aus Ichschwäche zu erklären, in der Heimatliebe einzig dumpfe Ofenhockerei zu sehen und in ehelicher Treue nichts als Unvermögen. Heimat meint Verbindlichkeit von Bindungen.[35]

Genau so scharf zugleich erfährt hier ein pessimistischer Konservativismus seine Kritik; müssen wir doch jede Regelung und Ordnung, die wir schaffen können, und damit auch jegliche konkrete Umfriedung, als *vor*läufig wissen, das heißt, sowohl als (»vorlaufenden«) Vor- und Ausgriff auf den wahren Frieden, in dem sich endgültig ruhen ließe, als auch (eben darum) in dem Sinn vorläufig, daß sie stets überholbar sind und früher oder später auch tatsächlich überholt sein werden.

Beides kann und soll hier gewußt werden und muß doch nicht zur Verzweiflung, weniger dramatisch: zur Resignation nötigen. Auch nicht zu jener »Gelassenheit« des Sich-Gleiten-Lassens zwischen Höhe und Ende, die in meinen Augen nicht minder Verzweiflung bedeutet.

[35] So schreibt Zuckmayer auf der letzten Seite seines Lebensberichts: »Ich weiß in der ganzen Welt meine Freunde und ihre Gräber. Wo diese sind, bin ich zu Hause« (Werkausg. II 587).

Der Weg darf uns Weg heißen; denn wir sind noch nicht am Ziel. Aber nach diesem Glauben hat der Weg ein Ziel, nicht bloß ein Ende. Und dies Ziel seinerseits ist uns keineswegs in der gleichen Weise fern wie wir ihm. Dank ihm erst wird ja Schritt für Schritt der Weg zu einem Wege. Nähe und Ferne sind jetzt also nicht mehr räumlich, sondern anthropologisch zu denken: Ferne eher als Vergessen und Nähe als bergende Unnahbarkeit.[36]

Karl Bosl hat darum seine eingangs angeführte Heimat-Bestimmung so weitergeführt: »Heimat ist menschlich-kulturell tragende und dauernde Kraft, die auch in Fremdes, Fernes eingebracht wird, auch wenn der leiblich-seelische Zusammenhang mit ihr verlorenging. Heimat ist ein ›unauslöschliches Merkmal‹ und etwas, was Geborgenheit stiftet auch in der globalen Welt und in der technischen Massengesellschaft.« So wäre sie eine weitere Metapher für Geistesgegenwart?

Heimweh hat Novalis die Philosophie genannt. Man kann sie nüchterner als die Suche nach dem höchsten Prinzip definieren. Dazu aber hat an anderer Stelle Novalis folgende Frage notiert: »Sollte das höchste Princip das höchste Paradoxon in seiner Aufgabe enthalten? Ein Satz seyn, der schlechterdings keinen Frieden ließe... immer von neue[m] unverständlich würde, so oft man ihn auch schon verstanden hätte? Der unsere Thätigkeit unaufhörlich rege machte – ohne sie je zu ermüden, ohne je gewohnt zu werden? Nach alten mystischen Sagen ist Gott für die Geister etwas Ähnliches«.[37]

In dieser Richtung denkend, darf man sagen, end-gültig daheim werde der Mensch im Geheimnis Gottes so sein, daß er darin unterwegs bleibt. »Wer mich trinkt, den dürstet noch«

[36] Siehe existenzial Martin Heidegger, zu Hölderlins Gedichten » Heimkunft« und »Andenken«: Erläuterungen (Kap. 9, Anm. 20), bes. 24f, 91f, über »das Geheimnis der Nähe zum Nahen«, »ohne Anbiederung».

Existenziell Augustinus (um gegen Malte die *Wahrheit* des »verlorenen Sohns« anzusprechen): »Spät habe ich Dich geliebt, Du Schönheit, ewig alt und ewig neu. Du warst innen und ich war draußen.... Du warst bei mir, ich war nicht bei Dir...« Conf. X 27,23. Vgl. III 6,11 in ähnlichem Kontext das berühmte »interior intimo meo et superior summo meo.«

[37] Schriften II 523f (Logologische Fragmente 9).

(Sir 24,21). Eben aus solcher Hoffnung jedoch ist der Mensch, ob er es weiß oder nicht – er sollte es freilich wissen, und müßte es dazu konkret erleben! –, eben aus dieser Hoffnung sind wir jetzt schon: unterwegs daheim.[38]

[38] Zur Symbolik gerade auch der säkularen Stadtmobilität siehe: Liebe zum Wort, Frankfurt/M. 1985, 29–32. Exemplarisch hier die blitzhafte Begegnung mit einer »Vorübergehenden«. Passah, Phase = Vorübergang verlangt tatsächlich besondere Aufmerksamkeit. – Man könne auch von menschlichen Erfindungen lernen, meinte einmal der Rabbi von Sagoda. Zweifelnd fragt ein Chassid, was er von der Eisenbahn lerne. »Daß man um eines Augenblicks willen alles versäumen kann.« »Und vom Telegraphen?« »Daß jedes Wort gezählt und angerechnet wird.« »Und vom Telephon?« »Daß man dort hört, was wir hier reden.« M. Buber, Werke, München–Heidelberg 1963, III 463. Vertieft man das Lehrhaft-Allegorische ins ursprünglich symbolische Erfahren, dann zeigt sich, daß wir gerade nicht allein im Hiesigen daheim sind und nicht bloß es »das Gegenwärtige als solches« ist (Motto). So gilt im Doppelbezug – bei allem Noch-Nicht – als Ergänzung des Hegelwortes der Satz Kierkegaards (Einübung im Christentum, SV XII 60): »Im Verhältnis zum Unbedingten ist nur eine Zeit: die Gegenwart.«

13. FRIEDEN

»›Der Fürst von Wei wartet auf den Meister, um ihm die Regierung zu übergeben. Was wird der Meister zuerst tun?‹ Der Meister sprach: ›Sicherlich die Namen / Begriffe richtigstellen (cheng ming).‹« Und Kungfutse erläutert: »Wenn die Begriffe nicht richtig sind, so stimmen die Worte nicht; stimmen die Worte nicht, so kommen die Werke nicht zustande, kommen die Werke nicht zustande, so gedeihen Moral und Kunst nicht, so treffen die Strafen nicht; treffen die Strafen nicht, so weiß das Volk nicht, wohin Hand und Fuß setzen…«[1]

Im Dienst solcher Richtigstellung steht dieses Kapitel, – mit der doppelten Voraussetzung, daß es dessen bedürfe, und daß es Amt der Philosophie sei, diesen Dienst zu leisten. – Wir wollen uns dabei an zwei berühmten Friedensbestimmungen orientieren: »Werk der Gerechtigkeit – Opus iustitiae pax« bildet den Titel des Worts der deutschen Bischöfe vom 18. April 1983 (und vorher den Wahlspruch Pius' XII.): »Gerechtigkeit schafft Frieden.« Es ist ein prophetisches Wort, das bei Jes 32,17 steht, als Heilsverheißung innerhalb der »kleinen Apokalypse« aus spät-nachexilischer Zeit. »Heitere Ruhe der Ordnung – pax omnium rerum tranquillitas ordinis« schreibt Augustinus in seinem Werk *De Civitate Dei* (XIX 13,1).[2]

[1] Kungfutse, Gespräche (Lun Yü) XIII 3 (nach R. Wilhelm, Jena 1914 u. ö. bzw. P. J. Opitz, Chinesisches Altertum und Konfuzianische Klassik, München 1968, 48).

[2] W. Thieme, Artemis-Ausg. 1978, II 552: »So besteht denn der Friede eines Körpers in dem geordneten Verhältnis seiner Teile, der Friede einer vernunftlosen Seele in der geordneten Ruhelage der Triebe, der Friede einer vernünftigen Seele in der geordneten Übereinstimmung von Denken und Handeln, der Friede zwischen Leib und Seele in dem geordneten gläubigen Gehorsam gegen das ewige Gesetz, der Friede unter Menschen in der geordneten Eintracht… der Friede des himmlischen Staates in der bestgeordneten, einträchtigsten Gemeinschaft des

Friede als Stimmigkeit. Wir wollen sie unter vierfacher Rücksicht erörtern: 1. bezüglich der fundamentalen Ordnung der »Werte«, 2. bezüglich der entsprechenden Ordnung in Sein und Leben des einzelnen Menschen, 3. bezüglich der Gemeinschaft, in der die Einzelnen stehen, und schließlich 4. bezüglich des Ordnungs*prinzips*, das religionsphilosophisch »das Heilige« heißt.

Ordnung der Werte

Die Überschrift soll keine Diskussion der unterschiedlichen Systeme, axiologisch wie ontologisch, innerhalb der Wertphilosophie eröffnen; ebensowenig eine zwischen scholastischer Ethik und Wertphilosophie. »Unabhängig von aller Spekulation über den Status und die Grundlegung der Werte wäre es wohl die einfachste Lösung, wenn man die *bonitas*, das *bonum formale* der Scholastiker ›Wert‹ nennte, den Terminus ›Gut‹ also dem konkreten Gut, dem *bonum materiale*, dem ontologischen Träger der *bonitas* vorbehielte« (Joseph de Finance).[3]

Im Blick auf den üblichen Sprachgebrauch sei diese erste Bestimmung freilich noch zu präzisieren: 1. »gilt der Wertbegriff nur in bezug auf den Menschen bzw. ein geistbegabtes Subjekt«; dies 2. vor einem gewissermaßen (wert)neutralen Hintergrund, vor dem ein Wert sich als etwas Besonderes abhebt (92); 3. anders als bei der *bonitas* im Plural der Werte, und zwar in einer Pluralität, die nicht unmittelbar ein gemeinsames Maß kennt.[4]

Gottesgenusses und gegenseitigen Genusses in Gott, der Friede aller Dinge in der Ruhe der Ordnung.«

Das wirft Licht auf den Dienst der Philosophie. »Sapientis est ordinare«, zitiert der Aquinate im Eingang zu seiner philosophischen Summe (ScG I 1) »den Philosophen« (Aristoteles, aus dessen Prooemium zur Metaphysik: Met I 2, 982a 18 – »ordnen« meint dort sogar: »anzuordnen«). Im Ordnen von Gedanken, Begriffen und Argumenten für einen ordnungsgemäßen Disput zum Ziel eines geordneten Miteinanders ist sie selber Friedensdienst.

[3] Grundlegung der Ethik, Freiburg 1968, 91.

[4] Ebd. 98: »Es gibt keinen gemeinsamen Maßstab für den Wert einer großmütigen Tat und den Wert eines Sonnenunterganges oder eines mit Freunden verbrachten erfreulichen Abends. Ein axiologisches Kalkül gibt es also nicht.«

1. Gleichwohl bilden sie eine Ordnung. Und diese besteht in vier Stufen. De Finance (416–423) bezeichnet sie (nicht ganz glücklich) als 1. »unter-menschlich«, insofern sie den Menschen nicht in seinem Menschsein als solchem betreffen: die Werte der Sinnlichkeit und des biologisch Vitalen; als 2. »untersittlich menschlich«: die wirtschaftlichen und im engeren Wortsinn eudämonischen wie geistige, ästhetische und Sozialwerte (Zusammenhalt, Einvernehmen...). Die 3. Stufe bilden die sittlichen Werte, oder vielmehr der (eine) sittliche Wert (der in den vielfältigen Tugenden Gestalt annimmt – 370); an der Spitze, 4. steht der religiöse Wert, der Wertbereich des Heiligen.

Es ist hier nicht der Ort, das im einzelnen zu entfalten und so zu begründen. Mit der Begründung hat es zudem, wie man weiß, bei diesen Fragen seine eigene Bewandtnis. Ich möchte zwar nicht Max Schelers These vom »Wertfühlen«[5] bzw. einer »intuitiven Vorzugsevidenz« (107) übernehmen, wohl aber seine Feststellung, daß ein auf Wahrnehmung und (pures) Denken beschränkter Geist absolut wertblind wäre (87).[6]

Tatsächlich können Qualitäten, also auch die von Werten, nur in einem Einschauen (intuitus) erfaßt werden. Doch dieses Erfassen ist nicht rein »theoretisch«, selbst wenn man solches Schauen statt rational, emotional denken wollte. Vielmehr ist der Wille mit im Spiel. Werte erfassen wir in Willensstellungnahmen, und nur so: nicht bloß »affiziert«, sondern aktiv (»setzend«) bejahend. »Eben aber weil es derselbe Geist ist, der den Wert setzt und fühlt, darum ist es auch notwendig, die aktive und passive Seite des Aktes der Wertsetzung in eins zu fassen und von einem *medialen Vorgang* zu sprechen... Die spezifische *Evidenz* der Wertsetzung und -habe kann man mit einem besonderen Namen bezeichnen; und eine solche Benennung empfiehlt sich, um sie von theoretischer Evidenz abzuheben.

[5] Der Formalismus in der Ethik und die materiale Wertethik (Kap. 5, Anm. 12) 87 u. 263.

[6] Vgl. M. Horkheimer, Die Sehnsucht nach dem ganz Anderen, Hamburg 1970, 60: »Rein wissenschaftlich betrachtet, ist der Haß, bei aller sozial-funktionellen Differenz, nicht schlechter als die Liebe. Es gibt keine logisch zwingende Begründung dafür, warum ich nicht hassen soll, wenn ich mir dadurch im gesellschaftlichen Leben keine Nachteile zuziehe.«

Ich habe dafür ... den Terminus *Sazienz* (von sacire, ergreifen) eingeführt. Werte ergreifen; unser Geist wird von ihnen ergriffen« (Reinhard Lauth)[7]: indem er sich davon ergreifen *läßt,* sie seinerseits aktiv ergreift.

Im Ergreifen wird aber Ergreifendes ergriffen, oder mit einem optischen Bild: *im* Augenaufschlag zeigt sich das ihn rufende wie dann beglaubigende Licht. Begründung kann hier nur das Unternehmen bedeuten, den anderen sehen zu lassen, was sich dem eigenen Aufblick gezeigt hat; das heißt genauer: ihm zum Bewußtsein zu bringen, daß auch er bereits gesehen hat, worum es geht. Kurzum: Gewissenhaftigkeit, das Gewilltsein dazu, auf den schweigenden »Ruf des Gewissens« zu hören, wird in unserem Diskurs vorausgesetzt. Doch ohne diese Voraussetzung wäre gar kein sachlich-ernsthafter Disput zu führen, nicht bloß keiner über Menschlichkeit und Frieden.

2. Gemäß dieser Voraussetzung ist nun gegen verschiedene Wortmeldungen grundsätzlich zu erinnern, daß nicht das physische Leben den höchsten Wert darstellt. – Christlich gesehen, ist dieser die Ehre Gottes und sodann (»ein zweites ist diesem gleich«) das Heil des Menschen. Allgemein, formal gesprochen aber, lassen sich Moral bzw. Ethos (oder auch »Gewissenhaben«) geradezu und eben dadurch *definieren,* daß dort nicht das Leben das Höchste ist, sondern jener *Sinn,* aus dem man lebt, indem man *für* ihn lebt – und gegebenen Falles auch für ihn (sonst lebte man nicht für ihn) zu sterben bereit ist.

Natürlich setzt dieser Wert das Leben voraus. »Es ist die trivialste Selbstverständlichkeit, daß z. B. geistige Werte nur erblühen können, wo die elementarsten Lebenswerte erfüllt sind.«[8] – Nicolai Hartmann führt hierzu die Unterscheidung zwischen Werthöhe und Wertstärke ein (276f). Der niedere Wert macht sich gleichsam lauter, drängender und dringlicher bemerkbar. Daraus folgt: »Die Versündigung am niederen Wert ist im allgemeinen schwerer als die am höheren.« Doch gilt zugleich: »Die Erfüllung des höheren aber ist moralisch wertvoller als die des

[7] Ethik in ihrer Grundlage aus Prinzipien entfaltet, Stuttgart-Berlin 1969, 31.
[8] N. Hartmann, Ethik, Berlin ^{4}1962, 253.

niederen. Der Mord gilt als schwerstes Vergehen, aber die Respektierung fremden Lebens ist deswegen nicht der höchste moralische Habitus – nicht zu vergleichen mit Freundschaft, Liebe, Vertrauenswürdigkeit.«

Darum liegt der Index der Werthöhe beim zustimmenden Wertgefühl, in einer aufsteigenden Reihe von »Billigung, Anerkennung, Verehrung, Bewunderung, Begeisterung«, der (nicht etwa einfach spiegelbildliche) »Index der Wertstärke im negativen, absprechenden Wertgefühl« angesichts von Verletzung des Werts, in einer absteigenden Skala von »Mißbilligung, Verwerfung, als-ehrenrührig-Empfinden, Verachtung, Empörung, Abscheu usw.« (601).[9]

Eine ganzheitliche Moral muß beiden Vorzugsrichtungen gerecht werden: »Verkehrt ist ein moralisches Leben, das den höchsten Werten allein zugewandt ist und die niederen vernachlässigt, als wäre es möglich, jene in der Luft schwebend, ohne Fundamente, zu realisieren[10]. Aber armselig ist ein moralisches

[9] Diesen Unterschied mißachtet das Votum: gegen Abtreibung (negativ) dürfe nicht sprechen, wer nicht aktiv (positiv) für bessere Lebensverhältnisse der Geborenen wirke. Dabei soll jetzt weder geklärt werden, in welchem Maß die Kirche hier tatsächlich wirkt, noch, an welche Hilfe die Kritiker eigentlich denken, angesichts des Faktums, daß bereits im Jahre 1978 hierzulande 67% der gemeldeten legalen Abbrüche (etwa 50000) mit der sozialen (Notlagen-)Indikation begründet worden sind (die Notlage also in zahlreichen Fällen *psycho*-sozial, ja *ego*-psychisch gefaßt wird): Vgl. F. Böckle (Hrsg.), Schwangerschaftsabbruch als individuelles und gesellschaftliches Problem, Düsseldorf 1981, 28–31 (C. Roxin; siehe bes. auch H. Hepp, 47–65).

Kaum eine Antwort verdient hingegen die These, wer für bewaffnete Verteidigung plädiere, dürfe die Abtreibung nicht verbieten; während es sich leider durchaus nicht erübrigt, Vertretern und Vertreterinnen der Friedensbewegung das gegenläufige Argument vorzuhalten.

[10] de Finance weist einmal auf die enge Verbindung von Ordnungsliebe und Reinlichkeit mit dem Aufkommen gegen Launen, Triebhaftigkeit, Sichgehenlassen und so mit der sittlichen Gestalt von Freiheit hin (408f) und gibt andererseits zu bedenken: »Daß hochgesinnte Menschen, wenn sie fallen, gleich so tief fallen, hat seinen Grund wohl in vielen Fällen in einer indiskreten und vorzeitigen Kritik an jenen ›Mischwerten‹. Gewöhnt, ihr religiöses und sittliches Leben auf die höchsten Werte auszurichten, haben sie diese, als leistungsfähige Motivationsquelle, an die Stelle der Werte gesetzt, die bei den meisten Menschen den alltäglichen Lebenslauf bestimmen ... Fällt nun mit einem Male dieser Wert aus (durch den Verlust des Glaubens z. B.), dann ist kein Haltepunkt, kein Organisationsprinzip für Urteil und Verhalten mehr vorhanden. Das ganze innere Gebäude bricht mit einem Schlag in sich zusammen« (412f).

Leben, das mit seinen ganzen Intentionen in den niederen Werten gefangen bleibt und aufgeht« (611f). Entsprechend gilt: »Die Realisation eines Güterwertes z.B. [etwa Leben(serhaltung)] kann den Verstoß gegen einen sittlichen Wert niemals rechtfertigen, wohl aber umgekehrt« (276). Dies Umgekehrte ist ja sogar, wie bedacht, das Wesen jeder Sittlichkeit.

Es stellt darum, wie de Finance zu Recht erörtert, geradezu eine mögliche Wesensbestimmung der animalischen, tierischen Lebensform dar, daß hier Höheres, das Seelische, im Dienst des Bios steht. Die »Hinordnung auf den Dienst am Leben begründet und sichert... den Realsinn des tierischen Strebens und sogar des tierischen Erkennens«.[11] »Nirgends sonst stellen wir fest, daß eine höhere Ordnung ihren Zweck in einer niedrigeren fände« (43 – so nicht die biologische im Materiell-Physikalischen). Diese Befremdlichkeit läßt vermuten, daß die Vitalordnung im Tier gerade nicht wahrhaft entfaltet ist, sondern erst im Menschen: und hier im Dienst ästhetischen wie sittlichen Werte-Erfahrens (also der Freude an Hirsch und Wildziege als solchen).

Nun hat man das Problem auch dadurch zu lösen versucht, daß man nicht das eigene Leben, sondern jeweils das des anderen zum Höchstwert erklärt hat. Das hat zunächst etwas für sich, da der Wert einer Intention zwar durch den intendierten Wert bedingt, aber zugleich in seinem Wertcharakter mit ihm unvergleichlich ist. »So intendiert die Nächstenliebe das Wohlsein oder Glück des Nächsten, ist aber selbst kein Glückswert« (Hartmann 557).

Gleichwohl hat es mir auch bezüglich des anderen mehr um sein Gut-Sein zu gehen als darum, daß ihm wohl sei. Auch im Blick auf den Nächsten wie auf Fernere (sei's in Afghanistan,

[11] A.a.O. (Anm. 3) 40f. Vgl. Aristoteles, NE III 13 (1118a 18–23): »Nicht an der Witterung der Hasen freuen sich die Hunde, sondern am Zerreißen... Und der Löwe hat seine Lust nicht am Brüllen des Ochsen, sondern an der Nahrung. Daß die Beute aber in der Nähe sein müsse, das hat er am Brüllen gemerkt, und daher sieht es so aus, als freute er sich am Brüllen. Genau so freut er sich nicht, weil er ›einen Hirsch oder eine Wildziege‹ [Ilias 3,24] erspäht, sondern weil ihm ein tüchtiger Fraß bevorsteht.«

sei's in Lateinamerika) stehen wir vor der Spannung von Stärke oder Dringlichkeit eines Werts und seiner Höhe.

Ist aber nicht die Stärke das Bestimmende, dann auch nicht die Negation des Verbots. Nicht die Angst vor seiner Übertretung – und schon gar nicht pure Lebensangst. Denn wo sie herrschend wird, ersetzt sie die Moral durch das animalische Verhalten schlichter Lebensdienlichkeit. Das heißt, der andere wird zum Mittel der eigenen Daseinserhaltung oder die Einzelnen werden zu Mitteln der Erhaltung der Art. Das wirft wieder Licht auf den bekannten Sachverhalt, daß das Denken der Neuzeit durch den Primat der Selbsterhaltung geprägt ist, von Descartes und Spinoza bis zur lange einflußreichen Anthropologie Arnold Gehlens, in der Geist und Kultur als Funktionen des (Über-)Lebens erscheinen statt als selbstzweckhafte Gestalten von Freiheit.[12]

Nicht also um das Leben hat es eigentlich zu gehen, sondern um humanes, rechtes Leben, biblisch wie ebenso klassisch-philosophisch: um Gerechtigkeit (saedaek, dikaiosýne).

Rechtes Selbst-Verhältnis

Aristoteles hat vom Gemeinwesen gesprochen; sein Lehrer Platon läßt in den zehn Büchern der *Politeia* Sokrates vom Staat zunächst als deutlicherem Groß-Modell für den *Einzelnen* handeln (368 d – 369 a). Wir wollen ihm darin folgen. Gerechtig-

[12] Vgl. J. Splett, Gerufen zu leben, in: »Wähle das Leben.« Arbeitshilfen 27 beim Sekretariat der Deutschen Bischofskonferenz, Bonn 1982, 11–23; ausführlich zu dieser »Inversion des teleologischen Denkens« R. Spaemann, Reflexion und Spontaneität, Stuttgart 1963, 65–80; ders./ R. Löw, Die Frage wozu?, München 1981, 105–109. Zu Gehlen s. M. Müller, Philosophische Anthropologie, Freiburg-München 1974, 70–79, 97–100. Vgl. Aristoteles, Politik III 9: Der Staat sei nicht um des Lebens und Überlebens willen entstanden, sondern mit dem Ziel guten und glücklichen, d. h. humanen Lebens.
Selbst aus der Sicht purer Lebenserhaltung indes sollten die Rezeptologen der Angst V. E. Frankls Hinweis bedenken, der sicher nicht bloß für Erwartungsängste bei Neurosen gilt: »Ist der Wunsch der sprichwörtliche Vater des Gedankens, so die Angst die Mutter des Geschehens.« Der Mensch auf der Suche nach Sinn, Freiburg 1972, 54.

keit des Einzelnen bezieht sich demnach nicht zuerst »auf das äußere Wirken dessen, was einer in sich hat, sondern [meint] seine innere Tätigkeit, die ja doch sein wahres Selbst und wahrhaft das Seinige ist... [Der so Gerechte] hat sein Haus im wahren Sinne wohlbestellt, hat die Herrschaft über sich selbst gewonnen, hat in sich Ordnung geschaffen, sich mit sich selbst innig befreundet... so daß er nicht mehr eine Vielheit darstellt, sondern völlig Einer geworden ist, besonnen und wohlgefügt» (443 c–e).[13]

1. Offenbar ist ein solches Selbstverhältnis nicht selbstverständlich. Der Mensch ist zunächst nicht einer und mit sich einig, sondern ungeordnet; und er kommt auch nicht von selbst, gewissermaßen pflanzenhaft (»wachsen lassen«), zur Einheit, sondern nur unter Mühen.

Ordnung verlangt ein Ordnungsprinzip und dessen Herrschaft – um weitere Begriffe einzubringen, auf die mancher glaubt verzichten zu können, wenn er sie nicht gar ausdrücklich als friedensfeindlich verwirft. Wie Platon, der sie gebraucht, als Erzfeind einer »offenen Gesellschaft« ins Visier genommen wird, so bekämpft eine »emanzipatorische Pädagogik« die entsprechende »Disziplinierung« von »Bedürfnissen« der Individuen.[14]

Tatsächlich wird in der Selbstbestimmung »der Wille als die Eigentlichkeit der Person sichtbar« (Karol Wojtyla).[15] Selbstbestimmung aber sagt Selbstzugehörigkeit und Selbst-Beherrschung (121). Denn bestimmen kann man einzig über »das, was man besitzt». Das heißt, Person lebt »sui iuris«. – »Selbst-Beherrschung ist hier etwas anderes als das, worauf der umgangssprachliche Ausdruck ›Selbstbeherrschung‹ hinweist.«

[13] Siehe Novalis, Blütenstaub Nr. 44: »Jeder Mensch ist eine kleine Gesellschaft.« 49: »Ein vollkommener Mensch ist ein kleines Volk.« Schriften (Kap. 12, Anm. 4) II 431 u. 433. Ebd. 541 (Logologische Fragmente 74): »Nur insofern der Mensch also mit sich selbst eine glückliche Ehe führt – und eine schöne Familie ausmacht, ist er überhaupt ehe- und familienfähig.«

[14] Vgl. W. Brezinka, Die Pädagogik der Neuen Linken, München-Basel ^{6}1981; spezieller: D. Bernt, Konfliktfeld Sexualerziehung in der Schule, Frankfurt/M. 1983.

[15] Person und Tat, Freiburg u. a. 1981, 120.

Meint dieser eher so etwas wie Selbstkontrolle, so ist hier »etwas viel Grundlegenderes [gemeint], das mit der inneren Struktur der Person zusammenhängt, die sich dadurch deutlich von anderen Strukturen und von anderen Wesen unterscheidet, daß sie sich selbst beherrscht« (122).

Zu einer solchen Herrschaft nun gehört auch komplementär, was K. Wojtyla unter dem Titel der »Selbstabhängigkeit« (133f) der Person analysiert: »Person dynamisiert sich nur dann auf ihre eigene Weise, wenn sie in dieser Dynamisierung vom eigenen Ich abhängig ist« (134). Wojtyla unterstreicht mit Grund die Notwendigkeit, den Begriff der Abhängigkeit zu betonen: »Hier gerade widerspricht der Realismus der Erfahrung dem Idealismus der reinen Abstraktion. Abstrakt gesehen ist Freiheit nämlich das, was Unabhängigkeit besagt, das Fehlen von Abhängigkeit. Indessen ist das Gegenteil der Fall: das Fehlen der Abhängigkeit vom eigenen ›Ich‹ ist gleichbedeutend mit dem Fehlen der Freiheit, auf jeden Fall aber mit dem Fehlen ihrer realen Grundlage. Hierdurch wird die unübersehbare, das heißt, in der einfachen Erfahrung begründete Grenze zwischen ›Person‹ und ›Natur‹ [leider ein weiteres Reizwort; man könnte auch sagen: zwischen »Wer« und »Was«] sichtbar, die zwischen der Welt der Personen und der Individuen [d. h. bloßer Naturwesen, als Sonderfällen ihrer Art] verläuft» (134).

Nun ist die Grenze offenbar doch nicht so unübersehbar, zumal da es Gründe dafür gibt, sie zu vernachlässigen. Selbst-Herrschaft – M. Heidegger hat von »Sorge« gesprochen – belastet und fordert. Sie zu errichten gelingt nicht konfliktfrei und schmerzlos. Anders gesagt, man kommt hierbei nicht um die Selbstbeherrschung im üblichen Wortsinn herum, andernfalls würden Selbstbestimmung und Selbstherrschaft zur Farce.

Josef Pieper beklagt das Fehlen eines entsprechenden Namens für das »Aufrufende und Herzbezwingende dieser männlichen Tugend«.[16] Im Griechischen heißt sie »sophrosyne« = ordnende Verständigkeit; und auch »temperare« heißt zuerst nicht etwa »mäßigen« oder dergleichen, sondern: ein geordne-

[16] Zucht und Maß. Über die vierte Kardinaltugend, München ^{7}1955, 7.

tes Ganzes fügen. Das Ziel dieser Tauglichkeit ist dem Aquinaten zufolge und im Sinn des Titels unserer Besinnung die *quies animi* = Ruhe des Gemüts.[17]

Diese Ruhe ist, wie gesagt, nicht einfach gegeben. Nicht bloß wegen der Vielfalt unterschiedlicher Antriebe, Strebungen, Bedürfnisse und Wünsche des Naturwesens Mensch; auch nicht bloß wegen der Spannung zwischen Bedürfnissen der Sinnlichkeit und den Ansprüchen der Vernunft; sondern aufgrund einer tieferen Störung, eines Zwiespalts, der »ohne die gläubige Hinnahme der geoffenbarten Wahrheit von der Ursünde völlig undeutbar bliebe (wenn wir uns nicht gar einreden, er sei überhaupt nicht da)« (15).

Nochmals: Dieser Zwiespalt herrscht nicht »einfach« (asiatisch, griechisch, Kantisch) zwischen »Geist« und »Stoff«, Vernunft und Sinnlichkeit, sondern schon innerhalb von Wille und Vernunft, im Inneren der Freiheit, des Ich selbst. – Es ist jetzt nicht möglich (und auch nicht nötig), diese Selbstwidersprüchlichkeit näher zu analysieren und ihren Grundbezug (auf die »Macht« hin, »die das Selbst gesetzt hat« – S. Kierkegaard) herauszuarbeiten. Hier mag es genügen, formal allgemein – mit Hans Eduard Hengstenberg – von einer Entscheidungs-Situation zwischen Sachlichkeit und Unsachlichkeit zu sprechen, oder genauer: von der Unausweichlichkeit der »Vorentscheidung«; kann ich mich doch nur sachlicherweise für Sachlichkeit entscheiden und einzig unsachlicherweise für Unsachlichkeit optieren.[18]

2. Dabei ist mit Sachlichkeit nichts Sachhaftes gemeint, sondern: der Wirklichkeit entsprechendes Verhalten, situationsgemäße Antwort. (Der Sprachgebrauch verbietet es leider, dafür zu plädieren, einer Person gegenüber »persönlich« zu werden.) Hier ist an Aristoteles' Hinweis auf Hund und Löwe zu erinnern (Anm. 11). Sachlichkeit steht also im Gegensatz zu »Interessiertheit« und *Interessenbestimmtheit*. Solche Qualifizierung

[17] Sent 4, d 14 1,1,4 ad 2; Sth II-II 141, 2 obj. 2.

[18] Philosophische Anthropologie, Stuttgart 1957, Kap. 1 und 2, bes. 45–50; ders., Grundlegung der Ethik, Stuttgart 1969, 1. Hauptteil. Vgl. H. Kramer, Die sittliche Vorentscheidung, Würzburg 1970.

und Einschränkung der Perspektive ist dem Animalischen gemäß und dort rechtens, aber nicht für Person.

Darum kann Thomas z. B. sagen, daß Unkeuschheit (die nicht durch die Lust definiert ist, sondern durch selbstisches Interesse an dieser) blind macht, und dies nicht im Sinn bloßer Folge, »wie eine Pflanze in regenloser Zeit erschlafft«, sondern aus ihrem eigenen Wesen heraus: weil sie ich-zentriert ist statt realitätszugewandt.[19] – Dazu gehört, daß man andererseits bei ihm liest, zu fasten sei ein Gebot der lex *naturae*, nicht also erst kirchlicher Disziplinargesetzgebung; die regle vielmehr nur die näheren Bestimmungen (Sth II-II 147, 3). Wir müssen es uns eben »etwas kosten lassen, wirklich das zu sein, was wir wesenhaft sind: sich selbst besitzende, freie sittliche Person« (Pieper 75).

Der Preis ist nicht gering; die Kosten schmerzen. Darum besagt Selbst-Beherrschung nicht bloß Herrschaft über die Lust, sondern zugleich auch über den Schmerz. »Friede, Freundschaft mit sich selbst« ist eben das Gegenteil von verschmuster Selbstzärtlichkeit (wie Friede und Freundschaft überhaupt).

Pieper stellt fest, daß zwar alle vier Kardinaltugenden im liberalistischen Menschenbild verfälscht worden sind, am wenigsten indessen Maß und Tapferkeit noch ihre ursprüngliche Wahrheit sehen lassen. Der Grund liegt darin, daß man das Böse in der doppelten Gestalt von (eigener) Schuld und Strafe verdrängt hat.[20] 1934 schreibt er, was sich 50 Jahre später wie von heute liest: »So konnte es geschehen, daß Feigheit und Maßlosigkeit... sozusagen ›öffentliche‹ Bedeutung gewannen« (22). In Wahrheit aber gibt es keine Freiheit ohne den Mut zum Schmerz des Verzichts und ohne die Tapferkeit durchgehaltenen Entsagens. Ohne Freiheit aber gibt es keinen Frieden.

Tapferkeit bewährt sich in der Geduld. Wobei Geduld nicht resignierendes Sich-Ducken und Flucht in den Winkel privater

[19] Pieper 34–39; Sth II-II 15,3. – Zu dem schlichten Programm »Make love not war« in Berufung auf W. Reich bzw. A. Plack siehe die Klarstellungen von Eugen Drewermann, Der Krieg und das Christentum. Von der Ohnmacht und Notwendigkeit des Religiösen, Regensburg 1982, 76–82.

[20] J. Pieper, Vom Sinn der Tapferkeit, Leipzig ^{3}1938, 21.

Ungestörtheit bedeutet, sondern ein aktives »Darunterbleiben (hypomoné)« und ernsthaftes Tragen. Thomas prägt aus Luk 21,19 die Sentenz: »Durch die Geduld hat der Mensch seine Seele in Besitz.«[21]

Tatsächlich muß »der Mangel an Mut zur Hinnahme von Verwundungen [heute: an Frustrationstoleranz] und zur Selbsthingabe unter die tiefsten Ursachen seelischer Erkrankung gezählt werden«; da »das Ich in immer größere Gefahr gerät, je sorgsamer man es zu schützen sucht.«[22] – Darum hilft unter Umständen gegen die innere Schwäche einzig der Zorn (auf sich selbst).[23] »Auf sich selbst« wohlgemerkt. Scharf zu unterscheiden davon sind Jähzorn, Verbitterung, ressentimentgeladene Wut darüber, daß oftmals die Realität sich nicht unseren Träumen bequemt.

3. Damit wird es Zeit, die bisherige Ich-Perspektive zu sprengen. Temperantia ist erst die vierte der Kardinaltugenden, weil sie als solche nur auf das Ich zielt.[24] Sie wird bei dieser Einschätzung durchaus als Tugend verstanden – also strikt im Gegensatz etwa zum Geiz von jemanden, der die Unzucht nur wegen der Kosten miede (Sth II-II 23,7c.). Gleichwohl kann der Schmerz der »Selbstbildung«[25] in einer Weise ob der »Selbstverwirklichung« in Kauf genommen werden, bei der man sich gleichwohl verfehlt (ist Schmerz an sich ja noch kein Gütezeichen und ein Verhalten nicht schon darum zu achten, weil es auch den Handelnden selbst schmerzt). Dies nämlich dort, wo

[21] Ebd. 60; Sth II-II 136, 2 ad 2.

[22] Ebd. 72f; das zweite Zitat nach F. Künkel, Neurasthenie und Hysterie, in E. Wexberg (Hsg), Handbuch der Individualpsychologie, München 1926). Biblisch gesagt, ist der Mut zum Ausreißen des Auges und zum Abhacken von Gliedmaßen gefordert, will man nicht – ungehindert »integriert« – verlorengehen (Mt 5,29f).

[23] De ver 24,10 (corp. A). »Erst die Verbindung der Zuchtlosigkeit des Genießenwollens mit der faulen Unkraft zu zürnen ist das Kenn-Mal völliger und eigentlich hoffnungsloser Entartung.« Pieper (Anm. 16) 99. Nietzsches Zarathustra spricht vom »letzten Menschen«.

[24] J. Pieper, Über das christliche Menschenbild, München 1964, 47–50. – Das ist übrigens auch der Grund, warum sie wie keine andere unmittelbar an Haltung, Antlitz usw. ablesbar ist.

[25] Vgl. R. Guardini, Briefe über Selbstbildung (1921), Mainz 1930.

man vergißt, daß der Mensch ein Wesen des Bezugs ist; daß Tugend Tauglichkeit zu etwas besagt; daß »Sinn« eine Zielrichtung meint und darum die Sinnfrage nach meinem Wozu fragt. Tapferkeit und Zucht schaffen Bedingungen für die Verwirklichung des Guten; aber sie sind noch nicht dieses selbst.

Sie haben, wie gezeigt, Gewicht, weil ohne sie nichts erreicht wird; doch mit ihnen ist erst wenig gewonnen (erinnern wir uns an die Unterscheidung N. Hartmanns). – »Aufgrund von Gerechtigkeit vor allem werden Männer gut genannt« (Cicero)[26], und diese hat ihren Rang für Thomas erstlich darin, daß »sie nicht allein den Menschen in sich selbst ordne, sondern das Leben der Menschen miteinander; weil sie über das individuelle Subjekt hinausgreife, weil sie in gewissem Sinn geradezu das *bonum alterius*, das ›Gut des anderen‹ sei« (Gerechtigkeit 48).

Die Ruhe der Ordnung, die Gelassenheit innerer Rechtheit, muß fruchtbar werden für den Frieden innerhalb der Gemeinschaft.

Ordnung in der Gemeinschaft

Ordnung sagt Zusammenstimmung von Verschiedenem, jedenfalls – im Unterschied zu Setzkästen und Magazin-Schubladen – die »höhere« Ordnung eines Textes wie einer Maschine (gar eines lebenden Organismus). Sie fordert darum erstlich Anerkennung von Verschiedenheit, statt daß man auf Uniformität setzt und jedes Anderssein als Mindersein abtut. Das fällt uns schwer, weil Anderssein die Selbstverständlichkeit des eigenen Daseins und der Selbstseins-Weise zerstört.

Gemeinschaft etabliert sich im »Konflikt der Interpretationen« (Paul Ricoeur), und das Ringen um Ordnung geschieht als Kampf um die Statuierung eines bestimmten Ordnungsprinzips. – Mit Recht unterstreicht man, daß Friede mehr als Fehlen von Krieg ist, nämlich rechte und gerechte Ordnung. Doch wer definiert sie?

[26] De offic. I 7,20: Sth II-II 58,3; J. Pieper, Über die Gerechtigkeit, München 1953, 47; zum vorangehenden Gedanken: 52f.

1. Gerechtigkeit verlangt zunächst, grundsätzlich zwischen Konzeptionen zu unterscheiden, die prinzipiell nicht an der Idee der Gerechtigkeit (Kantisch: am kategorischen Imperativ) orientiert sind, und jenen, die – bei solcher Orientierung – zu anderen Zielvorgaben und Wegvorstellungen gelangen als man selbst. Das heißt, der grundsätzliche Unterschied zwischen Gegner und Feind ist zu wahren. – Im politischen Feld hieße das: zwischen der gegnerischen Partei und dem Feind der Demokratie überhaupt (des weiteren nochmals zwischen dem parteilichen Gegner und dem gegnerischen Parteifreund).

Das ist nach zwei, ja drei Seiten gesprochen. a) Einmal zu jenen, die das biblische Wort »Richtet nicht...« (Mt 7,1), statt bloß auf den Täter, auch auf die Taten beziehen und dann weder Auschwitz noch den Archipel Gulag strikt zu verurteilen wagen, weil niemand wisse, wie beides sich letztlich – hier wird schlimmes Hegelsches Erbe[27] sichtbar – vor dem Gerichts-Horizont der Gesamt-Geschichte darstellt.

Sodann b) zu jenen, die rigoristisch jede Gewichtigkeits-Stufung von Schuld bestreiten; die unvermittelt von den »Früchten auf den Baum« schließen (Mt 7,16), und obendrein bei den Früchten nicht zu differenzieren gewillt sind: faul sei faul.[28]

Gibt es also für die ersten keine Feinde, höchstens Gegner, so für die zweiten nur Feinde (zu denen man – »aussteigend« – sich in »Äquidistanz« hält). Die dritte Gruppe c) nun, die hier angesprochen sei, hat ihren Standort sozusagen auf der Meta-Ebene bezogen. Sie argumentiert nämlich aufgrund des vorlie-

[27] Und nicht bloß Hegels (wie seiner materialistischen Schüler), sondern – seit und mit Kant – des ganzen deutschen Idealismus: indem er selbstwidersprüchlich den Sündenfall als emanzipatorisches Ereignis feiert, hat er grundsätzlich den Erfolg zum Bewertungsmaßstab der Geschichte erhoben. (Im Protest dagegen treffen sich so verschiedene Geister wie O. Marquard und J. B. Metz.)

[28] Je nach Typ geschieht das (und sei's nur verbal) in der Weise Robbespierres oder jener der »schönen Seele«. Dazu nun seinerseits Hegel, in der Phänomenologie, WW (Glockner) II 453–455 (J. Heinrichs, Die Logik der Phänomenologie des Geistes, Bonn 1974, 354: »In der Logik heißt dieses ›Durchhauen eines Kohlhaupts‹ [, zu dem die tödliche Verurteilung degeneriert,] ›die Null‹«; mit Hinweis auf IV 537); 501–513 (S. 510 die bekannte, von Goethe aufgegriffene Replik, es gebe keine Helden für den Kammerdiener – weil dieser Kammerdiener sei).

genden Sachverhalts und um des Friedens willen gegen den Feindbegriff überhaupt und kritisiert dann näherhin, was sie »Feindbilder« nennt. Man könnte sie zur ersten Gruppe rechnen wollen; das geht aber darum nicht, weil sie ihrerseits offenbar die »Feindbildner« statt als Gegner als Feinde behandelt (dies freilich selten neutestamentlich, also mit Liebe).

Hier wird jedoch die These vertreten, daß der Verzicht auf gebotene Grenzziehungen nicht bloß theoretisch falsch ist, sondern auch praktisch, also für den Frieden, um den es ja geht, fatal wirkt. So hieß es beispielsweise zuvor, im achten Kapitel, objektiv zynisch, wenn man (vielleicht durchaus um eines humaneren Umgangs der Gesunden mit Behinderten und Kranken willen) den grundsätzlichen Unterschied zwischen Gesundheit und Krankheit bestreitet, weil wir alle »mehr oder weniger krank und behindert« seien: zynisch gegenüber den tatsächlich Kranken, zynisch im Blick auf das empfangene Geschenk (obzwar nicht ungetrübter) Gesundheit, und darum unmöglich auf Dauer dem gesellschaftlichen Frieden dienend.

Oder um ein zweites Beispiel zu geben: Die immer häufiger zu hörende Gleichsetzung unseres Rechts-Staats – ob der gravierenden Ungerechtigkeiten, die einem allenthalben begegnen – mit der Hitler-Diktatur ist zynisch: gegenüber den KZ-Opfern wie denen, die damals im Lande Widerstand leisteten, wie gegenüber jenen, die sich heute hier und anderwärts aktiv für Menschlichkeit, Gerechtigkeit und Frieden engagieren.[29]

2. Daraus folgt einmal eine gebotene Ordnung des Miteinander-Umgehens von Gegnern, meist als »Anerkennung demokratischer Spielregeln« formuliert. Dabei geht es in unserer grundsätzlichen Überlegung wieder vor allem um das »Prinzip«, den »Geist« dieser Anerkennung. Pragmatismus reicht nämlich nicht zu.

[29] Dabei sei eigens gesagt, daß ich jetzt unter Engagement weniger Demonstrationen verstehe (die selbstverständlich auch solches sind, doch zugleich in Gefahr, es zu monopolisieren), sondern durchaus die gewissenhafte Erfüllung von Amt und Beruf: in Regierung, Justiz, in Krankenhaus und Schule wie irgendwo im Betrieb – und nicht zuletzt auch die verantwortungsbewußte Vorbereitung auf solchen Dienst.

Als Basis trägt nur a) die prinzipielle Option für Humanität und b) die Überzeugung, daß man innerhalb dieser gemeinsamen *option fondamentale* (deren Negation den Feind macht, dazu später) zu verschiedenen Programmen – und erst recht Methodiken – gelangen kann, ohne das für einen selbst Verpflichtende in jedem Fall auch anderen als sie verpflichtend ansinnen zu müssen, vielleicht dies nicht einmal immer zu dürfen. Und dies nicht bloß wegen eines möglichen Gewissensirrtums (stets des anderen?), sondern weil man oft nicht ausschließen kann, es gebe mehrere sittlich richtige Lösungen des Problems.[30]

Dabei wäre auch dann, wenn es nur eine erlaubte Konkret-Lösung gäbe, und bei Gutwilligkeit aller Teilnehmer des Disputs nicht mit einem einstimmigen Ergebnis zu rechnen; während man es aber dort nicht ausschließen müßte, kann und muß man's wohl hier. Man hat darum zwar mit einander zu reden – und dies offen, bemüht und hinreichend lange. Aber man muß auch an ein Ende des Hin und Wider gelangen, und zwar zu einem verantworteten, nicht bloß faktischen Ende.

Mit anderen Worten: die Warnung vor der »Diktatur des Sitzfleisches« behält ihr Recht[31], auch wenn das diskussionsfreudigen Studenten und Diskutanten von Beruf nicht zusagt. – Vielleicht darf man (da das Kapitel von »Gerechtigkeit und Frieden« handelt) auch hierzu an das Gebot von Recht und Bil-

[30] »Das mag trivial sein; doch leider ist es offenbar nötig, es ausdrücklich zu betonen, da verschiedenste Gruppen für ihre Aktivitäten Christlichkeit im exklusiven Sinn beanspruchen. Bei ökologischen wie ehemoralischen (wie Verteidigungs-) Fragen scheint oft das Bewußtsein zu fehlen, daß Christen besten – und durchaus nicht irrigen Gewissens unterschiedlichen Maximen folgen können«, habe ich in einem Beitrag zur ethisch-religiösen Begrenzung technischen Zugriffs geschrieben (»Macht euch die Erde untertan«?, in: A. J. Buch / J. Splett [Hrsg], Wissenschaft Technik Humanität, Frankfurt/M. 1982, 175–202, 198). Die »Fronten« kreuzen sich hier eigentümlich. So manche(r), der / die das für Ehe- und Sexualmoral unterstreicht, kritisiert es an der Friedensstellungnahme des deutschen Episkopates, welche (1.3) dazu das Vaticanum II. (GS 43) zitiert.

[31] H. Weinrich, System, Diskurs, Didaktik und die Diktatur des Sitzfleisches, in: Theorie-Diskussion. Supplement 1, Frankfurt/M. 1973, 145–161. Im übrigen aus der Fülle der Literatur nur: C. F. v. Weizsäcker, (Kap. 2, Anm. 26) 116–121: Das moralische Problem der Linken und das moralische Problem der Moral.

ligkeit erinnern: Eines jeden Zeit, zu seinen Lebensgütern zählend, ist unvermehrbar; wir sollen sie uns für einander nehmen – einzig so wird sie gelebt; aber man darf sie keinem ohne angemessene Gründe »besetzen« = stehlen.

Da also zumeist nur Mehrheitsentscheidungen erreichbar sind, müssen eben diese respektiert werden, weil sonst überhaupt kein Handeln und keine Ordnung zustande käme. Dabei wird weder von den Respektierenden (der Minderheit) verlangt, das Ergebnis für richtig zu halten (dies wäre ja selbst bei Einstimmigkeit keineswegs garantiert), noch dürfen diese beanspruchen, nur richtigen (d.h. konkret: den eigenen) Lösungen dürfe zugestimmt werden.

Aus dem ersten folgt der Schutz der Minderheit. Sie muß ihrerseits geachtet und darf keinesfalls zu gewissenswidrigen Handlungen genötigt werden.[32] – Aus dem zweiten folgt der Schutz der Mehrheit wie der Gemeinschaft als ganzer: Sie darf an gewissenhaftem Handeln nicht gehindert werden. (Das Gewissen christlicher Soldaten verdient nicht minder Respekt als das von Kriegsdienstverweigerern – oder innerkatholisch: das von Befürwortern päpstlicher Lehren nicht weniger als das von deren Gegnern.)[33]

3. Aber auch das Gegeneinander von Feinden ist human zu leben. Es klang schon an: die christliche Botschaft gebietet, Feinde zu lieben (Mt 5,44). Das sagt erstlich: Feinde gibt es. Man kann sich die Befolgung dieses Gebots nicht dadurch erleichtern, daß man erklärt, es gebe gar keinen oder kaum einen Fall, wo es einschlägig sei. Schon mit Gegnern muß gelebt werden, und zwar ohne den Groll und die Ressentiments, die aus

[32] »Recht ist immer Einschränkung des Mehrheitswillens; zu seiner Durchsetzung bedürfte es nämlich keines Rechtes, weil er a priori die Macht hat.« R. Spaemann, Zur Kritik der politischen Utopie (3. Exkurs, Anm. 1) 122 (Die Utopie der Herrschaftsfreiheit).

[33] Für den Fall, daß Mehrheitsentscheide nicht auf dem Boden der Gerechtigkeit und des Rechts zustandekommen, tritt die Feind-Situation ein. Dazu gleich. Ansonst muß, da nicht jegliches mit jedem neu verhandelt werden kann, die Möglichkeit zum Verlassen einer Gemeinschaft, beim Staat: der Auswanderung, bestehen. Deren Verweigerung macht ein Gemeinwesen darum zum Unrechts-Staat.

dem Festhalten des Kinderwunsches nach nest-warmem Beieinander entspringen. Erst recht nun mit Feinden.

Wir lassen uns zunächst gern von Max Frisch gesagt sein, daß man sich kein Bild von Menschen machen dürfe, nicht vom Freund und nicht vom Feinde.[34] – Doch sagen wir ergänzend, daß man andererseits nicht ohne Bilder zu leben vermag; ja, daß der Mensch ein Recht darauf hat, daß man ein Bild von ihm habe, nämlich ein Wissen von seinem bisherigen Leben mit entsprechenden Erwartungen an ihn für die Zukunft. (Oder darf er etwa nicht erwarten, daß man etwas – und nicht irgend etwas, sondern ihm Gemäßes – von ihm erwarte?) Das zu verweigern hieße, jemandem die Anerkennung seiner *Identität* in der Zeit vorzuenthalten.

Gewiß kommt es darauf an, das Bild nicht »festzuschreiben«, also sich für neue Erfahrungen offen zu halten. (So wie es umgekehrt geboten ist, zur eigenen Vergangenheit zu stehen, sei es auch in ausdrücklichem Nein zu ihr, statt sie verantwortungslos nicht wahr haben zu wollen. Wie oft steht das hinter der Abwehr eines »Bildes«?). Und dem zuvor ist gefordert, daß man das Bild grundsätzlich als ein solches wisse; das heißt, als »Ansicht« vom anderen, welche sowohl (objektiv) auf die Seite beschränkt ist, die er mir zukehrt, als auch (subjektiv) durch meine Sichtweise bedingt wird.

Doch wenn man dies berücksichtigt, dann ist mitnichten jede Faktennennung und daraus gewonnene Charakteristik, die ablehnend oder verurteilend ausfällt, zugleich auch im pejorativen Sinne ein Feindbild. – Vom barbarischen Antisemitismus der Nationalsozialisten zu sprechen heißt nicht, ein »Feindbild« entwerfen. Auch Solschenizyns Beschreibungen oder die vielfachen Nachrichten über die »schweigende Kirche« vor dem Hintergrund der marxistischen (und auch Marxschen!) Anthropologie zu bedenken[35] ist keineswegs bloß ein Beitrag zur

[34] Tagebuch 1946–1949 (2. Exkurs, Anm. 2) 369–371.

[35] Ist die bittere Bemerkung unverständlich, – im Blick auf gewisse Belege christlichen »Verständnisses«, will sagen: theologischer Einäugigkeit, die schweigende Kirche gebe es heute eher bei uns?

Um es nur an einem Punkt zu erläutern: Ist Religion »Opium«, dann *muß*

»Grundtorheit unseres Jahrhunderts«, als die man nach Thomas Manns oftmals zitiertem Wort den Antikommunismus zu verstehen hätte.[36]

Dem Feind gegenüber nun ist die gemeinsame Freiheit gegnerischer Auseinandersetzung und erhofften freundschaftlichen Miteinanders zu verteidigen. Die Entschiedenheit solcher Verteidigung braucht nie und nirgends personaler Achtung und der gebotenen Feindesliebe zu widersprechen – auch wo sie in äußerste Grenzsituationen führt. – Sogar die Männer des 20. Juli durften Hitler weder hassen noch ihn »bloß als Mittel nehmen« statt auch »als Zweck an ihm selbst« (I. Kant). Ich gestehe, daß

man diesen Handel unterbinden, wenn man die Macht dazu hat, und zwar 1. baldigst, da dies Leben alles ist, was die Menschen besitzen, und 2. rücksichtslos, weil eine »wissenschaftliche Weltanschauung« für Gewissensfreiheit keinen Anhaltspunkt bietet. Kurzum: Judenverfolgung und Hexenverbrennung lassen sich leicht als unchristlich erweisen, so sehr hier Christen – auch amtlich – Schuld auf sich geladen haben. Aber folgt Religionsunterdrückung nicht konsequent aus den marx(isti)schen Prämissen? Es ist nicht friedfertig, sondern unredlich, die Frage eines Ernst Bloch zu verdrängen, ob »sich in der Sowjetunion der Marxismus bis zur Kenntlichkeit oder bis zur Unkenntlichkeit verändert« habe (in: Über Ernst Bloch, Frankfurt/M. 1968, 86; bezeichnenderweise im Ergänzungsband zur Gesamtausgabe unterdrückt: Tendenz – Latenz – Utopie, Frankfurt/M. 1978, 197 (es ist nur S. 196 [= hier 85] ein Erinnerungshinweis verblieben).

Ein weiteres wäre der Blick in Schulbücher der DDR bzgl. der systematischen Erziehung zum *Haß* gegen den »Imperialismus und Kapitalismus des Westens«.

Das führt zur Diskussion der »defensiven« Einstellung der UdSSR. Ein von Angst diktiertes Sicherheitsbedürfnis aufgrund innerer Unfriedlichkeit, das ein Glacis unterworfener Völker um sich aufbauen muß, ist in der Tat genau so irrational, unkontrollierbar und unbegrenzbar wie eine »ungebrochene« Expansivaggressivität. Siehe den prägnanten Aufriß bei Hermann Siemer, Suchen was bleibt. Perspektiven christlicher Politik, Hildesheim 1985, bes. Teil II: Selbstbehauptung Europas und Botschaft des Friedens (29–48).

[36] So etwa: M. Mettner / J. Thiele, Entwaffnender Glaube, München 1983, 80. – Dazu jetzt nur: A. Koestler, Der Yogi und der Kommissar, Auseinandersetzungen (1945, dt. 1950), Frankfurt/M. [2]1980. Und für einen Musterfall aktueller Desinformation (sowie dann späteren Vergessens, nach dem Beispiel nicht bloß Vietnams?): M. Kriele, Nicaragua – das blutende Herz Amerikas. Ein Bericht, München-Zürich [3]1986. – Was aber die wiederholt reflektierte Versuchung von Intellektuellen betrifft, den Vorwurf der Dummheit mehr zu fürchten als den der Unredlichkeit, so sollte man fürs erste eingestehen, daß Mut überhaupt eine seltene Tauglichkeit ist. Dann könnte man sich einem Hinweis Robert Spaemanns stellen. Zu Rousseaus Bemerkung, Intellektuelle seien Nonkonformisten aus Eitelkeit, erinnert er daran, daß es in der Hitlerzeit unter ihnen zu viele Apologeten gegeben habe: »In einer freien Gesellschaft setzen die Medien und das Publikum Prämien auf das Originelle ... In einer Diktatur können diese Prämien nicht ver-

mir dies – begründet – allein in theo-logischer Perspektive vollziehbar erscheint.[37]

Von der Notwehrtötung reicht der Bogen möglichen Verhaltens bis zum überlegten Sich-Versklaven- oder auch -Erschlagenlassen nach dem Vorbild Jesu, ja, bis zur gewaltlosen Inkaufnahme der leiblich-seelischen Knechtung von Frau und Kind. – Doch hat es in all dem um das eine selbe zu gehen: um das beteiligte Ja zur Freiheit als humaner *Möglichkeit* – im Dienst der *Wirklichkeit* erfüllter Freiheit: eines Reiches der Gerechtigkeit und der Liebe – des Friedens.[38]

geben werden; der einzige, der sie vergibt, ist der Staat, der gepriesen werden möchte. In einer freien Gesellschaft gehört daher Mut zur Apologetik des Bestehenden, in einer Diktatur Mut zur Kritik des Bestehenden.« Überzeugungen in einer hypothetischen Zivilisation, in: O. Schatz (Hrsg) Abschied von Utopia. Anspruch und Auftrag der Intellektuellen, Graz-Wien-Köln 1977, 311–331, 311.

Mut zur »Dummheit« braucht es schließlich noch in folgendem prinzipiellem Betracht: »Daß bei der Formulierung affirmativer, also bejahender Sätze, immer ein Problemverlust in Kauf genommen werden muß. Affirmative Sätze sind immer dümmer als kritische.« (H. Günther / C. Willeke / R. Willeke, Grundlegung einer bejahenden Erziehung. Affirmative Didaktik, München ^{2}1978, 59). Sie bleiben also nicht bloß »einstweilen noch?« hinter kritisch »für erforderlich gehaltenen methodischen Standards zurück« (Ollig, Kap. 2, Anm. 25: Prüfstand 392). Bejahung, Gutheißung wird stets »ein Kritikdefizit aufweisen« (ebd.). Es gilt eben grundsätzlich, jenseits aller Intellektuellen-Problematik: Wer sich politisch wie privat mit etwas oder jemandem zufrieden gibt (wer also seinen Frieden damit macht), läuft Gefahr, daß man ihn für anspruchslos, naiv und unaufgeklärt, also für dumm hält. Wäre vielleicht auch das eine Facette des Themas »Bergpredigt und Friedenswille«?

[37] Nach Thomas von Aquin ist die erforderte einende Basis einer Liebe, die auch den »Sünder (heute deutlicher: den Unmenschen und Menschenschinder [Periklis Korovessis' Bericht über seine Folterungen unter den Obristen trägt den Titel *Die Menschenwärter – Anthropophylakes*]), die also den Menschenfeind einschließt, unsere gemeinsame Berufung zur Gottesschau: Sth II-II 25,6.

[38] Die Unterscheidung von Möglichkeit und Wirklichkeit hat Gewicht, weil ich für *Möglichkeiten* gegen bewußte *Verunmöglichung* eintreten muß, auch wenn es nur um eine – vielleicht häufig nicht genutzte oder gar mißbrauchte – Möglichkeit geht. So wäre eine Rechtsordnung gegenüber einer Tyrannis zu wahren, obwohl sie keine Liebesordnung darstellt und zu Lieblosigkeit und Unrecht mißbraucht wird. Die *Wirklichkeit* indessen von Gerechtigkeit und Liebe läßt sich nicht erzwingen – wie das Recht –, sondern ereignet sich nur aus Freiheit (dies freilich auch in einer Tyrannis; doch unter welchen Einschränkungen und um welch hohen Preis!).

Damit kehrt unsere Prinzipien-Überlegung wieder zum ersten Wegstück des Kapitels zurück – zur Ordnung der Werte. Wir haben uns Gedanken zum Frieden als Werk der Gerechtigkeit gemacht. Dabei sind wir auf zwei Einsichten gestoßen, die nochmals eigens aufgenommen zu werden verdienen: einmal, daß wahre Gerechtigkeit zwischen Menschen nicht als (bloße) Gerechtigkeit verwirklicht werden kann; sodann, daß es nicht um Gerechtigkeit bloß zwischen Menschen zu tun ist. So erscheint Wertordnung als »Hierarchie«: als Ordnung vom Heiligen her und auf es hin.

1. Gerechtigkeit definiert die Schule als die stete Gewilltheit, jedem das Seine zu geben. Aber was ist dies jeweils? Sicher nicht bloß das, worauf er ein Recht hat. Denn kein Mensch könnte existieren, würde ihm nicht mehr zuteil, als ihm zusteht.[39]

Das gilt bereits rein positiv, vom Angewiesensein eines jeden auf ungenötigt *freie* Zuwendung eines anderen Menschen zu ihm. Ohne diese gäbe es in keiner erreichbaren Ordnung Ruhe. Frieden herrscht erst in solcher unerzwingbaren und uneinklagbaren Umfriedung der Liebe. – Erst recht nun aber gilt das, statt derart grundsätzlich (also allgemein-abstrakt) in positiver Perspektive, in der konkret von Verneinung gezeichneten menschlichen Situation: Wer schuldig wurde, bedarf der Verzeihung, um wieder Frieden zu finden. Wiederum hat niemand Recht darauf; und wieder gibt es auf der anderen Seite für jeden die Pflicht zur Verzeihung.

Petrus fragt, wie oft man zu verzeihen habe (Mt 18,21f), und wir sind gewohnt, bei den »siebenundsiebzigmal« an ebensoviele Verfehlungen zu denken. Aber das ist gar nicht nötig. *Ein* Unrecht genügt, mit dem man uns verletzt. »Im Augenblick zu verzeihen ist nicht schwer. [In der Tat?] Aber dauernd zu verzeihen, dasselbe Unrecht jedesmal von neuem zu verzeihen, sooft

[39] Siehe nochmals im 2. Exkurs, Anm. 2 (Max Frisch über den »Engel der Sympathie«). – So hat das Konzil in seiner Konstitution »Über die Kirche in der Welt von heute« vom Frieden gesagt, er sei »die Frucht der Liebe, die über das hinausgeht, was die Gerechtigkeit zu leisten vermag« (GS 78).

es mir wieder einfällt – das setzt einen Kampf ab« (Clive Staples Lewis).[40]

2. Das aber weist bereits aus der »Horizontalen« in die Vertikal-Dimension. Lewis schreibt einige Briefe später davon, wie ihm nach dreißig Jahren vergeblichen Mühens plötzlich – und ganz leicht – gelungen sei, jemandem zu vergeben (so wie man auf einmal, und dann ein für alle Male, schwimmen könne). »Auch schien es mir, (jenem Menschen seine Grausamkeit) zu vergeben und Vergebung (für mein Nachtragen) zu erlangen sei ein und dasselbe. ›Verzeiht, und euch wird verziehen‹, tönt nach einem Tauschhandel. Vielleicht aber ist es viel mehr«, nämlich eine Tautologie (157).

Sicher im Blick auf solche Versöhnung kann man die religiöse Dimension nicht übergehen. Und das würde genügen, da wir de facto alle ihrer bedürfen. Tatsächlich gibt es hier auf Erden Frieden nur aufgrund von Friedensschluß. (Man könnte auch sagen: nicht ohne Sieg – nämlich über sich selbst.) Trotzdem ist es nicht müßig, wenn wir auch für die Idee des Friedens als solchen ihre Vollgestalt bedenken.

Nicht erst Not lehrt beten; den Edlen lehrt es gerade das Glück. Wer Frieden findet, dankt; und friedvolle Gemeinschaft dankt gemeinsam. Wenn voller Frieden end-gültige Ordnung bedeutet, dann gilt es zu sehen, daß geschaffene Freiheit in ihrem Miteinander von Wesen hingeordnet ist auf ihren Schöpfer.

»Dem naturhaften Wesen und Wollen des Menschen – wie jeder Kreatur überhaupt – [ist es] gemäß, Gott mehr zu lieben als sich selbst.[41] – Frieden im Voll-Sinn, der also mehr als Nicht-Krieg ist, kann es demnach nicht geben, solange die Menschen nicht bewußt vor Gott sind: der Einzelne nicht, dessen »Herz unruhig ist, bis es Frieden findet in Ihm« (Conf. I 1), und nicht die Menschen als Gemeinschaft, die »am meisten eins sind in Gott«.[42]

[40] Briefe an einen Freund. Hauptsächlich über das Beten, Einsiedeln 1966, 43.

[41] Pieper, Zucht (Anm. 16) 17: Thomas, Sth I 60,5.

[42] Thomas zu 2 Thess (III 2), über das Wort (3,16) »Herr des Friedens«: »Homines non uniuntur inter se nisi in eo, quod est commune inter eos; et hoc est maxime Deus« (Op. Omn., Parmae 1862, 584).

Friede, d.h. Ruhe, Ungetrübtheit, ist das, was ursprünglich mit *Reinheit* gemeint worden ist, man kann auch sagen: Einfalt des Herzens (Weish 1,1). – Auf sie denkt die Doppelzeile von Konrad Weiß hin, die Josef Pieper ans Ende seiner Schrift über die vierte Tugend gestellt hat[43] (sie meint Maria auf der Flucht nach Ägypten, also keineswegs jenseits unserer friedlosen Tagesrealität):

> Kummerlos steht die im Hoffen
> Unerschrockne Rose offen.

3. Und das ruft uns zu einem letzten Ausblick. Ich habe den Eindruck gewonnen, unter Frieden stelle man sich zu oft etwas wie ein Schlaraffenland vor, z.B. Jonas gemütlich im Walbauch[44], also eigentlich die Rückkehr in den Mutterschoß. Das Bild für Frieden wäre der Kreis (gemäß der »ersten Figur« im vorigen Kapitel).

Doch im Vers von Konrad Weiß ist es die Schale. – Es gibt eine Friedenssehnsucht aus Müdigkeit, Weltflucht, Bequemlichkeit, Schwäche. Und kein Sehender wird leugnen können, daß wir überall auf Zeichen solcher Ich-Schwäche und Regression gestoßen werden. Auch der gewaltsame Protest, das gleichsam pubertäre Umsichschlagen aufgrund des Gehindertseins an der Rückkehr gehört hierzu, und noch das Wechselbad von »Zärtlichkeit« und mindestens verbaler Aggressivität.

Der wahre Friede liegt nicht zurück, sondern vor uns. Er ist zwar nicht machbar; doch ihn entgegenzunehmen und ihn zu halten, auszuhalten, fordert einen ganzen Menschen – wie nur irgend ein Werk. Das durch die Mystik uns geschenkte Wort für das Verlangte heißt *Gelassenheit*. Der Vers sagt: »kummerlos«. Und dazu bedarf es wacher Beherztheit. Weiß sagt: »unerschrocken«.

[43] Die Flucht nach Ägypten in: Gedichte, München 1948, I 182–185. Die beiden Zeilen beschließen jede der 13 Strophen des Gedichts.

[44] Siehe dazu U. Steffen, Jona und der Fisch. Der Mythos von Tod und Wiedergeburt, Stuttgart-Berlin 1982, 12–14.

Beides meint dasselbe: *Selbstvergessenheit.* Nicht Selbst-Verzicht und -Überwindung in der Absicht auf entsprechenden Gewinn noch etwa auto-aggressive, selbstmißgünstige Verleugnung des eigenen Ich, sondern ganz einfach: Hingerissensein.[45]

Es war die Rede davon, daß Angst kein Weg zum Frieden sein kann. Mag man aus Lebensangst auf- oder abrüsten wollen: in beiden Fällen treibt die Angst »den Menschen aus dem Zentrum,[46] und in beiden Fällen bleibt es bei den drei Grundreaktionen der Angst, sei es offen, sei es versteckter (in aufsteigender Skala gemäß dem Grad der Bedrohung): Flucht, Aggressivität, Depression.

Einzig die Überwindung der Angst führt zum Frieden. Und das einzige, was die Angst überwindet, ist – um eine Antwort zu geben, »wegen deren Simplizität man sich als Intellektueller normalerweise schämen würde«[47] – die Liebe. »Furcht gibt es in der Liebe nicht, sondern die vollkommene Liebe vertreibt die Furcht« (1 Joh 4,18).

Eben deshalb jedoch ist Friede im Vollsinn in unserer Welt eine Utopie. (Denn worauf sollte sich die Hoffnung stützen, die Menschheit könne sich innergeschichtlich zu »vollkommener Liebe« bekehren? Jedenfalls nicht auf die christlichen Glaubensurkunden.) – Das muß man sehen, um unterschiedlichen Konzepten für den hier vielleicht erreichbaren »zweitbesten«[48] Frieden und für Schritte auf ihn zu gerecht zu werden (wo sich die Politik zwar nicht durch »Sachzwänge« bornieren lassen darf, wo aber andererseits auch Sachkenntnis und Sachabwägung nicht durch Wünsche und »Visionen« zu ersetzen sind).

So könnte wenigstens die Friedens*diskussion* ein Stück weit jene Friedlichkeit gewinnen, die bislang leider nicht bloß der Welt, sondern auch ihr selbst fehlt.

Doch soll natürlich möglichst vielen bewußt sein, daß das Zweitbeste nicht jenes ist, wonach wir eigentlich verlangen. Die offen stehende Rose, hieß es im Bildwort des Dichters – und das

[45] Siehe oben Kap. 7, Anm. 42f.
[46] F. W. J. Schelling, Freiheitsschrift (SW VII 381).
[47] C. F. v. Weizsäcker (Kap. 2, Anm. 26) 121.
[48] Vgl. Platon, Leg. V 9 (739 a).

weist zurück auf jene ekstatische Rose, die bei Dante aus den *anbetenden* Seligen gebildet wird.[49] Friede zuletzt als beseligter Selbstüberstieg.

Davon zu reden bedeutet jedoch auch den Selbstüberstieg dieser philosophischen Überlegung. Ich schließe darum kommentarlos mit einem Anruf aus der neuerlich so oft beschworenen Bergpredigt (Mt 6,25.32f): »Sorgt euch nicht um euer Leben... Denn darum geht es den Heiden... Euch aber muß es zuerst um Gottes Reich und um seine Gerechtigkeit gehen; dann wird euch alles andere dazugegeben.«

[49] Paradiso XXX 109- XXXII 144.

IV. TRINITARISCHER SINN-RAUM

14. JA ZU GOTT UND ZUM MENSCHEN

Heillose Konkurrenz?

1. Der Verdacht ist offenbar nicht auszuräumen, daß die Religion und jedenfalls die christliche Verkündigung den Menschen vor die Wahl zwischen Welt und Gott stelle. »Verleugnet euch, verlaßt die Welt«, singen die Gläubigen nach Angelus Silesius; Nietzsche beschwört uns demgegenüber: »Brüder, bleibt der Erde treu!« Und Charles Péguy hat an gewissen Frommen erfahren: »Weil sie niemand lieben, glauben sie, Gott zu lieben.«[1] Daß es sich hier nicht bloß um Mißverständnisse oder um Einzelfälle handelt, belegt vielleicht am sinnfältigsten ein Satz der ehrwürdigen »Nachfolge Christi« des Thomas von Kempen, nämlich die lapidare Maxime, daß die Kinder Gottes »das Vergängliche mit dem linken, mit dem rechten Auge das Himmlische in den Blick nehmen« (III 38,1).

Ist das psychologisch möglich oder nicht jedenfalls von gefährlicher Fragwürdigkeit? Doch selbst wenn sich so »schielend« leben ließe, würde das Programm das eigentliche Problem nicht lösen; denn weder das Sterbliche noch der Himmel ist mit je nur einem Auge zufrieden. Der Nächste will voll angeblickt und mit unabgelenkter Aufmerksamkeit angenommen werden – und sollte dies ungeordneter Selbstüberschätzung entspringen, so fordert zumindest doch Gott die ungeteilte Ganzzuwendung des Geschöpfs.

Bei diesem zweiten Gedanken hat offenbar die Tradition angesetzt und zu ihm auch die gedankliche Lösung angeboten. Sie

[1] Gotteslob Nr. 616; Zarathustra I, Vorrede 3 und Von der schenkenden Tugend (KSA IV 15 u. 99); Nota conjuncta, Wien 1965, 167.

besagt, daß die Annahme des Nächsten gleichsam durch ihn hindurch auf Gott zielt: »Wer sich des Armen erbarmt, leiht dem Herrn« (Spr 19,17). »Was ihr dem Geringsten meiner Brüder getan habt, habt ihr mir getan« (Mt 25,40). Und: »Wer mich sieht, hat den Vater gesehen« (Joh 14,9).

Das letzte Wort ist dabei schon aus dem Wechsel der Einstellung von der Liebe des Wohltuns zu der der Sehnsucht gesprochen. Diese ist dem verlangenden Menschen in der Demut seiner Endlichkeit durchaus gemäß – und darum auch die vorwaltende Perspektive im metaphysischen Selbstverständnis des Glaubens. Hier heißt es dann, vom *appetitus* aus formuliert: »Alle Wesen verlangen nach Gott, indem sie nach der eigenen Vollendung verlangen. Denn die Vollkommenheiten der Wesen sind irgendwie Verähnlichungen mit dem göttlichen Wesen.« So daß sich sagen läßt: »Implizite streben alle Dinge von Natur aus zu Gott hin.«[2]

Aber wie steht es angesichts dieser Lösung mit der ersten Frage, dem Verlangen des Menschen nicht bloß nach Gott und der Möglichkeit eines ungeteilten Zugehens auf ihn, sondern mit seinem Verlangen auch danach, selbst Ziel solch direkter Zuwendung zu sein?

2. Man hat die skizzierte Antwort immer wieder als »christliche Krankenschwesterliebe« abgewertet, die am »Gegenstand« ihrer Fürsorge eigentlich vorbeigehe. (Und für den Katholischen Fürsorgeverein hat 1965 Karl Rahner seine Antwort auf unsere Frage entworfen.[3]) – Statt um Christi oder Gottes willen wolle der Mensch doch um seiner selbst willen umsorgt und geliebt sein.

Darauf ist freilich erst einmal mit dem unerbittlichen Nachweis gedankenloser Überheblichkeit zu erwidern. – Wer könnte ernstlich beanspruchen, daß ein anderer Mensch auch nur einen Tag seines einen unersetzlichen Lebens opfern solle, auch

[2] Thomas v. Aquin, Sth. I 6,1 ad 2; De ver. 22,2.

[3] Über die Einheit von Nächsten- und Gottesliebe, in: Schriften zur Theologie VI, Zürich-Einsiedeln-Köln 1965 (im folgenden abgekürzt »Schriften« mit Bandzahl), 277–298; Glaube, der die Erde liebt. Christliche Besinnung im Alltag der Welt, Freiburg i. Br. 1966, 85–95 (Der neue Auftrag der einen Liebe).

nur auf eine unwiederholbare Glücksmöglichkeit zu verzichten hätte, um sich ihm als eben diesem Menschen XY zu widmen? Worauf an sich wollte »man / frau« denn verweisen, von den »schönen Augen« angefangen über Gescheitheit und Witzigkeit bis zur Wichtigkeit der eigenen Person für die Gesellschaft – gesetzt, diese Werte besitze sie überhaupt, und die Möglichkeit ausgeklammert, man sei mehr oder minder ohne besonderen »menschlichen Wert«?[4]

Vom zweiten Kapitel an sind wir wiederholt auf die Überlegung gestoßen: Wie soll ein bedingtes Wesen, sei's auch nur vorübergehend, unbedingte Zuwendung erwarten können und von einem anderen begrenzten Wesen (das seinerseits nach Unbedingtem verlangt) beanspruchen wollen, wenn es sich nicht auf sein unbedingtes Gemeintsein durch den unbedürftig freien Schöpfer berufen könnte?

Das heißt, wenn überhaupt, dann läßt sich Nächstenliebe nur aus der Liebe zu Gott, der den Nächsten liebt, rechtfertigen. Wieder mit Thomas gesagt: »Die Liebe, die ein Akt der Strebekraft ist, geht auch im Stande der Pilgerschaft zuerst auf Gott und wird von Ihm auf anderes abgeleitet; so liebt die Caritas unmittelbar Gott, das übrige aber durch Gott vermittelt.«[5]

Das mag dem Menschen ärgerlich klingen, aber es ist so. Wenn er geliebt werden will, dann muß er wollen, daß diese Liebe nicht eine beliebige Laune sei (denn so wäre sie keine), sondern verantwortbar und begründet. Worin aber kann sie gründen? In Qualitäten, die Bedürfnissen des anderen entsprechen – solange er diese Bedürfnisse hat und solange man seinerseits sie befriedigen kann. Wäre man darin aber als man selber geliebt?

»Was ist das Ich!... Wer irgend jemanden liebt, weil er schön ist, liebt er *ihn?* Nein, denn die Windpocken, die die Schönheit, nicht den Menschen töten, werden erreichen, daß er ihn nicht mehr liebt. Und wenn man mich wegen meines Urteils oder

[4] Durch die Rede vom Wert wollte G. Fussenegger die »idealistische« Rede von der Menschenwürde ersetzen. Stimmen der Zeit 195 (1977) 513–525; siehe hierzu Kap. 2, Anm. 28 u. 43.

[5] Thomas von Aquin, Sth. II-II 27,4.

meines Gedächtnisses schätzt, liebt man *mich*? Nein, denn diese Fähigkeiten kann ich verlieren, ohne mein Ich zu verlieren... Also liebt man niemals die Person, sondern stets nur Eigenschaften. Darum kein Spott über jene, die Rang und Würden respektieren, denn jeden schätzt man nur aufgrund erborgter Eigenschaften.«[6]

Doch will der Mensch nicht trotzdem als er selbst geliebt werden? Wenn aber nicht ein Ensemble von Qualitäten, dann kann nur Gottes schaffender Zuspruch es sein, der ihn liebenswert nennt und macht.

3. Sowohl die Liebe des Wohlwollens als auch die der Sehnsucht bedarf also Gottes zu ihrer Vermittlung. Aber Vermittlung kann hier nicht Mittel bedeuten: »unmittelbar« muß Gott geliebt werden und wird es – dem Aquinaten zufolge – tatsächlich (wenigstens implizit), sogar mit Wesensnotwendigkeit.

Damit aber hat sich die Rede von Mittel und Mitte sogleich eigentümlich umgekehrt: von Gott zum Nächsten. Wird nicht der andere so bloß zur Maske, hinter deren Augengruben ich auf Gottes Blick zu treffen hoffe, oder doch (wenn er schon selbst sieht) nur zum »Stellvertreter«, zum Medium, in dessen Augen ich dann wie in einem Spiegel nach dem »Antlitz Gottes« suche?

Verständlich, daß immer mehr Menschen aus dieser prekären Situation in das eindimensionale Gegenüber von Ich und Du regredieren. Freilich um den Preis, die Frage Pascals verdrängen zu müssen – oder sich mit der jeweils relevanten Eigenschaft zu identifizieren; eins wie das andere befristet bis zum Erwachen aus dem Traum versunkenen Ineinanderblicks. Derart enttäuscht, geht man dann auseinander – oftmals relativ rasch in den nächsten Traumtanz hinein oder auch aus »privatistischer« Enge in Gruppenversuche und politische Aktivitäten: ehe zuletzt nicht mehr bloß Außenseiter solchen Träumen grundsätzlich abschwören und zynisch-resigniert als »Single« nichts Besseres (doch auch nicht weniger) erwarten, als die Realität dieses Lebens nun einmal hergibt.

6 B. Pascal, Pensées, Fr. 323 (Brunschvicg).

Daß der Aquinate gleichwohl recht hat, zeigen nicht allein die »positiven« Tagträume von Schlager, Film und Regenbogenpresse, sondern auch, im »Negativ«, die Unzufriedenheit der Menschen mit der so gesehenen »Realität« und die Not ihrer Einsamkeit ohne Hoffnung.

Gäbe es denn eine andere Möglichkeit, Unbedingtes und Bedingtheit zusammenzudenken? So daß dann das unbestreitbar weitverbreitete Scheitern nicht einfach als unabänderlich zu tragen und tragisch-heroisch hinzunehmen wäre, sondern den Leidenden sich eine »rechtfertigbare« Hoffnung (1 Petr 3,15) auf Erlösung daraus ansagen ließe?

Karl Rahners grundsätzliche Antwort

1. Hierhinein spricht nun Rahners Konzept einer Wesens-Einheit von Nächsten- und Gottesliebe. – Daß Nächstenliebe Gottesliebe sei, ist auch hier nicht so das Problem wie, »daß umgekehrt jeder Akt der caritas zu Gott formell auch Nächstenliebe sei«[7], wobei freilich dieser »Grundthese ihren letzten Sinn, ihre eigentliche Schärfe und Unausweichlichkeit« ein anderer Satz geben soll, nämlich das Theologoumenon vom »anonymen Christen«[8].

Dieses Konzept nun macht im Unterschied zu manchen Kritikern mir keine Schwierigkeit.[9] Eher schon (was indes vorgreift) die Fundierung der »Grundthese« in diesem Satz. Denn die anschließend vorgelegte Unterscheidung von »kategorialem« Tun

[7] Schriften VI 283.

[8] Ebd.

[9] Man hätte hier weniger auf A. Röper zurückzugreifen, auch wenn Rahner sie (z. B. Schriften VI 285) dankbar anführt (vgl. VI 545ff, wo S. 550 – ohne Namensnennung – ihre Deutung in einem wichtigen Punkt korrigiert wird), als etwa schon auf die frühe abgewogene Darstellung K. Riesenhubers, in: ZkTh 86 (1964) 286–303, ganz zu schweigen von den wiederholten Verdeutlichungen Rahners selbst, bes. Schriften X 531–546. Unerklärlich sind mir Thesen wie bei A. Grabner-Haider, daß nach Rahner »in jedem Menschen ein ›natürliches Wissen von Gott‹ sei und daß jeder *folglich* ein ›anonymer Christ‹ sei« (Vernunft und Religion, Graz 1978, 23). Ausführlich jetzt: N. Schwerdtfeger (Kap. 2, Anm. 35).

und dessen »transzendentalem« Horizont sehe ich jedenfalls eher in Richtung des »Satzes« (also vom Gewissenshandeln zum Gottesbezug) als in jener der »These« (= von der Gottesliebe zum Nächsten). Doch schauen wir genauer zu – um unter anderem auch die Rahnerschen Fachausdrücke zu klären.

In Nähe wie Gegensatz zu Hegel bestimmt Rahner die Menschenliebe als sittliches Grundtun des Menschen: Ist das erkannte Du die notwendige Vermittlung des *erkennenden* Subjekts zu sich, dann vollendet Erkenntnis (als Einigung im Subjekt[10]) sich in der *wollenden* Freiheit (zur Einigung im Objekt) als »liebende Kommunikation mit dem menschlichen Du als solchem (nicht als bloße Negativität oder Andersheit für das ›Ich‹, das bloß sich selbst finden will, wenn auch am anderen)«[11].

Weil Nächstenliebe derart »Totalitäts- und Wesenskundgabe des Menschen« ist, weiß man keineswegs schon immer reflex, was sie ist; sie ist »das, was nur durch die erfahrene und erlittene Ganzheit des Lebens sich dem Menschen zuschickt und dann immer noch, ja dann erst recht, ein namenloses Geheimnis bleibt« (290). »Liebe des Nächsten selber, die von Gott her zu ihrer letzten Radikalität ermächtigt ist und beim Nächsten ankommt, um bei ihm zu bleiben« (292), ganz also im Sinn des vorher zur »Krankenschwesternliebe« Bedachten.

Wie aber dies? Es bedarf noch einer Zwischenklärung: daß nämlich Welt-, und das heißt eigentlich: Menschenbegegnung für uns das Medium ursprünglicher Gotteserfahrung bedeutet. »Der Akt der Nächstenliebe ist also der einzige kategoriale und ursprüngliche Akt, in dem der Mensch die kategorial [d. h., greifbar, umschreibbar, feststellbar] gegebene ganze Wirklichkeit erreicht, sich ihr gegenüber selbst total richtig vollzieht und darin schon immer die transzendentale [= überstiegliche] und gnadenhaft unmittelbare Erfahrung Gottes macht« (294)[12]

[10] Vgl. W. Kern, Das Verhältnis von Erkenntnis und Liebe als philosophisches Grundproblem bei Hegel und Thomas vn Aquin, in: Scholastik 34 (1959) 394–427.

[11] Schriften VI 288.

[12] Für die Begriffe »kategorial« (= wörtlich: auf den Kopf zusagbar) und »transzendental« (= das Bestimmbare und seine Abgrenzungen überschreitend)

Damit hat Rahner nun seine These erreicht, daß Gottes- und Nächstenliebe nicht bloß im Sinn von Gebot und Bewährung, sondern onto-logisch zusammengehören. »Die kategorial-explizite Nächstenliebe ist der primäre Akt der Gottesliebe, die in der Nächstenliebe als solcher Gott in übernatürlicher Transzendentalität unthematisch, aber wirklich und immer meint, und auch die explizite Gottesliebe ist noch getragen von jener vertrauend-liebenden Öffnung zur Ganzheit der Wirklichkeit hin, die in der Nächstenliebe geschieht« (295).

2. Derart ist befreiend die ausweglose Konkurrenzsituation überwunden. Übergreifende Transzendentalität und Kategorie liegen nicht (sozusagen kategorial) nebeneinander, so daß sie gewissermaßen je für sich zur Wahl stünden (es gibt nicht etwa hier Sinn und Wahrheit – dort die Worte), sie verschränken sich vielmehr – »dimensional« – so miteinander, daß wir das Transzendentale nur in kategorialer Weise haben, wirken, angehen können, daß andererseits im Kategorialen stets Transzendentales gefaßt, gewählt und angegangen wird (wir haben die Wahrheit nicht »nackt«, sondern allein im Wort – und Worte sind, was sie sind, bloß als Träger von Sinn).

Aber stellt nun nicht gerade diese Verschränkung vor eine neue Alternative? Jedenfalls in der Praxis, an der uns hier liegt?

Man trifft auf Entwürfe christlicher Praxis (weniger »privatistisch« als gesellschaftlich orientiert, in der Regel), die wir in der hier verwandten Sprache etwa so zu formulieren hätten: »Leiste in äußerstem Ernst den kategorialen Bezug, dann wirst du auch seinem transzendentalen Grunde gerecht. Und nur so; denn glaubst du den Grund in ihm selbst angehen zu können, dann machst du ihn zum Dritten, zum Götzen (da du ihn unvermeidlich kategorial behandelst), und versäumst obendrein deine Pflicht im konkreten Bezug (wodurch du dich nochmals dem Grund gegenüber verfehlst). Rechtes Verhältnis zu Gott, wahre Liebe zu ihm ist also einfach die unverwandte Liebe zum Du.«

vgl.: L. B. Puntel, Zu den Begriffen »transzendental« und »kategorial« bei Karl Rahner, in: H. Vorgrimler ((Hrsg.), Wagnis Theologie. Erfahrungen mit der Theologie Karl Rahners, Freiburg 1979, 189–198.

Solch westlichem Aktivismus antwortet nun eher östlich inspiriert die Anweisung (wieder ins jetzige Sprachspiel übertragen): »Gib dich ganz in den transzendentalen Bezug, das heißt, gründe dich lassend in das Geheimnis, das dich begründet. Es hat dich stets schon kategorial begründet (will sagen: als gerade diesen Menschen, in bestimmten Personal-Bezügen). Indem du also den transzendentalen Bezug übernimmst, hast du auch schon dessen Kategorial-Gestalt übernommen. Und nur so; denn glaubst du, dein irdisches Du in ihm selbst angehen zu können, machst du es zum Grund, zum Götzen (da du es unvermeidlich verabsolutierst, wie vorübergehend auch immer) und versäumst obendrein deine Pflicht im transzendentalen Bezug (wodurch du dich nochmals dem Du gegenüber verfehlst, das mit dir in ihm gründet). Wahre Liebe zum Du ist also der unverwandte Aufblick zu Gott.«

Was nun? Will man dem ersten sagen, so komme Gott zu kurz, wird er erklären, man habe ein falsches, allzu menschliches Bild von ihm entworfen (als wäre Gott ein eifersüchtiger Tyrann, der für sich Ansprüche an uns stellte). – Wenn man den zweiten fragt, ob hier der Partner nicht nur als Durchgang auf dem Weg zum Göttlichen gesehen werde und zu wenig in sich selbst, wird er entgegnen, daß man das Wesen des Endlichen verkenne (als ob es sich nicht selbst vor der Gottheit und für sie »durchsichtig« mache, wie im Wort die Laute für den Sinn).

Nun muß auch der Laie in seiner »Mündigkeit« sich von keiner Antwort mundtot machen lassen. Er könnte sie zumindest gegeneinander ausspielen und abwarten, wohin sie diese Auseinandersetzung führt. Ob sie dann allerletzt zusammenfallen mögen oder durch immer feinere Unterscheidungen sich zum reinen Gegensatz klären: Was sagen sie schließlich für unsere »praktische« Frage nach dem konkreten Verhältnis von Nächstenliebe und Liebe zu Gott?

3. Der unaufgebbare Gewinn des Unterschieds von »kategorial« und »transzendental« genügt offenbar, für sich allein genommen, noch nicht, um einen Weg zur Lösung der praktischen Problematik zu finden. Sie stellt sich ja gerade zwischen Du-Bezug und thematischem, kategorialem Gottesverhältnis.

Karl Rahner markiert allerdings durchaus den Ort, wo man den Lösungsweg zu suchen habe. Wie anhangsweise (»auch noch« – 296) benennt er Jesus Christus als den eigentlichen Punkt des In-eins-Falls von transzendentalem und kategorialem Gottesbezug, von transzendentaler und kategorialer Mitmenschlichkeit und damit von Mitmenschlichkeit und Gottesbezug überhaupt.

Die Vermutung, das »auch noch« sei bloß äußerlich, in Wahrheit liege hier die Quell-Erfahrung, aus welcher der Jesuit Karl Rahner seine These entwickelt, ist wohl spätestens 1968 bestätigt worden, als seine »theologische Meditation«: *Ich glaube an Jesus Christus* erschien.[13]

Doch für den Menschen ehelicher Erfahrung scheinen gerade in dieser Antwort wesentliche Fragen offenzubleiben. Bert van der Heijden kritisiert, daß Rahner auf die Unzuverlässigkeit des Menschen abstellt; der Mitmensch solle nicht wegen der zu erwartenden Gegenliebe geliebt werden, sondern als Person.[14]

Das letzte stimmt; doch folgt daraus nicht van der Heijdens Kritik; denn in der Tat ist, wie zuvor bedacht, die bedingte Person nur aus ihrem unbedingten Gemeintsein von Gott her verantwortbar unbedingt zu bejahen. Doch wenn ihm die Auskunft nicht behagt, in einer solchen Konzeption scheine der Liebe ihre Radikalität genommen[15], dann stimmen wir ihm hier zu – und mit ihm in Berufung auf andere Rahnertexte[16].

Rahner argumentiert so, weil er Christus als den einzigen vorbehaltlos zu liebenden Menschen vorstellen will. Wie aber steht nun der Nächste und Allernächste zu diesem Jesus Christus und wie die Liebe zu jenem zum hier »absoluten Fall der

[13] Einsiedeln. Der »Hinweis« 69f nennt die christologischen Aufsätze, die den Hintergrund dieser Predigten bilden, darunter mit gleichem Titel die Vorstufe, in: Schriften VIII 213–217. Siehe dazu vor allem: K. P. Fischer, Der Mensch als Geheimnis. Die Anthropologie Karl Rahners, Freiburg 1974, ^{2}1975.

[14] van der Heijden, Karl Rahner, Darstellung und Kritik seiner Grundpositionen, Einsiedeln 1973, 144.

[15] Ich glaube an Jesus Christus 21.

[16] Wie z. B. Schriften VI 292.

[17] Grundkurs des Glaubens. Einführung in den Begriff des Christentums, Freiburg i. Br. 1976 u. ö., 302.

Liebe«?[17] – Scheint hier nicht der Gottmensch »noch eher als Gott dem Mitmenschen Konkurrenz zu machen«[18]?

So wie Rahner hinsichtlich des Verhältnisses des Sohnes zum Vater auf die »Einbahnigkeit« des schon genannten Worts aus dem Johannesevangelium abhebt (Joh 14,9)[19], so sieht er auch das Verhältnis des Partners zu Christus als »Erscheinung« und »(Real-)Symbol«: Wie der Vater durch den Sohn hindurch gesehen und erreicht wird, so heißt es, daß »durch einen bestimmten Menschen hindurch der Mensch der absoluten Rechtfertigung bedingungsloser Liebe [= Jesus Christus] geliebt« wird[20].

Bei einer solchen Sicht aber vermag ich nicht mehr zu erkennen, wie die Aussage, der Partner werde hier nicht »zum bloßen Durchgang degradiert« (ebd.), eingelöst werden könne.

Positiv muß also angegeben, wenigstens angezeigt werden, was Karl Rahner offenläßt: »wie immer nämlich man die Einheit der dann gegebenen beiden Motive [Gottes wie des Nächsten] erklären mag. (Der Nächste ist durch Gottes Liebe zu ihm ›eins‹ mit Gott usw.)«[21]

In der Tat muß »dort, wo der andere Mensch mir gegenübertritt, wirklich Christus da« sein[22], aber wie?

Konstruktive Fortbestimmung: Drei-Einigkeit

Dazu sei jetzt ein Vorschlag gemacht, von dem ich annehmen möchte, daß er über psychologische Erhellung und philosophisch-anthropologische Relevanz hinaus auch von theologischer Nützlichkeit sein könnte.

1. An die Stelle der Einbahnigkeit von Ich und Du und Christus zum Vater (und umgekehrt), die auch durch dimensionale

[18] B. van der Heijden 145.
[19] Schriften VI 296.
[20] Ich glaube... 23.
[21] Schriften VI 285.
[22] K. Rahner, Glaube, der die Erde liebt 93.

Sprünge hindurch der Denkform nach linear (= einsinnig) bleibt, sei das Bild des Drei-Bezugs gestellt[23].

Man könnte dafür übrigens auch dort einsetzen, wo Karl Rahner davor warnt, die Ehe als »Verschanzung in eine – im Grunde egoistische – Zweisamkeit zu verstehen«; Ehe sei »nicht der Akt, in dem zwei ein ›Wir‹ bilden, das sich gegen ›alle‹ absetzt und verschließt, sondern der Akt, in dem ein ›Wir‹ konstituiert wird, das sich liebend *allen* öffnet«[24]. – Wie läßt diese Öffnung sich denken, ohne daß sie – eine Fußnote (ebd.) spricht von der heutigen Krise – zur Auflösung dieses einzigartigen »Wir« führt?

Das hier Gemeinte sei zunächst mit einer »Struktur-Formel« ausgedrückt: Jedes Wir ist die höhere Einheit von Ich-Du-Gegenüber der beiden, Wir-er-Miteins (als Öffnung ihres Gegenüber) und Wir-Du-Bezug (als Erfüllung dieses Miteins-seins – und diese Erfüllung bestätigt nun wieder ihr erstes Ich-Du).

Dies als Entfaltung eines Satzes Richards von St. Victor, auf den ich vor Jahren bei Matthias Josef Scheeben gestoßen bin: *»Dilectio quidem est, quando unus alteri amorem impendit et solus solum diligit, sed condilectio non est. Quando duo se mutuo diligunt et summi desiderii affectum invicem impendunt, et istius in illum, illius vero in istum affectus discurrit et quasi in diversa tendit, utrobique quidem dilectio est, sed condilectio non est. Condilectio autem iure dicitur, ubi a duobus tertius concorditer diligitur, socialiter amatur et duorum affectus tertii amoris incendio in unum conflatur.«*[25]

Inzwischen liegt das Werk Richards in der Übersetzung H. U. v. Balthasars vor.[26] Die Stelle lautet hier: »Wenn einer einem an-

[23] Verf. hat es erstmals in dem Büchlein »Zeugnis der Freude« skizziert, das sein damaliger »Chef« mit einem Vorwort ausgezeichnet hat (1967, 3. Aufl.: Wagnis der Freude. Theologische Meditationen zu Worten der Schrift und Zeichen der Kunst, Frankfurt/M. 1984, 31ff); ausführlicher, in: J. u. I. Splett, Meditation der Gemeinsamkeit, Aspekte einer ehelichen Anthropologie, (1970) [2]A-St. Michael 1981, 34ff: Drei-Gefüge.

[24] Die Ehe als Sakrament, in: Schriften VIII 519–540, 527.

[25] Richard von St.-Victor, De Trinit. III 19 (nach M. J. Scheeben, Die Mysterien des Christentums. Ausg. letzter Hand [Hrsg. J. Höfer], Freiburg i. Br. 1941, 66); in der kritischen Ausgabe von J. Ribaillier, Paris (J. Vrin) 1958: 154.

[26] Die Dreieinigkeit, Einsiedeln 1980, 104.

dern Liebe schenkt, wenn ein Einsamer einen Einsamen liebt, dann ist zwar Liebe vorhanden, aber die Mitliebe fehlt. Wenn zwei sich gegenseitig gern haben, einander ihr Herz in hohem Sehnen schenken und der Liebesstrom von diesem zu jenem, von jenem zu diesem fließt und gegenläufig je auf Verschiedenes zielt, dann ist zwar auf beiden Seiten Liebe da, aber die Mitliebe fehlt. Von Mitliebe kann erst dann gesprochen werden, wo von zweien ein dritter einträchtig geliebt, in Gemeinsamkeit liebend umfangen wird und die Neigung der beiden in der Flamme der Liebe zum Dritten ununterschieden zusammenschlägt.«

Wie das Ich sich erst in Kommunikation mit einem Du verwirklicht, so entsprechend das Wir. Die zwei schließen den Dritten nicht aus und sich ihm gegenüber ab, sondern sie nehmen ihn an und auf, räumen ihm einen Ort ein, lassen ihn sein und sich entfalten. Sie erfahren ihr Eins in diesem Dienst und Entzücken an ihm, *und* sie freuen sich um seinetwillen, daß sie zu zweit ihm reicheren Raum geben können. – Er wiederum findet nicht nur sich selbst und »entfaltet« sich in ihrer Zukehr, sondern er freut sich zugleich, in seinem Beschenktwerden ihrem Schenken, das heißt ihrem Einssein, zu dienen.

Spiegelt schon hier eins ins andere, so vervielfältigt das Spiel sich dadurch, daß jeder mit jedem sich zum Wir gegenüber dem jeweilig Dritten verbindet. Indem sich nämlich der Dritte am Eins der Liebenden freut, will er die Freiheit jedes der beiden; er teilt so mit jedem von ihnen den Dienst und die Freude am andern und wird in dieser gemeinsamen Liebe mit ihm eins.

Damit bereichert sich die zunächst nur vom Paar her aufgebaute Formel des Wir: um das Ich-Ihr wie auch Ich-sie als Haltung des Dritten, das in unserer Realität der wechselnden Koalitionen-gegen zumeist nur im Modus schmerzlichen Ausschlusses erfahren wird, so aber – dies die hier vertretene »kontrafaktische« These – nicht erlebt werden sollte und auch nicht – bloß so – erlebt werden muß.[27]

[27] Anders Jean-Paul Sartre, der in der Kritik der dialektischen Vernunft, Reinbek b. Hamburg 1967, zwar auch die reale Beziehung von Menschen als Dreierbeziehung bestimmt (115), aber – in Fortführung seiner klassischen Analyse des Blicks – durch Objektivierung seitens des Dritten von außen (125), gegen welchen das Paar u. U. sich zur Komplizenschaft verbündet (109). – Ähnlich heillos

In der so skizzierten Wesens-Situation (unter »Einklammerung«, nicht Leugnung des faktischen »Un-wesens« unseres Lebens) wird dann keiner dem anderen zum bloßen Weg, zum dienlichen Mittel – man liebt keineswegs durch den andern hindurch, weder durch Gott noch durch den Nächsten. Doch jeder vermittelt selbstlos die Einheit der andern, indem er als »Freund des Bräutigams« (Joh 3,29) wirkt. Gerade so aber feiert – ob es auch ungereimt klingt, vor der Wirklichkeit selbst zerbrechen eben die Bilder – jeder der drei *seine* Hochzeit im Dreispiel.[28]

2. Dennoch verlangt dieser Austausch nicht die Gleichrangigkeit der drei »Spieler«; nur dies, daß ein jeder sich rückhaltlos auf ihn einläßt. Das gilt für das menschliche Paar, erst recht aber für ihre Stellung zu Gott. Er ist in der Tat nicht einfach bloß Partner, keineswegs nur der (kategoriale) Dritte; er ist transzendentaler Grund und Abgrund des Bezugs – doch dies eben so, daß er sich selbst zum Partner macht, vom Schöpfungsanruf an, aus dem erst Person als Person wird[29], bis zum Gnadenanruf in Jesus Christus.

– als weithin zutreffende Beschreibung dessen, was ist, die triadische Konzeption bei René Girard. Hier steht die Nachahmung der Aneignung im Zentrum. Indem der Dritte die – besitzergreifende – Liebe des Liebenden nachahmt, wird er zum Konkurrenten. Siehe, nach dem Referat von R. Schwager, Brauchen wir einen Sündenbock?, München 1978, 20ff (La violence et le sacré, Paris 1972): Das Ende der Gewalt, Freiburg i. Br. 1983, 18ff u. 37f. – Demgegenüber eine Notiz Peter Handkes: »Gerade wurde mir ganz klar (es war doch eine Erkenntnis), daß in der Liebe, für die Liebe, zwei allein nicht genügen: ich brauche, immer wieder, einen Dritten, an den ich mich wenden könnte, zur Beruhigung, zur Bestärkung, zur Festigung, zur Neuerweckung, zur Danksagung – zur *Ergänzung;* und dieser Dritte, den ich benötige in meiner Liebe, den ich mitdenken möchte in meiner Liebe, der für die jeweilige Wendung in mir sorgt, kommt nur mit dem Namen »Gott« in den Sinn (und: die bloße Wendung an den Dritten *ist* dann schon die Ergänzung).« Die Geschichte eines Bleistifts, Salzburg-Wien 1982, 176.

[28] Das ist offenbar Simone Weil verschlossen geblieben. Einung vollzieht sich für sie als »dé-création«; entsprechend sieht sie sich selbst: »Ich bin nicht das junge Mädchen, das den Bräutigam erwartet, sondern der lästige Dritte, der mit zwei Brautleuten zusammen ist und fortgehen muß, auf daß sie wirklich zusammenseien.« Cahiers III Paris ^{2}1974, 16 (vgl. Schwerkraft und Gnade, München 1952, 109–112). Dazu jetzt die Aufsätze von G. Kahn und M. Wicki-Vogt in: H. R. Schlette / A. Devaux (Hrsg), Simone Weil: Philosophie Religion Politik, Frankfurt/M. 1985.

[29] R. Guardini, Welt und Person. Versuche zur christlichen Lehre vom Menschen, Würzburg 1940, 114: Die Person schafft Gott »durch einen Akt, der ihre Würde vorwegnimmt und eben damit begründet, nämlich durch Anruf. Die Din-

Die Würde seiner göttlichen (wie aller) Freiheit wahrt man nicht dadurch, daß man von sich aus bestimmt, worin sie bestehe und wie sie zu wahren sei, sondern dadurch, daß man ihr Raum gibt, selbst sich als das zu zeigen, als was sie sich zeigen will.

Wenn Gott sich nun als unser Du offenbart, dann geht es nicht an, vorbei an dieser Offenbarung nach dem »wahren«, »göttlicheren« Gott zu suchen. Denn er will *in* diesem Bezug von uns gefunden und empfangen werden.

Gewiß kann man solches Sich-Geben in ein Haben verkehren, und der Mensch tut es immer wieder, in Denken und Leben – wie er überhaupt die Liebe rasch zum Besitztitel macht; aber der Mißbrauch berechtigt nicht dazu, die Wirklichkeit und den Ernst der Gabe zu leugnen.

Wer sie so nimmt, wie sie gegeben wird, der erfährt Gott als den wahrhaft unverfügbar Souveränen; denn er erkennt, daß man ihn nur in seiner Gabe und nie anders finden kann. Er erfährt Gott so als jenen, den man wirklich in diesem Sich-Schenken findet (der nicht irgendwie »dahinter« bleibt), der aber zugleich darin nicht aufgeht und in seiner Hingabe sich nicht »aus-« und aufgibt: der sich zeigt als Grund und Abgrund zumal.

Mir schien die Klärung nötig, um dem naheliegenden Einwand entgegenzutreten, diese Rede vom Drei-Spiel werde, auf Gott angewandt, zu ehrfurchtslosem Anthropomorphismus. Anthropomorph ist sie in der Tat; aber weil Gott sich menschlich zeigt: in der Schöpfung (und zuhöchst in seinem Sohn)[30]. – Der Gefahr, ihn bloß menschlich zu nehmen, ist freilich zu begegnen. So ist die Versuchung zum Ressentiment hier vielleicht am ehesten verständlich, zugleich aber entlarvt es sich auch nirgendwo so unzweideutig als Torheit und Selbstwiderspruch.

ge entstehen aus Gottes Befehl; die Person aus seinem Anruf.« Vgl. Verf., Zum Person-Begriff Romano Guardinis, in: ThPh 54 (1979) 80–93; Neudruck in: W. Seidel (Hrsg.), »Christliche Weltanschauung«. Wiederbegegnung mit Romano Guardini, Würzburg 1985, 80–109.

[30] »Die Abkürzung, die Chiffre Gottes ist der Mensch ... Wenn Gott Nichtgott sein will, entsteht der Mensch, gerade das und nichts anderes, könnten wir sagen« (Schriften IV 150).

3. Gott ist jener, der allein im vollen Sinn » sein läßt«; nur er ist vollkommen frei, ohne jegliche Not, die ihm ein anderer zu wenden hätte, während uns stets andere not-wendig sind. Seine Freiheit ist deswegen vorbehaltlos frei-gebig; das heißt, sie gibt uns derart frei und schenkt uns in solchem Maße einander, daß wir erst aus seiner Kraft einander freigeben und uns beschenken können.

Man hat ja gesagt, um einander helfen zu können, dürften die Liebenden sich nicht zu innig lieben. Man darf nicht »eins« mit dem sein, dem man beistehen will: kein Arzt heilt sich selbst. Andererseits lieben wir stets noch zu wenig, um uns genügend zu helfen. – Auf der Ebene bloßen Ich-Du-Gegenübers zeigt sich tatsächlich kein Ausweg aus diesem Dilemma. Doch im Raum des »Drei-Spiels« wird es lösbar. Denn erst hier bietet sich ein »Standpunkt außerhalb« an, der gleichwohl weder Standpunkt ist (da alles schwebt) noch einfach draußen (gehört doch der Dritte selber ins Spiel). So aber fällt die Alternative von Einheit und Distanz dahin: die Einheit selbst befreit, und umgekehrt ist es die Freiheit selbst, die eint.

Es ist also keineswegs damit getan, zu Zweien einen Dritten zu zählen. Wird er nur scheinbar als er selbst gemeint, dient er also tatsächlich nur sozusagen als Umweg, dann bleibt es in Wahrheit bei der Heillosigkeit des bloßen Ich-Du: in der sich beide entweder auflösen oder wechselseitig zerstören oder nach rauschhaftem Treffen wieder zur alten Fremdheit erwachen. Wird er dagegen ernstlich selber gewollt, aber je für sich; dann stehen wir in der zerstörenden Konkurrenz, die René Girard untersucht hat.

Worum es geht, ist vielmehr, daß ein jeder mit dem anderen dem Dritten gut ist, jeder sich sein Du von ihm zuführen läßt und gleichermaßen ihn (als Du) vom anderen – um schließlich derart selbst vom einen dem anderen zugeführt zu werden: als in solchem Aus- und Zugang ihr gemeinsames Du.

4. Damit läßt sich des weiteren auch die gebotene Öffnung des Wir in einer Weise denken, die es doch nicht auflöst. Denn sind Ich und Du vor Gott und in der Liebe zu ihm eins geworden (bzw. wenn sie auf dem Wege sind, es zu werden), kann er

ihnen nun den Dritten schicken: das Kind, den Nachbarn, den Nächsten. (Sähe man im graphischen Bild des Bezugs Gott als Spitze des Dreiecks [und sei's, zur Wahrung seiner Transzendenz, im Unendlichen, so daß die Linien auf ihn zu als Parallelen zu zeichnen wären], dann schließen sich nun dessen Basis-Eckpunkte zu dem einen Eckpunkt eines neuen weiteren Dreiecks zusammen.)

Damit ist von vornherein die scheinbar so scharfe Alternativik zwischen Ich-Du-Privatheit und gesellschaftlicher Verpflichtung – nicht eingeebnet, aber vermittelt (und es wird sogar deutlich, wie solch gemeinsame Öffnung zugleich nochmals die Gemeinsamkeit der sich gemeinsam Öffnenden mehrt und vertieft).

Allerdings kehrt hier, gerade im Blick auf die »Parallelen«, der Verdacht auf Anthropomorphismus in verschärfter Form wieder. Haben die Zwei es denn wirklich mit dem Dritten zu tun und nicht bloß mit je ihrer Projektion (also: je ihren Projektion*en*) auf den unendlichen Horizont ihres Zueinander? – Die Frage ist jetzt natürlich nicht im grundsätzlich »theismus-kritischen« Sinne gemeint. Das Recht der Rede von Gott setzt unsere Fragestellung voraus, die auf das Verhältnis der Bezüge zu Gott und zum Mitmenschen zielt. Dann aber darf in Analogie zu einem Satz des Aquinaten so erwidert werden, daß der Bezug – zu Gott wie zum Nächsten – nicht auf mein Bild seiner geht[31], sondern – bild-vermittelt – auf Ihn.

Es ist sogar erst diese Doppelung unserer Bilder, die mir mein Bild überhaupt als Bild bewußt werden läßt und mir erlaubt, es nicht mehr naiv mit dem Gemeinten zu verwechseln.[32] Vermittlung soll / will ja den anderen gerade nicht mit *meinem* Gott(bild) einen, sondern mit Gott, der der unsere ist, in Unterschei-

[31] Bei Thomas heißt es: »Der Vollzug des Glaubenden zielt nicht auf die Aussage [in der er sein Credo bekennt], sondern auf die Sache.« De ver. 14, 8 ad. 5. (Zur *Begründung* des Redens von Gott siehe Kap. 1, Anm. 29, bes. Kap. 4: Gottesbeweis Mitmenschlichkeit [Kurzfassung: Kap. 3, Anm. 1].) – Zur Unterscheidung von Bubers Parallelen (Kap. 12, Anm. 20) siehe das Schlußkapitel (2. Abschn., 2.).

[32] Für diesen »stereoskopischen« Realitätsbezug siehe oben in Kap. 5: Autorität eröffnet Wirklichkeit.

dung auch von dessen Gott(bild), welche Unterscheidung er lernt, indem er sich um meinen Gottesbezug müht. – Beides gilt übrigens auch für unsere (Traum-)Bilder von einander. Und wenn man die Ehe als Schule des Realismus bezeichnet, dann möchte ich das, über die (durchaus zu respektierende) triviale Grundbedeutung hinaus auf unsere Überlegung beziehen: daß sie verlangt, den anderen nicht bloß mit den eigenen Augen zu sehen.

Stehen soll man freilich zur eigenen »Ansicht«; ist sie doch (wie das Wort bedenkenswert sagt) nicht bloß meine subjektive Meinung von etwas, von jemandem, schließlich von Gott, sondern zugleich auch jener »Aspekt«, den mir etwas und jemand, den zuhöchst Gott selbst von sich zeigt.[33] Und eben diese Erfahrung werde ich dem nicht vorenthalten, den ich liebe: seinetwegen wie um dessen willen, der sich mir (jedoch nicht bloß für mich) gezeigt hat.

5. Wäre von hier aus nicht auch ein neuer Zugang zu Einheit und Differenz von ehelicher und zölibatärer Spiritualität zu bahnen?

Sosehr jeder Partner in seiner Liebe zum anderen mit Gott zusammen dessen Wohl und Heil will, so ist doch das eigentliche Thema ehelicher Spiritualität ihr gemeinsames Stehen vor Gott und ihr beid-eines Zugehen auf ihn. – Das bestimmende Thema zölibatär gelebter Einheit von Gottes- und Nächstenliebe aber wäre, von Gott her und mit ihm auf die Menschen zuzugehen, sosehr auch der Priester, der Ordensmann und die Ordensfrau »aus den Menschen genommen« und mit ihnen gemeinsam vor Gott sind.[34]

6. Und sollte schließlich nicht auch das Jesus-Verhältnis und eine trinitarische Frömmigkeit von diesem »Strukturbild« her weniger schwierig zu entwerfen sein? Das »Durch-Christus« würde demnach als »Mit ihm« interpretiert und gelebt: Mit

[33] So hätten wir nach Guardini zu realisieren, »daß meine menschliche Person nichts ist als die Weise, wie ich von Gott gerufen bin, und wie ich auf seinen Ruf antworten soll«. Der Herr. Betrachtungen über die Person und das Leben Jesu Christi, Paderborn [14]1980, 42.

[34] Siehe näher hierüber: Zur Antwort berufen (Einführung, Anm. 8) 67–69.

Christus ginge es um den Partner und mit dem Partner um den Herrn. Mit dem Sohn ginge es um die Ehre des Vaters und mit dem Vater um die des Sohnes.

So jedenfalls möchte ich den »Skandal« des »Hohepriesterlichen Gebets« fruchtbar machen. – Da spricht der Sohn mit dem Vater: Er will uns dem Vater geben, wie der Vater uns dem Sohn. Christus sucht allein des Vaters Reich und Willen, der Vater aber den Ruhm seines Sohnes.[35] Und wir werden gar nicht gefragt: Spielzeug (Platon)[36], Ball und Kreisel (Therese vom Kinde Jesu)[37]?

Aber warum liebt der Sohn uns um des Vaters willen, wenn nicht, weil der Vater uns liebt? Und wenn der Vater uns um Christi willen annimmt, dann doch, weil der Sohn es wünscht, weil er uns wirklich liebt. – Wir werden nie begreifen, warum; aber in Wahrheit lieben sie in ihrer Liebe zueinander: uns.

Der Vater gibt den Sohn dahin (Röm 8,32), und Christus stirbt für uns. Der Sohn will uns *den* Vater geben und der Vater uns den Sohn (Joh 14,6; Eph 2,7). Das empfangende Herz dieses unfaßlichen Heilstuns aber und seines schwebenden Wechselspiels ist der *Geist* ihrer Liebe. Und diese Liebe ist »immanent-ökonomisch«[38].

Hier kann und soll nicht Rahners Trinitätslehre überhaupt erörtert werden. Seine Reserven dem Personbegriff gegenüber in diesem Zusammenhang sind bekannt. Wenn er, »um überflüssige Mißverständnisse zu vermeiden«, den Sohn und den Geist in Gott nur (oder doch zumindest grundlegend) als »die Möglichkeit [s]einer geschichtlichen Selbstzusage« an uns und seiner Selbsteinstiftung in das Geschöpf aufgefaßt wissen will,[39] dann drängt sich vor solch reduzierender Sprechweise die Frage

[35] Joh 17; Phil 2,8; 1 Kor 15,24–28; Mk 1,14; Joh 4,34; 5,22; 12,28.

[36] Nomoi VII 803c.

[37] Vgl. H. U. v. Balthasar, Schwestern im Geist. Therese von Lisieux u. Elisabeth von Dijon, Einsiedeln 1970, 282.

[38] In derart heilsgeschichtlicher Identität gilt dann Rahners ansonst – in prinzipiellem Verständnis – zu kritisierender Satz: »Die ›ökonomische‹ Trinität ist die ›immanente‹ Trinität und umgekehrt«: MySal II 328.

[39] K. Rahner (Hrsg.), Der eine Gott und der dreieine Gott. Das Gottesverständnis bei Christen, Juden und Muslimen, München-Zürich 1983, 159 u. 157.

nach dem Mißverständnis wohl noch stärker auf.[40] Darum wird hier wie im folgenden Abschluß-Kapitel bewußt die personale Rede festgehalten.

7. Gott als die Liebe (1 Joh 4,8) müssen wir als *Selbst-Verhältnis* denken, nicht erstlich als Verhältnis zu uns. Das ist bereits philosophisch geboten (siehe oben Kap. 3 und das folgende Kapitel). Und zwar als ein Selbst-Verhältnis nicht im monologischen Sinne von Ich-Bewußtsein und -Liebe, sondern – wie gleich zu erörtern – als wahres Person-Gegenüber und trinitarisches Miteinander.[41]

Sind wir nicht erst hiermit im Ernst vor das abgründige Geheimnis der Einheit von Gottes- und Menschenliebe geraten, da wir nicht mehr von unserer, sondern von der zwei-einen Liebe Gottes reden[42] – oder besser: überwältigt angesichts ihrer verstummen?

Die Härte jener Spannung, von der das Kapitel ausgegangen ist und die durch Teilung nicht gelöst werden konnte, erreicht damit ihr unausdenkbares Extrem: in der Verlassenheit des Sohnes am Kreuz und im Grab des Karsamstags. Ebenso und noch mehr aber gilt dies von dem Geheimnis der todumfangenden Sieghaftigkeit der gott-menschlichen Liebe, der Ostermacht ihres Friedens, der als die »absolute Zukunft« der Welt unsere

[40] Hier sei nur verwiesen auf: W. Breuning (Hrsg.), Trinität. Aktuelle Perspektiven der Theologie, Freiburg 1984; darin besonders die Beiträge von W. Löser und L. Oeing-Hanhoff. – Raymund Schwager verteidigt Rahners Formalität: Aufgabe der Theologie sei es nicht, »sich mit einer der christlich und kirchlich möglichen Spiritualitäten ganz zu identifizieren, auch wenn das Anliegen Balthasars, Spiritualität und Theologie einander anzunähern, sehr wohl Unterstützung verdient. Der Theologie kommt eine eigenständige Funktion zu. Sie hat unter anderem auf Begrenzungen und Gefahren der verschiedenen Spiritualitäten hinzuweisen«. Der wunderbare Tausch. Zur Geschichte und Deutung der Erlösungslehre, München 1986, 303. Gewiß, aber steht sie damit selber jenseits der Spiritualitäten und besagt Formalität als solche bereits einen »Meta-Status«?

[41] »Es muß in Gott eben auch jenes Einverständnis mit dem Unverfügbaren geben, das wir die Liebe nennen.« Für dies Rahnerwort und seine spätere briefliche Kommentierung: K. P. Fischer, Gotteserfahrung. Mystagogie in der Theologie Karl Rahners und in der Theologie der Befreiung, Mainz 1986, 89f.

[42] »Zwei-eins« hier nicht »immanent«, sondern »ökonomisch« gemeint, also nicht als Aussage über das innergöttliche Leben (dagegen wird sich gerade die Schlußüberlegung wenden), sondern über die Einheit von *inner*göttlicher und göttlich-*schöpferischer* Liebe.

Ewigkeit sein will: beseligtes »Spiel« (Hugo Rahner), da aus dem Schmerz der Zeit die Unterschiede »sich verwandelt haben und zur Seligkeit der einenden Liebe, nicht zur Trennung mehr gehören«[43]: zum Miteins-Gegenüber von Antlitz zu Antlitz – im drei-einigen Licht.

[42] K. Rahner, Glaube, der die Erde liebt, 135.

15. EINHEITS-DENKEN – DREI-GESPRÄCH

Das Schlußkapitel des Buchs sei unter das Motto eines Hölderlin-Fragments gestellt: »Unterschiedenes ist / gut.«[1] Darauf lief es bisher schon immer wieder hinaus. Weil der Mensch Unterschiede vor allem als »Differenzen« erfährt, als schmerzenden Widerspruch, darum sehnt er sich in Ost wie West nach dem Einssein. Und zwar nach einem Eins ohne jegliche Scheidung. Solch eine Einheit indes – dies die These, in die alles bisher Erwogene mündet – wäre der von aller Freiheits-Erfahrung befreiende Friede des Nichts. Und das Programm solcher Hoffnung wäre der *Nihilismus*.

Das mag verwunderlich klingen; doch sachliche wie historische Reflexion bestätigt rasch die Behauptung. Ob man nämlich für den Begriff bei Jacobi einsetzt[2] oder weiter zurückgreifen will bis zum Nihilianismus im 12. Jh.[3], fast stets meint das Wort offenbar nicht ganz das, was es sagt. Es kennzeichnet nicht eine These oder Theorie, derzufolge (eigentlich) schlechthin nichts ist oder gilt, sondern eine solche, derzufolge (eigentlich) nichts ist oder gilt – außer einem; sei dies (im 12. Jh.) die Gottheit Christi, sei es das absolute Ich, bürgerliches Behagen, die Materie oder der Wille zur Macht. Nihilismus ist also eher so etwas wie Monismus oder »Henismus«; »nichts« ist es nach ihm nicht mit allem, sondern mit von anderen angenommenen *Differenzen*.

[1] Kl. Stuttg. Ausg. II 328.

[2] W. Müller-Lauter, Nihilismus als Konsequenz des Idealismus. J. H. Jacobis Kritik an der Transzendentalphilosophie und ihre philosophiegeschichtlichen Folgen, in: A. Schwan (Hrsg.), Denken im Schatten des Nihilismus (FS-W. Weischedel), Darmstadt 1975, 113–163.

[3] W. Müller-Lauter, Nihilismus (in West- und Mitteleuropa), in: HWP VI 846–853.

Diese Bestimmung findet sich schon in der Umgangssprache: »Es ist (eh = ohnehin) alles eins«; »Weil alles problematisch wurde, ist auch alles irgendwo egal« (Sloterdijk). Erst recht gilt sie auf reflektierterer Ebene, beispielsweise in Sigmund Freuds Bestimmung des Todestrieb-Ziels: als Zustand allgemein gewordener Entropie, oder etwa in Unamunos Verdikt über die »Identität« als »Ziel des Intellekts« gegenüber dem unbewältigbaren Leben.[4]

Dialektik als Wahrheit der Analogie?

»›Das reine Sein und das reine Nichts ist also dasselbe.‹ Dieser Satz Hegels (Wissenschaft der Logik I, Buch. WW III S. 74) besteht zu Recht. Sein und Nichts gehören zusammen, aber nicht weil sie beide – vom Hegelschen Begriff des Denkens aus gesehen – in ihrer Unbestimmtheit und Unmittelbarkeit übereinkommen, sondern weil das Sein selbst im Wesen endlich ist und sich nur in der Transzendenz des in das Nichts hinausgehaltenen Daseins offenbart« (Martin Heidegger)[5].

Heidegger will damit sagen, daß erst in der ängstigenden Situation der allumfassenden Warum-Frage das Seiende als solches (statt bloß in seiner konkreten Bewandtnis) aufgeht.[6] Freilich wird ihm zufolge in der abendländischen Denkgeschichte nur das Seiende als Seiendes, nicht das Sein als Sein bedacht; darum dann auch das Seiende in doppelter Weise: als »einmal das Ganze des Seienden als solchen im Sinne seiner allgemein-

[4] P. Sloterdijk, Kritik der zynischen Vernunft, Frankfurt/M. 1983, I 17; S. Freud, Jenseits des Lustprinzips V: GW XIII 35–45; H. Unamuno, Das tragische Lebensgefühl, Philos. Werke, Wien-Leipzig o. J. (1933), 116.

[5] Wegmarken, Frankfurt/M. 1967, 17 (Was ist Metaphysik? [1929]).

[6] Zur Endlichkeit des Seins hat Gerd Haeffner überzeugend verdeutlicht, daß dies »nicht in direktem Widerspruch zur metaphysischen These des Thomas v. Aquin [steht], das Sein sei an sich unendlich. Denn beide Male ist unter ›Sein‹ etwas Verschiedenes verstanden. Während die metaphysische These vom Wesen des Seiend-Seins (actus) handelt, spricht Heidegger vom Wesen (Her-vor-gang) des Sinngrundes im Bezug zum menschlichen Dasein«. Heideggers Begriff der Metaphysik, München 1974, 34. (Doch will er nicht leugnen – 122 –, »daß Heideggers Gedanke selbst um einiges zweideutiger sein wird«.)

sten Züge...; zugleich aber das Ganze des Seienden als solchen im Sinne des höchsten und darum göttlichen Seienden.« (ebd. 207).

Dies Zwiefache der »Onto-theologie«, für das Heidegger auf Aristoteles (Met 4,6 u. 11) verweist, findet sich in der Tat auf bedenkenswerte Weise im Einheitsdenken Hegels wieder. Und bei ihm vollendet sich in gewisser Weise, was in der Geschichte der Philosophie immer wieder begegnet: daß es mit dem Seienden »nichts ist« angesichts des »Ganzen des Seienden«, werde dies nun als das alles andere in sich »hineinsaugende« Höchste gesehen[7] oder als die alle »Einzel-Fälle« durchwaltende »Struktur« (wobei diese wiederum statisch gedacht werden mag: als »Gesetz«, oder dynamisch: als »Kampf« oder »Spiel«).

Indem es aber so mit dem Seienden nichts ist, ergibt sich dann auch und vor allem, wie Heidegger herausarbeitet, daß es »mit dem Sein selbst nichts ist«[8]: daß das Ereignis des »Es gibt« als solches unbemerkt und immer schon vergessen bleibt. So werde die (ontologische) Identität von Sein und Seiendem nicht wirklich als «ontologische Differenz« gedacht.

Das Wort der Tradition für die Seinsdifferenz war »Analogie«. Und mit Berufung auf sie haben scholastische Autoren Heidegger zumindest für den Aquinaten widersprochen. Doch in welchem Ernst ist in dieser Analogie Differenz gedacht worden? – Wenn Wolfhart Pannenberg resümiert, »am Ende des 13. Jahrhunderts [habe] Duns Scotus und wenig später Wilhelm Ockham *anerkannt* (Hervorhebung Sp.), daß die Analogie selbst schon ein univokes Element voraussetzt«[9], dann brauchen wir jetzt nicht näher auf die thomistisch-skotistische Diskussion (und die Verschiedenheit der Sprache wie des Bespro-

[7] Dafür hat Erich Przywara Rudolf Ottos Prägung »Theopanismus« aufgegriffen (Religionsphilosophische Schriften, Einsiedeln 1962, 351f [Gott]); K. Rahner, Schriften z. Theologie III 53: »Der wahre Gott ist nicht derjenige, der tötet, um selber lebendig zu sein. Er ist nicht ›das Eigentliche‹, das vampyrartig die Eigentlichkeit der von ihm verschiedenen Dinge an sich zieht und gewissermaßen aussaugt; er ist nicht das esse omnium« (Die ewige Bedeutung der Menschheit Jesu für unser Gottesverhältnis).

[8] Nietzsche, Pfullingen 1961, II 338.

[9] Kap. 2, Anm. 28: 191 (Analogie und Doxologie).

chenen bei den Parteien[10] einzugehen. Die Rede von »Ähnlichkeit (similitudo)« auf beiden Seiten gibt für den faktischen Gang Pannenberg recht. Denn Ähnlichkeit führt in der Tat zu Gleichheit und diese zu Identität. Demgegenüber wäre auf Wort und Begriff von »Analogie« im Wortsinn, also auf *Entsprechung* zu bestehen, und zwar – dies nun gegenüber dem Entsprechungs-Denken von implicatio-explicatio des Cusaners – auf *dialogischer* Entsprechung, wie ich andernorts vorgeschlagen habe.[11]

Eine Antwort ist dem Anruf, der Frage, nicht ähnlich; auf ihr Verhältnis läßt sich die Auswahl »univok, äquivok, analog« nicht beziehen. Die rechte Antwort *entspricht* der Frage; sie paßt (wie der Schlüssel zum Schloß).

Darum pflichte ich auch Pannenberg (192) bei, wenn er zu Przywaras »reductio in mysterium« durch Insistieren auf der »maior dissimilitudo« des Lateranense IV (DS 806) bemerkt, sie laufe dem üblichen Zielsinn des Analogiedenkens zuwider. Zwanglos aber fügt sich Przywaras Forderung in ein Entsprechungs-Denken ein. Denn hier muß Ähnlichkeit nicht vage komparativisch auf Äquivokation hin »verdünnt« werden, sondern im Gegenteil: je genauer die Antwort ent-spricht, umso deutlicher unterscheidet sie sich von dem sie hervor-rufenden Anruf und «gibt ihm die Ehre«.

Der Dialektik von Differenz und Identität mit ihren nihilistischen Konsequenzen wäre also ein *dialogisches* Denken entgegenzusetzen?

Du-Denken versus Monismen?

Nun ist in unserem Jahrhundert ein solches Denken des Dialogs zu weiter Geltung gekommen, für das als der bekannteste Name jener Martin Bubers steht. Ihm vorangegangen, und nach

[10] Vgl. E. Gilson, Johannes Duns Scotus. Einführung in die Grundgedanken seiner Lehre, Düsseldorf 1959, 107 u. 93.

[11] Deus datus. Über Trans-Immanenz als Freiheitsverhältnis, in: ThPh 47 (1972) 321–340;eingegangen als Kap. 7 in: Gotteserfahrung im Denken.

neueren Forschungen nicht ohne Einfluß auf ihn[12], ist Ferdinand Ebner[13], der ausdrücklich den Nihilismusvorwurf gegen die »Ich-Einsamkeit« des Idealismus, den »icheinsamen Traum vom Geist« erhebt, wie dies zuvor Jacobi getan hatte. Dies vor allem in den »Pneumatologischen Fragmenten« der Sammlung *Das Wort und die geistigen Realitäten* (sein Gegenüber ist allerdings ein Idealismus abgesunkener Gestalt: Otto Weininger)[14]. Nicht anders hat Franz Rosenzweig, wohl der philosophischste der drei großen deutschsprachigen Dialogiker, das dreifache Nichts der transzendentalen Horizonte Gott, Welt, Mensch als Basis jenes Denkens herausgearbeitet, von dem sein »neues Denken« sich absetzt. Wobei dessen Neuheit vor allem in jener Zeithaftigkeit besteht, die ihm als Gespräch eignet.[15]

1. Wieder verzichten wir darauf, Bubers Dialogik darzustellen: die Zwiefalt der beiden Grund-Worte Ich-Du, Ich-Es. Das von ihm Eingebrachte und dessen vielfach befreiende Wirkung dokumentieren Bücher und Aufsätze weltweit. Vielmehr sei auch hier gleich auf die »*Probleme* der Dialogik Martin Bubers« eingegangen.[16]

Die Einstiegs-Schwierigkeit liegt bekanntlich in der über-

[12] R. Horwitz, Ferdinand Ebner als Quelle für Martin Bubers Dialogik in »Ich und Du«, in: J. Bloch / H. Gordon (Hrsg.), Martin Buber. Bilanz seines Denkens, Freiburg i. Br. 1983 (Dokumentation einer Tagung zum 100. Geburtstag, 1978, in der Ben-Gurion-Universität des Negev, im weiteren zitiert als *Bilanz*), 141–158; dies., Buber's Way to »I and Thou«. An Historical Analysis and the First Publication of Martin Buber's Lectures »Religion als Gegenwart«, Heidelberg 1978.

[13] Siehe nach der älteren Gesamtuntersuchung von Bernhard Casper, Das dialogische Denken. Franz Rosenzweig, Ferdinand Ebner, Martin Buber, Freiburg i. Br. 1967: G. D. Evers, Sittlichkeit im Wort-Feld der Begegnung. Sittlichkeit als struktur-dialogisches Freiheits-Ereignis. Dargestellt an der Strukturontologie Heinrich Rombachs und der Pneumatologie Ferdinand Ebners, Regensburg 1979. Vgl. im übrigen Kap. 5, Anm. 5.

[14] Schriften I, München 1963, 75–342, z. B. 189ff, 223ff, 284ff. Doch vgl. die Rede von »Ur-Ich« und (freilich sehnsuchtsfreier) Einsamkeit auch bei Edmund Husserl: Die Krisis der europäischen Wissenschaft und die transzendentale Phänomenologie (Hua VI), Den Haag 1954, 187ff.

[15] Das neue Denken, in: Kleinere Schriften, Berlin 1937, 373–398 (vorhergehend, 357ff: ›Urzelle‹ des Stern der Erlösung); ders., Das Büchlein vom gesunden und kranken Menschenverstand, Düsseldorf 1964.

[16] J. Bloch, Die Aporie des Du. Probleme der Dialogik Martin Bubers, Heidelberg 1977, zitiert als: *Aporie*.

schärften Alternativik zwischen den Grundworten. Darauf hat schon die früheste Stellungnahme zum Dialogischen Prinzip hingewiesen, die F. Rosenzweigs (nach der Lektüre eines Teils der Druckfahnen) in einem Brief vom September 1922.[17]

Rosenzweig bemängelt, daß Buber »dem Ich-Du im Ich-Es einen Krüppel zum Gegner« gegeben habe. Nicht das Ich gehöre zum Es, sondern Er bzw. Wir. »Was soll denn aus Ich und Du werden, wenn sie die ganze Welt und den Schöpfer dazu verschlingen müssen?« Und wenn es, sei hinzugefügt, nur als »erhabene Schwermut unseres Loses«[18] erscheint, daß dies Verschlingen faktisch doch (noch?) nicht gelingt?

Gewiß füllt im In-einander-Blick das Du »nachbarnlos und fugenlos ... den Himmelskreis« (I 83). Mit Hanna Arendt gesagt: »In der Leidenschaft, mit der die Liebe nur das Wer des Anderen ergreift, geht der weltliche Zwischenraum, durch den wir mit anderen verbunden und zugleich von ihnen getrennt sind, gleichsam in Flammen auf. Was die Liebenden von der Mitwelt trennt, ist, daß sie weltlos sind ...«[19] Doch »das Kind, der Liebe ureigenstes Erzeugnis«, bringt ihnen die verbrannte Welt wieder, führt sie in die Welt zurück (ebd.).

Ähnlich im Verhältnis zu Gott. Auch hier gibt es den Ausruf des Psalmisten: »Was habe ich im Himmel außer dir? Neben dir freut mich nichts auf der Erde (73,25 – vgl. das »Dios solo basta« der großen Teresa). Und doch heißt dann »amare Deum: amare mundum in Deo« (Max Scheler)[20]. Und dies nicht als schmerzlicher Abfall, sondern vielmehr als Ernst der Realisierung.

Doch ist hierauf später einzugehen. Erst einmal stellt sich nicht bloß die Frage nach dem Verlust der Welt zwischen Ich

[17] G. Schaeder (Hrsg.), Martin Buber, Briefwechsel aus sieben Jahrzehnten, Heidelberg 1973, II 124–128; siehe B. Casper, Franz Rosenzweigs Kritik an Bubers ›Ich und Du‹, in: Bilanz (Anm. 12) 159–179 (173–175 Briefauszug nach der Neuausgabe: F. Rosenzweig, Ges. Schriften. 1. Abt. Briefe und Tagebücher, Den Haag 1978, 834–827).

[18] Buber, Schriften I (im weiteren einfach mit der röm. Ziffer zitiert) 89.

[19] Vita activa oder vom tätigen Leben, Stuttgart 1960, 237.

[20] Z. B. WW VI, Bern ^{2}1963, 90 (Liebe und Erkenntnis).

und Du, sondern betreffender die nach dem Verlust ihrer selbst. Auf diese Problematik zielt Jochanan Bloch ab.

Er wendet sich vor allem gegen Michael Theunissens Buber-Deutung einer negativen Ontologie des Zwischen,[21] in der er »ein spezifisch christliches Vorverständnis des Welt-Gott-Verhältnisses« erblickt (Aporie 86). Gegen das »Weltüberschwingen des Du« besteht er auf der Welteinwohnung Gottes bei Buber: »Mein Gesicht ist das der Kreatur« (Aporie 93 – Zitat aus »Gog und Magog«).

Bloch deutet das Zwischen statt als Ziel als *Gegenwart*. Darin bewege sich die Rede zu dir »wie ein Fisch im Wasser; der Fisch kann selbst nie das Wasser sein« (218). »Die Gegenwart des Du ist also nicht die des Du als objektiv abgerücktes Gegenüber; und nicht der Zielpunkt meines Besprechens, sondern die meinem Sprechen innestehende, es ermöglichende und es umgreifende Gegenwart« (220). – So legt Bloch sie in der Weise der Zen-Denker aus: als »Nichts der Gegenwart« (283). Er kann darum bei Buber ein Sich-Verranntaben »schon im ersten Satz von ›Ich und Du‹« konstatieren und ihn doch in Schutz nehmen, mit einem Wort aus dem Bi-Yän-Lu: »Setzt man das Bewußtsein in Bewegung, so erscheinen Formen. Nimmt man sie wahr, so bildet sich Eis. Hütet man sich aber etwa vor Bewegung und vor Wahrnehmung, entgeht man doch nicht der Gefahr, ins Fuchsloch zu geraten« (285).[22]

Auf das Fisch-Bild zurückkommend: man blickt ins Aquarium und sieht die Fische im grünen »Umgreifenden« schwimmen, das Wasser trocken wahrnehmend. Wenn man aber plötzlich als Fisch im Becken schwämme: »er schwimmt und ›weiß‹ es nicht« (286).

Natürlich hat sich gegen diese Deutung Widerspruch erhoben. War statt solchen Eins-Denkens nicht Dualität das Lebens-

[21] Bubers negative Ontologie des Zwischen, in: PhJb 71 (1963/64) 319–330; ders., Der Andere. Studien zur Sozialontologie der Gegenwart, Berlin 1965, 243–373: Die ursprüngliche Verwirklichung der Philosophie des Dialogs in der Dialogik Bubers.

[22] Bi-Yän-Lu. Meister Yüan-wu's Niederschrift von der smaragdenen Felswand ... verdeutscht und erläutert v. Wilhelm Gundert, München 1964ff, I 497.

Thema Bubers? Aber vollzieht Bloch nicht dennoch dessen innerste Konsequenz? Bubers wiederholte Erklärungen, weder durch Weltverlassen noch durch Verbleiben in ihr finde man Gott, beides gehöre »in Gott« zusammen, bezeichnet er ungescheut als »überglättete Fassung« der Paradoxie (78f).

Im Tagungs-Vortrag von 1978 stellt er nochmals heraus: Ich kann über dich zu dir reden – und auch nochmals über das Zu-dir-Reden (zu dir reden); aber dabei bleibt dieses letzte »zu dir« unberedet: es geschieht (Bilanz 70). Doch macht er nunmehr auf eine Grenze dieser Unterscheidung aufmerksam. Was hier nämlich rein sprachlich getrennt und entgegengesetzt wird, wird dies vielleicht nur aufgrund grammatischer Prägung, während die Einheit des Sprechakts es eint (Bilanz 72). Und er weist hier – ein wichtiger Punkt – auf Bubers Vernachlässigung des Symbol-Begriffs hin (74).[23]

In erneuter Auseinandersetzung mit Theunissen heißt es: »Gegenwart ist nicht Gegenstand. Aber Gegenwart ist immer noch Gegenwart von diesem und jenem« (78).[24] Zu »erfassen« ist das wiederum nur aus »der Situation des zen-buddhistischen ›Koan‹, von dem aus Wirklichkeit nur in totaler Unbegreiflichkeit offen werden kann« (79) oder – denn jetzt nennt Bloch auch einen »zweiten Weg« – man entwickelt aus der konkreten Du-Erfahrung erst die Begrifflichkeit, »die dieser Wirklichkeit angemessen ist«. Wie aber hätte man sich die entsprechende Begrifflichkeit zu denken? – Dazu eben wollen die beiden Kapitel dieses Vierten Teils ein Angebot unterbreiten. Was zuvor in kritischem Gespräch mit K. Rahner dargelegt worden ist, sei jetzt nochmals durch Auseinandersetzung mit jenem Vortrag verdeutlicht, der auf den von J. Bloch folgt: Yehoshua Amir tritt hier dessen Theunissen-Kritik an die Seite, indem er ausdrücklich *Das Endliche und Das Ewige Du bei Buber* bedenken will (Bilanz 87–106).

2. Zentraler Satz ist hierbei: »Die verlängerten Linien der

[23] Siehe Konturen der Freiheit, Kap. 2: Leibhaftige Freiheit: Be-denklichkeit des Symbols.

[24] Bloch verweist auf entsprechende Sätze Heideggers über das Nichts als die Ermöglichung der Offenbarkeit des Seienden (Was ist Metaphysik?).

Beziehungen schneiden sich im ewigen Du« (I 123). – Dabei sei jetzt nicht erörtert, mit wieviel Recht Amir für ein genuin religiöses Interesse Bubers eintritt (vor allem, wenn ›religiös‹ hier ›theistisch‹ bedeuten soll), statt daß hier »eine Sozialontologie nachträglich theologisch oder quasi-theologisch überhöht« würde (89); lassen wir also offen, ob bei ihm wirklich eine religiöse Begegnungserfahrung die dialogische Anthropologie aus sich entlassen habe; offen darum auch den Übergang Bubers von der monistischen Mystik der Frühzeit zum dialogischen Denken. Wir beschränken uns darauf, mit Amir den zitierten Kernsatz zu bedenken, im gemeinsamen Wissen natürlich, daß das geometrische Gleichnis für den Du-Bezug der Es-Sprache zugehört.

Amir benennt klar die Alternativen einer rationalen Bereinigung des geometrischen Absurdums: Bei der überdeterminierten Linie A-B-C entfällt entweder das (irdische) B als gleichgültige Variante oder die Linie A-B ist sich selbst genug (92). Die erste Lösung kommt für den Kritiker des Kierkegaardschen Entweder-Oder zwischen Gott und Regine nicht in Frage.[25] Die zweite sieht Amir von Theunissen vertreten (auch hier wollen wir nicht diese Kontroverse ihrerseits diskutieren). Sie ist im Blick auf den Lebens- und Arbeitsimpuls Martin Bubers abzuweisen. Also bleibt es bei A-B-C, und zwar als »einer und derselben Geraden... Das ist das Bubersche Paradox der dreipunktigen Linie« (103).

Wie aber, fragen wir, hat man das zu verstehen? Amir zieht zwei Buber-Sätze heran. Einmal spricht er vom »Saum des ewigen Du«, das wir in jedem Du anreden (I 81), sodann von Pforten, die sich zum »Einen Tor des Wirklichen Lebens« vereinigen (I 147). Das eine Mal sei das irdische Du näher, das ewige erahnt, das andere Mal »verschwimmt« das irdische. – Ich kann nicht sehen, inwiefern hier »das wechselseitige Verhältnis zwischen der Beziehung mit dem Mitmenschen und der Begegnung mit Gott... vorzüglich dargestellt« sei (B. Casper in der

[25] Zur wirkungsreichen Verzeichnung Kierkegaards durch Buber vgl. übrigens im gleichen Band die dankenswerte Korrektur R. R. Perkins': Bilanz 319–337.

Diskussion: Bilanz 106). Es sei denn, ›Darstellung‹ meine die Wiedergabe von Bubers Sicht – für die es hingegen, auf der einen Linie A-B-C, gerade kein »wechselseitiges Verhältnis« von A-B und A-C geben kann (siehe schon oben Kap. 12, im Anschluß an Anm. 20).

Getroffen von »Jenem« (Illeität)

Dabei hätte Casper auf einen Denker hinweisen können, zu dessen Dolmetschern nach Deutschland hinein er gehört und der auch in Jerusalem zu Wort kam; freilich mit einem Beitrag über Gabriel Marcel und Buber; doch klingt darin selbstverständlich die eigene Sichtweise durch: Emmanuel Levinas.[26]

Er weist auf die Grenzen von Dialog und Beziehung hin, die Marcel, stärker metaphysisch, auf ein (Mit-)Sein und das »Ereignis des *Ens manifestum sui*« (327) zurückführt. Erscheint so nicht »der Dialog selbst als eine Modalität des Ich-Es« (331)?

Damit denkt Levinas – im Sinn seines eigenen Zugangs – mit Buber über Buber (und Marcel) hinaus, indem er beider Akzentuierung von Verantwortung und Verantwortlichkeit in seiner Weise auslegt. »Die radikale Unterscheidung [beider] zwischen dem Ich-Es des Wissens und dem Ich-Du des Dialogs« (333) versteht er als das Einfallstor für eine neue Auffassung der Ethik als Basis philosophischen Denkens.

Dies aber besagt: Ich bin betroffen (intendiert statt intentional), gemeint statt (sei's das Du, sei's dieses oder jenes Es) meinend. Und damit verwandelt sich das Ich in einer Tiefe, die der Zwiefalt des Ichs in den Buberschen Grundworten noch zugrundeliegt.

Levinas bezeichnet, worum ihm zu tun ist, als das Sich, und macht es als Akkusativ im wörtlichen Sinn deutlich[27], insofern

[26] Martin Buber, Gabriel Marcel und die Philosophie: Bilanz 319–337.

[27] Die Spur des Anderen. Untersuchungen zur Phänomenologie und Sozialphilosophie (W. N. Krewani – hier wird der Name des Autors mit Akzent geschrieben: Lévinas), Freiburg-München 1983, bes. der Titelaufstz (von 1963): 209–235; zum Akkusativ: 312f.

das Ich hier sich als angeklagt erfährt. Angeklagt aber nicht von einem souveränen Richter oder von einem anderen Ich, das diese Souveränität ihm gegenüber erringen will (wie bei Sartre), sondern von einem Hilfesuchenden, der »Witwe und Waise«. (Man ist im Deutschen zu einem weiteren Wortspiel versucht: von ›an-geklagt‹ – im Sinn von ›angejammert‹ – zu sprechen.)

Eine gerichtliche Situation ist das freilich durchaus. Darum ist das Verhältnis nun nicht mehr das eines bloßen, gar innigen Ich-Du. Der Hilferuf fordert mich ja derart, daß er *etwas* von mir fordert. Und im flehenden Antlitz begegnet mir nicht bloß ein Du, sondern die Gemeinschaft. Das Antlitz ist die »Spur des Anderen«.

Was meint Levinas damit? »Das Antlitz stellt sich dar in seiner Nacktheit, es ist... nicht eine Erscheinung, die ein Ding an sich verhüllt und eben dadurch verrät. Wäre dem so, hätten wir im Antlitz eine Maske...« (227). – Es geht um ein »*Jenseits* des Seins« (229), insofern Levinas das Sein als »bipolare[s] Spiel von Immanenz und Transzendenz« auffaßt (wir können mit Amirs Alternativen sagen: als Spiel zwischen A-B und A-C, in der Sprache Rahners: als jenes zwischen Kategorialem und Transzendentalem[28]).

In diesem »Jenseits« begegnet mir Il: »›ille‹ – Jener. Das Jenseits, aus dem das Antlitz kommt, ist die dritte Person« (229). Derart drückt Levinas die Richtungsumkehr aus, auf die es ihm ankommt. Das Antlitz als *Zeichen* wäre Weiterverweis für die eigene Suche (bzw. Intentionalität), als Spur besagt es die Betroffenheit meiner durch »Jenen«.

»Die Spur ist die Gegenwart dessen, was eigentlich niemals da war, dessen, was immer vergangen ist« (233). Natürlich erinnert der jüdische Denker dabei (235 – siehe gleich) an Ex 33,18ff, zuvor aber (233), bemerkenswerterweise, an Plotin: »Die Spur des Einen läßt das Wesen entstehen, und das Sein ist nur die Spur des Einen.«[29]

[28] Siehe im vorangehenden Kapitel Anm. 12.

[29] V 5,5,12f. Bei Harder/Beutler/Theiler (Ausgabe Meiner): »Die Teilnahme schafft den Dingen das Sein, so daß das Sein Schimmer des Einen ist.« ›ichnos‹ heißt freilich weniger ›Schimmer‹ als: Fußspur, Fährte.

Ebenso ausdrücklich bezieht sich Levinas auf die zuvor genannten Autoren: »Die Illeität jenes ille ist nicht das *Es* der Sache, die zu unserer Verfügung steht und dem Martin Buber und Gabriel Marcel zu Recht bei der Beschreibung der menschlichen Begegnung das Du vorgezogen haben« (235). Und er schließt seinen Aufsatz mit dem schon angesprochenen Hinweis auf die Mose-Erfahrung: »Der Gott, der vorübergegangen ist, ist nicht das Urbild, von dem das Antlitz das Abbild wäre... Der geoffenbarte Gott unserer jüdisch-christlichen Spiritualität bewahrt die ganze Unendlichkeit seiner Abwesenheit, die in der personalen Ordnung selbst ist. Er zeigt sich nur in seiner Spur, wie in Kapitel 33 des Exodus. Zu ihm hingehen heißt nicht, dieser Spur, die kein Zeichen ist, folgen, sondern auf die Andern zugehen, die sich in der Spur halten« (235).

Damit ist ein entscheidender Schritt zur Auflösung des Buber-Paradoxes der Linie A-B-C getan. Hier gibt es keine Linie in der Verlängerung über A-B hinaus, in der B konsequent verschwände, wenn man nicht statt dessen C vergißt (eins wie das andere nihilistisch). Und es ist zugleich auch nicht bloß von der Gegenwart als solcher des B die Rede, wobei wiederum B wie A gleichgültig würden angesichts des Ereignisses »Gegenwart« selbst (versinnbildet im reinen, leeren Kreis[30]). – B ist nicht Abbild eines Urbilds, auch nicht bloß (Cusanisch) Versichtbarung eines Unsichtbaren (Erscheinung). Es waltet also nicht bloß eine solche Differenz, die »mystisch« aufgehoben würde, sondern *bleibende Entsprechung*. Also die Folgeleistung gegenüber einem Anruf, der Nähe als Weggang entwirft.

Gemeinsames Entsprechen

1. Erich Przywara, der große Denker der Analogie in unserem Jahrhundert, durch den »die ›analogia entis‹ aus einer kleinen scholastischen Spitzfindigkeit zur Grundstruktur des ›Katholischen‹« wurde,[31] hat diesen Gedanken ganz besonders geliebt.

[30] Bloch, Aporie 308; Der Ochs und sein Hirte, Pfullingen 1958, VIII.

[31] K. Rahner, Gnade als Freiheit, Kleine theologische Beiträge, Freiburg 1968, 270 (Laudatio auf Erich Przywara).

Neutestamentlich gefaßt: zum Herrn gehören heiße, Apostel sein, und Apostel-sein heißt (apo-stello) Weggeschickt-werden. – Wie im Gespräch zu Levinas hinüber schreibt er in der Einleitung zum Kommentar der »Vierten Woche« der Ignatianischen Exerzitien: »Da das bestimmende Wort der Vierten Woche die Sendung ist, so erscheint ›Einigung‹ offenbar hier in der umgekehrten Richtung: mit Gott und in Gott von Gott weg (als Seine *Tröstung* in *Strahlen* und *Wassern* zur Welt). Denn Vierte Woche ist auch und gerade ›Absprung‹ aus der intimen Sakralität des Leidens in die Profanität der Sendung, so sehr, daß auch und gerade der ›Augenblick‹ des Aufleuchtens und Aufströmens der *in der Passion verborgenen Gottheit* eben ist das Weggeleuchtetwerden und Weggeströmtwerden als Ihre *Strahlen* und *Wasser*. Einigung ist Sendung.«[32]

Aber Przywara war es auch, der bei einem Gespräch im Frankfurter Jüdischen Lehrhaus auf der Differenz innerhalb dessen insistierte, was Levinas überraschend genug als »jüdisch-christliche Spiritualität« beruft. (Ich beanspruche, auch mit diesen Reflexionen auf philosophischem Boden zu bleiben und nicht fachtheologisch zu werden, so wie Buber und Levinas oder zuvor Plotin als philosophische Gesprächspartner anerkannt sind.) »Martin Buber stellte sich am stärksten gegen meine These. Als er aber um Mitternacht den Kreis verlassen mußte, gab sich von den andern Herren her als eine Art Resultat das Zugeständnis, der Jude könne sich Gott ohne den Menschen nicht denken. Ich antwortete, daß dies eben meine These sei: Gott im nach-christlichen Judentum sei an die positive Aktivität des Menschen gebunden und sei nicht mehr der souverän transzendent-immanente Gott.«[33]

Tatsächlich scheint Buber die in der Frühzeit recht deutlich geäußerte These vom Erwirken und Verwirklichen Gottes (ähnlich wie in R. M. Rilkes *Stundenbuch*, das sein Lehrer Georg Simmel als große pantheistische Dichtung begrüßt hat) auch

[32] Deus semper maior. Theologie der Exerzitien, Freiburg i. Br. 1938–40, III 170 (die hervorgehobenen Wörter stammen aus dem Exerzitienbuch).

[33] E. Przywara, Begegnungen jüdischen und christlichen Geistes, in: H. J. Schultz (Hrsg.), Juden. Christen. Deutsche, Stuttgart 1961, 239–248, 241f.

später nicht aufgegeben zu haben. Und auch bei Rosenzweig (auf den wir weniger eingegangen sind) klingt es so: »Der Glaube der Seele bezeugt in seiner Treue die Liebe Gottes und gibt ihr dauerndes Sein. Wenn *ihr* mich bezeugt, so bin ich Gott und sonst nicht – so läßt der Meister der Kabbalah den Gott der Liebe sprechen.«[34] – Das Volk als der Sohn? Im Verhältnis einer Zwei-Einheit, die, konsequent durchdacht, auf die Hegelsche Herr-Knecht-Dialektik hinausläuft?[35]

Anders stellt es sich offensichtlich bei Levinas dar; doch um den Preis, daß bei ihm anscheinend überhaupt nicht von einem Gegenüber zu Gott gesprochen werden kann. (So wie er Sein und Wesen als sinnlos ansieht und sich ganz auf das Sollen der Ethik konzentriert.) – Zum Schluß von *Autrement qu'être* lesen wir: »Nach dem Tode eines gewissen Gottes, der Hinterwelten bewohnte, entdeckt [der dem Anruf zum Selbst-Einsatz Folgende] die Spur – die unaussprechliche Inschrift – dessen, der immer bereits vorbeigegangen ist, der immer ›Er‹ bleibt, der in keine Gegenwart eintritt, dem weder Namen, die Seiende bezeichnen, gemäß sind, noch Verben, in denen das ›Wesen‹ der Seienden widerhallt ...«[36]

Entsprechung gäbe es hier also nicht als Antwort, sondern nur in gehorsamer Zuwendung zum hilflosen Nächsten. – Legt sich angesichts dieses Sachverhalts nicht der Gedanke nahe, Personalität und Dialogik: gelebte Analogie sei letztlich nur trinitarisch zu denken? So hat es Richard von St. Victor entworfen – und so soll es hier abschließend wenigstens skizziert sein, mit

[34] Der Stern der Erlösung, Den Haag ^{4}1976, 191 (nach Pesikta XII 6 zu Jes 43,10 [476]). Simmel–Rilke: P.-O. Ullrich, Immanente Transzendenz, Frankfurt–Bern 1981, 84f u. 233.

[35] J. Splett, Die Trinitätslehre G. W. F. Hegels, Freiburg-München 1965 (^{3}1984), 145–148. – Wobei nur die Frage besteht, ob am Ziel dieser Entwicklung die Menschengeschichte die »Erinnerung und die Schädelstätte« des zu sich gekommenen Absoluten sein wird (Schlußseite der *Phänomenologie*) oder umgekehrt die Erinnerung an die Geschichte der Religionen die Schutthalde abgestreifter Illusionen des zu sich gekommenen Menschen. Ob es am Ende also mit uns oder mit Gott nichts sei.

[36] Autrement qu'être ou au-delà de l'essence, Den Haag 1974, 233; Übers. nach S. Strasser, Jenseits von Sein und Zeit. Eine Einführung in Emmanuel Levinas' Philosophie, Den Haag 1978, 369.

Berufung und dem Hinweis auf bereits zur Diskussion Gestelltes.[37]

Die genannten Dialogiker eint ja ihr Mißtrauen gegen die (»hinterweltlerische«) Metaphysik, die Absage an Analogie, weil sie darin nur Bemächtigungsversuche sehen können. Man darf diesen Verdacht tatsächlich nicht rasch von sich weisen; denn im »natürlichen« Menschen steht auch das Denken unter dem Gesetz der Selbstsucht. Doch (abgesehen davon, daß dies ebenso für die Metaphysik-Kritik gilt) liegen andererseits wohl auch Mißverständnisse vor. Denn nach ihrem Wissen – nicht nach ihrem »Unwesen« beurteilt[38] – ist auch und gerade die metaphysische Gott-Rede *Antwort*, also als Entsprechung zu sehen statt als eigenmächtiger Aus- oder Zugriff. Antwort aber, als Entsprechung auf den evozierenden Anruf, steht in einem *Gespräch*. Und Gespräch besagt *Mit-Sein*.[39]

2. So ist das *Wir* zu denken, und zwar nicht bloß als ein solches Zweier, sondern von Dreien. Dessen »Struktur-Formel«: Jedes Wir als höhere Einheit von Ich-Du-Gegenüber, Wir-Er-Miteinander und Wir-Du-Bezug, ist im vorherigen Kapitel skizziert und auf Richard von St. Victor zurückgeführt worden.

Nicht die Zwei-Einheit des Ich-Du ist also das Grundelement (das »Atom« sozusagen) von Interpersonalität, sondern die Dreieinigkeit eines solchen Wir. Darum haben wir es auch

[37] Siehe Kap. 14, Anm. 23 u. 29; zu Richard von Sankt-Victor: P. Hofmann, Analogie und Person, in: ThPh 59 (1984) 191–234 (221–227: gegen Tritheismus-Verdacht; die ekklesiologisch-fundamentaltheologische Fruchtbarkeit dieses Zugangs entfaltet seine wohl bald zugängliche Dissertation, aus dem Gespräch insbesondere mit dem transzendental-pragmatischen Denken Karl-Otto Apels).

[38] Um hier erneut ein Begriffspaar aufzugreifen, das der zunehmend metaphysik-kritischere und intensiver dem Denken des Nichts zugewandte Theologe und Philosoph B. Welte für die Religionsphilosophie geprägt hat: Wesen und Unwesen der Religion, in: ders., Auf der Spur des Ewigen, Freiburg i. Br. 1965, 279–296.

[39] Es wäre Aufgabe einer dialogischen Anthropologie, denkerisch zu entfalten, was Hölderlin im dritten Entwurf des Gesangs »Versöhnender, der du nimmer-geglaubt« dichterisch sagt: daß wir nicht etwa bloß – als Sprechende – ein Gespräch führen und in diesem Sinn »im Gespräch stehen«, sondern daß dieser Stand uns derart zukommt, daß »ein Gespräch wir sind« (Kl. Stuttg. Ausgabe II 143).

für die »Einheit in Mannigfaltigkeit« des Absoluten, Gottes, der die Liebe ist, anzusetzen.[40]

Solche Erfüllung im Wechselspiel von Hingabe und Empfängnis kann Gott nun, wie gesagt, nicht erst von der Schöpfung erfahren. Er ist dies vollkommen in sich selbst. Dann aber läßt sich Schöpfung als Freigabe[41] nur in Entsprechung zu diesem Geschehen denken. Strikt als Entsprechung, nicht etwa als dessen Vollendung. (Nur so gilt ja – und ist auch gemeint – das schöne Wort des Duns Scotus über die Beweggründe Gottes zur Schöpfung, er wolle Mitliebende.[42])

[40] Siehe W. Kern, Einheit in Mannigfaltigkeit (Kap. 3, Anm. 24). Um ein naheliegendes Mißverständnis auszuräumen, erlaube ich mir ein Selbst-Zitat: »Wie steht es um den Geheimnis-Charakter des trinitarischen Dogmas? – Man könnte so argumentieren wie Walter Simonis, der für sein Unternehmen eines rationalen Beweises der Trinität auf dem Unterschied zwischen der ›immanenten Trinität‹..., die dem Denken zugänglich sei, und der ›ökonomischen Trinität‹... insistiert (Trinität und Vernunft, Frankfurt/M. 1972, 183–185, 190f)... Ich gehe davon aus, daß *Wahrheit und Ernst der Personwirklichkeit erst im Christusgeschehen offenbar* geworden sind. ›Geschichtlichkeit‹ als menschliches Existenzial besagt nämlich vor allem, daß der Mensch zur Wahrheit über sich nicht je schon aus sich selbst gefunden hat, daß sie ihm vielmehr gesagt werden muß. – In diesem Geschehen aber hat er nicht so sehr neue ›Informationen‹ erhalten, als daß er (im ursprünglichen Sinn dieses Wortes) in eine neue Form des Selbst- und Welt- und Gottesverhältnisses gebracht worden ist. Nun hindert nichts, daß er, in prinzipieller Reflexion auf die Erfahrungen seiner konkreten Existenz, fortschreitend thematisiert und ausdrücklich klarer versteht, was darin unthematisch impliziert ist. Impliziert aber ist, wie bedacht, im Personsein des Menschen die Personalität seines Schöpfers und in unserer Existenz als ›gerufener Freiheit‹ die souveräne Freiheit des allmächtigen Rufers.« Zum Person-Begriff Romano Guardinis (Kap. 14, Anm. 29) ThPh 92 (Seidel 100f).

Diese Klärung ist nun ihrerseits vor einem Mißverständnis zu schützen. Sie richtet sich nämlich an Theologen und steht damit im theologischen Feld. Das gilt aber nicht für den im Haupttext vorgetragenen Gedankengang (obwohl er abschließend nochmals in den Disput mit Theologen mündet). Daß solche geistesgeschichtliche Situiertheit konkreten Philosophierens es nicht erlaubt, ihm – immunisierend – den Status und Anspruch von Philosophie abzusprechen, haben wir im Zielabschnitt von Kap. 2 behandelt.

[41] »Damit, daß die Schöpfung Tat Gottes in Freiheit ist, ist im Grunde schon gesagt, daß sie Mitteilung der Liebesherrlichkeit Gottes ist. Die freieste Freiheit ist die liebendste Liebe, das tätigste Schenken... Sie ist Freigebigkeit: libertas – liberalitas. Sie gibt frei (im Doppelsinn des Wortes).« W. Kern, in: MySal II 497.

[42] Op. Ox. III d 32 q 1, nr. 6; mit Rückverweis auf d 28 q 1, nr. 2 wo eigens Richard genannt wird. Die Formel »libertas – liberalitas« gilt nämlich nicht einfachhin auch in der Umkehrung (vgl. – mit Bezug auf Avicenna – Op. Ox. I d 2 q 7 nr. 4 und d 8 q 5 nr. 13); die »libera liberalitas« aber, als die Hochgestalt beider Momente, zeigt sich dann vor allem im selbstlosen Einbezug des Dritten.

In der Bezugsstruktur der *condilectio* ist niemand Mittel, jeder Ziel; doch zugleich ist jeder Mittler. An die Stelle einer Dialektik von Differenz und Identität, die zwischen Entfremdung und Einsamkeit taumelt, ist hier in wechselseitiger Freigabe Raum für lebendige Vielfalt. (Auch bezüglich der »Partner«, also besonders im Blick auf den unendlichen Unterschied zwischen Geschöpf und Schöpfer – eingebettet in den Unterschied der göttlichen Personen selber, die ja gerade nicht drei »Individuen« einer Art sind, so auch einander nicht ähnlich [geschweige denn gleich], sondern eben: entsprechend.[43])

Darum ist hier mitnichten »alles eins«; sondern die Übereinkunft sammelt derart ins eine Selbe, daß eben darin jeder zu sich selbst kommt und der Logos des Gesprächs alle Dimensionen entfaltet: vom Angerufensein zur Antwort, zum Reden-mit und Reden-über bis zum gemeinsamen Du und sammelnden Ihr, ganz im Geist der angebotenen Formel: das Mich des Angerufenseins, das (Ich-)Du, das Wir-Er im liebenden Sprechen

[43] Zu dieser theologischen Frage hier nur ein Wink. Danach gäbe der Vater – ursprunglos – ohne Vorbehalt sich und das Seine dem Sohn; der Sohn, alles, auch das Gebendsein empfangend, gibt so selbst von/mit dem Vater; der Geist ist dann die Person des reinen Empfangs: dies sein Empfangen gebend; je anders als Dritter zu Vater und Sohn wie mit dem Sohn vor dem Vater und mit dem Vater für jenen. (Könnten sich darin nicht Griechen und Lateiner finden?) Und sekundär erst offenbaren sich »ad extra«: bezüglich unser der Sohn, uns »geschenkt« in der Hingabe seiner selbst, und der Geist als die Kraft des Empfangens (vgl. Kap. 6, Anm. 32), worin Gottes Wort menschliche Wirklichkeit wird (zuhöchst und einzigartig in Maria). Siehe dazu auch L. Boff, Das mütterliche Antlitz Gottes. Ein interdisziplinärer Versuch über das Weibliche und seine religiöse Bedeutung, Düsseldorf 1985, 110: »Für Maximilian Kolbe ist der Heilige Geist die ›ungeschaffene Unbefleckte Empfängnis‹.«

Damit soll freilich gerade nicht eine »geschlechter-metaphysische« Trinitätslehre angeregt werden. Deren Kritik (im Blick auch auf Gnosis und/oder Baalisierung) wäre eigens zu führen – z. T. in Anknüpfung an Kap. 6. Hier nur – wie schon in der Einführung bedeutet – dies, daß die Grundgestalt des Lebens just »der Gegensatz« (R. Guardini), also die Gegensatz-Einheit darstellt. So ist sie auch das Äußerste, das der Mythos erschwingt. Darum wäre es ungut, die Geschlechtlichkeit als *imago* Dei zu nehmen, d. h. als in sich stehendes Bild. (Auch ihre [klein-]familiale Öffnung zum Kind macht die Sache nicht wesentlich besser.) Als *Erscheinung* jedoch, die eben als unabgeschlossen auf Ihn selbst hin als den Dritten aussteht – Kap. 14 –, beginnt sie zu sprechen. Vgl. hierzu Augustinus, für den die Bewußtseins-Imago sich nicht in der formalen Immanenz des Selbstbezugs erfüllt, sondern erst in der erkennend-liebenden Ausrichtung auf Gott (De trin XIV 12,15).

vom Dritten, das (Wir-)Du in Hören und Antwort wie das Hören und Sprechen des (Ich-)Ihr, und all dies im unableitbaren Wechsel[44] des »Dreispiels« von Ich, endlichem und ewigem Du.

3. Damit dürfte nochmals gezeigt sein, daß es keineswegs darum geht, einfach zu zweien einen dritten zu zählen. Nicht Addition ist gemeint, sondern das Spiel von Aufbruch und Selbstvollendung der Liebe, die Einheit von Außer-sich- und Bei-sich-Sein der Person in »selbstlosem« Miteinander. Hier sind wir in die Mitte – oder auch auf die Höhe – jener Freiheits-Erfahrung gelangt, der wir in Geistes-Gegenwart entsprechen sollen und dürfen. Dieser Antwort wollen auch die abschließenden Klärungen dienen.

Sie heben den hier vertretenen Ansatz zunächst von Klaus Hemmerles *Thesen zu einer trinitarischen Ontologie* ab. Zwar wird dort nicht mehr »ich-psychologisch« gedacht, sondern dialogisch, aber nach wie vor im Raum des Ich-Du.[45] Hier dagegen bildet Sprache nicht das dritte (zu Ich und Du), sondern den »Raum« (»Gespräch«!) der personalen Dreiheit, somit dann auch einer personalen Vielheit von endlichen Du's.

Auch H. Mühlens Vorschlag, die Rede vom »Ich-Du« um das »Wir« zu ergänzen,[46] kann ich nicht für glücklich halten. Denn

[44] Wobei zu diesem Wechsel auch gehört, was unsere *strukturale* Skizze nicht ausdrückt: die *qualitative* Färbung des Bezugs, insbesondere seine Prägung durch Schuld und Vergebung. Das ist zu beachten, damit man die Formel nicht unberechtigterweise als »harmlos« oder »zu heil« liest. – Theologisch gesagt: realistisch geschichtlich erscheint Trinität im Kreuzesgeschehen; siehe in der Einführung, Anm. 11.

[45] Einsiedeln 1976, z. B. 44: »Mein Wort hat zumindest die drei Ursprünge: ich, die Sprache, du.« Zwar ist (69) auch vom Hinausgewiesensein »zum Wir, zur Gesellschaft« die Rede, doch ohne Thematisierung von dessen und deren prinzipieller Struktur. – Eine ähnliche Zwei-Einheit auch bei P. Knauer, Geist, Hl./Pneumatologie, B. Systematisch, im Neuen Handbuch theologischer Grundbegriffe, München 1984, II 44–52, wo der Geist nur als die Liebe zwischen Vater und Sohn erscheint. – Im übrigen läßt sich mit solchen Modellen der Tritheismus-Verdacht gegen unseren Vorschlag nochmals distanzieren; denn auch das gewohnte Reden vom Vater-Sohn-Gegenüber und -Gespräch in Gott muß ja ein »monotheistisches« Verständnis sicherstellen. (Was – siehe oben – K. Rahner bekanntlich zu seiner reduzierenden Sprechweise veranlaßt hat, die ihrerseits zumindest gleichermaßen mißverständlich ist.) Und wie dort das Wort nicht bloß gesprochen, sondern auch angesprochen erscheint, so hier der Geist nicht bloß als Liebe, sondern auch als selbst geliebt.

[46] Der Heilige Geist als Person, Münster ^{4}1980.

zwar ist ein Ich (so sehr es kein Ich ohne Du gibt) nicht eo ipso schon ein Ich-Du, sondern erst einmal: Ich; ein Ich-Du aber ist immer auch, und zwar einfach als solches, ein Wir. Das Wir an sich ist kein drittes; darum kann und muß man weiter fragen: ein Wir wem gegenüber? Eben dem Dritten, einer dritten Person, hier: dem Geist, der keineswegs bloß das Wir dieser Zukehr zu ihm ist, sondern gerade deren Empfänger (sosehr das Wir erst von ihm sein Bewußtsein *als* Wir empfängt).

So ist in der Tat Gottes Natur »pneumatisch-fruchtbarer, liebend-geliebter Wir-Grund ... in der Form des personalen Geschehens«[47]; aber dieses Wir lebt dreieinig statt bloß in Zwei-Einheit (wobei der Geist, als »Eine Person in zwei Personen«, nur »gleichsam die ›Quersumme‹ des göttlichen Lebens« ergäbe – ebd.). In diesem Voll-Sinn also sollte man auch den Geist »als integralen Teil des Wir-Ganzen in Empfang und Weitergabe« (260) sehen, auch und gerade ihn als »erkennend-wollende Konkretion des Wesens-Wir in [jeweils] einmaliger Re-flexion und Pro-flexion« (ebd.).

Darum meint diese Dreiheit – schließlich – auch nicht einfach »die Teilhabe [zweier] an einem dritten Bezugspunkt, sei es an einer Person, an einer Wahrheit, an einem Werk, an einem Beruf« (E. Levinas)[48], sondern durchaus das gemeinsame »Transzendieren einer Gegenwart« des »Von-Angesicht-zu-Angesicht ohne Vermittelndes« (ebd.). Darin gehen wir mit Levinas gegen ein Denken von Platon bis Heidegger einig. Aber dieser Überstieg vollzieht sich so, daß beide *mit* einander sind wie jeder *mit* dem Dritten, und dies jeweils im Aufbruch wie als Ziel. – Dies »Mit« ist nicht das »Mitsein« Heideggers »um etwas Gemeinsames herum« (ebd.); doch zugleich begegnet hier die »Anwesenheit [des Du] als des anderen« nicht bloß in seiner »Abwesenheit« (65) und im Todes-»Geheimnis der Zukunft« (64), sondern in Gegenwärtigkeit. In der Gegenwart des Gei-

[47] E. Salmann, Wer ist Gott? Zur Frage nach dem Verhältnis von Person und Natur in der Trinitätslehre, in: MThZ 35 (1984), 245–261, 259.

[48] Die Zeit und der Andere (L. Wenzler), Hamburg 1984, 64.

stes, der die für einander da (und empfänglich) sein läßt, die sich ihm auftun.[49]

Nur so aber sehe ich letztlich das nicht bloß vorläufige, sondern onto-logisch gültige »*Bleiben* der drei« gewährleistet, gegen jenen auflösenden Sog des Unum, der seit je besonders im Denken obwaltet (und der heute neu als fernöstliches Angebot fasziniert[50]). – Nicht als sollte sich ihm gegenüber das Ich

[49] Levinas führt den Dritten so ein (Wenn Gott ins Denken einfällt [Kap. 7, Anm. 1] 101): »Eine uneigennützige Verantwortung für den Anderen ermöglichen, schließt die Reziprozität aus; doch sollte der Andere sich nicht seinerseits ganz für den Anderen einsetzen? In diesem Fall braucht es einen Dritten ... Doch ist dieser Dritte ebenso mein Nächster. Von diesem Augenblick an wird die Nähe problematisch: man muß vergleichen, abwägen, überlegen, man muß die Gerechtigkeit praktizieren ...« Deutlicher kann die Differenz zu einer trinitarischen Sicht wechselseitigen Mit- und Inne-seins wohl kaum hervortreten als in dieser Selbsterläuterung. – Dies ist freilich auf *unsere* »trinitarische« Situation hin gesprochen. Im Blick auf Gott gilt selbstverständlich: »Das Augustin ergänzende Gegenbild bleibt ebenso unfähig wie das augustinische Bild, die der Einheit innewohnende dreieinige Liebesfülle mehr als ahnungshaft zu verdeutlichen.« H. U. v. Balthasar, Theologik II: Wahrheit Gottes, Einsiedeln 1985, 39. Er zitiert (ebd.) Richard (III 9): »So blicken einander die menschliche Natur und die göttliche gegenseitig, aber gleichsam aus ihrem Gegensatz (ex opposito) an: jede antwortet der andern in einer umgekehrten Symmetrie (per contrarium).« Symmetrie sagt jedoch eben nicht: beurteilende Überordnung des Formalen (R. Schwager: Kap. 14, Anm. 40). Darum auch wäre eben nicht »die Differenz zwischen Vater und Sohn zunächst eher im Lichte der logischen Unterscheidung zu sehen, während erst die Differenz zum Geist das Moment der Freiheit bringt«, das allerdings zurückwirke (Schwager 283). So muß man es wohl »psychologisch« sehen; aber woher sollte Freiheit erscheinen und rückwirken können, wenn sie als Liebe nicht das erste wie das letzte wäre? (Vgl. K. P. Fischer: Kap. 14, Anm. 41, 90.

[50] Wie auch in der noch breiter faszinierenden fleischlichen Exstase; vgl. D. Wyss, Lieben als Lernprozeß, Göttingen 1975, 27–34 (75ff). Auch G. B. Langemeyer, Als Mann und Frau leben. Biblische Perspektiven der Ehe, Zürich u. a. 1984, 57–73. Unter anderem stützt sich diese Option auf eine verkürzte Phänomenologie: sie *isoliert* unberechtigterweise den Augenblick der Ekstase. Tatsächlich aber gehört zum Außer-sich-Sein auch das (Wieder-)Zu-sich-Kommen – und zwar gerade nicht zu Ovids vielzitierter »Trauer danach«, sondern zum Dank für das Empfangene (vgl. Der Mensch ist Person, 114f). Dasselbe gilt vom religiösen Erleben: erst hinterher »wissen« die Emmausjünger, daß ihr Herz gebrannt hat (Lk 24,32ff), und im gemeinsamen Dank und Lobpreis für diese Erfahrung = dem Eins-sein zweier oder dreier in seinem Namen (Mt 18,20), ist Er von neuem »mitten unter ihnen«, womit – bei aller Wahrung des zwischenzeitlichen Noch-Nicht – doch mehr als bloß analytisch die »Anwesenheit eines Abwesenden« gemeint ist. Haben also solche Erfahrungen Angeld-Charakter, dann nicht bloß hinsichtlich des Entrücktheits-Momentes als solchen, sondern gerade in ihrem lebendigen Spiel von Aus- *und* Einkehr. (Dies auch als Anfrage an Günter Wohl-

selbsterhaltend behaupten.[51] Wofür es einzutreten gilt, ist vielmehr die Selbst-Unterscheidung des Dienstes – im Dienst der Gemeinsamkeit.[52] Die »Mystik« dieser Gemeinsamkeit ist eine solche des Ich-bin-Dein (bzw. -Euer oder Wir-sind-Dein) statt eines »in-diskreten« *Tat tvam asi* (= das bist du).

Und diese Unterscheidung wäre mitnichten auf das hiesige Leben in seiner Vorläufigkeit zu beschränken. Gegen griechisch geprägte Erlösungs- und Erhebungskonzepte inkarnatorischer Theologie, wonach Gott Mensch geworden sei, um so uns Menschen zu vergöttlichen, erlaube ich mir den Einspruch (nicht als Widerspruch, da hier ja keine Perspektive zureicht – Anm. 49), daß nach christlichem Verständnis die Endgültigkeit des Menschen sich in der *Anbetung* Gottes erfüllt. Gott aber wird nicht von Gott angebetet.[53]

fahrts Thematik des [eben vor allem ästhetisch gesehenen] »weißen Augenblicks«, etwa: Der Augenblick. Zeit und ästhetische Erfahrung bei Kant, Hegel, Nietzsche und Heidegger mit einem Exkurs zu Proust, Freiburg-München 1982.) Metaphysisch grundsätzlich: Kap. 3, Anm. 24.

[51] Dazu oben Kap. 7, Anm. 23. – Dagegen offenbar hat L. Boff seine »Lehre des Salzmännchens« stellen wollen (Zeugen Gottes in der Welt. Ordensleben heute, Zürich u. a. 1985, 195f). Es »versteht« das Meer, indem es sich darin auflöst. Doch so sehr es zutrifft, daß Erkenntnis Hingabe voraussetzt, so sehr *widerspricht* m. E. das Gleichnis selbst dem christlichen Geiste liebender Unterscheidung. (Und gilt das nicht auch von so mancher der schönen Geschichten Anthony de Mellos?) Siehe (außer Kap. 3, Anm. 27) demgegenüber – in behutsam-differenzierendem Austausch mit Esoterik und Tiefenpsychologie (am Beispiel der Spiegelkommunikation) – Gotthard Fuchs, »Lichterfüllter Abgrund«. Anregungen für eine »Christologie von innen«, in: KatBl 110 (1985) 246–256.

[52] Vgl. Lernziel Menschlichkeit (Kap. 1, Anm. 8), Kap. 3: Prüfstein Diskretion. Wenn Ignatius von Antiochien an die Magnesier schreibt, daß Gott in Jesus Christus sein Schweigen gebrochen habe (8.2, wörtlich: er sei das aus dem Schweigen hervorgegangene Wort), dann gilt das 1. schon für die worthafte *Schöpfung* in Christo (vgl. Kap. 2, Anm. 44), 2. verweist es, gegen östliche Zielbilder lächelnden Schweigens, auf das Wort, das je schon *in Gott* Gott ist (Joh 1,1): auf Gott *als* Gespräch. *Darin* – doch nicht darüber – hat dann auch das Schweigen seinen Ort: als geöffnetes Hören, in verschränkter Zugehörigkeit. Statt der Selbstgenügsamkeit eines alleinigen All-Einen waltet hier (Lernziel 80) »jene unfaßlich intime Diskretion [= Unterscheidung], in der zwischen Liebenden das eigene Geheimnis nicht von und bei ihm [bzw. ihnen] selbst, sondern jeweils beim anderen [bei den anderen] – und so wahrhaft bewahrt ist«. (Dabei sollen die Einschübe das dort erwogene Ich-Du-Gegenüber zum hier bedachten Drei-Spiel ergänzen.)

[53] So sehr allein sein Geist uns zu solcher Selbstvergessenheit frei macht (siehe Kap. 4 in: Zur Antwort berufen – oben, Einführung, Anm. 8). In diesem Licht wären Texte wie Röm 8,26 und 1 Kor 15,28 zu lesen. »Himmel« hieße so die

Umgekehrt gilt nun wiederum dies nicht erst und bloß eschatologisch. »Die Anbetung Gottes mitten in der Verschlossenheit der Zeit hat eine besondere Schönheit«, schreibt Romano Guardini – und wählt genau das treffende Wort; wenn anders Schönheit »das Lächeln der Wahrheit« ist (Rabindranath Tagore), die »ihr eigenes Antlitz in einem vollendeten Spiegel erkennt«.[54] Der Wahrheit die Ehre zu geben (Kap. 1), dieser Adel des Menschen erfüllt sich, wo er Gott die Ehre gibt. »Es ist vielleicht das Größte, was der Mensch empfinden kann, zu wissen, daß er, der Vergängliche und in der irdischen Wirrnis Verfangene, dem sich bescheidenden Gott in seinem Herzen den Thron aufrichtet und so für seinen Teil die Dinge richtig stellt« (Guardini ebd.).

Richtigstellung aber war das Ziel des ganzen Buchs. Für Unterscheidung wird hier eingetreten, nicht aus Abgrenzungsbedürfnis oder weil es darum ginge, »Differenzen« als solche, ihrer selbst wegen, zu behaupten. Weshalb auch sollte Vielheit an sich höher stehen als Einheit? Das *eine Notwendige* ist tatsächlich ein Eins-Sein; doch das Eins-sein Unterschiedener: während Vernunft dialektisch Widersprüche zur Identität führt und das Leben Gegensätze durch Verschmelzung fruchtbar macht, waltet im Raum von Freiheit und Person *Gemeinsamkeit* – damit, was bleibt (1 Kor 13,13), trauende Liebe sei.

endgültige Unmöglichkeit, sich noch mit Gott zu verwechseln – und die *Seligkeit* darob, nicht Gott zu sein. – Dabei läßt sich, was hier eschatologisch, auf das letzte hin, behauptet wird, durchaus schon heute zwischen Menschen erfahren: wo es Liebende *beseligt* – auf dem Grund aller schmerzlichen Differenzen –, nicht der Andere zu sein; denn wer sollte ihn dann lieben?

Ich mache mir also den Wortlaut von Hans Küngs antigriechischer Option zu eigen, Gottes Menschwerdung ziele auf die Menschwerdung des Menschen: Christsein, München 1974 u. ö., 431ff. Die rhetorische Frage indes, ob »heute noch ein vernünftiger Mensch Gott werden« wolle (433), widerruft er anschließend selber, im Hinweis auf heutige Gestalten der Paradiesesversuchung. So sei hier auch seine These nicht auf die »Horizontale« beschränkt, sondern gerade »vertikal« verstanden: theozentrisch, eben auf Anbetung hin.

[54] Glaubenserkenntnis. Versuche zur Unterscheidung und Vertiefung, Würzburg 1949, 16 (Die Anbetung). Die Wahrheits-Bestimmung Tagores nach E. Drewermann, Die Kristallkugel, Olten-Freiburg 1985, 42. – Spiegel der *Wahrheit* (statt bloß unser)! So erfüllt sich Freiheit nicht schon dadurch, daß sie *sich* in Ihm erblickt, sondern insofern ihr – *im* gesehenen eigenen Schauen – dessen »Licht und Leben« aufgeht (2 Kor 3,18): Seine Herrlichkeit.

NAMENREGISTER

Erstellt von Ingrid Splett

Bibliographische Notiz

Vor ihrer »Aufhebung« in dieses (oder diesem) Buch sind die Argumentationsgänge der einzelnen Kapitel in folgenden Einzelveröffentlichungen vorgelegt worden:

Was ist Wahrheit? Suche nach Wahrheit – Zeugnis für die Wahrheit, in: Kehrt um und glaubt – erneuert die Welt. 87. Deutscher Katholikentag, Düsseldorf 1.–5. Sept. '82, Dokumentation. Großveranstaltungen – Foren – Forenreihen, Paderborn 1982, 176–191; Wahrheits-Anspruch. Philosophische Voraussetzungen, in: W. Löser, K. Lehmann, M. Lutz-Bachmann (Hrsg.), Dogmengeschichte und katholische Theologie, Würzburg 1985, 353–375.

Christliche Philosophie?, in: Stimmen der Zeit 198 (1980) 703–714; Umanesimo cristiano, in: Il Nuovo Areopago 1 (1982) Nr. 1, 103–120, bes. 117f.

Gott/Trinität A. Philosophisch, in: P. Eicher (Hrsg.), Neues Handbuch theologischer Grundbegriffe, München 1984/85, II 122–133.

»Ich bin doch ein freier Mensch.« Philosophische Bemerkungen zu Freiheit, Verweigerung und Lebensengagement, in: Kathol. Bildung 84 (1983) 529–538.

L'incontro come introduzione nella libertà, in: Il Nuovo Areopago 3 (1984), Nr. 3 (11), 42–58.

Humanität, in: Staatslexikon der Görres-Gesellschaft, Freiburg i. Br. ^{7}1985ff, II.

»Du bist schön, meine Freundin ...« Liebe als Geschenk Gottes und Zeichen des Bundes, in: Geist u. Leben 54 (1981) 422–431; Ehe und Familie in christlicher Sicht, in: E. Kroker (Hrsg.), Ehe und Familie, Königstein 1982, 38–53; Mann- und Frau-sein als menschliche Grundbestimmungen, in: Kathol. Bildung 85 (1984) 396–408.

Kindsein als Offenheit, in: Theologie u. Philosophie 60 (1985) 88–97.

Das Glück verfolgen? in: Ballon. Kathol. Flugblätter für Kunst, Literatur u. einiges andere, 1 (1982) H. 2, 5–7.

Der Mensch und die Krankheit, in: J. Kessels, F. Klein, W. Lauer (Hrsg.), Die Gestalt des katholischen Krankenhauses, Freiburg i. Br. o. J. (1981) 9–20.

Zum Sinn des Alters, in: Geist u. Leben 52 (1979) 353–364.

Resignation und Zukunftshoffnung, in: Lebendiges Zeugnis 36 (1981) H. 2, 5–16; Resignation und Zukünftigkeit, in: Stimmen der Zeit 204 (1986) 29–40.

»Macht euch die Erde untertan«?, in: Theologie u. Philosophie 57 (1982) 260–274, 265f (Zur Bedeutungsvielfalt von ›Natur‹ und ›natürlich‹); Natur: Norm oder Prinzip?, in: Lebendiges Zeugnis 37 (1982) H. 2, 58–72, 68ff.

Der Mensch – unterwegs daheim, in: Stimmen der Zeit 199 (1981) 765–774.

Friede: »Werk der Gerechtigkeit« – »Heitere Ruhe der Ordnung«, in: Lebendiges Zeugnis 38 (1983) H. 4, 57–74.

Über die Einheit von Nächsten- und Gottesliebe – laienhaft (Idiota de unitate ...), in: H. Vorgrimler (Hrsg.), Wagnis Theologie. Erfahrungen mit der Theologie Karl Rahners, Freiburg i. Br. 1979, 299–310.

Dialektik des Tuns – Dialogik – Person-Sein in trinitarischer Analogie. *L'action* (Blondel) als *condilectio* (Richard v. St. Victor)?, in: Theologie u. Philosophie 61 (1986) 161–175.